REVISTA TRIMESTRAL DE

DIREITO PÚBLICO

10/1995

MALHEIROS EDITORES

Revista Trimestral de Direito Público

Órgão do

IDEPE
INSTITUTO INTERNACIONAL
DE DIREITO PÚBLICO E EMPRESARIAL

INSTITUTO DE DIREITO ADMINISTRATIVO PAULISTA
IDAP

REVISTA TRIMESTRAL
DE DIREITO PÚBLICO
publicação trimestral de
MALHEIROS EDITORES LTDA.
Rua Paes de Araújo, 29, cj. 171
CEP 04531-940
São Paulo, SP - Brasil - Tel. 822-9205
Fax: 829-2495

Assinaturas e comercialização:
CATAVENTO DISTRIBUIDORA DE
LIVROS S.A.
Rua Conselheiro Ramalho, 928
CEP 01325-000
São Paulo, SP - Brasil - Tel. 289-0811
Fax: 251-3756

Diretor Responsável: Álvaro Malheiros
Diretora: Suzana Fleury Malheiros
Supervisão Gráfica: Vânia Lúcia Amato

Composição: HELVÉTICA EDITORIAL
Impressão: Gráfica e Editora FCA
(Fundação de Ciências Aplicadas)

SUMÁRIO

DOUTRINA

Direito de propriedade no Direito Constitucional Francês
— **PIERRE BON** 7

As limitações constitucionais à remuneração do servidor público
— **MARÇAL JUSTEN FILHO** 22

Apelo ao legislador na Corte Constitucional Federal Alemã
— **GILMAR FERREIRA MENDES** 32

PARECERES

Cumulação de proventos e vencimentos
— **CAIO TÁCITO** 52

Comissão Parlamentar de Inquérito
— **FÁBIO KONDER COMPARATO** 58

Licitação — Consórcio — Construção e exploração de usina elétrica
— **ADÍLSON ABREU DALLARI** 67

Interpretação e linguagem — Concessão e delegação de serviço público
— **PAULO DE BARROS CARVALHO** 78

Licitação sem objeto (Lei 8.666/93 e Estados e Municípios. Princípio da proporcionalidade)
— **EROS ROBERTO GRAU** 89

PASEP, PIS e concessionária de serviço público
TORQUATO JARDIM 103

Monopólio estatal do gás — Participação de empresas privadas na sua execução
— **NELSON EIZIRIK** 115

Monopólio — Gás
— **CARLOS EDUARDO BULHÕES PEDREIRA** 134

Objeção de consciência e serviço policial militar
— **DIÓGENES GASPARINI** 158

ESTUDOS E COMENTÁRIOS

O negro, a Suprema Corte e a Emenda Constitucional n. 13
— **ADHEMAR FERREIRA MACIEL** 166

As medidas econômicas de fevereiro/95 e a Constituição
— **MONICA HERMAN SALEM CAGGIANO** 169

Precedentes no Direito brasileiro
— **EDGARD SILVEIRA BUENO FILHO** 174

Direitos políticos — Perda, suspensão e controle jurisdicional
— **TEORI ALBINO ZAVASCKI** 178

Descumprimento de ordem judicial por funcionário público
— **IVAN LIRA DE CARVALHO** 187

Responsabilidade civil do Estado e denunciação da lide
— **EDILSON PEREIRA NOBRE JÚNIOR** 196

Empresas públicas e sociedades de economia mista em face do art. 173 da Constituição
— **HERALDO GARCIA VITTA** 203

Ações sobre o Sistema Financeiro da Habitação — Competência e litisconsórcio
— **JOÃO PEDRO GEBRAN NETO** 212

Emenda Constitucional n. 3/93 (altera a redação do art. 150, para acrescentar-lhe um § 7º)
— **LENA BARCESSAT** 218

Omissões inconstitucionais e suas implicações no regime federativo brasileiro
— **DERLY BARRETO E SILVA FILHO** 223

CONFERÊNCIAS & DEBATES

Controle externo do Poder Judiciário e controle de qualidade do Judiciário e da Magistratura: uma proposta
— **CARLOS MÁRIO DA SILVA VELLOSO** 244

Lei de licitações e autonomia estadual
— **MARCOS JURUENA VILLELA SOUTO** 256

DOCUMENTOS

Estatuto da OAB — Conteúdo do princípio de legalidade — Separação de poderes — Autonomia do Judiciário
— **VOTO DO MIN. PAULO BROSSARD NA ADIN 1.105-7** 265

Ação direta de Inconstitucionalidade da Lei 9.985, de 7.2.95
— **JOSÉ ROBERTO BATOCHIO** 275

Questões de limites entre estados federados — Juízo arbitral — Laudos técnicos — Jurisdição e eficácia administrativa — Posse no Direito Público
— **SEABRA FAGUNDES** 281

DOUTRINA

DIREITO DE PROPRIEDADE NO DIREITO CONSTITUCIONAL FRANCÊS*

PIERRE BON
Professor da Université de Pau et des Pays de l'Adour — França

A exemplo do que ocorreu do que a maior parte dos direitos fundamentais, o estatuto constitucional do direito de propriedade se desenvolveu consideravelmente na França nos últimos anos, como prova a abundante literatura dedicada a essa questão e que data da última década.[1] Com efeito, notadamente após a política de nacionalização adotada a partir de 1982 e, a seguir, da política de privatização empreendida a partir

* Tradução, a partir do original em francês, de Carlos Ari Sundfeld, Professor da Faculdade de Direito da Pontifícia Universidade Católica de S. Paulo.

1. P. Bon, verbete "droit de proprieté", *Dictionnaire Constitutionnel* (sob a direção de O. Duhamel e Y. Mény), PUF, 1992, p. 324; F. Colly, "Le Conseil constitutionnel et le droit de proprieté", *RDP*, 1988, p. 135; M. Debene, "Article 17", *La Déclaration des Droits de l'Homme et du Citoyen de 1789* (sob a direção de G. Conac, M. Debene e G. Teboul), Economica, 1993; p. 343; L. Favoreu, "La jurisprudence du Conseil constitutionnel et le droit de proprieté proclamé par la Déclaration de 1789", *La Déclaration des Droits de l'Homme et la Jurisprudence*, PUF, 1989, p. 123; L. Favoreu (sob a direção de) *Nationalisations et Constitution*, Economica e PUAM, 1982; L. Favoreu e L. Philip, *Les Grandes Décisions du Conseil Constitutionnel*, Sirey, 1993, 7ª ed., p. 483; M. Fromont, "Le droit de proprieté et la Constitution en Allemagne et en France", *L'Interventionnisme Économique de la Puissance Publique — Études en l'Honneur du Doyen G. Péquignot*, CERAM, 1984, t. I, p. 267; B. Genevois, *La Jurisprudence du Conseil Constitutionnel — Principes Directeurs*, STH, 1988, p. 252; C. Lepage-Jessua, "La Constitution et le Droit de Proprieté", *Un Droit Inviolable et Sacré*, ADEF, 1991, p. 99; F. Luchaire, "La Constitution et la proprieté", *Droit Constitutionnel et Droits de l'Homme*, Economica e PUAM, 1987, p. 139; F. Luchaire, *La Protection Constitutionnelle des Droits et Libertés*, Economica, 1987, p. 265; H. Rousillon, "Le Conseil constitutionnel et l'article 17 de la Declaration des droits de l'homme et du citoyen", *Proprieté et Révolution* (sob a direção de G. Koubi), CNRS e Université de Toulouse I, 1990, p. 179; D. Rousseau, *Droit du Contentieux Constitutionnel*, Montchrestien, 1993, 3ª ed., p. 335.

de 1986, o Conselho Constitucional foi levado a editar decisões especialmente importantes do ponto de vista do estatuto constitucional da propriedade, no concernente por óbvio ao estatuto constitucional da propriedade privada (I), mas também ao estatuto constitucional da propriedade pública (II).

I — O estatuto constitucional da propriedade privada

O direito à propriedade privada é atualmente considerado, sem contestação possível, como um direito de valor constitucional. Em conseqüência, goza de um regime constitucional de proteção.

A — O valor constitucional do direito à propriedade privada

Como é sabido, uma das especificidades da Constituição de 1958 é a de não possuir, em sua parte dispositiva — isto é, em seus arts. 1º a 92 —, senão raras disposições relativas aos direitos fundamentais, encontrando-se o essencial indiretamente em seu Preâmbulo, que "proclama solenemente" a vinculação do povo francês "aos direitos do homem e aos princípios da soberania nacional, tais como definidos pela Declaração de 1789, confirmada e completada pelo Preâmbulo da Constituição de 1946".

De fato, a propósito do direito de propriedade, a parte articulada da Constituição limita-se a estabelecer o princípio da reserva de lei,[2] estando as principais disposições de fundo nos textos aos quais se refere o Preâmbulo da Constituição e especialmente no art. 17 da Declaração de 1789, segundo o qual, "sendo a propriedade privada um direito inviolável e sagrado, ninguém dela poderá ser privado senão quando a necessidade pública, legalmente constatada, evidentemente o exigir, e mediante justa e prévia indenização".

O problema então se pôs de saber se o Preâmbulo da Constituição de 1958 e, através dele, os dois textos aos quais se refere — a Declaração de 1789 e o Preâmbulo da Constituição de 1946 — tinham valor constitucional, do mesmo modo que a parte articulada da Constituição, ou se se tratava de uma declaração de princípios desprovida de força jurídica.

Uma primeira resposta foi dada pelo Conselho Constitucional, em sua decisão 70-39 DC, de 19 de junho de 1970,[3] e depois em sua célebre decisão 71-44 DC, de 16 de julho de 1971,[4] as quais, tratando do Preâmbulo da Carta de 1958, atribuíram-lhe o mesmo valor constitucional dos artigos da Constituição.

Mas, considerando-se os termos em que foi vazado o Preâmbulo de 1958, sustentou-se que sua constitucionalização não implicava a constitucionalização da integralidade das disposições da Declaração de 1789, mas, apenas, das relativas aos direitos do homem e aos princípios da soberania nacional, porquanto o Preâmbulo de 1958 proclamava a vinculação do povo francês somente aos referidos direitos e princípios.[5] Em conseqüência, o direito de propriedade não teria valor constitucional pois "é difícil (...) considerar que o direito de propriedade integre os direitos do homem".[6]

2. Art. 34: a lei determinará os princípios fundamentais do regime da propriedade.

3. *Rec. Cons. Constit.*, p. 15; JCP, 1970, I, p. 2.354, nota D. Ruzié.

4. *Rec. Cons. Constit.*, p. 29; L. Favoreu e L. Philip, ob. cit., p. 242 e as referências citadas.

5. L. Philip, "La valeur juridique de la Déclaration des droits de l'homme et du citoyen du 26 août 1789 selon la jurisprudence du Conseil constitutionnel", *Mélanges P. Kayser*, PUAM, 1979, t. 2, p. 331.

6. L. Philip, art. cit., p. 333.

Esse não foi, porém, o entendimento do Conselho Constitucional que, em sua decisão 81-132 DC, de 16 de janeiro de 1982, tomada a propósito das nacionalizações,[7] reconheceu pleno valor constitucional ao direito de propriedade, mas em uma formulação que viria a ser parcialmente modificada pela decisão 89-256 DC, de 25 de julho de 1989.[8]

1. *A formulação de 1982*

Inicialmente, o Conselho Constitucional recordou que a Declaração de 1789 contém duas referências à propriedade, primeiramente em seu art. 2º., que a inclui entre os "direitos naturais e imprescritíveis do homem", e a seguir em seu art. 17, acima mencionado.

Recordou ele, em seguida, que o povo francês, através do referendo de 5 de maio de 1946, rejeitou um projeto de Constituição que, no tocante à propriedade, continha a enunciação de princípios diversos daqueles da Declaração de 1789: por exemplo, a propriedade vinha definida como o direito "garantido a todos pela lei, de usar, gozar e dispor de seus bens", o que permitiria à lei definir o domínio do direito a ela relativo; ainda a título de exemplo, dizia-se que "o direito de propriedade não poderá ser exercido contrariamente à utilidade social". No entanto, o povo, por ocasião dos referendos de 13 de outubro de 1946 e 28 de setembro de 1958, confirmou sua vinculação à Declaração de 1789.

A Alta Jurisdição não deixou de observar que, posteriormente a 1789, "as finalidades e as condições de exercício do direito de propriedade sofreram uma evolução, caracterizada seja por uma notável extensão de seu campo de aplicação a novos domínios individuais,[9] seja por limitações impostas pelo interesse geral".

Mas, a despeito dessa evolução, o Conselho sustentou "que os próprios princípios enunciados pela Declaração de Direitos do Homem têm pleno valor constitucional, tanto no concernente ao caráter fundamental do direito de propriedade, cuja preservação constitui um dos objetivos da sociedade política e que se situa no mesmo nível da liberdade, da segurança e da resistência à opressão, como no concernente às garantias acordadas aos titulares deste direito e às prerrogativas de poder público".

Concluiu ele, então, pela aplicabilidade desses princípios mesmo em se tratando de uma nacionalização: é verdade que a alínea 9 do Preâmbulo da Constituição de 1946 dispõe que "qualquer bem ou empresa cuja exploração possua ou venha a possuir o caráter de um serviço público nacional ou de um monopólio de fato deve tornar-se propriedade da coletividade". Mas "esta disposição não teve nem o conteúdo nem o efeito de tornar inaplicáveis, às operações de nacionalização, os mencionados princípios da Declaração de 1789".

Em outros termos, o caso das nacionalizações forneceu ao Conselho Constitucional a oportunidade para reafirmar o valor constitucional do direito de propriedade, e isso mesmo em se tratando de uma nacionalização.

7. *Rec. Cons. Constit.*, p. 18; L. Favoreu et L. Philip, ob. cit., p. 460 e as referências citadas. De notar-se que, em uma decisão tomada alguns dias antes (decisão 81-134 DC, de 5 de janeiro de 1982, *Rec. Cons. Constit.*, p. 15), ele já havia incluído o direito de propriedade entre os princípios constitucionais.

8. *Rec. Cons. Constit.*, p. 53; CJEG, 1990, p. 1, nota B. Genevois; RFDA, 1989, p. 1.009, nota P. Bon.

9. Entre esses últimos, figura por exemplo o direito, para o proprietário de uma marca de indústria, comércio ou serviço, de utilizá-la e protegê-la no âmbito definido pela lei e pelos engajamentos internacionais da França: decisão 90-283 DC, de 8 de janeiro de 1991, *Rec. Cons. Constit.*, p. 11; decisão 91-303 DC, de 15 de janeiro de 1992, *ibid*, p. 15.

2. A formulação de 1989

Convém, no entanto, notar que, a partir de 1989,[10] o Conselho modificou ligeiramente sua análise. O valor constitucional do direito de propriedade continua sendo reconhecido, mas *sem prejuízo da evolução que o caracterizou*. Por conseguinte, entendeu o Conselho que "é em função dessa evolução que se deve compreender a reafirmação, pelo Preâmbulo da Constituição de 1958, do valor constitucional do direito de propriedade".

Assim, o que tem valor constitucional é, claramente, o direito de propriedade tal como atualmente concebido, enquanto, segundo algumas críticas, a formulação de 1982 parecia conferir valor constitucional ao direito de propriedade tal como concebido em 1789.

B — O regime constitucional do direito à propriedade privada

Direito constitucional, o direito de propriedade está sujeito a um conjunto de regras constitucionais de competência e de fundo, que asseguram sua proteção.

1. As regras de competência

Do ponto de vista das regras de competência, o direito de propriedade se encontra protegido por uma dupla reserva de competência: inicialmente uma reserva de competência legislativa e, a seguir, uma reserva de competência judicial.

a) A reserva de competência legislativa

Já invocamos anteriormente a fórmula do art. 34 da Constituição, segundo a qual "a lei fixará os princípios fundamentais (...) do regime da propriedade". Isso significa que, estando em causa um princípio fundamental do regime da propriedade, apenas o legislador será competente para interferir, ocorrendo inconstitucionalidade caso a interferência venha da autoridade regulamentar. Em contrapartida, o poder regulamentar autônomo será competente para interferir desde que não esteja em pauta um princípio fundamental do direito de propriedade. Evidentemente, cabe ao juiz, seja ele o juiz constitucional ou o juiz administrativo, decidir, em caso de dúvida, se está ou não em causa um tal princípio fundamental. Em matéria, por exemplo, de desapropriação, o Conselho Constitucional entendeu integrarem os princípios constitucionais, enquadrando-se conseqüentemente na competência do legislador, as disposições relativas à composição dos órgãos jurisdicionais expropriatórios incumbidos da fixação do montante da indenização[11] ou as que atribuam, a um magistrado da ordem judicial, competência para decretar a transferência da propriedade dos imóveis expropriados,[12] ou ainda aquelas exigindo que a decisão expropriatória discrimine, na quantia deferida a cada interessado, a indenização principal e, quando for o caso, as verbas acessórias, esclarecendo as bases sobre as quais as diversas parcelas tiverem sido calculadas.[13] Em contrapartida, são estranhas aos princípios fundamentais do regime da propriedade, ensejando, portanto, a competência regulamentar, as disposições seguintes, também relativas ao tema da desapropriação: disposições designando o órgão cujo parecer deve ser colhido previamente a certas desapropriações,[14] disposi-

10. V. a decisão cit. 89-256, de 25 de julho de 1989.

11. Decisão 65-33 L, de 9 de fevereiro de 1965, *Rec. Cons. Constit.*, p. 73; D. 1967. J. 405, nota L. Hamon.

12. Mesma decisão.

13. Decisão 77-101 L, de 3 de novembro de 1977, *Rec. Cons. Constit.*, p. 70; decisão 88-157 L, de 10 de maio de 1988, *ibid*, p. 56.

14. Decisão 69-53 L, de 27 de fevereiro de 1969, *Rec. Cons. Constit.*, p. 23; decisão 69-58 L, de 24 de outubro de 1969, *ibid*, p. 34.

ções designando a autoridade administrativa competente para expedir a declaração de utilidade pública para fins de desapropriação[15] ou disposições fixando certos prazos em matéria de procedimento não penal.[16]

Ademais, ainda segundo o art. 34 da Constituição, "a lei fixará (...) as regras concernentes (...) à nacionalização de empresas". Perceba-se que, aqui, compete à lei fixar as *regras*, enquanto, na hipótese precedente, competia-lhe determinar os *princípios fundamentais*. É o que resulta do referido art. 34, que inicialmente enumera certo número de matérias nas quais a lei fixa as regras e, após, enumera umas tantas outras nas quais ela determina os princípios fundamentais. Contudo, essa diferença terminológica não deve levar a pensar que, na primeira hipótese, em que a lei fixa as regras, a competência legislativa seja mais extensa do que na segunda, em que a lei determina os princípios fundamentais. É verdade que, quando das nacionalizações de 1982, o legislador a tal ponto desceu a detalhes que chegou a determinar ele próprio as sociedades nacionalizadas, sem que o Conselho Constitucional tenha contraposto a tal atitude a afirmação de que toda lei deve, em princípio, revestir um caráter geral e impessoal.[17] Mas o legislador poderia ter deixado tal encargo ao poder regulamentar desde que estabelecesse, na matéria, regras suficientemente precisas de modo a que este último não dispusesse de um poder discricionário.[18] O mesmo ocorre quando a lei determina os princípios fundamentais: deve ela ser suficientemente detalhada para não deixar ao governo um poder discricionário, sob pena de, de acordo com a expressão consagrada, *incompetência negativa do legislador*.[19]

Em outros termos, quer incumba à lei determinar os princípios fundamentais (regime da propriedade) quer lhe toque fixar as regras (nacionalização de empresas) a extensão da competência do legislador será idêntica: ele assentará os princípios básicos e as regras determinantes sem que, do ponto de vista da extensão respectiva da competência legislativa e da competência regulamentar, haja lugar para distinguir entre uma ou outra das duas hipóteses.[20]

b) A reserva de competência judicial

A dualidade de jurisdição é, sem nenhuma dúvida, uma das características mais marcantes da organização jurisdi-

15. Decisão 70-60 L, de 23 de fevereiro de 1970, *Rec. Cons. Constit.*, p. 35.

16. Decisão 77-101 L, de 3 de novembro de 1977, citada; decisão 88-157 L, de 10 de maio de 1988, citada.

17. Decisão 82-139 DC, de 11 de fevereiro de 1982, *Rec. Cons. Constit.*, p. 31; L. Favoreu e L. Philip, ob. cit., p. 460: embora o art. 34 da Constituição disponha que a lei fixará as regras concernentes à nacionalização de empresas, "essa disposição não impede o legislador de determinar ele próprio as sociedades a serem nacionalizadas segundo os critérios adotados pela lei".

18. Não existe decisão do Conselho Constitucional confirmando expressamente essa afirmação porquanto, como já indicado, o legislador havia escolhido a opção inversa, consistente em determinar ele mesmo as empresas nacionalizadas. Mas a afirmação é idônea tendo-se em conta a posição tomada pelo Conselho Constitucional não quanto às nacionalizações, mas às privatizações, e que é perfeitamente transponível para o tema das nacionalizações. Sobre essa posição, v. *infra* II, B, 1.

19. V., por exemplo, a decisão 89-260 DC, de 28 de julho de 1989, *Rec. Cons. Constit.*, p. 71: a determinação das modalidades de obrigações aplicáveis aos organismos de investimento coletivo de valores mobiliários põe em causa um princípio fundamental do regime da propriedade, incidindo, nos termos do art. 34 da Constituição, no domínio reservado à lei; portanto, ocorre inconstitucionalidade se o legislador confere ao governo, sem outras especificações, o poder de fixar "regras distintas segundo as categorias de organismos" de investimento no que concerne à composição de seus ativos.

20. V., por exemplo, L. Favoreu e L. Philip, ob. cit., pp. 68 e ss.

cional francesa. No âmbito da *justiça ordinária* — termo utilizado por oposição a *justiça constitucional* — existem duas ordens de jurisdição: de um lado a jurisdição administrativa, encimada pelo Conselho de Estado, e, de outro, a jurisdição judicial, cujo órgão máximo é a Corte de Cassação. Põe-se então o problema da repartição de competências entre as duas ordens de jurisdição. A esse respeito, a Constituição limita-se a dizer, em seu art. 66, que a jurisdição judicial (ou, mais exatamente, para empregar os mesmos termos da Constituição, a autoridade judicial) é a guardiã da liberdade individual, cujo respeito assegura nas condições previstas pela lei. Foi o Conselho Constitucional quem, em uma famigerada decisão,[21] e não sem uma certa ousadia,[22] erigiu a autoridade judicial em guardiã também da propriedade privada. Mais precisamente, tem valor constitucional "a relevância das atribuições conferidas à autoridade judicial em matéria de proteção da propriedade imobiliária".

Acentue-se de início que esse princípio não se aplica senão à propriedade privada imobiliária. Resulta disso que nenhuma regra constitucional impõe a competência do juiz judicial quando estiver em pauta a propriedade mobiliária, por exemplo a propriedade acionária. Desse modo, em 1982, quando cerca de quarenta bancos foram nacionalizados por transferência ao Estado da propriedade das ações representativas de seu capital, as ações não cotadas em bolsa foram avaliadas por uma comissão nacional de avaliação,[23] que é um organismo administrativo e não um organismo judicial e cujas decisões estão sujeitas ao controle do juiz administrativo.[24]

Acentue-se a seguir que, salvo essa especificação, o conteúdo do princípio é ao menos impreciso pois a única decisão do juiz constitucional tomada na matéria é essa de 1989 que, sem outros detalhes, atribui valor constitucional à relevância das atribuições conferidas à autoridade judicial em matéria de proteção da propriedade (imobiliária). Não se sabe de fato quais são exatamente essas atribuições relevantes do juiz judicial contra as quais é inconstitucional atentar. Todavia, duas atribuições talvez possam ser invocadas sem riscos excessivos: somente o juiz judicial é, em caso de litígio, competente para proceder à transferência compulsória da propriedade; apenas o juiz judicial é, em caso de litígio, competente para fixar a indenização devida pela perda da propriedade. Em contrapartida, o juiz administrativo é competente para intervir nas outras hipóteses, sem que haja nisso violação da Constituição. Em matéria de desapropriação por utilidade pública, por exemplo, é evidentemente perante o juiz administrativo que devem ser apresentados os recursos contra os atos administrativos anteriores ao desapossamento, como a declaração de utilidade pública. Em contrapartida, somente o juiz judicial é competente para determinar a transferência da propriedade e para estabelecer a indenização dos prejuízos em favor dos legitimados.

21. Decisão 89-256 DC, de 25 de julho de 1989 cit., confirmando uma análise já esboçada em suas decisões 85-189 DC, de 17 de julho de 1985 e 85-198 DC, de 13 de dezembro de 1985 (*Rec. Cons. Constit.*, pp. 49 e 78).

22. Pois os fundamentos textuais dessa decisão são bastante incertos. Ver sobre esse ponto nosso comentário, já referido, à decisão de 25 de julho de 1989, RFDA, 1989, p. 1.009, especialmente pp. 1.016-1.018.

23. J-J. Israel, "La commission administrative nationale d'évaluations des banques nationalisées non inscrites à la cote officielle (art. 18 de la loi du 11 février 1982)", *RDP*, 1986, p. 971.

24. V., por exemplo, Conselho de Estado, 16 de abril de 1986, *Societé Méridionale de Participations Bancaires Industrielles et Commerciales, Rec. Cons. d'Ét.*, p. 92; *AJDA*, 1986, p. 294, crônica M. Azibert e M. Fornacciari.

2. As regras de fundo

Duas disposições constitucionais de fundo devem ser aqui invocadas, mesmo não tendo a mesma importância para o nosso propósito. De um lado, o mencionado art. 17 da Declaração de 1789, segundo o qual, "sendo a propriedade privada um direito inviolável e sagrado, ninguém dela poderá ser privado senão quando a necessidade pública, legalmente constatada, evidentemente o exigir e mediante justa e prévia indenização". De outro lado, a alínea 9 do Preâmbulo da Constituição de 27 de outubro de 1946, segundo a qual "qualquer bem ou empresa cuja exploração possua ou venha a possuir o caráter de um serviço público nacional ou de um monopólio de fato deve tornar-se propriedade da coletividade".

Essa última disposição obriga o legislador ou a nacionalizar ele próprio ou a estabelecer as regras determinantes em matéria de nacionalização dos serviços públicos nacionais ou dos monopólios de fato. Mas, se este deixar de fazê-lo, não haverá, no direito francês, qualquer sanção possível, dada a inexistência em nosso direito, ao contrário do que ocorre por exemplo em Portugal e no Brasil, de mecanismos viabilizando a sanção daquilo que se convencionou chamar de inconstitucionalidade por omissão. Se ele o fizer, a operação de nacionalização deverá respeitar as disposições do art. 17 da Declaração de 1789, pois, como indicado, o Conselho Constitucional considerou, em sua já referida decisão de 16 de janeiro de 1982, que a alínea 9 do Preâmbulo de 1946 "não tem nem o conteúdo nem o efeito de tornar inaplicáveis, às operações de nacionalização, os mencionados princípios da Declaração de 1789". É, portanto, o art. 17 da Declaração de 1789 a disposição básica na matéria, produzindo a alínea 9 do Preâmbulo da Constituição de 1946 a conseqüência prática de impedir ou limitar a privatização dos serviços públicos nacionais e os monopólios de fato, questão que será abordada na segunda parte desse estudo, pois ela concerne não à proteção da propriedade privada, mas à proteção da propriedade pública.[25]

Em aplicação desse art. 17 da Declaração de 1789, é possível privar alguém de seu direito de propriedade, mesmo em se tratando de um direito de índole constitucional, pois a privação é justificada pela necessidade pública e dá ensejo a uma indenização prévia e justa.

Ademais, é viável a imposição de condicionamentos ao exercício do direito de propriedade, já aqui sem indenização, pois eles se justificam pelo interesse geral e não desnaturam o sentido ou o alcance do direito a ponto de serem assimiláveis às privações.

a) As privações do direito de propriedade justificadas pela necessidade pública e ensejadoras de uma indenização prévia e justa

O mais grave atentado ao direito de propriedade é, evidentemente, a privação da própria propriedade, isto é, sua transferência compulsória a outrem, o desapossamento. Ela é, no entanto, autorizada pelo art. 17 da Declaração de 1789. O Conselho Constitucional teve por diversas vezes a oportunidade de insistir em que esta disposição, e muito especialmente a exigência de uma indenização prévia e justa, não incide, segundo os próprios termos do art. 17, senão em caso de privação do direito de propriedade.[26] É o caso da nacionalização[27] ou da de-

25. Cf. *infra* II, B, 2.

26. J.-Y. Chérot, "La notion de privation de propriété", *II Congrès français de droit constitutionnel*, Bordeaux, 13, 14 e 15 de maio de 1993, 20 p. policopiadas.

27. Decisão 81-132 DC, de 16 de janeiro de 1982, cit.

sapropriação por utilidade pública.[28] Nessas hipóteses, a constitucionalidade da privação da propriedade está subordinada à conjugação de três condições principais: a privação deve ser uma exigência da necessidade pública; a indenização deve ser justa; a indenização deve ser prévia.

A privação deve ser uma exigência da necessidade pública.[29]

A principal questão que se põe nesse particular é a de saber se o juiz pode ou não controlar o atendimento dessa condição, considerando-se o caráter algo subjetivo da noção de necessidade pública ou de utilidade pública.

Tratando-se das nacionalizações, duas teses opostas foram defendidas quanto a esse assunto à época das nacionalizações de 1982. A primeira, desenvolvida especialmente pelo Ministro da Justiça tanto perante a Assembléia Nacional como perante o Senado, e retomada pelo grupo socialista da Assembléia Nacional em seu memorial dirigido ao Conselho Constitucional,[30] rechaçava toda possibilidade de controle: a "necessidade pública" invocada pelo art. 17 da Declaração não é um conceito objetivo, assentado em critérios claros e que deixe uma margem mínima para a apreciação pessoal, de sorte a poder ser apreendido pelo Conselho Constitucional; trata-se, ao contrário, de um conceito que, considerada sua natureza, enseja a apreciação soberana do Parlamento. A outra tese, desenvolvida especialmente pelos senadores em seu recurso,[31] sustentava em contrapartida que o Conselho Constitucional poderia ao menos censurar os erros manifestos de apreciação cometidos pelo legislador. E essa será a solução acolhida pelo Conselho Constitucional em sua já citada decisão de 16 de janeiro de 1982. Ele ressaltou inicialmente "que apreende-se dos trabalhos legislativos (...) que o legislador justificou as nacionalizações efetuadas pela mencionada lei no fato de que elas seriam necessárias para fornecer aos poderes públicos meios para enfrentar a crise econômica, promover o crescimento e combater o desemprego e que, destarte, teriam fundamento na necessidade pública a que alude a Declaração de 1789". E prosseguiu afirmando "que a apreciação formulada pelo legislador sobre a necessidade das nacionalizações não poderia, na ausência de erro manifesto de apreciação, ser recusada porquanto não ficara configurado que as transferências de bens e empresas então operadas restringiriam o campo da propriedade privada e da liberdade de empreender a ponto de violar as referidas disposições da Declaração de 1789".

Em outros termos, o Conselho acentuou que o legislador entendera estar atuando de acordo com o interesse público e que sua apreciação é insuscetível de ser controlada pelo juiz constitucional, salvo se — o que não se verificou na hipótese — o legislador, ao identificar a necessidade pública, cometer um erro manifesto de apreciação, ou se o legislador efetivar nacionalizações de tal amplitude que impliquem em afronta à propriedade privada garantida pela Declaração de 1789. Esses dois limites à regra geral da inviabilidade de controle são *a priori* lógicos: o legislador não poderia, por exemplo, sem cometer um erro manifesto de apreciação, nacionalizar uma única pequena empresa de um setor altamente competitivo, o porte da empresa inviabilizando a alegação de estar em causa um instrumento decisivo da política econômica; também não poderia,

28. Decisão 89-256 DC, de 25 de julho de 1989, cit.

29. Ou da utilidade pública, para empregar o termo mais freqüentemente utilizado em matéria de desapropriação e cujo sentido literal traduz uma flexibilização das exigências constitucionais.

30. V. *Nationalisations et Constitution*, cit., especialmente pp. 318-320.

31. *Nationalisations et Constitution*, cit., pp. 259-260.

sob pena de reduzir a nada o setor privado garantido pela Constituição, proceder à nacionalização das principais atividades econômicas do país. Mas, afora esses casos extremos, os limites estabelecidos pelo Conselho Constitucional lhe garantem uma incontestável margem de manobra, pois eles desembocam em questões que não encontram outra resposta senão a que lhes deu o próprio Conselho: a partir de que tamanho uma empresa torna-se um instrumento decisivo de política econômica a justificar sua nacionalização? Qual a dimensão máxima do setor público que, uma vez ultrapassada, seria considerada como atentatória à garantia da propriedade privada?

Passando agora às desapropriações, poder-se-ia à primeira vista imaginar que o controle exercido pelo juiz administrativo sobre a ocorrência da utilidade pública vai mais longe que o exercido pelo Conselho Constitucional quanto à necessidade pública das nacionalizações, porquanto, segundo uma fórmula já consagrada, "uma operação não pode ser legalmente declarada de utilidade pública senão quando os agravos à propriedade privada, o custo financeiro e, eventualmente, os inconvenientes de ordem social ou os agravos a outros interesses públicos que possa provocar não forem excessivos em relação ao interesse a que ela atende".[32] Todavia, a prática desse controle, conhecido como controle da relação custo-benefício, não se distancia de um controle do erro manifesto de apreciação, sendo que o juiz não formula uma avaliação negativa a não ser quando os inconvenientes da operação ultrapassem largamente seus benefícios.[33]

A indenização deve ser justa

Tratando-se de uma nacionalização, isso implica, segundo o Conselho Constitucional, que "os acionistas das sociedades atingidas pela lei de nacionalização têm direito à compensação do prejuízo por eles suportado, avaliado na data da transferência da propriedade, abstração feita da influência que a perspectiva de nacionalização tiver podido exercer sobre o valor de seus títulos".[34] Essas exigências conduziram a Alta Instância a considerar inconstitucional o sistema de indenização inicialmente adotado pelo legislador.

A lei havia previsto, por exemplo, que o valor das ações transferidas ao Poder Público e que fossem cotadas em Bolsa seria calculado através de uma ponderação em que 50% do valor corresponderia à média da cotação das ações entre 1º de janeiro de 1978 e 31 de dezembro de 1980, 25% ao patrimônio líquido contábil da empresa e os restantes 25% à multiplicação por 10 de seu lucro líquido médio. O Conselho reconheceu "que a determinação do valor das ações pela sua cotação na data do desapossamento não poderia ser feita de modo direto, em especial pelo fato de que essa cotação havia sido necessariamente afetada, e isso desde há muito, pela própria perspectiva das nacionalizações; que

32. Conselho de Estado, 20 de outubro de 1972, *Societé Civile Sainte-Marie de l'Assomption*, *Rec. Cons. d'Ét.*, p. 657, conclusões M. Morisot; *RDP*, 1973, p. 843, conclusões M. Morisot; *AJDA*, 1972, p. 576, crônica MM. Cabanes e Léger; *JCP*, 1973, II, 17.470, nota B. Odent; *CJEG*, 1973, J, 60, nota J. Virole. Esse acórdão nada mais fez do que precisar uma formulação inaugurada alguns meses antes pela decisão Conselho de Estado, 28 de maio de 1971, Ministre de l'équipement et du logement c/Fédération de défense des personnes concernées par le projet actuellement denommé "Ville nouvelles est", *Rec. Cons. d'Ét.*, p. 409, conclusões G. Braibant; M. Long, G. Braibant, P. Weil, P. Devolvé e B. Genevois, *Les grands arrêts de la jurisprudence administrative*, Sirey, 1993, 10ª ed., p. 648 e as referências cit.

33. Para maiores detalhes, v., por exemplo, J-M. Auby e P. Bon, *Droit administratif des biens*, Dalloz, 1993, 2ª ed., pp. 392-396, especialmente p. 395.

34. Decisão cit. 81-132 DC, de 16 de janeiro de 1982.

cabia, portanto, ao legislador instituir, para o cálculo do valor dos títulos, regras idôneas a conduzir, de modo aproximado mas dentro de certos limites, a resultados equivalentes''. Todavia, entendeu ele que o sistema adotado pelo legislador não conduzia a uma justa avaliação do valor das ações e isso por quatro razões: o montante obtido a partir da média das cotações em bolsa dos anos 1978, 1979 e 1980 deveria ter sido, para exprimir o valor das ações em 1º de janeiro de 1982, submetido a uma correção que compensasse a depreciação monetária; a adoção da média das cotações em bolsa de um período tão longo conduzia a distorções consideráveis no tocante àquilo que poderia ser o valor real das ações no momento do desapossamento; a referência ao patrimônio líquido contábil e ao lucro líquido médio sem consideração dos ativos e do lucro das filiais conduzia a resultados muito diferentes, determinados, não pela diferença de dados econômicos e financeiros objetivos, mas pela diversidade de técnicas de gestão e de métodos de contabilização adotados pelas sociedades; por fim, os antigos acionistas haviam sido privados dos dividendos a que teriam direito com relação ao exercício de 1981. Assim, o legislador foi obrigado a substituir o sistema inicialmente adotado por um outro, este sim, afinal, acolhido como constitucional,[35] e com as seguintes modificações principais: a média das cotações em bolsa seria calculada tomando-se um período mais curto além de mais recente, porquanto englobaria os meses de outubro de 1980 a março de 1981; a esse dado seriam acrescidas as quantias distribuídas sob a forma de dividendos do exercício de 1980, elemento esse ''destinado a assegurar aos acionistas, segundo uma avaliação consensual, a percepção dos dividendos relativos ao exercício de 1981'';[36] o montante acabou assim majorado em 14%.

Tratando-se de uma desapropriação, o Conselho Constitucional considera que ''para ser justa, a indenização deve cobrir a integralidade do prejuízo direto, material e certo causado pela desapropriação''.[37] O juiz constitucional descarta, assim, de modo criticável segundo alguns,[38] a reparação do prejuízo moral, avalizando indiretamente a redação do art. L 13-13 do Código das Desapropriações segundo o qual ''as indenizações acordadas devem cobrir a integralidade do prejuízo direto, material e certo causado pela desapropriação''.

A indenização deve ser prévia

Essa exigência foi interpretada com certa flexibilidade pelo juiz constitucional. Sua formulação data de uma época em que não se pensava senão nas desapropriações e em que a figura jurídica e política das nacionalizações era ainda desconhecida. Ao exigirem uma indenização prévia, os autores do texto de 1789 consideravam na época que a Administração não poderia apossar-se de um bem expropriado sem haver anteriormente versado, em dinheiro, a indenização correspondente, o que em princípio não oferece maiores problemas. De fato, a indenização na desapropriação deve sempre ser paga[39] antes de o expropriante entrar na posse do bem expropriado. Essa regra só é afastada em um caso: quando se tratar de uma desapropriação de extrema urgência. Em tal hipótese, e em cumprimento aos arts. L 15-6 e ss. do

35. Decisão cit. 82-139 DC, de 11 de fevereiro de 1982.

36. Mesma decisão.

37. Decisão cit. 89-256 DC, de 25 de julho de 1989.

38. P. Bon e P. Carrias, *Dictionnaire juridique expropriation*, Dalloz, 1993, n. 5.001.

39. Ou consignada, em caso de obstáculo ao pagamento efetivamente constatado: por exemplo, recusa do beneficiário em recebê-lo.

Código das Desapropriações, a imissão de posse pode ocorrer ainda que o expropriante não tenha depositado senão uma simples provisão. Todavia, o Conselho Constitucional considerou que essa exceção não contrariava o princípio constitucional da indenização prévia, considerando-se seu campo de atuação estritamente limitado — realização de grandes obras públicas de interesse nacional exaustivamente enumeradas pelo Código —, os relevantes motivos de interesse geral em causa — viabilizar a realização dessas grandes obras públicas de interesse nacional — e as garantias previstas em favor dos proprietários interessados — necessidade de um decreto submetido ao Conselho de Estado, provisão ao menos igual à avaliação do serviço fundiário (ou da entidade expropriante, se superior àquela), intervenção, para fixação da indenização definitiva, do juiz da desapropriação, que pode, ademais, atribuir ao proprietário uma indenização especial para compensar o prejuízo causado pela rapidez do procedimento.[40]

Em contrapartida, estando em pauta uma nacionalização, e muito especialmente uma nacionalização de grande porte, exigir o pagamento prévio e em dinheiro da indenização pode implicar em onerar demasiadamente o erário público. É essa a razão pela qual o Conselho Constitucional considerou não ser obrigatório o pagamento prévio e em dinheiro na hipótese de nacionalização, pois o modo de ressarcimento escolhido era "suficientemente equivalente a um pagamento em dinheiro".[41] Segundo ele, era esse o caso das nacionalizações de 1982, levando-se em conta as modalidades de pagamento previstas pelo legislador: os acionistas expropriados recebiam, na data do desapossamento, em troca de suas ações, títulos públicos; esses títulos eram negociáveis em Bolsa; rendiam juros semestrais pagáveis ao final do semestre e cuja taxa era suficiente para compensar a depreciação monetária; o resgate desses títulos era efetuado por sorteio em parcelas de modo a permitir o resgate total numa média de sete anos e meio, tempo esse que, para o Conselho, nem é anormal nem excessivo.

b) Os condicionamentos ao exercício do direito de propriedade justificados pelo interesse público e que não desnaturam o sentido e o alcance do direito

Não estando em causa uma privação da propriedade, isto é, um desapossamento, mas simples condicionamentos ao exercício do direito de propriedade que não comprometam sua existência, o art. 17 da Declaração de 1789 deixa de ser aplicável. Em conseqüência, podem existir condicionamentos ao exercício do direito de propriedade sem que eles dêem lugar à indenização. É esse o caso, por exemplo, da proibição da publicidade ou propaganda do tabaco ou dos condicionamentos estabelecidos à propaganda e à publicidade de bebidas alcoólicas: eles não afetam a própria existência do direito a uma marca regularmente registrada; são suscetíveis apenas de atingir o exercício desse direito.[42] É esse também o caso, para indicar outro exemplo, das disposições relativas à homologação das tarifas dos estabelecimentos hospitalares privados: em si mesmas, elas não produzem nenhuma transferência de propriedade e não afetam senão as condições de exercício do direito de propriedade.[43]

40. Decisão 89-256 DC, de 25 de julho de 1989.

41. Decisão cit. 81-132 DC, de 16 de janeiro de 1982.

42. Decisão 90-283 DC, de 8 de janeiro de 1991, *Rec. Cons. Constit.*, p. 11.

43. Decisão 90-287 DC, de 16 de janeiro de 1991, *Rec. Cons. Constit.*, p. 24.

Todavia, esses condicionamentos ao exercício do direito de propriedade não serão constitucionais se duas condições não forem cumulativamente preenchidas.

Em primeiro lugar, eles devem estar justificados pelo interesse geral. A proibição da publicidade e da propaganda do tabaco e os condicionamentos à propaganda e à publicidade das bebidas alcoólicas são justificadas pela proteção da saúde pública que, ademais, levando-se em conta a alínea 11 do Preâmbulo da Constituição de 1946,[44] é um princípio constitucional.[45] Da mesma maneira, a homologação das tarifas dos estabelecimentos hospitalares privados responde a um motivo de interesse geral, o controle da evolução das despesas médicas suportadas pela coletividade.[46]

Em segundo lugar, esses condicionamentos não devem desnaturar o sentido ou o alcance do direito de propriedade[47] ou, para retomar uma fórmula ligeiramente distinta mas cujo significado não é muito diverso, não devem impor ao proprietário uma sujeição tal que implique em esvaziar de seu conteúdo o direito de propriedade.[48] Em outros termos e para empregar uma expressão em vigor em outras ordens constitucionais, elas não devem atentar contra o *conteúdo essencial do direito*. Evidentemente, nem sempre é fácil saber se a restrição desnatura ou não o sentido e o alcance do direito de propriedade. O Conselho Constitucional será tanto mais inclinado a concluir pela não ocorrência de desnaturação quanto mais limitada for a restrição,[49] além de provida de garantias de fundo e de procedimento,[50] entre as quais figura, em primeiro lugar, especialmente, a ausência de poder discricionário da autoridade pública,[51] o controle do juiz do excesso de poder[52] e a existência de sanções para o caso de inobservância das prescrições legais.[53]

No total, múltiplos condicionamentos podem ser impostos ao direito à propriedade privada, fazendo dele um direito de segunda linha, a exemplo do que se passa na maior parte das outras ordens constitucionais.

II — O estatuto constitucional da propriedade pública

Dotado de um valor constitucional sob o mesmo título que o direito à propriedade privada, o direito à propriedade pública goza também de um regime constitucional de proteção.

A — O valor constitucional do direito à propriedade pública

Ao insistirem na Declaração de 1789 quanto ao valor cardeal do direito de propriedade, os revolucionários pensavam antes de mais nada em proteger a propriedade privada. Mas não há razão para a propriedade pública não ser protegida sob o mesmo título que a proprie-

44. A nação "garante a todos, especialmente à criança, à mãe e aos idosos trabalhadores, a proteção da saúde pública".

45. Decisão cit. 90-283 DC, de 8 de janeiro de 1991.

46. Decisão cit. 90-287 DC, de 16 de janeiro de 1991.

47. Decisões 84-172 DC, de 26 de julho de 1984, *Rec. Cons. Constit.*, p. 58; 85-189 DC, de 17 de julho de 1985, *ibid*, p. 49; 89-254 DC, de 4 de julho de 1989, *ibid*, p. 41; 90-287 DC, de 16 de janeiro de 1991, cit.

48. Decisão 85-198 DC, de 13 de dezembro de 1985, *Rec. Cons. Constit.*, p. 78.

49. Decisão cit. 90-283 DC, de 8 de janeiro de 1991.

50. Decisão cit. 84-172 DC, de 26 de julho de 1984.

51. Decisão cit. 85-189 DC, de 17 de julho de 1985.

52. Mesma decisão; decisão 89-267 DC, de 22 de janeiro de 1990, *Rec. Cons. Constit.*, p. 27.

53. Decisão 91-303 DC, de 15 de janeiro de 1992, *Rec. Cons. Constit.*, p. 15.

dade privada. É o motivo pelo qual, em sua decisão de 1986 consagrada à lei de privatização,[54] após haver invocado "as disposições da Declaração dos Direitos do Homem de 1789 relativas ao direito de propriedade e à proteção que lhe é devida", o Conselho concluiu "que esta proteção não concerne apenas à propriedade privada dos particulares mas também, sob igual título, à propriedade do Estado e das outras pessoas públicas". Em outros termos, a propriedade pública não só tem valor constitucional sob o mesmo título que a propriedade privada como, em conseqüência, goza de um regime constitucional de proteção, cujas grandes linhas cuida-se agora de examinar.

B — O regime constitucional do direito à propriedade pública

1. As regras de competência

Se, como já indicado, é a lei que, em aplicação do art. 34 da Constituição, fixa as regras concernentes à nacionalização de empresas, é ela igualmente que, com fundamento no mesmo artigo, fixa as regras relativas "às transferências de propriedade de empresas do setor público para o privado". A esse propósito, o Conselho Constitucional foi levado a introduzir diversas especificações que aproximam o direito das privatizações do direito das nacionalizações.

Em primeiro lugar, o art. 34 "deixa ao legislador a apreciação da oportunidade das transferências do setor público para o setor privado e a determinação dos bens e empresas sobre as quais elas devem recair",[55] sendo certo que ele não poderá dispensar-se, "no exercício de sua competência, do respeito devido aos princípios e regras de valor constitucional que se impõem a todos os órgãos do Estado".[56]

Em segundo lugar, o art. 34 não impõe que, para tanto, "toda operação implicando em uma transferência do setor público ao setor privado seja diretamente decidida pelo legislador".[57] O legislador tem perfeitamente o direito de fazê-lo, mas pode também deixar essa tarefa a uma autoridade administrativa.

Mas, em terceiro lugar, se o legislador não designa ele mesmo *expressis verbis* as empresas nacionalizadas e deixa essa tarefa a uma autoridade administrativa, cabe-lhe, ainda assim, "estabelecer para tais operações as regras cuja aplicação incumbirá às autoridades ou órgãos por ele designados",[58] regras essas que não poderão atribuir "um poder discricionário de apreciação e de decisão isento de qualquer controle e de extensão excessiva".[59] Em 1982, os arts. 4º, 16 e 30 da Lei de Nacionalizações submetida ao controle do Conselho Constitucional autorizavam, sem outras especificações, os órgãos dirigentes das sociedades nacionalizadas a resolver sobre a alienação parcial ou total das participações no capital das filiais situadas fora do território nacional. O Conselho decidiu que essas disposições "atribuem com exclusividade aos órgãos das sociedades nacionalizadas um poder discricionário de apreciação e de decisão imune a qualquer controle e de tal extensão que as disposições criticadas não poderiam ser vistas como idôneas a satisfazer às exigências do art. 34 da Constituição".[60]

54. Decisão 86-207 DC, de 25 e 26 de junho de 1986, *Rec. Cons. Constit.*, p. 61; L. Favoreu e L. Philip, ob. cit., p. 655 e as referências citadas.

55. Decisão cit. 87-207, de 25 e 26 de junho de 1986.

56. Mesma decisão.

57. Decisões cit. 81-132 DC, de 16 de janeiro de 1982 e 87-207, de 25 e 26 de junho de 1986.

58. Decisão cit. 81-132 DC, de 16 de janeiro de 1982.

59. Decisão cit. 87-207, de 25 e 26 de junho de 1986.

60. Decisão cit. 81-132 DC, de 16 de janeiro de 1982.

2. As regras de fundo

Entre os princípios e regras de fundo a serem respeitados ao ensejo de uma operação de privatização, deve-se ressaltar que, de uma parte, certas atividades públicas não podem ser transferidas ao setor privado e que, tratando-se de atividades públicas suscetíveis de transferência, o preço da cessão não poderá ser inferior a seu efetivo valor.

As atividades públicas insuscetíveis de transferência ao setor privado

Como já indicado, a alínea 9 do Preâmbulo da Constituição de 1946 dispõe que "qualquer bem ou empresa cuja exploração possua ou venha a possuir o caráter de um serviço público nacional ou de um monopólio de fato deve tornar-se propriedade da coletividade". Deve-se deduzir disso ser contrário à Constituição privatizar um serviço público nacional ou um monopólio de fato? A resposta fornecida pelo Conselho Constitucional deve ser matizada.

A privatização de um monopólio de fato parece inconstitucional, especificando-se que a noção de monopólio de fato "deve ser entendida levando em conta a globalidade do setor em que atuam essas empresas, assim como a concorrência que, nesse setor, lhes faz o conjunto das outras empresas"[61] sem que sejam levadas "em conta as posições privilegiadas que tal ou qual empresa detenha momentaneamente ou em relação a uma produção que não represente senão uma parte de suas atividades".[62]

Em contrapartida, a privatização de um serviço público nacional é possível, desde que não se trate de um serviço público constitucional. Com efeito, "o fato de uma atividade haver sido erigida pelo legislador em serviço público sem que a Constituição o exigisse não constitui obstáculo a que ela seja, assim como a empresa dela incumbida, objeto de transferência ao setor privado",[63] salvo, evidentemente, em se tratando de um monopólio de fato. Até o presente, a jurisprudência esclareceu não configurarem serviços públicos constitucionais as atividades constantes da lista anexa à Lei 86-793, de 2 de julho de 1986, e entre as quais figuravam essencialmente os bancos e seguradoras,[64] o serviço público de crédito,[65] os serviços de televisão[66] e a distribuição de financiamentos subsidiados.[67] No entanto, ela ainda não teve ocasião de fornecer exemplos de serviços públicos constitucionais. Já a doutrina tem freqüentemente invocado como tais os serviços públicos de defesa nacional, da justiça, das relações internacionais e da polícia, isto é, os serviços públicos correspondentes às funções de soberania, além dos serviços públicos de educação, saúde e assistência social.[68]

O preço de cessão das atividades públicas suscetíveis de transferência

Para o Conselho Constitucional,[69] "a Constituição se opõe a que bens ou empresas integrantes do patrimônio público sejam cedidos a entidades de fins privados por um preço inferior a seu valor".

A origem dessa regra é dupla.[70] Ela decorre inicialmente do princípio da iso-

61. Decisão cit. 86-207 DC, de 25 e 26 de junho de 1986.
62. Mesma decisão.
63. Mesma decisão.
64. Mesma decisão.
65. Mesma decisão.
66. Decisão 86-217 DC, de 18 de setembro de 1986, *Rec. Cons. Constit.*, p. 141.
67. Decisão 87-232 DC, de 7 de janeiro de 1988, *Rec. Cons. Constit.*, p. 17.
68. L. Favoreu e L. Philip, ob. cit., p. 677.
69. Decisão cit. 86-207 DC, de 25 e 26 de junho de 1986.
70. Mesma decisão.

nomia, cuja violação atribuiria aos adquirentes dessa atividade uma vantagem injustificada em detrimento do conjunto dos cidadãos. Decorre, a seguir, da proteção conferida ao direito de propriedade pela Declaração de 1789 que, como já ressaltado, concerne não apenas à propriedade privada dos particulares mas também, a igual título, à propriedade do Estado e das demais pessoas públicas. Isso significa que, se o preço deve ser "justo" quando o Poder Público se apropria de um bem de particular, deve ser igualmente "justo" quando cede um de seus bens, entendendo-se por justo preço o que corresponda a seu efetivo valor.

Resta saber como deve ser determinado esse justo preço. Deve sê-lo, responde sinteticamente o Conselho Constitucional, [71] "de modo objetivo e imparcial, com observância de técnicas apropriadas". E assim será se a determinação do valor das atividades transferidas for feita "por peritos capazes, totalmente independentes dos eventuais adquirentes"[72] e se for "conduzida de acordo com métodos objetivos comumente aplicados em matéria de cessão total ou parcial dos ativos de sociedades, levando em conta, segundo uma ponderação apropriada a cada caso, o valor desses títulos em Bolsa, o valor dos ativos, os dividendos auferidos, a existência de filiais e as perspectivas futuras".[73]

71. Decisão cit. 87-232 DC, de 7 de janeiro de 1988.

72. Decisão cit. 86-207, de 25 e 26 de junho de 1986.

73. Mesma decisão.

AS LIMITAÇÕES CONSTITUCIONAIS À REMUNERAÇÃO DO SERVIDOR PÚBLICO

MARÇAL JUSTEN FILHO
Professor Titular da Universidade Federal do Paraná

1. A questão enfocada

1. Os servidores públicos civis aposentados do Estado do Paraná passaram a enfrentar sério problema com a vigência da Constituição de 1988. Tais servidores haviam tido seus proventos fixados inclusive tendo em vista vantagens pessoais (adicional por tempo de serviço, gratificações etc.). Após 1988, foram editadas diversas leis pelo Estado do Paraná (tais como as de n. 9.105/89, 9.361/90 e 9.937/92), que introduziram o chamado ''redutor salarial''. Por decorrência, os proventos dos servidores aposentados antes da Constituição foram reduzidos, produzindo inúmeras disputas e conflitos. A controvérsia envolve diversos dispositivos constitucionais, cuja exata interpretação ainda comporta exame mais aprofundado.

Uma primeira questão refere-se ao conteúdo do art. 37, XI, da CF/88, para definir se dele decorre uma vedação a que soma *total* da retribuição dos servidores públicos supere a remuneração paga aos ocupantes dos cargos de maior hierarquia em cada um dos Poderes.

Depois, deve-se perquirir se os efeitos jurídicos do art. 39, § 1º, da CF/88 devem ser apurados apenas no âmbito interno de cada Poder ou não.

Indo avante, é necessário definir se o disposto no art. 17 do ADCT da CF/88 constitui fundamento autônomo para redução de remuneração dos servidores públicos.

A partir desses pressupostos, poder-se-á examinar a solução adotada pelas leis paranaenses para apurar sua compatibilidade com a Constituição Federal, ao instituir o ''redutor salarial'' nos moldes adotados.

2. A interpretação constitucional

2. A melhor doutrina tem insistido na necessidade de interpretação sistemática da Constituição. Se a interpretação de qualquer diploma pressupõe o chamado ''método sistemático'', a hermenêutica constitucional somente se aperfeiçoa através dessa via. Vale transcrever a lição irretocável de Karl Larenz, quer sobre o conteúdo, quer sobre a relação interna das regras constitucionais: ''(...) subjaz à Lei Fundamental o reconhecimento de determinados valores humanos gerais como, sobretudo, a dignidade humana e o valor da personalidade humana, e que para tutela destes valores foram atribuídos ao indivíduo direitos fundamentais amplamente tutelados, como também se elevou a Direito vigente de escalão constitucional certos princípios ético-jurídicos e político-constitucionais — como o princípio da igualdade, o princípio do Estado de Direito e o do Estado Social. É também verdade que estes direitos fundamentais e princípios não estão uns a par dos outros, sem conexão, mas que se relacionam uns com os outros de acordo com o sentido e, por isso, podem tanto complementar-se como delimitar-se entre si. Não é outra coisa que pretende dizer o Tribunal Constitucional Federal quando fala da Constituição como 'um todo de sentido' ou da 'unidade deste sistema fundamentante de valores' ".[1]

3. Não sem orgulho, pode-se afirmar que a lição é plenamente aplicável ao direito brasileiro. Se a Constituição se posiciona hierarquicamente acima de todas as leis, também se apresenta como um todo sistemático. Não se extrai a vontade constitucional através de uma única palavra. Nem se apreende a ordem dela emanada pela análise circunscrita a apenas uma oração, uma alínea, um parágrafo ou um artigo. Por isso, não se aplica "um" artigo da Constituição para solucionar um litígio: aplica-se a Constituição como um todo.

Esse postulado deve orientar o trabalho do estudioso e servirá como único instrumento lógico adequado para enfrentar a disputa existente.

3. A interpretação literal do art. 37, XI, da CF/88

4. Segundo o entendimento defendido pelo Estado do Paraná, o "redutor salarial" encontraria respaldo constitucional no art. 37, IX, da CF/88.[2]

As leis paranaenses estabeleceram que a "maior remuneração" do servidor do Executivo deveria interpretar-se na acepção de "valor total da retribuição". Logo, a soma da remuneração básica do cargo mais as vantagens pessoais não poderia suplantar a remuneração paga aos Secretários de Estado. Na defesa dessa tese, sustenta que o vocábulo "remuneração" não se confunde com "vencimento".

A tese subjacente a tais dispositivos consagra uma tentativa de isolar dispositivos constitucionais e extrair conclusões a partir de uma interpretação meramente literal. Por resultado, ao invés de analisar-se a Constituição como um conjunto de normas, as controvérsias são tratadas como uma disputa acerca de palavras e de artigos, isoladamente considerados.

Por essa via, chegar-se-á a resultado precário e insatisfatório, incompatível com a natureza sistemática do ordenamento jurídico. Mas, além de tudo, nem a interpretação literal do art. 37, XI, favorece a tese consagrada na legislação do Estado do Paraná, como se verá abaixo.

5. A Constituição determina que a maior "remuneração" (percebida a qualquer título) no âmbito de cada Poder constituirá limite máximo para "remuneração" dos servidores públicos do respectivo Poder.

Em um primeiro momento e adotada a via de interpretar isoladamente dispositivos e palavras da Constituição, o

1. *Metodologia da Ciência do Direito*, Gulbenkian, 1983, p. 413.

2. "A lei fixará o limite máximo e a relação de valores entre a maior e a menor remuneração dos servidores públicos, observados, como limites máximos e no âmbito dos respectivos poderes, os valores percebidos como remuneração, em qualquer espécie, a qualquer título, por membros do Congresso Nacional, Ministros de Estado e Ministros do Supremo Tribunal Federal e seus correspondentes nos Estados, no Distrito Federal e nos Territórios, e, nos Municípios, os valores percebidos como remuneração, em espécie, pelo Prefeito".

cerne da disputa residiria em definir se o dispositivo alude à "remuneração" básica ou indica a "remuneração global" dos servidores de cada Poder.

6. A legislação do Estado do Paraná pressupõe uma interpretação literal do dispositivo constitucional. Ou seja, a Constituição utilizou a palavra "remuneração" e que esse vocábulo indicaria o "total global da retribuição". Entendimento diverso somente poderia ser defendido se a Constituição tivesse utilizado o vocábulo "vencimento", expressão adequada para indicar a "remuneração-base" do cargo.

6.1 Ressalve-se, uma vez mais, não ser essa a via correta para interpretar a Constituição. É impossível determinar o sentido da disposição constitucional examinada através, exclusivamente, da palavra "remuneração", tal como se uma única palavra pudesse autorizar a descoberta da vontade constitucional. Apesar disso, mesmo uma interpretação literal conduz a resultado oposto, evidenciador de que a Constituição não autoriza a solução contida na legislação paranaense.

6.2 A afirmativa de que "remuneração" deve interpretar-se como algo diferente de "vencimento" é totalmente arbitrária. Não há fundamento jurídico para sustentá-la. Inexiste definição, em nível constitucional, do que se deva entender por tais vocábulos.

Muito menos cabível seria o argumento de que a legislação ordinária utiliza o vocábulo "vencimento" em certo sentido. Invocar a disposição da lei ordinária significaria defender que a interpretação da Constituição Federal seja alicerçada no texto da lei ordinária. Essa é uma tese que não possui sustentação jurídica. Representa uma inversão do sistema jurídico e consagra defeito lógico insuperável. A Constituição Federal inicializa e dá fundamento ao sistema jurídico. A lei ordinária é conseqüência da Constituição e, não, causa dela. Descobre-se o sentido da lei ordinária a partir da Constituição e nunca o inverso.

Tem-se de reconhecer que, no texto da Constituição, "vencimento" e "remuneração" são vocábulos sem uma acepção predeterminada, única e obrigatória. Não há como afirmar, de antemão e sem exame da própria Constituição, que essas palavras teriam sido utilizadas em uma acepção estabelecida previamente à elaboração da Carta. Portanto, invocar a praxe da terminologia seria infringir a Constituição e o intérprete estaria superpondo as convicções pessoais ao conteúdo e à existência da norma constitucional.

6.3 Examinando a Constituição, verifica-se uma explicação óbvia para a utilização do vocábulo "remuneração" no art. 37, XI. Esse dispositivo não disciplina apenas ao valor pago aos ocupantes de cargos estatutários dos três poderes — hipótese em que, tradicionalmente, se utiliza "vencimento(s)". Alude, também, ao pagamento para membros do Poder Legislativo e titulares da Chefia do Poder Executivo. Esses não percebem, segundo a sistemática jurídica vigente, "vencimento(s)".

Sempre que a Constituição disciplinou retribuição salarial aos membros do Poder Legislativo e titulares do Poder Executivo, deixou de utilizar o vocábulo "vencimento(s)", substituindo-o por "remuneração". Assim se passou, por exemplo, no art. 49, incs. VII e VIII.

Ademais, a Constituição utiliza "remuneração" sempre que alude, genericamente, à retribuição para servidores civis e militares. Isso se verificou no art. 37, X, onde a Constituição utilizou o vocábulo "remuneração" e, não, proventos ou vencimentos.

Ora, o inc. XI do mesmo art. 37 também disciplina a situação tanto de servidores civis como de militares, tanto de servidores da Administração direta como indireta. A Constituição Federal não utilizou "vencimento(s)" porque, se o fizesse, induziria à conclusão de que a regra não se aplicava aos militares.

6.4 Aliás, sobre o tema, pode-se aplicar a lição de Adílson Abreu Dallari, ainda que desenvolvida a propósito do inc. XII do art. 37 (que utilizou a expressão "vencimentos"). Diz ele que "o problema pior, porém, está na referência a 'vencimentos' e a 'cargos', dando uma primeira impressão de que isso se aplicaria apenas ao pessoal estatutário, já que os celetistas não ocupam cargos, mas empregos, nem recebem vencimentos, mas salários. A interpretação sistemática, entretanto, conduz a outro resultado. Cabe observar que o disposto no art. 37 vale para a administração direta e indireta".[3]

Ou seja, o vocábulo "vencimento" foi mal utilizado no art. 37, inc. XII. Deve ser interpretado no sentido de "remuneração". Se o art. 37, XI, tivesse utilizado "vencimento", ao invés de "remuneração", daria margem à mesma dúvida apontada por Adílson Abreu Dallari. Surgiria controvérsia sobre a extensão do dispositivo. Comprova-se, assim, que a utilização do vocábulo "remuneração", no art. 37, inc. XI, não demonstra intenção constitucional de adotar conceito distinto de "vencimento". Decorre de que os empregados e os militares não percebem "vencimentos".

7. Se isso não fosse suficiente, ter-se-ia de convir com que a interpretação literal não conduz à tese defendida pelo Estado do Paraná. Muito ao contrário, demonstra precisamente o oposto.

7.1 O art. 37, XI, utiliza três vezes a palavra "remuneração". Na primeira, refere-se ao valor devido aos servidores públicos. Na segunda, alude à retribuição paga aos membros do Congresso Nacional etc. A terceira refere-se à retribuição paga ao Prefeito.

3. *Regime Constitucional dos Servidores Públicos*, Ed. RT, 1990, pp. 59-60.

7.2 Fica evidente que "remuneração", quando referida a Prefeito, indica figura com natureza jurídica distinta da "remuneração" dos servidores públicos. É que o Prefeito não percebe "vencimento". Logo, a expressão "remuneração", nesse dispositivo, indica a "retribuição" paga, independentemente da natureza jurídica que vincula o agente ao Estado.

7.3 Na segunda oportunidade em que o art. 37, XI, utiliza o vocábulo, a Constituição adota a fórmula "remuneração, *em espécie, a qualquer título*". Ora, se "remuneração" tivesse o significado inequívoco de "total da retribuição paga", a Constituição não necessitaria utilizar os qualificativos que utilizou. Bastaria a referência a "remuneração", pois isso significaria, segundo a própria interpretação consagrada na legislação paranaense, o "*total da retribuição paga em espécie a qualquer título*" ao servidor público. Logo, essa interpretação conduziria a reconhecer uma redação constitucional excessiva e tautológica. Em princípio, esse resultado não é compatível com as regras básicas da interpretação literal.

7.4 Logo, tem-se de reputar que a diversidade de sentidos extraída da redação do texto constitucional demonstra existirem dois conceitos diferentes. Uma coisa seria a "remuneração"; outra, a "remuneração, em espécie, a qualquer título". Se a Constituição distinguiu as duas figuras, o intérprete não pode identificá-las (outro princípio básico do método literal).

É lógico que "remuneração, em espécie, a qualquer título" paga ao servidor tem maior abrangência do que simples "remuneração". A redação constitucional evidencia que não estão abrangidos no vocábulo "remuneração" todas as vantagens recebidas "em espécie, a qualquer título". Se estivessem, repita-se, a redação da Constituição seria outra.

7.5 Por isso, "remuneração, em espécie, a qualquer título" corresponde ao "total da retribuição" paga ao servidor. Isso abrange o valor básico previsto e mais toda e qualquer vantagem pecuniária.

Também é inegável que o vocábulo "remuneração" (desacompanhado da cláusula "em espécie, a qualquer título") somente pode indicar um conceito mais reduzido. Não abrange a retribuição global devida a um servidor. Indica "vencimento-base" ou o valor "básico" previsto para um certo cargo, função ou posto.

7.6 O método literal conduz, como único resultado possível, à conclusão de que o art. 37, XI, deve ser lido nos seguintes termos: "A lei fixará o limite máximo e a relação de valores entre o maior e o menor vencimento-base dos servidores públicos, observados, como limites máximos e no âmbito dos respectivos poderes, os valores percebidos como retribuição global e total, por membros (...)".

Porém, essa conclusão apenas pode ser encampada se for confirmada através de uma interpretação sistemática.

4. Disciplina da remuneração do funcionalismo

8. Deve-se reconhecer que a disciplina constitucional da remuneração do servidor público não deriva de um específico dispositivo. Não há cabimento em isolar um certo artigo da Constituição para dele extrair a regulação constitucional sobre o tema. Muito ao contrário, a solução decorre da conjugação harmônica e sistemática de todos os dispositivos constitucionais pertinentes à figura do servidor e de sua remuneração.

4.1 O princípio da isonomia

9. A primeira consideração tem de ater-se ao princípio da *isonomia*. Não é por casualidade que o art. 5º, ao dispor sobre Direitos e Deveres Individuais e Coletivos, inicia com a locução: "Todos são iguais perante a lei (...)", o que volta a repetir no inc. I. O princípio da isonomia permeia todo o texto constitucional. Nenhuma interpretação de dispositivo constitucional algum pode ignorar o princípio da isonomia.

O princípio da isonomia, na pena lapidar de Rui Barbosa "(...) não consiste senão em quinhoar desigualmente aos desiguais, na medida em que se desigualam (...) Tratar com desigualdade a iguais,ou a desiguais com igualdade, seria desigualdade flagrante, e não igualdade real".[4] Na mesma linha, Celso Antônio Bandeira de Mello reiterou que o princípio da isonomia *exige* o tratamento desigualatório para aqueles que se encontram em situação desigual.[5] Aliás, essa verdade não merece contestação de quem quer que seja.

10. Seria desnecessário indagar, por isso, se o princípio da isonomia aplicase ao estatuto do funcionário público. É óbvio que sim. Nem seriam necessários os dispositivos constantes do art. 39, § 1º., e 7º., XXX (aplicáveis aos servidores públicos civis por força do art. 39, § 2º.) para atingir-se tal resultado. Mais ainda, a extensão do princípio da isonomia, no campo do funcionalismo público, não se restringe apenas aos termos do art. 39, § 1º., e art. 7º., XXX. Esses dispositivos não se constituem em limite máximo de incidência do princípio da isonomia.

Se dúvida existisse sobre isso, seria afastável através de constatações outras. Assim, por exemplo, assegura-se remuneração mais elevada para o trabalho extraordinário; distinguem-se prazos para aposentadoria de homens e mulheres; dáse tratamento distinto para atividades insalubres, penosas ou perigosas. São exteriorizações do princípio da isonomia,

4. *Oração aos Moços*, Forense, s/d, p. 25.

5. *O Conteúdo Jurídico do Princípio da Igualdade*, Ed. RT, 1978, p. 17.

prevendo desde logo tratamentos jurídicos diversos para situações entre si inigualáveis.

Por decorrência, a Constituição autoriza e impõe a consagração de distinções objetivas e subjetivas entre os servidores públicos. Caberá à lei adotar tratamento jurídico variável conforme forem diversas as circunstâncias atinentes ao cargo, ao local, ao tempo de serviço etc. Essas distinções não correspondem a benefícios gratuitos ao servidor. Não configuram uma liberalidade do Estado, mas derivam da constatação da diferença existente.

4.2 Consagração constitucional das vantagens pessoais

11. A Constituição reconhece a validade de os servidores públicos receberem tratamento pecuniário distinto em função de circunstâncias pessoais e particulares.

11.1 A sistemática de diferenciação remuneratória segundo as situações peculiares do servidor desenvolveu-se ao longo do tempo, em nível de legislação ordinária, como resposta aos reclamos do princípio da isonomia.

11.2 Essa disciplina não foi reprimida pela CF/88. Essa conclusão deriva da já aludida abrangência do princípio da isonomia como também de duas outras evidências.

11.3 A primeira se encontra no art. 37, inc. XIV.[6]

O dispositivo produz duas ordens de efeitos.

De um lado, há efeitos que se podem qualificar como "diretos". O dispositivo proíbe que uma mesma circunstância origine uma multiplicidade de vantagens pecuniárias. De outro, há efeitos "indiretos". O dispositivo revela a conformidade, frente à Constituição, da atribuição de vantagens pecuniárias em função da situação peculiar em que se encontre o servidor.

Ou seja, a Administração não pode atribuir mais de uma vantagem pecuniária como retribuição para cada situação, mas *pode* (e deve, pois no Direito Público não se atribuem potestades para benefício egoístico da Administração Pública) promover remuneração mais elevada para quem se encontre em situação peculiar.

11.4 O outro dispositivo relevante está no art. 39, § 1º.[7]

Essa regra retrata o princípio da isonomia em toda sua extensão. Os servidores que desempenham idênticas atribuições deverão receber idêntica remuneração, ressalvadas as "vantagens" de caráter individual e as relativas à natureza ou ao local de trabalho.

Anote-se que não se trata de mera "faculdade" concedida ao Poder Público. De modo claro, a Constituição determina, cogentemente, que sejam respeitadas as distinções de cada caso. A identidade de atribuições é insuficiente para acarretar a identidade de remuneração. Isso é tratar igualmente os que estão em situação idêntica. Mas a Constituição vai mais longe: manda que sejam tratados de modo desigual os que se encontram em situação distinta.

Por exemplo, é vedado remunerar igualmente aquele que presta serviços no interior da selva amazônica e aquele que ocupa cargo semelhante em um local aprazível.

6. "Os acréscimos pecuniários percebidos por servidor público não serão computados nem acumulados, para fins de concessão de acréscimos ulteriores, sob o mesmo título ou idêntico fundamento".

7. "A lei assegurará, aos servidores da administração direta, isonomia de vencimentos para cargos de atribuições iguais ou assemelhados do mesmo Poder ou entre servidores dos Poderes Executivo, Legislativo e Judiciário, ressalvadas as vantagens de caráter individual e as relativas à natureza ou ao local de trabalho".

11.5 Como se extrai da análise, não há qualquer incongruência ou conflito entre as normas constitucionais. A interpretação extraída do art. 5º é confirmada por cada dispositivo que disponha acerca da isonomia, ainda que a propósito de assuntos determinados e específicos.

12. Essa consideração também é aplicável ao caso específico do limite à remuneração dos servidores públicos. A interpretação do art. 37, XI, da CF/88 pressupõe a consideração aos pressupostos acima indicados.

4.3 A inviabilidade de contradição constitucional

13. Observe-se que a tese consagrada na legislação paranaense, ora examinada, acarreta a supressão do tratamento desigualatório imposto pela Constituição (como derivação do princípio da isonomia). Como essa supressão estaria inserida no texto constitucional, a tese implica admitir que a Constituição albergaria normas que se opõem entre si — situação extremamente problemática e de configuração improvável (mais, impossível).

13.1 Suponham-se dois ocupantes do mais alto posto militar. Ambos percebem, como vencimento básico, a remuneração mais elevada e que coincide com a de Ministro de Estado da respectiva Arma. Se um dos militares encontrar-se em missão de guerra e outro não, existiria uma diferença que imporia o tratamento distinto — inclusive no plano da remuneração. O princípio da isonomia acarretaria a obrigatoriedade da diferenciação de tratamento. Porém, a interpretação sumária, pressuposta pela legislação examinada, conduziria a tratamento jurídico idêntico para ambos os militares. Um não poderia receber valor superior ao do outro, pois isso importaria ultrapassar um limite absoluto. Portanto, o princípio da isonomia não permearia o dispositivo constitucional do art. 37, inc. XI. Ora, essa conclusão é incompatível com a sistemática constitucional fundamental.

São abordagens dessa natureza que geram doutrinas na linha das ditas "normas constitucionais inconstitucionais", quando conduzem a interpretação de dispositivos isolados que é conflitante com os princípios fundamentais.

13.2 Mas há ainda outros argumentos que não podem ser ignorados, envolvendo as vantagens pessoais pagas aos ocupantes dos cargos-limite.

A Constituição alude à remuneração paga, a qualquer título, a (por exemplo) Ministro do Supremo Tribunal Federal. Ora, o Ministro do Supremo Tribunal Federal pode perceber vantagens pessoais, em virtude (por exemplo) do tempo de serviço. Logo, surge o problema acerca dessas vantagens pessoais serem consideradas para estabelecer o limite máximo para os servidores do Poder Judiciário Federal.

Assim, um exercente da função de assessoria jurídica no Poder Judiciário deve perceber o vencimento-base idêntico ao exercente de função similar do Poder Executivo, pois assim está imposto no art. 39, § 1º, da CF/88. Porém, o servidor do Poder Judiciário poderia perceber adicionais por tempo de serviço, na medida em que os Ministros também as perceberiam (o que é expressamente ressalvado pelo dispositivo acima). Porém, o exercente de função similar no Poder Executivo não poderia receber adicionais por tempo de serviço porque isso poderia acarretar superação da remuneração prevista para Ministro de Estado (o qual não receberia vantagem pessoal correspondente).

O princípio da isonomia estaria afetado. Dois servidores com idêntico vencimento-base, idêntico tempo de serviço e idênticas funções perceberiam retribuição distinta. Haveria insuperável conflito entre as regras do art. 37, XI, e do art. 39, § 1º.. Mas, "a Constituição não destrói a si própria. Em outros termos, o poder que ela confere com a mão direita, não retira, em seguida, com a esquerda".[8] O conflito intraconstitucional é indefensável. A interpretação ampliativa do art. 37, XI, importa direto conflito com o art. 39, § 1º.. Tem-se de adotar o princípio da concordância prática ou da harmonização (a que aludem Canotilho[9] e Celso Bastos,[10] de molde a que ambos os dispositivos constitucionais produzam resultados compatíveis entre si.

Isso significa que uma situação distinta tem de retratar-se em tratamento jurídico diferenciado. Não cabe reconhecer a incidência da isonomia apenas nos estratos mais inferiores do funcionalismo e suprimi-la quando se atingir o mais alto grau.

14. Resulta a insuperável convicção de que o art. 37, XI, da CF/88 teve em vista, ao aludir a "a maior e a menor remuneração dos servidores públicos", ao vencimento-base para cada cargo público. Não abrangeu as variações subjetivas, provenientes de vantagens pessoais (tais como adicionais por tempo de serviço, gratificações por risco no exercício da atividade etc.). O servidor público pode perceber retribuição global superior à remuneração da cúpula do Poder de que se trate, desde que proveniente de vantagens e peculiaridades subjetivas.

Essa também é a opinião de Manoel Gonçalves Ferreira Filho, que afirma "despautério seria incluir as vantagens *pro labore facto* nesse cômputo, como outras de caráter individual. Estas são vantagens pessoais que, por sua índole, variam de servidor para servidor e, resultado de situações objetivas, como tempo de serviço, não podem ser subtraídas de qualquer um, sem violação do princípio da igualdade".[11]

Se a CF/88 tivesse estabelecido limite máximo absoluto, estaria proibindo ou restringindo a percepção de benefícios e vantagens fundadas em variações pessoais. Ou, mais precisamente, apenas alguns servidores teriam direito a percebê-las (total ou parcialmente). O servidor que ocupasse cargos de maior remuneração básica teriam proibida a percepção de vantagens pessoais. Haveria discriminação insustentável, quer entre os titulares de cargos idênticos (mas com situação pessoal diversa), quer entre os titulares de cargos diversos (deferindo-se apenas a alguns a percepção de vantagens pessoais). O princípio da isonomia não se coaduna com essa interpretação.

A única forma de atingir tal resultado é concluir que a Constituição proíbe vantagens pessoais a todos os servidores públicos. Desse modo, não haveria como cogitar de vantagens pessoais. Mas essa interpretação conflita flagrantemente com o texto constitucional.

Portanto, a tese sob crítica reduz a Constituição a um amontoado confuso e contraditório de dispositivos, cuja aplicação produzirá resultados despropositados. Olvida a lição de Jorge Miranda, no sentido de que "o Direito não é mero somatório de regras avulsas, produto de actos de vontade, ou mera concatenação de fórmulas verbais articuladas entre si. O Direito é ordenamento ou conjunto significativo e não conjunção resultante de vigência simultânea; é *coerência* ou, talvez mais rigorosamente, *consistência*".[12]

8. Charles Hughes, citado por Carlos Maximiliano, *Comentários à Constituição Brasileira de 1946*, Freitas Bastos, 1954, vol. I, p. 134.

9. *Direito Constitucional*, Almedina, 1989, p. 163.

10. *Curso de Direito Constitucional*, Saraiva, 1989, p. 99.

11. *Comentários à Constituição Brasileira de 1988*, Saraiva, 1990, vol. 1, p. 253.

12. *Manual de Direito Constitucional*, Coimbra, 1988, 2ª ed., t. II, p. 197.

Logo, leis que adotarem a solução consagrada na legislação paranaense estarão punindo, no mínimo, os que serviram ao Estado de modo tão fidedigno que fizeram jus a uma remuneração mais elevada como retribuição pelo seu esforço. Será feita tábula rasa da garantia do adicional por tempo de serviço e da gratificação pelo exercício de funções em condições insalubres, perigosas ou inóspitas. Será feita tábula rasa, aliás, da primeira e mais fundamental garantia constitucional: o princípio da isonomia.

4.4 O disposto no art. 17 do ADCT

15. O art. 17 do Ato das Disposições Constitucionais Transitórias não produz indicação acerca dos casos em que se procederá à redução de salários ou retribuições.

Esse dispositivo elimina a argüição de direito adquirido ou outras defesas quando a remuneração estiver sendo percebida de modo irregular. A definição de quando se caracteriza percepção irregular de salário extrai-se das regras do corpo da Constituição.

Por isso, ninguém pode ter seu salário reduzido através, simplesmente, da invocação ao art. 17 do ADCT. Deve-se indicar a irregularidade, o que significa demonstrar a incompatibilidade entre a remuneração percebida e uma outra específica regra constitucional.

16. Mas há outro fator, que não pode ser olvidado.

A regra enfocada foi inserida no Ato das Disposições Constitucionais *Transitórias*. Era clara a intenção do Constituinte de disciplinar as situações jurídicas *existentes na época em que a nova Constituição entrasse em vigor*. Derivava da possibilidade de o novo regime jurídico-constitucional encontrar situações consolidadas sob a égide da legislação anterior. O conflito poderia despertar dúvidas sobre a norma jurídica aplicável. O dispositivo enunciou a única solução cabível, consistente na prevalência da nova Constituição.

Logo, a eficácia do art. 17 do ADCT exauriu-se no mesmo instante em que entrou em vigor a nova Constituição.

Não por acaso, o texto do dispositivo afirmava "os vencimentos (...) que *estejam* sendo percebidos (...)". Então, disciplinava a remuneração que estava, na data da vigência da nova Constituição, sendo percebida. O dispositivo não vigia para o futuro. Não se pode aplicar o dispositivo para disciplinar situações jurídicas subseqüentes e posteriores à data da vigência da CF/88. Isso transformaria a natureza jurídica do dispositivo. Deixaria de configurar-se uma disposição "transitória", para tornar-se permanente. Surgiria uma nova regra, nunca desejada pela Constituição, que não inseriu o dispositivo no texto principal da Carta.

17. Em termos práticos, se uma lei estadual alterar a estrutura administrativa dos cargos públicos e fixar uma remuneração miserável para Secretário de Estado, isso não prejudicará a situação jurídica dos servidores que, até então, percebiam remuneração mais elevada. Quanto a eles, prevalecem as garantias do art. 37, incs. X e XV. Significa que a redução da remuneração do cargo de Secretário de Estado não autoriza a redução da remuneração paga aos servidores públicos, que permanecem protegidos pela regra da irredutibilidade de vencimentos e da revisão periódica.

18. Logo, nenhuma lei posterior poderia estabelecer um "redutor salarial" tendo em vista a situação existente após 5 de outubro de 1988 e pretender acobertar-se na regra do art. 17 do ADCT, dispositivo cuja eficácia já estava completamente exaurida.

Nenhum servidor público poderá ter sua remuneração reduzida sob fundamento de que, em data posterior a 5 de outubro de 1988, ela ultrapassou os limites previstos na Constituição. Se assim não fosse, tornar-se-ia inútil a garantia da irredutibilidade de vencimentos, mormente no plano do Poder Executivo. Ficaria disponível ao Chefe do Executivo um instrumento de redução salarial, utilizável a qualquer tempo. Bastaria reduzir a remuneração atribuída ao Ministro ou Secretário de Estado para produzir efeitos catastróficos sobre todo o funcionalismo.

5. *Conclusões*

19. A análise acima efetivada permite uma única conclusão. A CF/88 não outorgou ampla, incondicionada permanente faculdade de a Administração Pública reduzir a remuneração dos servidores públicos, especialmente dos já então aposentados.

As conclusões podem ser formalizadas nos seguintes termos:

a) O art. 37, XI, da CF/88 utiliza o vocábulo "remuneração" no sentido de "vencimento-base" atribuído ao cargo. O dispositivo não impede que, por força de vantagens pessoais e peculiares, a soma global da remuneração do servidor ultrapasse o valor pago aos ocupantes dos cargos de maior hierarquia em cada Poder.

b) O art. 39, § 1º, da CF/88 produz também efeitos jurídicos no âmbito interno de cada Poder. Mais ainda, esse dispositivo retrata a plena aplicação do princípio da isonomia à remuneração dos servidores públicos e exige interpretação harmônica ao art. 37, XI, da CF/88.

c) O art. 17 do ADCT da CF/88 não produz qualquer efeito autônomo e isolado e depende da análise dos dispositivos insertos no corpo da Constituição. Ademais, a vigência do dispositivo exauriu-se na data da vigência da nova Carta, não se aplicando a situações posteriores.

d) Dispositivos similares aos consagrados nas leis paranaenses estão eivadas de inconstitucionalidade, ao instituir, na modalidade adotada, o "redutor salarial".

APELO AO LEGISLADOR NA CORTE CONSTITUCIONAL FEDERAL ALEMÃ

GILMAR FERREIRA MENDES
Procurador da República
Doutor em Direito pela Universidade de Münster — RFA (1990)

I — Introdução. II — O apelo ao legislador na práxis do *Bundesverfassungsgericht*: a) Considerações preliminares; b) A *Appellentscheidung* e a declaração de inconstitucionalidade sem a pronúncia da nulidade (*Unvereinbarkeitserklärung*); c) Tipos de *Appellentscheidungen*: 1. O apelo ao legislador em virtude de mudanças das relações jurídicas ou fáticas; 1.1 Divisão dos distritos eleitorais; 1.2 Pensão previdenciária em virtude da morte do cônjuge do sexo feminino; 1.3 Tributação do transporte de carga de longa distância; 1.4 A práxis da execução penal mutação constitucional; 2. Inadimplemento de dever constitucional de legislar; 2.1 Revogação do estatuto de ocupação; 2.2 Igualdade dos filhos havidos fora do casamento; 2.3 Dever de proteção (*Schutzpflicht*) e dever de adequação do legislador (*Nachbesserungsvorbehalt*); 3. Apelo ao legislador por "falta de evidência" da ofensa constitucional. III — O "apelo ao legislador" na ordem constitucional alemã. IV — Conseqüências jurídicas do apelo ao legislador.

I — Introdução

1. Há muito não se limita o *Bundesverfassungsgericht* a declarar, simplesmente, a constitucionalidade ou a inconstitucionalidade de uma lei. A par dessas técnicas clássicas de decisão e do especial significado emprestado à interpretação conforme à Constituição (*verfassungskonforme Auslegung*),[1] a Corte Constitucional alemã desenvolveu determinadas variantes de decisões que conferem maior relevo à eterna discussão sobre o binômio "direito e política". Não raro reconhece a Corte que a lei ou a situação jurídica não se tornou "ainda"

1. Em virtude de sua flexibilidade, a "interpretação conforme à Constituição" assume particular relevância na prática do *Bundesverfassungsgericht*. A sua utilização é justificada com fundamento na unidade do ordenamento jurídico (*Einheit der Rechtsordnung*) e no princípio da conservação da norma, que recomenda o respeito à vontade do legislador. A sua qualificação dogmática não é pacífica. Significativa parcela da doutrina defende a sua caracterização como simples caso de declaração de inconstitucionalidade sem redução de texto, uma vez que, normalmente, acarreta exclusão de algumas das possíveis interpretações da norma, reduzindo o seu âmbito de aplicação (cf. Skouris, *Teilnichtigkeit von Gesetzen*, Berlim, 1973, p. 108; Moench, *Verfassungswidriges Gesetz und Normenkontrolle*, Baden-Baden, 1977, p. 19).

inconstitucional e exorta o legislador a que proceda — às vezes dentro de determinado prazo — à correção ou à adequação dessa "situação ainda constitucional" (*Appellentscheidung*). Em outros casos, cinge-se o Tribunal a constatar a inconstitucionalidade da lei sem declarar a sua nulidade (*Unvereinbarkeitserklärung*).[2]

2. Essas diferentes formas de decisões revelam uma peculiaridade da jurisdição constitucional alemã. Em nenhum outro sistema de controle jurisdicional de normas, seja ele *difuso* ou *concentrado*, logra-se constatar a utilização de tão ampla gama de técnicas de decisão.[3-4]

3. Tal diversidade expressa o papel singular exercido pelo *Bundesverfassungsgericht* no sistema constitucional alemão. A ampla competência que lhe foi outorgada pela Lei Fundamental (arts. 93, 18, 21, § 2º., 41, § 2º., 61, §§ 1º e 2º., 84, § 4º., 115, *h*, § 1º., a força de lei (*Gesetzeskraft*) das decisões proferidas nos processos de controle de normas (Lei do *Bundesverfassungsgericht*, § 31 (2), o efeito vinculante (*Bindungswirkung*) das decisões para os órgãos constitucionais e autoridades administrativas (Lei do *Bundesverfassungsgericht*, § 31 (1),[5] e a inequívoca autori-

2. Originariamente, a Lei do *Bundesverfassungsgericht* contemplava apenas duas formas de decisão nos processos de controle de normas: o Tribunal deveria declarar a constitucionalidade ou a nulidade da lei (§ 78). Somente em 1970, a "declaração de inconstitucionalidade" sem a conseqüência da nulidade (*Unvereinbarkeitserklärung*) foi incorporada ao § 31, (2), 2º. e 3º. períodos e ao § 79, (1), da referida Lei.

3. A Corte Constitucional austríaca detém ampla margem de *discrição* para dispor sobre as conseqüências jurídicas de suas decisões. Ela tanto pode estabelecer que a lei não é mais aplicável a outros processos ainda não cobertos pela coisa julgada (Constituição da Áustria, art. 140, § 7º., 2º. período), ou fixar prazo de até um ano, dentro do qual se mostra legítima a aplicação da lei (art. 140, §§ 5º. e 7º.). Essa possibilidade de dispor sobre as conseqüências jurídicas da decisão tornou dispensável a adoção de outras técnicas de decisão no direito austríaco (cf. Korikek, Karl, *Verfassungsgerichtsbarkeit im Gefüge der Staatsfunktionen, VVDStRl*, Publicação da Associação Alemã dos Professores de Direito Público n. 39, pp. 38-39; Orbendorfer, Peter, *Die Verfassungsrechtsprechung im Rahmen der staatlichen* Funktionen, Europäische Grundrechtszeitschrift (EUGrZ), 1988, p. 193 (203).

4. O modelo americano — restrito ao caso concreto, — não se afigura compatível, em princípio, com essas novas técnicas de decisão. Todavia, em tempos mais recentes, pode-se identificar, nos Estados Unidos, a tendência da jurisprudência dos tribunais inferiores no sentido de não se limitar a proferir a cassação das providências editadas pelo Executivo ou pelo Legislativo, mas também de impor-lhes obrigações positivas. Caso as autoridades legislativas ou administrativas não cumpram o estabelecido no julgado, os tribunais podem assumir a responsabilidade pela execução do julgado. Essa jurisprudência, considerada como um dos mais interessantes desenvolvimentos no Direito Constitucional dos Estados Unidos dos últimos tempos, começou com o esforço para superar a segregação racial nas escolas a partir da decisão proferida pela Suprema Corte em Brown *vs*. Board of Education 347 US 483 (1954) e 439 US 294 (1955) e teve continuidade em outras decisões que exigiam ou determinavam a concretização de reformas em presídios e instituições psiquiátricas (v. Bounds *et alii vs*. Smith *et alii*, 430 US 817; reproduzido, parcialmente, in *Europäischen Grundrechtszeitschrift*, 1977, pp. 509 e ss.) (cf. a propósito, Seibert, Helga, *Der Supreme Court und sein Verhältnis zu den anderen Staatsgewalten, Bericht über Vortrags — und Diskussionsabend der Deutsch-amerikanischen Juristenvereiningung*, Europäische Grundrechtszeitschrift, 1978, pp. 384 (386).

5. A constitucionalidade de uma norma pode ser examinada pelo *Bundesverfassungsgericht*: (*a*) no processo de controle abstrato de normas (Lei Fundamental, art. 93, I, n. 2), a requerimento do Governo Federal, de um Governo Estadual, ou de um terço dos membros do Parlamento Federal; (*b*) no processo de controle de normas, mediante provocação de juiz ou tribunal que reputa inconstitucional a lei a ser aplicada a um caso concreto (art. 100, § 1º., da Lei Fundamental) ou através de (*c*) "recurso constitucional" (*Verfassungsbeschwerde*), interposto contra decisão judicial, eventualmente lesiva dos direitos fundamentais ou ato normativo dotado de eficácia imediata (art. 93, I, 4a da Lei Fundamental). A decisão do Tribunal possui, no controle de normas, eficácia *erga omnes* ou, tal como formulado na Lei do *Bundesverfassungsgericht*, "força de lei". Essa eficácia geral, prevista inicialmente na Lei Fundamental (art. 94, § 2º.), já havia sido completada no art. 3º. (3), da Lei de 8.4.1920, que disciplinou o processo de controle abstrato de leis estaduais, consagrado pela Constituição de Weimar (art. 13, § 2º.). Segundo o entendimento en-

dade de que goza o Tribunal emprestam ao *Bundesverfassungsgericht* considerável influência na conformação da própria realidade político-social da República Federal da Alemanha.[6]

4. Essa influência não se limita às questões submetidas diretamente à apreciação do Tribunal. Ao contrário, nota-se uma forte tendência das forças políticas de adaptarem-se ao entendimento já manifestado pelo Tribunal. Essa tendência atribui invulgar eficácia prévia (*Vorwirkung*) às suas decisões.[7] Essa eficácia prévia revela-se sobretudo na tendência demonstrada pelo Parlamento de positivar as decisões, ou até mesmo as recomendações oriundas da Corte Constitucional.[8] Muitas iniciativas do legislador são determinadas por decisões proferidas pelo *Bundesverfassungsgericht*, como se pode constatar nas próprias exposições de motivos de alguns projetos de lei.[9] Nas discussões parlamentares, evidencia-se, não raras vezes, a preocupação de realizar as pretendidas reformas legislativas em consonância com a efetiva ou suposta orientação do Tribunal, como demonstram as tentativas de identificar,

tão dominante, além de retirar a lei do ordenamento jurídico com eficácia *erga omnes*, a decisão proferida nesse processo de controle abstrato continha uma interpretação autêntica do direito federal (cf. Anschütz, *Die Verfassung des Deutschen Reichs*, 1930, p. 107; Jellinek, Walter, *Der Schutz des öffentlichen Rechts*, VVDStRL 2 (1925), p. 43). Em outros termos, deixava-se assente que o direito federal não poderia tolerar disposição idêntica ou semelhante constante do direito de outro *Land* ou do direito do Estado-membro cuja disposição tivera a sua inconstitucionalidade reconhecida (Jellinek, ob. cit., p. 43). Esse efeito vinculante amplo não era aceito por Triepel. A força de lei abrangia, na sua opinião, somente a parte dispositiva, publicada no *Diário Oficial*. Disposições idênticas constantes do direito de outros Estados-membros, bem como a norma nova editada pelo Estado que teve o seu preceito censurado não estariam por ele abrangidas (Triepel, *Streitigkeiten zwischen Reich und Ländern*, reimpressão, 1965, pp. 112-113). Essa polêmica exerceu influência sobre a nova ordem instituída pela Lei Fundamental de 1949. Como assinalado, a Lei Fundamental autorizou o legislador a estabelecer os casos nos quais as decisões do *Bundesverfassungsgericht* poderiam ser dotadas de "força de lei" (*Gesetzeskraft*) (art. 94, § 2º). Segundo o disposto no § 31 (2), da Lei do *Bundesverfassungsgericht*, são dotadas de força de lei: (*1*) as decisões proferidas nos processos de controle abstrato e concreto de normas; (*2*) nos processos de qualificação de normas, destinados a aferir a compatibilidade de norma pré-constitucional com direito federal (art. 126 LF); (*3*) nos processos de verificação de normas destinados a aferir se determinada norma de Direito Internacional Público integra o direito federal (art. 25 c/c art. 100 (2) LF). A parte dispositiva das decisões proferidas nesses processos deve ser publicada no *Diário Oficial da União* (*Bundesgesetzblatt*) (Lei do *Bundesverfassungsgericht*, § 31 (2), 2ª parte). O legislador federal previu, ademais, no § 31 (1), da Lei do *Bundesverfassungsgericht*, que as decisões da Corte Constitucional têm *efeito vinculante* para todos os órgãos constitucionais da União e dos Estados, bem como para todos os Tribunais e órgãos administrativos. Segundo a jurisprudência do Tribunal, o *efeito vinculante* abrange não só a parte dispositiva, mas também os "motivos determinantes" da decisão (*tragende Gründe*) (BVerfGE 1, 14 (37); 19 377 (392); 20, 56 (87); 40, 88 (93). Esse entendimento amplia a eficácia da decisão do Tribunal, impondo aos diferentes órgãos estatais o dever de observar a interpretação da Constituição fixada pelo Tribunal. No caso de declaração de inconstitucionalidade de uma norma, o efeito vinculante dos motivos determinantes proíbe não só a edição de norma de teor idêntico ou semelhante pelo ente político que teve a lei declarada inconstitucional, mas veda também a promulgação por outros entes políticos de "normas paralelas" (cf. Pestalozza, Christian, *Verfassungsprozessrecht*, Munique, 1982, p. 171).

6. Ebsen, Ingwer, *Das Bundesverfassungsgericht als Element gesellchaftlicher Selbstregulierung*, Berlim, 1985, pp. 11-12; Starck, Christian, *Das Bundesverfassungsgericht im politischen Prozess der Bundesrepublik Deutschland*, Tübingen, 1976, p. 22.

7. Starck, Christian, *Das Bundesverfassungsgericht im politischen Prozess der Bundesrepublik*, p. 15; Landfried, Christine, *Bundesverfassungsgericht und Gesetzgeber*, 1983, pp. 51 ss.

8. Cf., a propósito, Starck, Christian, *Das Bundesverfassungsgericht im politischen Prozess der Bundesrepublik*, p. 16; Landfried, Christine, *Bundesverfassungsgericht und Gesetzgeber*, Baden-Baden, 1983, pp. 51 e ss.

9. Cf., *v.g.*, Projeto de reforma da lei de proteção de informações (*Datenschutzgesetz*, que, na sua justificação, enfatiza a necessidade das alterações por força da decisão proferida pelo *Bundesverfassungsgericht* sobre a Lei do Censo, de 1981 (BVerfGE 65, 1 (3 e ss.).

antecipadamente, a eventual decisão do Tribunal através da solicitação de pareceres de especialistas e da realização das audiências públicas.[10]

5. A preeminente posição assumida pelo *Bundesverfassungsgericht* no sistema político-constitucional da República Federal da Alemanha traduz séria mudança na sistemática tradicional de divisão de poderes.[11] Não se trata de um desenvolvimento casual ou aleatório, mas da conseqüente aplicação de um sistema de controle jurídico do poder político.[12]

6. A influência dos grupos de pressão sobre o legislador, o déficit de racionalidade identificado no processo legislativo e a possibilidade de que as decisões majoritárias do corpo legislativo venham a lesar direitos de minorias constituem elementos denotadores de uma mudança do papel desempenhado pela "lei" nos modernos sistemas constitucionais.[13] A existência de órgão judicial especial, incumbido de exercer o controle constitucional, impõe aos órgãos submetidos a esse sistema de controle um "dever de racionalidade" (*Zwang der Rationalität*) na concretização da Constituição. Como acentua Starck, se se entender a democracia como representação funcionalmente legitimada e controlada, a jurisdição constitucional, longe de configurar um corpo estranho, expressaria essa idéia fundamental de controle.[14]

7. Pode-se afirmar, portanto, que, ao compensar eventuais debilidades identificadas no processo legislativo, a jurisdição constitucional não está usurpando funções tradicionais da representação popular, mas apenas exercendo as atribuições que lhe foram confiadas dentro desse novo modelo constitucional.[15]

8. Nesse contexto, o desenvolvimento pelo *Bundesverfassungsgericht* de novas formas de decisão expressa o propósito de cumprir, efetivamente, o complexo mister de órgão central de controle jurídico. Não se pode olvidar que a função de Guardião da Constituição (*Hüter der Verfassung*) exige que contemple, nas suas decisões, a necessidade de preservação da ordem constitucional que deve ser protegida.[16] É que, enquanto órgão constitucional que participa na formação da vontade do Estado, a Corte Constitucional está obrigada a considerar as conseqüências jurídicas de suas decisões para a sociedade estatal, evitando orientar-se, simploria-

10. A título de exemplo, considere-se a discussão travada por ocasião da apresentação do projeto de Lei de co-gestão paritária (*paritätische Mitbestimmung*, aprovado em março de 1976, pela coalizão social-liberal (governo do Chanceler Schmidt). Da audiência pública realizada em dezembro de 1974, participaram os seguintes professores de direito: Thomas Raiser, Rupert Scholz, Konrad Duden, Ernst-Joachim Mestmäcker, Peter Raisch, Hans Heinrich Rupp, Franz Jürgen Säcker, Spiros Simitis, Ekkehart Stein, Klaus Stern e Hans Zacker. Seis desses especialistas consideraram constitucional o projeto, enquanto outros cinco sustentaram a sua inconstitucionalidade. Essa situação levou o Professor Raisch a afirmar que todas as opiniões possíveis faziam-se representar naquela audiência, o que dava "uma imagem adequada da forma como se pode praticar a Ciência Jurídica" (cf. Landfried, *Bundesverfassungsgericht und Gesetzgeber*, pp. 52 e ss. (55). A questão constitucional acabou sendo submetida posteriormente, ao *Bundesverfassungsgericht*, que reconheceu a constitucionalidade das disposições impugnadas (BVerfGE 50, 290 (322).

11. Cf., sobre o assunto, Kimminich Otto, "A jurisdição constitucional e o princípio da divisão de poderes", *Revista de Informação Legislativa*, n. 105, 1990, pp. 283, 292 e ss.

12. Confira, a propósito, Marcic, René, *Vom Gesetzesstaat zum Richterstaat*, Viena, 1957, p. 342.

13. Starck, Christian, *Das Bundesverfassungsgericht im politischen Prozess der Bundesrepublik*, 1976, pp. 22-23; cf. também Marcic, René, *Vom Gesetzesstaat zum Richterstaat*, Viena, 1957, pp. 336 e ss.

14. Starck, Christian, *Das Bundesverfassungsgericht im politischen Prozess der Bundesrepublik*, 1976, p. 11.

15. Cf., sobre o assunto, Kimminich, Otto, "A jurisdição constitucional e o princípio da divisão de poderes", *Revista de Informação Legislativa*, n. 105, 1990, pp. 283 e ss.

16. Cf. Rupp v. Brünneck, Wiltraut, "Darf das Bundesverfassungsgericht an den Gesetzgeber appellieren?", in *Festschrift für Gebhard Müller*, 1970, pp. 355 (365).

mente, pelo lema *fiat justitia pereat mundus*.[17]

9. Acentue-se que a preocupação com as conseqüências jurídicas das decisões proferidas no juízo de constitucionalidade já se mostrava presente na literatura jurídica da época de Weimar. Assim, sustentava Triepel, no conhecido *Referat* sobre "a natureza e desenvolvimento da jurisdição constitucional", que, quanto mais políticas fossem as questões submetidas à jurisdição constitucional, tanto mais adequada pareceria a adoção de um processo judicial totalmente diferenciado dos processos ordinários.[18] "Quanto menos se cogitar, nesse processo, de ação (...) de condenação, de cassação de atos estatais — dizia Triepel — mais facilmente poderão ser resolvidas, sob a forma judicial, as questões políticas, que são, igualmente, questões jurídicas".[19]

10. Quase simultaneamente esforçava-se Walter Jellinek para reduzir o conteúdo normativo do art. 13, § 2º., da Constituição de Weimar,[20] afirmando que o *Reichsgericht* somente poderia conhecer de uma argüição de inconstitucionalidade, no processo de controle abstrato de normas estaduais, se a declaração de nulidade da lei estadual se mostrasse apta a resolver a controvérsia.[21] Esse seria o caso se, *v.g.*, a norma declarada inconstitucional pudesse ser substituída por outra norma de clareza inquestionável. Ao contrário, não deveria ser declarada a inconstitucionalidade se pudesse advir uma lacuna a ser colmatada pelo legislador estadual. Assim, o *Reichsgericht* estaria impedido de declarar, na sua opinião, a inconstitucionalidade de uma lei estadual disciplinadora do processo eleitoral que se afigurasse incompatível com o princípio da proporcionalidade fixado no art. 17 da Constituição, pois "teria como conseqüência o caos, o Estado não disporia de uma lei eleitoral".[22]

11. Como já enunciado, essas reflexões ganharam novo desenvolvimento sob o império da Constituição de Bonn (Lei Fundamental = *Grundgesetz*). Ao lado do apelo ao legislador e da interpretação conforme à Constituição, vale-se a Corte Constitucional também da "declaração de inconstitucionalidade sem a pronúncia de nulidade" (*Unvereinbarkeitserklärung*). Essa última variante, de-

17. Rupp v. Brüneck, "Darf das Bundesverfassungsgericht an den Gesetzgeber appellieren?", in *Festschrift für Gerbhard Müller*, 1970, pp. 365-366 e ss.

18. Triepel, Heinrich, *Wesen und Entwicklung der Staatsgerichtsbarkeit*, VVDStRL, vol. 5, 1929, p. 26.

19. Triepel, Heinrich, *Wesen und Entwicklung der Staatsgerichtsbarkeit*, VVDStRL, vol. 5, 1929, p. 26.

20. Art. 13, § 2º., da Constituição de Weimar: "As autoridades federais ou estaduais competentes poderão, na forma da lei federal, provocar a decisão de um Tribunal do Reich, em caso de dúvida ou controvérsia sobre a compatibilidade de disposição do direito estadual com o direito federal" (Bestehen Zweifel oder Meinungsverschiedenheiten darüber, ob eine landesrechtliche Vorschrift mit dem Reichsrecht vereinbar ist, so kann die zuständige Reichs — oder Landeszentralbehörde nach näherer Vorschrift eines Reichsgesetzes die Entscheidung eines Gerichtshofs des Reichs anrufen"). As Leis federais de 30.3.1920 e de 8.4.1920 outorgaram competência para conhecer dessas ações, respectivamente, ao Tribunal de Finanças (*Finanzhof*), no caso de aferição sobre compatibilidade entre o direito estadual e o direito federal em matéria tributário-financeira, e, nos demais casos, ao *Reichsgericht*. As decisões dessas Cortes eram dotadas de força de lei (§ 3, n. 3 da Lei de 8.4.1920 (cf. a propósito, Triepel, *Streitigkeiten zwischen Reich und Ländern*, reimpressão, 1965, pp. 44, 67 e 112). Deve-se acentuar que esse instituto da Constituição de Weimar (1919), embora limitado ao controle do direito estadual, constitui a verdadeira matriz do controle abstrado de normas nos tempos modernos. Modelo semelhante veio a ser adotado pela Constituição austríaca de 1.10.1920 (art. 140 (1)).

21. Jellinek, Walter, *Verfassung und Verwaltung des Reichs und der Länder*, Leipzig e Berlim, 3ª. ed., 1927, p. 27; cf., também, Flad, Wolfgang, *Verfassungsgerichtsbarkeit und Bundesrechtsexekution*, Heidelberg, 1929, p. 38.

22. Jellinek, Walter, *Verfassung und Verwaltung des Reichs und der Länder*, 1927, p. 27.

senvolvida pela jurisprudência da Corte Constitucional — declaração de inconstitucionalidade sem a pronúncia da nulidade —, foi incorporada à Lei do *Bundesverfassungsgericht* em 1970 (§§ 31, (2), 2º e 3º períodos e 79, (1)). A pronúncia de inconstitucionalidade perde, nesse caso, o caráter cassatório, assumindo um conteúdo condenatório (*verpflichtend ou obligatorisch*) ou, se quisermos utilizar a terminologia dominante no Brasil, um caráter mandamental. O legislador está obrigado a empreender as medidas necessárias à supressão do estado de inconstitucionalidade, ficando suspensa a aplicação da lei censurada ("suspensão de aplicação" ou *Anwendungssperre*).

12. A práxis do *Bundesverfassungsgericht* revela, ainda, a ampla utilização de *obiter dicta*[23] com recomendações dirigidas ao legislador. A utilização de *obiter dicta* dá-se não só nas decisões confirmatórias da constitucionalidade da lei (sentença de rejeição da inconstitucionalidade),[24] mas, também, na interpretação conforme à Constituição,[25] na declaração de inconstitucionalidade sem a pronúncia da nulidade (*Unvereinbarkeitserklärung*, e, até mesmo, nas decisões de índole cassatória (declaração de nulidade).[26]

13. Feitas essas considerações, imprescindíveis à compreensão do papel desempenhado pelo *Bundesverfassungsgericht* no sistema constitucional alemão, passaremos a analisar o significado das chamadas *Appellentscheidungen* na jurisprudência do Tribunal Constitucional alemão.

II — O "apelo ao legislador" na práxis do **Bundesverfassungsgericht**

a) Considerações preliminares

14. Tanto quanto é possível precisar, a decisão proferida em 4 de maio de 1954 sobre o Estatuto do Sarre (*Saarstatut*)[27] constitui o ponto de partida para o desenvolvimento das *Appellentscheidungen* na jurisprudência do *Bundesverfassungsgericht*. Ficou assente, no referido julgado, que as providências legislativas empreendidas com vistas a superar o "estatuto de ocupação" — ainda que se mostrassem imperfeitas ou incompletas — contribuíam para uma gradual compatibilização da situação jurídica com a Lei Fundamental e deveriam, por isso, ser consideradas ainda constitucionais (*noch verfassungsgemäss*).[28]

15. A expressão *Appellentscheidung* foi utilizada, porém, pela primeira vez, no conhecido escrito de Rupp v. Brünneck, de 1970, no qual a antiga juíza da Corte Constitucional defendeu a pronúncia, em determinados casos, da sentença de rejeição de inconstitucionalidade

23. Cf., a propósito, Bryde, *Verfassungsentwicklung*, Munique, 1982, pp. 397 e ss.; Ipsen, *Rechtsfolgen der Verfassungswidrigkeit von Norm und Einzelakt*, Baden-Baden, 1980, p. 125. Sobre a diferenciação enter *ratio decidendi* e *obter dictum* ("coisa dita de passagem", (acessoriamente) v. Rónai, Paulo, *Não perca o seu latim*, Rio de Janeiro, 1984), isto é, entre os fundamentos essenciais à prolação do julgado e aquelas considerações que integram os fundamentos da decisão, mas que são perfeitamente dispensáveis, v. Schlüter, Wilfried, *Das Obiter Dictum*, Munique, 1973, pp. 77 e ss.

24. BVerfGE 40, 296 (329).

25. BVerfGE 36, 1.

26. BVerfGE 39, 1 (44 e ss.).

27. Nessa decisão, formulou o *Bundesverfassungsgericht* a chamada "Teoria da Aproximação" (*Annäherungslehre*), que recomenda ao Tribunal abster-se de pronunciar a inconstitucionalidade nos casos em que se reconhece estar o legislador empreendendo esforços para superar, gradualmente, o estado de inconstitucionalidade.

28. BVerfGE 4, 157 (177-178); cf., também Schlaich, Klaus, *Das Bundesverfassungsgericht*, 1985, p. 181; Pestalloza, "*Noch verfassungsmässige* und *bloss verfassungswidrige*" *Rechtslagen*, 1976, p. 547 e ss. Crítico, a propósito, Lerche, Peter, *Das Bundesverfassungsgericht und die Vorstellung der "Annäherung" an der Verfassungsgewollten Zustand*, DöV 1971, pp. 721 e ss.

vinculada a uma conclamação ao legislador para que empreendesse as medidas corretivas necessárias.[29]

b) A *Appellentscheidung* e a declaração de inconstitucionalidade sem a pronúncia da nulidade (*Unvereinbarkeitserklärung)*

16. A própria designação *Appellentscheidung* (decisão de apelo; apelo ao legislador) não expressa conceito unívoco da doutrina. Designa-se *Appellentscheidung* a decisão na qual o Tribunal reconhece a situação como "ainda constitucional", anunciando a eventual conversão desse estado de constitucionalidade imperfeita numa situação de completa inconstitucionalidade.[30] Alguns autores utilizam a denominação *Appellentscheidung* também para designar as decisões do *Bundesverfassungsgericht* que declaram a inconstitucionalidade da norma sem, no entanto, pronunciar a sua nulidade.[31]

17. Nem sempre afigura-se possível diferençar, com precisão, a *Appellentscheidung* da declaração de inconstitucionalidade sem a pronúncia da nulidade (*Unvereinbarkeitserklärung*).[32] A simples determinação para que o legislador regule determinada matéria dentro de certo prazo não expressa característica exclusiva da *Appellentscheidung*, uma vez que também da declaração de inconstitucionalidade sem a pronúncia da nulidade constam, não raras vezes, recomendações ou exortações expressas para que o legislador promulgue uma nova lei.[33] Também a possibilidade de eventual aplicação da lei censurada não se afigura suficiente para fixar uma decisiva distinção entre a *Appellentscheidung* e a declaração de inconstitucionalidade sem a pronúncia da nulidade, pois, consoante a jurisprudência do *Bundesverfassungsgericht*, "em casos excepcionais, podem ser aplicados, parcial ou totalmente, os dispositivos inconstitucionais (...)".[34]

18. Pode-se assentar, porém, que, embora subsistam dúvidas na doutrina sobre os efeitos jurídicos da declaração de inconstitucionalidade sem a pronúncia da nulidade (*Unvereinbarkeitserklä-*

29. Rupp v. Brüneck, "Darf das Bundesverfassungsgericht an den Gesetzgeber appellieren?", in *Festschrift für Gerbhard Müller*, 1970, pp. 355 e ss.; cf. também, Schefold-Leske, *Hochschulvorschaltgesetz: verfassungswidrig aber nicht nichtig*, NJW, 1973, p. 1.297 (1.299); Söhn, *Anwendungspflicht oder Aussetzungspflicht bei festgestellter Verfassungswidrigkeit von Gesetzen?*, 1974, pp. 37 e ss.; Maurer, "Zur Verfassungswidrigererklärung von Gesetzen, in *Festschrift für Werner Weber*, Berlim, 1974, p. 363; Pestalloza, *Bundesverfassungsgericht und Grundgesetz*, vol. I, pp. 519 (540); Moench, *Verfassungswidriges Gesetz und Normenkontrolle*, Baden-Baden, 1977, *des Verfassungswidrigkeit von Norm und Einzelakt*, Baden-Baden, 1980, p. 70.

30. Ipsen, *Jörn Rechtsfolgen, der Verfassungswidrigkeit von Norm und Einzelakt*, 1980, p. 132; Pestalloza, "*Noch verfassungsmässige* und *bloss verfassungswidrige Rechtslagen*", 1976, p. 540; Schulte, Martin, *Appellentscheidungen des Bundesverfassungsgericht*, DVBl, 1988, pp. 1.200 (1.201).

31. Schefold/Leske, *Hochschulvorschaltgesetz: verfassungswidrig — aber nicht nichting*, NJW, 1973, pp. 1.297 (1.299); Söhn, *Anwendungspflicht oder Aussetzungspflicht bei festgestellter Verfassungswidrigkeit von Gesetzen?*, 1974, p. 37.

32. Cf., a propósito Sachs, Michael, *Tenorierung bei Normenkontrolle des Bundesverfassungsgericht*, DöV, 1982, pp. 23 (27 und 30). Diferentemente do apelo ao legislador, a declaração de inconstitucionalidade tem eficácia *erga omnes* (*Gesetzeskraft*) e força vinculante (*Bindungswirkung*) para todos os órgãos da União e dos Estados, assim como para todos os Tribunais e autoridades administrativas (§ 31, § 1º, da Lei do *Bundesverfassungsgericht*) (cf. a propósito Maunz, Theodor, *Das Bundesverfassungsgericht Gesetz*, BayVBl, 1980, pp. 513 (518), também infra IV).

33. Zeidler, Wolfgang, *Die Verfassungsrechtsprechung im Rahmen der staatlichen Funktionen*, EuGRZ, 1988, pp. 207 (214).

34. BVerfGE 61, 319 (356); cf. também, Maurer, Hartmut, "*Zur Verfassungswidrigerklärung von Gesetzen*", in *Festschrift für Werner Weber*, 1974, p. 347.

rung),[35] é certo que ela contém um juízo de desvalor em relação à norma questionada, o que obriga o legislador a empreender as medidas necessárias à supressão do estado de inconstitucionalidade,[36] nos termos dos arts. 1º., § 3º. (vinculação dos órgãos estatais aos direitos fundamentais) e 20, § 3º. (garantia do Estado de Direito e vinculação dos órgãos estatais aos princípios estabelecidos na Constituição), da Lei Fundamental.

19. Deve-se ressaltar, portanto, que, enquanto a declaração de inconstitucionalidade sem a pronúncia da nulidade (*Unvereinbarkeitserklärung*) contém uma declaração de inconstitucionalidade, o apelo ao legislador configura peculiar sentença de rejeição de inconstitucionalidade.[37] Vê-se, pois, que o apelo ao legislador tem conteúdo preventivo, operando no "campo preliminar da patologia constitucional".[38] A declaração de inconstitucionalidade sem a pronúncia da nulidade, ao revés, tem caráter mandamental, obrigando o legislador a suprimir, com a possível presteza, o estado de inconstitucionalidade.[39]

c) Tipos de *Appellentscheidungen*

20. As *Appellentscheidungen* formam uma constelação fortemente dife-

35. A discussão doutrinária sobre o significado da "declaração de inconstitucionalidade sem a pronúncia da nulidade" assenta-se, principalmente, nas teorias da nulidade e da anulabilidade da lei inconstitucional. Enquanto significativa corrente doutrinária sustenta que a declaração de inconstitucionalidade sem a pronúncia da nulidade traz ínsita uma proibição de aplicação da lei questionada (*Anwendungssperre*) (cf. Ipsen, *Rechtsfolgen der Verfassungswidrigkeit von Norm und Einzelakt*, 1980, pp. 218-219; Schlaich, *Das Bundesverfassungsgericht*, 1985, pp. 172-173; Heussner, Hermann, *Folgen der Verfassungswidrigkeit eines gesetzes ohne Nichtigerklärung*, NJW 1982, pp. 257 (258); Hein, Peter, *Die Unvereinbarerklärung verfassungswidriger Gesetze durch das Bundesverfassungsgericht, 1988, p. 181)*, alguns autores, influenciados pela teoria da anulabilidade (*Vernichtbarkeitslehre*), sustentam a plena aplicabilidade da norma declarada inconstitucional até a sua revogação pelo Poder Legislativo (Söhn, Hartmut, *Anwendungspflicht oder Aussetzungspflicht bei festgestellter Verfassungswidrigkeit von Gesetzen*?, Frankfurt am Main, 1974, p.171; Moench, Christoph, *Verfassungswidriges Gesetz und Normenkontrolle*, Baden-Baden, 1977, p. 172). Na prática, embora o *Bundesverfassungsgericht* reconheça que essa decisão deva acarretar a proibição de aplicação da lei inconstitucional, admite-se, em casos especiais, a aplicação temporária da lei inconstitucional para evitar as situações de vácuo legislativo ou de eventual "caos jurídico" (BVerfGE 55, 100 (110)).

36. Segundo o entendimento praticamente unânime da doutriona constitucional alemã, a declaração de inconstitucionalidade sem a pronúncia da nulidade tem caráter mandamental (*verpflichtend*), obrigando o legislador a editar, com a urgência devida e se for necessário e possível, com caráter retroativo, as medidas legislativas reclamadas. Esse entendimento mostra que, diferentemente da declaração de nulidade, a simples pronúncia de inconstitucionalidade não retira a lei do ordenamento jurídico. Daí ter a jurisprudência do Tribunal Constitucional consagrado orientação segundo a qual a pronúncia de inconstitucionalidade importa na suspensão de aplicação da lei questionada (*Anwendungssperre* (cf. acima, nota 35). Em estreita vinculação com a "suspensão de aplicação", identifica-se uma outra conseqüência jurídica desse tipo de declaração de inconstitucionalidade: ela deve ensejar a suspensão dos processos judiciais ou administrativos até a edição do ato legislativo requerido, permitindo, sobretudo nos casos de ofensa ao princípio da isonomia, que os eventuais prejudicados sejam contemplados na nova regulamentação (Maurer, Hartmut, "Zur Verfassungswidrigerklärung von Gesetzen", in *Festschrift für Werner Weber*, 1974, pp. 345 (361 e ss.); Ipsen, *Rechtsfolgen der Verfassungswidrigkeit von Norm und Einzelakt*, 1980, p. 212; Schlaich, *Das Bundesverfassungsgericht* , 1985, pp. 172 e ss.; Hein, Peter, *Die Unvereinbarerklärung verfassungswidriger Gesetze durch das Bundesverfassungsgericht*, Baden-Baden, 1988, pp. 168 e ss.). Em casos excepcionais, o Tribunal tem determinado a aplicação da lei declarada inconstitucional (cf. também a nota n. 35).

37. Schulte, Martin, *Appellentscheidungen des Bundesverfassungsgerichts*, DVBl, 1988, pp. 1.200 (1.201). O Bundesverfassungsgericht tem reconhecido, nos últimos tempos, que, nos casos de declaração de inconstitucionalidade sem a pronúncia da nulidade — particularmente na hipótese de afronta ao princípio da igualdade — , deverá o legislador, em muitos casos, emprestar eficácia retroativa às novas disposições (BVerfGE 55, 100).

38. Ipsen, Jörn, *Rechtsfolgen der Verfassungswidrigkeit von Norm und Einzelakt*, 1980, p. 268.

39. Ipsen, Jörn, *Rechtsfolgen der Verfassungswidrigkeit von Norm und Einzelakt*, Baden-Baden, 1980, pp. 268-269.

renciada na jurisprudência do *Bundesverfassungsgericht*, o que dificulta a sistematização mais precisa dessa categoria. Esses diferentes tipos podem ser identificados também sob uma forma mista. Não obstante, afigura-se possível designar, com alguma segurança, pelo menos três grupos típicos dessa categoria:

1) Apelo ao legislador em virtude de mudança nas relações fáticas ou jurídicas;

2) Apelo ao legislador em virtude de descumprimento de dever constitucional de legislar;

3) Apelo ao legislador em virtude da falta de ''evidência'' de inconstitucionalidade.

1. O apelo ao legislador em virtude de mudanças das relações jurídicas ou fáticas

21. O apelo ao legislador em virtude de uma mudança das relações fáticas ou jurídicas forma a mais importante categoria dessa modalidade de decisão na jurisprudência do *Bundesverfassungsgericht*.[40] Alguns exemplos colhidos na jurisprudência do Tribunal hão de contribuir para esclarecer esse tipo de *Appellentscheidungen*.

1.1 Divisão dos distritos eleitorais

22. A decisão do *Bundesverfassungsgericht* de 22 de maio de 1963 revela exemplo clássico do processo de inconstitucionalização (*Verfassungswidrigwerden*) em virtude de uma mudança nas relações fáticas. Ressaltou-se, nesse acórdão, que, em virtude da significativa alteração na estrutura demográfica das diferentes unidades federadas, a divisão dos distritos eleitorais, realizada em 1949 e preservada nas sucessivas leis eleitorais, não mais atendia às exigências demandadas do princípio de igualdade eleitoral[41] (Lei Fundamental, art. 38). O Tribunal absteve-se, porém, de pronunciar a inconstitucionalidade sob a alegação de que tal situação não podia ser constatada na data da promulgação da lei (setembro de 1961).[42] O *Bundesverfassungsgericht* logrou infirmar, assim, a ofensa ao art. 38 da Lei Fundamental. Conclamou-se, porém, o legislador ''a empreender as medidas necessárias à modificação dos distritos eleitorais, com a redução da discrepância existente para patamares toleráveis''.

23. Essa exortação do Tribunal foi atendida com a promulgação da Lei de 14 de fevereiro de 1964 (*Gesetz zur Änderung des Bundeswahlgesetzes* de 14 de fevereiro de 1964).

24. Assinale-se que esse caso estava marcado por peculiar dilema. Caso o *Bundesverfassungsgericht* tivesse declarado a inconstitucionalidade da lei que disciplinava a divisão dos distritos eleitorais, ter-se-ia de reconhecer a invalidade das últimas eleições parlamentares e, por conseguinte, a ilegitimidade do Parlamento e do próprio Governo. Nessa hipótese, inexistiria órgão com legitimidade para promulgar uma nova lei eleitoral, uma vez que a legislatura anterior já se havia encerrado (Lei Fundamental, art. 39, § 1º, 2º período) e a disposição sobre o estado de necessidade legislativa (*Gesetzgebungsnotstand*) não se mostrava aplicável à situação em apreço (Lei Fundamental, art. 81).[43]

40. O *Bundesverfassungsgericht* e a doutrina constitucional moderna admitem que, de alguma forma, o conteúdo normativo pode sofrer mudanças, fazendo com que, apesar da subsistência do texto original, a norma nele contida adquira outro significado (cf. a propósito, Hesse, Konrad, ''Grenze der Verfassungswandlung'', in *Ausgewählte Schriften*, Heidelberg, 1984, pp. 29 (31).

41. BVerfGE 16, 130 e ss.

42. BVerfGE 16, 130 (141/142).

43. Rupp v. Brüneck, *Darf das Bundesverfassungsgericht an den Gesetzgeber Appellieren?*, 1970, p. 372; Schlaich, *Das Bundesverfassungsgericht*, 1985, p. 182; Gusy, Christoph, *Parlamentarischer Gesetzgeber und Bundesverfassungsgericht*, Berlim, 1985, p. 211.

1.2 Pensão previdenciária em virtude da morte do cônjuge do sexo feminino

25. Cobra relevo ressaltar, todavia, que nem sempre o processo de inconstitucionalização baseia-se, de forma evidente, na mudança das relações fáticas.[44] Logra-se identificar, muitas vezes, notória "confusão" entre elementos fáticos e jurídicos.[45]

26. As decisões do *Bundesverfassungsgericht* sobre a pensão previdenciária por morte do cônjuge do sexo feminino configuram clássico exemplo do processo de inconstitucionalização em virtude de mudança das relações fáticas e jurídicas (*Witwerrenten-Entscheidungen*).[46] Consoante o § 43, (1), da Lei de Seguridade, e do § 1.266 (1) do Regulamento da Previdência Social, o cônjuge do sexo masculino somente faria jus à pensão previdenciária se os ganhos da segurada fossem fundamentais para o sustento da família. Ao contrário, assegurava-se a pensão à viúva, independentemente de qualquer consideração sobre os ganhos auferidos pelo segurado para o sustento da família. Na primeira decisão (*erstes Witwerrenten-Urteil*), proferida em 24.7.63, reconheceu o Tribunal a constitucionalidade dessas disposições, com o fundamento de que apenas no caso da viúva poder-se-ia identificar uma perda de rendimentos suscetível de ser compensada economicamente.[47] O reduzido número de mulheres casadas entre a população economicamente ativa (1950, cerca de 7,5%) estava a indicar que o legislador não ultrapassara os limites de uma tipificação admissível.[48]

27. Na segunda decisão, de 17 de dezembro de 1974, considerou o *Bundesverfassungsgericht* que as normas constantes do § 43, (1), da Lei de Seguridade, e do § 1.266, (1), do Regulamento de Previdência Social, "ainda não eram inconstitucionais". No entanto, o legislador estava obrigado a promulgar uma nova lei, porque as disposições em apreço estavam submetidas a notório processo de inconstitucionalização. É que, argumentava-se, no período 1950-1973, o número de mulheres casadas economicamente ativas havia quadruplicado.[49] Era possível constatar, ademais, uma significativa mudança da divisão de tarefas no âmbito da relação conjugal, suficiente, por si só, para reabrir a questão sobre a constitucionalidade dos preceitos impugnados.[50]

28. A configuração de ofensa ao princípio da igualdade deveria ser infirmada (Lei Fundamental, art. 3º, § 2º), porque a mudança referida havia-se operado em grupos que ainda não tinham alcançado a idade para aposentadoria.

1.3 Tributação do transporte de carga de longa distância

29. Nesse contexto, há de ser considerado o grupo de casos no qual o *Bundesverfassungsgericht*, embora reconhecesse que a regulamentação ainda se mostrava compatível com a Constituição, recomendava, expressamente, a adoção de medidas corretivas. É que se afigurava possível a configuração de afronta ao princípio da isonomia[51] em

44. Bryde (*Verfassungsentwicklung*, p. 283) ressalta que, no processo de concretização e desenvolvimento da Constituição, as mudanças do "âmbito normativo" (*Regelungsbereich*) e as mudanças nas concepções valorativas estão indissociavelmente vinculadas, de forma que uma "mudança nas relações fáticas" influencia a valoração normativa e uma alteração das concepções valorativas não se opera sem que haja um motivo de ordem fática (cf., também, Canotilho, *Direito Constitucional*, Coimbra, 1986, pp. 154 e ss.).

45. Ipsen, *Rechtsfolgen der Verfassungswidrigkeit von Norm und Einzelakt*, 1980, p. 134.

46. Decisões de 24.7.63 e de 12.3.74 (BVerfGE 17, 1 e BVerfGE, 39, 169).

47. BVerfGE 17, 1 (19).

48. BVerfGE 17, 1 (23).

49. BVerfGE 39, 169 (184).

50. BVerfGE 39, 169 (189).

51. Vgl. Zeidler, Wolfgang, *Die Verfassungsrechtsprechung im Rahmen der staatlichen Funktionen*, EuGrZ, 1988, p. 207 (211).

virtude de mudanças na situação econômica ou social.

30. Os "recursos constitucionais" impugnavam o § 11, § 1º, n. 2, *b*, da Lei de 30 de junho de 1958. O referido diploma fazia recair carga tributária mais pesada sobre o transporte de longo percurso do que aquela incidente sobre os demais ramos dessa atividade econômica.[52] Essa decisão do legislador tinha por escopo não o aumento da receita tributária, mas o estabelecimento de condições equilibradas de concorrência com a Companhia Federal de Transportes Ferroviários (*Bundesbahn*).[53]

31. O *Bundesverfassungsgericht* teve de aferir a compatibilidade da legislação em apreço em face do art. 12 (liberdade de exercício profissional — mormente em relação ao princípio da proporcionalidade), bem como do art. 14, § 1º (propriedade) e do art. 3º, § 1º, da Lei Fundamental (igualdade). Cumpria verificar se as mudanças operadas nesse ramo de atividade eram tão significativas a ponto de tornar inconstitucional a lei referida.

32. O Tribunal acentuou que, como se tratava de lei nova, não se afigurava possível proceder a uma rigorosa avaliação dos objetivos alcançados pelo legislador.[54] De resto, o próprio legislador, mostrava-se consciente da provisoriedade da medida.[55] Reconheceu-se, pois, a constitucionalidade da lei, nos seguintes termos: "A tributação especial do transporte de carga de longo percurso com base na Lei de Transporte de 1955 não é, pelo menos neste momento, inconstitucional".[56]

33. Segundo a orientação adotada pelo Tribunal, a rigorosa tributação a que estava submetido o transporte de carga de longo percurso "situava-se no limite do tolerável.[57]

1.4 A práxis da execução penal: mutação constitucional

34. Finalmente, cumpre mencionar os casos de mudança na concepção jurídica que podem produzir uma *mutação normativa* ou a evolução na interpretação, permitindo que venha a ser reconhecida a inconstitucionalidade de situações anteriormente consideradas legítimas. A orientação doutrinária dominante, marcada por uma alternativa rigorosa entre atos legítimos ou ilegítimos (*entweder als rechtmässig oder als rechtswidrig*), encontra dificuldade para identificar a consolidação de um processo de inconstitucionalização (*Prozess des Verfassungswidrigwerdens*).[58] Prefere-se admitir que, embora não tivesse sido identificada, a ilegitimidade sempre existira.[59]

35. O *Bundesverfassungsgericht* colocou em dúvida esse entendimento na

52. Cf., a propósito, Krause-Palfner, Thilo, *Das Verfassungswidrigwerden von Gesetzen*, Diss., 1973, p. 35.

53. Na justificação do Ministério dos Transportes, de 9.7.54, ficou assente: "constitui principal objetivo da política de transportes do Governo Federal a limitação do transporte de cargas de longa distância". Também o Parecer da Comissão de Tributação e Finanças, de 12.3.53, continha a seguinte conclusão: "concordou-se que as mudanças destinavam-se a reordenar o setor, não devendo ter conteúdo político-financeiro. A obtenção de receita não estava, portanto, em primeiro plano. Essas disposições deveriam assegurar idênticas condições básicas ao transporte ferroviário e rodoviário. Buscava-se, principalmente, restringir o transporte rodoviário de longo percurso (Werkfernverkehr)". Citação, de acordo com BVerfGE, 16, 147 (161 e 171).

54. BVerfGE 16, 147 (161 s.).

55. BVerfGE 16, 147 (174 s, 182, 187).

56. BVerfGE 16, 147, Ementa (Leitsatz) n. 4: "Die Sonderbesteuerung des Werkfernverkehrs aufgrund des Verkehrsgesetzes 1955 ist — jedenfalls zur Zeit — nicht verfassungswidrig".

57. BVerfGE 16, 147 (187).

58. Ipsen, Jörn, *Rechtsfolgen der Verfassungswidrigkeit von Norm und Einzelakt*, 1980, p. 137.

59. Ipsen, Jörn, *Rechtsfolgen der Verfassungswidrigkeit von Norm und Einzelakt*, 1980, p. 137.

decisão proferida sobre problemática da execução penal, como se logra depreender da seguinte passagem do acórdão: "O constituinte contemplou, por ocasião da promulgação da Lei Fundamental, a situação tradicional da execução da pena, tal como resulta dos arts. 2, § 2º, 2º período, e 104, §§ 1º e 2º da Lei Fundamental, não existindo qualquer sinal de que ele partira da premissa de que o legislador haveria de editar uma lei imediatamente após a entrada em vigor da Lei Fundamental. Na apreciação da questão sobre o decurso de prazo razoável para o legislador disciplinar a matéria e, por conseguinte, sobre a configuração de ofensa à Constituição, deve-se considerar também que, até recentemente, admitia-se, com fundamento das relações peculiares de poder (*besondere Gewaltverhältnisse*), que os direitos fundamentais do preso estavam submetidos a uma restrição geral decorrente das condições de execução da pena. Cuidar-se-ia de limitação implícita, que não precisava estar prevista expressamente em lei. Assinale-se, todavia, que, segundo a orientação que se contrapõe à corrente tradicional, a Lei Fundamental, enquanto ordenação objetiva de valores com ampla proteção dos direitos fundamentais, não pode admitir uma restrição *ipso jure* da proteção dos direitos fundamentais para determinados grupos de pessoas. Essa corrente somente impôs-se após lento e gradual processo".[60]

36. Vê-se, pois, que, segundo a concepção tradicional, o estabelecimento de restrições aos direitos fundamentais dos presidiários mediante atos normativos secundários era considerada, inicialmente, compatível com a Lei Fundamental. A evolução do entendimento doutrinário e jurisprudencial — uma autêntica mutação constitucional — passava a exigir, no entanto, que qualquer restrição a esses direitos devesse ser estabelecida mediante expressa autorização legal.[61]

37. A especificidade da situação impunha, todavia, que se tolerassem, provisoriamente, as restrições aos direitos fundamentais dos presidiários, ainda que sem fundamento legal expresso. O legislador deveria emprestar nova disciplina à matéria em consonância com a orientação agora dominante sobre os direitos fundamentais.[62]

2. *Inadimplemento de dever constitucional de legislar*

38. O inadimplemento de dever constitucional de legislar dá ensejo, não raras vezes, à pronúncia da *Appellentscheidungen*. O *Bundesverfassungsgericht* reconhece, freqüentemente, que a omissão legislativa revela-se "ainda constitucional" (*noch verfassungsgemäss*), enfatizando o dever do legislador de promulgar as providências reclamadas.

39. O dever de legislar pode decorrer de expressa exigência constitucional (*Verfassungsauftrag*; norma-tarefa, na tradução proposta por Canotilho),[63] ou pode derivar do chamado dever de proteção (*Schutzpflicht*), que obriga o Estado a atuar na defesa e proteção de certos valores, como a vida, a integridade física, a honra, sobretudo em face de agressões praticadas por terceiros.[64] O

60. BVerfGE 33, 1 (12).

61. Crítico, a propósito, Starck, *Anmerkung zum Strafvollzugsurteil*, JZ, 1972, pp. 360 (361).

62. BVerfGE 33, 1 (13).

63. Canotilho, José Joaquim Gomes, *Direito Constitucional*, Coimbra, 1986, p. 135.

64. A jurisprudência do *Bundesverfassungsgericht* tem reconhecido que os direitos fundamentais asseguram ao indivíduo não apenas direito de defesa contra intervenção do Estado (*Abwehrrecht*) e eventual direito a prestações positivas (*Leistungsrecht*), mas também um direito de proteção contra lesões ou ameaças a valores ou bens (vida, saúde, liberdade, propriedade etc.) provenientes da ação de terceiros. A ameaça de morte por seqüestradores, a utilização de instalações perigosas, ou

Tribunal tem identificado, ultimamente, como fundamento do dever constitucional de legislar, o dever geral de adequação (*allgemeiner Nachbesserungsvorbehalt*), que impõe ao legislador a obrigação de corrigir as conseqüências danosas ou perversas para os direitos fundamentais resultantes da aplicação da legislação existente.

40. A referência a alguns precedentes jurisprudenciais poderá ilustrar melhor o apelo ao legislador em virtude do inadimplemento de dever constitucional de legislar.

2.1 Revogação do estatuto de ocupação

41. Tal como acentuado, os casos relativos à aplicação do "estatuto de ocupação" constituíram o ponto de partida para o desenvolvimento das *Appellentscheidungen* na jurisprudência do Tribunal Constitucional. Na decisão de 4 de abril de 1955, relativa à constitucionalidade da lei federal de 23 de outubro de 1954, que aprovava o Tratado sobre Sarre (*Saarstaatut*), formulou o *Bundesverfassungsgericht* sua famosa "Teoria da Aproximação" (*Annäherungstheorie*).[65] Afigura-se digna de registro a síntese dessa orientação, tal como formulada no acórdão, *verbis*: "Afasta-se a declaração de inconstitucionalidade, porque a situação criada pelo Tratado está mais próxima do estabelecido na Lei Fundamental do que aquela anteriormente em vigor. Se se pretendesse uma disciplina plenamente compatível com a Lei Fundamental, ter-se-ia a consagração de um rigorismo constitucional que se deixa resumir pela seguinte fórmula: 'a situação ruim deve subsistir se o melhor não puder ser alcançado'. Essa orientação não corresponde à vontade da Lei Fundamental".[66]

42. Esse entendimento foi confirmado e concretizado em outras decisões proferidas sobre a legitimidade das leis que restringiam a atividade econômica (*Zwangswirtschaft*). Enfatizou-se então que cassar ou simplesmente revogar esse complexo normativo daria ensejo a uma situação de caos e que o legislador não disporia de condições para uma imediata substituição do estatuto vigente.[67]

43. É fácil de ver que os casos pertinentes ao "estatuto de ocupação" e à legitimidade do direito pré-constitucional não se deixavam tipificar, simplesmente, como "situações ainda constitucionais". Tratava-se, em verdade, de situações incompatíveis com a Lei Fundamental. A decretação de sua nulidade — conseqüência inevitável do reconhecimento da inconstitucionalidade, segundo a concepção então vigorante — poderia trazer, porém, conseqüências danosas ou indesejáveis.[68]

2.2 Igualdade dos filhos havidos fora do casamento

44. O art. 6º, § 5º, da Lei Fundamental,[69] estabelece que o legislador de-

o tratamento conferido a cidadão alemão ou estrangeiro, ao arrepio do Direito Internacional Público, são exemplos de situações que exigem uma conduta ativa do Estado — no plano legislativo judicial ou administrativo — para garantir ou proteger direitos fundamentais (cf., Klein, Eckart, *Grundrechtliche Schutzpflicht des Staates*, NJW, 1989, pp. 1.633 e ss.).

65. Cf., a propósito, Lerche, Peter, *Das Bundesverfassungsgericht und die Vorstellung der "Annäherung" an den verfassungsgewollten Zustand*, DöV, 1971, p. 721.

66. BVerfGE 4, 157.

67. BVerfGE 9, 63 (72); 12, 281 (292); 15, 337 (342, 346, 351 e ss.); cf., também, Moench, *Verfassungswidriges Gesetz und Normenkontrolle*, 1977, p. 72; Schneider, Bernd-Jürgen, *Die Funktion der Normenkontrolle und des richterlichen Prüfungsrechts im Rahmen der Rechtsfolgenbestimmung verfassungswidriger Gesetze*, 1988, pp. 214 e ss.

68. Esses casos compõem, hodiernamente, um dos tipos da chamada declaração de inconstitucionalidade sem a conseqüência da nulidade (*Unvereinbarkeitserklärung*). Cf. supra, II, *b*.

69. Lei Fundamental, art. 6, § 5º: "a lei deve assegurar ao filho ilegítimo condições de desen-

ve assegurar aos filhos havidos fora do casamento condições idênticas de desenvolvimento físico, espiritual e social àquelas vigentes para os filhos legítimos. Ao apreciar "recurso constitucional" (*Verfassungsbeschwerde*) interposto contra decisão do Tribunal Estadual de Kiel, considerou a Corte Constitucional que ainda não havia decorrido o "prazo razoável" assegurado ao Parlamento para o cumprimento do dever constitucional de legislar.[70] Este expirar-se-ia com o término daquela legislatura.[71] Não obstante, como se tratava de norma constitucional bastante precisa, enfatizou o *Bundesverfassungsgericht* que, configurada a mora do legislador, poderiam os Juízes e Tribunais aplicá-la diretamente.

45. Anteriormente, o Tribunal adotara orientação semelhante. Tratava-se de disposição constitucional que admitia a subsistência do direito ordinário contrário ao postulado da igualdade até a sua devida adequação a esse princípio. Esta deveria realizar-se, porém, até 31 de março de 1953 (Lei Fundamental, art. 117, § 1º). Após o decurso desse prazo, passaram alguns Tribunais a aplicar diretamente o princípio da igualdade, até que fosse promulgada a legislação requerida. O *Bundesverfassungsgericht* considerou correta essa orientação.[72]

2.3 Dever de proteção (*Schutzpflicht*) e dever de adequação do legislador (*Nachbesserungsvorbehalt*)

46. No âmbito do dever de proteção do legislador (*Schutzpflicht*), vem assumindo relevância peculiar constelação, concernente às matérias complexas, que requerem uma constante aferição para eventual correção ou adequação das providências legislativas.[73]

47. Na decisão proferida em 8 de agosto de 1978, relativa ao reator nuclear de Kalkar (*Kalkar-Beschluss*), reconheceu o *Bundesverfassungsgericht* que, em virtude de novos desenvolvimentos científicos, o legislador estava constitucionalmente obrigado a reexaminar a sua decisão em favor do uso pacífico da energia atômica.[74] Apreciando diferentes "recursos constitucionais", interpostos por moradores da região próxima às instalações nucleares, deixou assente o Tribunal, de forma lapidar: "Caso se constatem indícios de perigo proveniente de reatores nucleares do tipo *Schneller Brüter* (...), está o legislador obrigado a promulgar as novas medidas requeridas".[75]

48. Pronunciamento de teor semelhante contém a decisão de 14 de janeiro de 1981, sobre a poluição sonora causada por aviões.[76]

49. Em outros casos, tem-se enfatizado que, na hipótese de regulamentação nova, concernente a matérias complexas, a intervenção da jurisdição constitucional somente há de ocorrer se o legislador, a despeito das experiências colhidas, deixar de empreender as melhorias e adaptações necessárias.[77]

50. Ainda no âmbito do chamado "dever de proteção" do legislador deve ser mencionada decisão de 15 de dezembro de 1983[78] sobre a constitucionalidade da

volvimento físico, espiritual e social idênticas àquelas outorgadas aos filhos legítimos".

70. BVerfGE 25, 167 (187).
71. BVerfGE 25, 167 (187).
72. BVerfGE 3, 225.

73. BVerfGE 53, 257 (312).
74. BVerfGE 49, 89 (129).
75. BVerfGE 49, 89 (132).
76. BVerfGE 56, 54 (70).
77. BVerfGE 53, 257 (312 e ss.).
78. Trata-se de pronunciamento que consagrou, de forma definitiva, um novo direito fundamental no âmbito da Lei Fundamental, o direito de autodeterminação sobre informação (*informationelles Selbsbestimmungsrecht*), isto é, o direito de decidir autonomamente sobre quando e em que condições deverão ser divulgados fatos relacionados com a vida pessoal (cf., sobre o assunto, Pieroth, Bodo/ Schlink, Bernhard, Grundrechte, *Staatsrecht II*, Heidelberg, 1988, p. 96).

lei de recenseamento. Aqui houve por bem o *Bundesverfassungsgericht* reconhecer a existência de um dever de adequação imediato, independentemente de qualquer outra consideração: "§§ da Lei do Censo de 1982 são compatíveis com a Lei Fundamental. Não obstante, deve o legislador, em consonância com os fundamentos da decisão, tomar as medidas necessárias à edição de normas complementares pertinentes à organização e ao procedimento do censo".[79]

51. Vê-se, pois, que o Tribunal declarou a constitucionalidade da lei, desde que colmatadas as lacunas atinentes à organização e ao processo.[80] A validade da lei ficava condicionada, portanto, à edição das normas complementares sobre organização e procedimento.[81]

52. Como observado por Sachs, essa categoria assemelha-se a uma declaração de inconstitucionalidade submetida a uma condição suspensiva,[82] uma vez que a omissão do legislador em suprir a lacuna identificada poderia comprometer a legitimidade de todo o complexo normativo.[83]

3. *Apelo ao legislador por "falta de evidência" da ofensa constitucional*

53. Em algumas *Appellentscheidungen* identifica-se o esforço do *Bundesverfassungsgericht* para infirmar a configuração de inconstitucionalidade, sustentando-se a inexistência de elementos corroboradores da evidência da colisão normativa no momento da elaboração da lei. Não se poderia, assim, afirmar, com segurança, se o legislador estaria em condições de identificar o estado de inconstitucionalidade.[84]

54. A decisão sobre a divisão dos distritos eleitorais fornece nítido exemplo dessa categoria de *Appellentscheidungen*.[85] Esforçou-se o Tribunal, nesse caso, para evitar as conseqüências da declaração de inconstitucionalidade, procedendo a uma sutil diferenciação entre os conceitos de "inconstitucionalidade" (*Verfassungswidrigkeit*) e "invalidade" (*Ungültigkeit*): "Em 17.9.1961, a inconstitucionalidade da divisão dos distritos eleitorais não era, ainda, claramente identificável de modo que se pudesse reconhecer a sua invalidade naquele momento" [86]

55. Segundo a concepção então adotada, a inconstitucionalidade somente deveria acarretar a invalidade, se manifesta. Do contrário, não seria possível identificar uma conduta censurável do legislador. Esse entendimento revelava uma tendência de subjetivação da ofensa constitucional.[87] O *Bundesverfassungsgericht* houve por bem ressaltar, ainda, que, nesse caso específico, não se mostrava possível precisar o momento em que se implementaria a conversão do estado de inconstitucionalidade em uma situação de invalidade. É o que se lê na seguinte passagem do acórdão: "A dificuldade de precisar o momento exato em que a divisão dos distritos eleitorais, an-

79. BVerfGE 65, 1 (3); cf., também, BVerfGE 53, 257 (288).

80. Cf., também, BVerfGE 53, 257 (300).

81. Sachs, Michael, *Tenorierung bei Normenkontrollentscheidungen des Bundesverfassungsgericht*, DöV, 1982, pp. 23 (29).

82. Sachs, Michae, *Tenorierung bei Normenkontrollentscheidungen des Bundesverfassungsgerichts*, DöV, 1982, pp. 23 (29).

83. Schlaich, *Das Bundesverfassungsgericht*, 1985, p. 183.

84. BVerfGE 16, 130 (142); cf., ainda, a propósito, Ipsen, *Rechtsfolgen der Verfassungswidrigkeit von Norm und Einzelakt*, 1980, pp. 138 e ss.; Moench, *Verfassungswidriges Gesetz und Normenkontrolle*, 1977, pp. 84 e ss.; Pestalloza, "*Noch verfassungsmässige und bloss verfassungswidrige*" *Rechtslagen*, 1976, pp. 536 e ss.

85. Cf., supra II, *c*, 2.

86. BVerfGE 16, 130 (142).

87. Cf., a propósito, Ipsen, *Rechtsfolgen der Verfassungswidrigkeit von Norm und Einzelakt*, pp. 138-139.

teriormente legítima, tornou-se incompatível com a Constituição assenta-se, principalmente, no fato de que esse desenvolvimento caracteriza-se por uma instável fase de transição, o que acabou por dificultar que esse desenvolvimento pudesse ser previsto, em sua integridade, com a necessária segurança. Essas circunstâncias (...) estão a demonstrar que, antes das últimas eleições parlamentares, faltava à ofensa contra o princípio da igualdade eleitoral (*Wahlrechtsgleichheit*) a evidência indispensável para afetar, já naquela época, a validade da divisão dos distritos''.[88]

56. Assim, a caracterização objetiva de uma inconstitucionalidade somente poderia acarretar a invalidade se ela (inconstitucionalidade) se afigurasse evidente. Do contrário, não se poderia identificar uma conduta censurável do legislador.

57. Tem-se aqui, como assinalado, uma tentativa de subjetivar o ato inconstitucional.[89] Consoante essa orientação, enquanto o legislador não estivesse consciente da inconstitucionalidade, o defeito não produziria conseqüências jurídicas. A decisão do tribunal tornaria a mácula ''evidente'', não podendo mais o legislador alegar desconhecimento ou ignorância do estado patológico identificado.[90]

III — O apelo ao legislador na ordem constitucional alemã

58. A utilização do apelo ao legislador não colhe aplausos unânimes na doutrina. Afirma-se que o Tribunal não dispõe de base legal para proferir esse tipo de decisão.[91] Sustenta-se, ademais, que o apelo ao legislador expressa tentativa de compensar, mediante decisão judicial, o déficit identificado no processo de decisão parlamentar (*Kompensation parlamentarischer Entscheidungsdefizite*). A *Appellentscheidung* demitiria o legislador da responsabilidade de concretizar a ordem fundamental.[92] Observa-se, ainda, que o *Bundesverfassungsgericht* não dispõe de competência para estabelecer prognósticos, sendo limitada a sua capacidade de fazer previsões.[93] Não pode ele estabelecer, portanto, com segurança, o exato momento da conversão de uma ''situação ainda constitucional'' em um *estado de inconstitucionalidade*.[94]

59. A objeção concernente à eventual falta de fundamento legal para pronúncia da *Appellentscheidungen* não se afigura irretorquível, sobretudo se considerada esta decisão como peculiar sentença de rejeição da inconstitucionalidade.[95] Se admitido que uma situação considerada constitucional pode tornar-se inconstitucional, não se deve excluir a possibilidade de que, no momento da decisão, não se tenha operado ainda essa conversão. Assim, de uma perspectiva

88. BVerfGE 16, 130 (142/143).

89. Ipsen, Jörn, *Rechtsfolgen der Verfassungswidrigkeit von Normen und Einzelakt*, 1980, p. 222.

90. Ipsen, Jörn, *Rechtsfolgen der Verfassungswidrigkeit von Normen und Einzelakt*, 1980, p. 140.

91. Klein, Eckart, *Verfassungsprozessrecht — Versuch einer Systematik an Hand der Rechtsprechung des Bundesverfassungsgerichts*, AöR, 108, 1983, pp. 410 (434); Bryde, *Verfassungsentwicklung*, p. 395.

92. Cf. Bryde, Otto, *Verfassungsentwicklung*, 1982, pp. 397-398; Starck, *Das Bundesverfassungsgericht im politischen Prozess der Bundesrepublik*, p. 27.

93. Bryde, Otto, *Verfassungsentwicklung*, 1982, p. 397; Klein, *Verfassungsprozessrecht — Versuch einer Systematik an Hand der Rechtsprechung des Bundesverfassungsgerichts*, AöR, 108, 1983, pp. 410 (434); Gusy, *Parlamentarischer Gesetzgeber und Bundesverfassungsgericht*, 1976, p. 212.

94. Klein, Eckart, *Verfassungsprozessrecht — Versuch einer Systematik an Hand der Rechtsprechung des Bundesverfassungsgericht*, AöR, 108, 1983, pp. 410 (434).

95. Schlaich, *Das Bundesverfassungsgericht*, 1985, p. 181.

formal, o apelo ao legislador nada mais expressaria do que a constatação desse incompleto processo de inconstitucionalização.[96] A *Appellentscheidungen* poderia ser vista, assim, tal como proposto por Ebsen, como técnica específica para atuar sobre essas "situações imperfeitas", sem que se tenha de pronunciar a inconstitucionalidade ou a nulidade da lei.[97]

60. Se se analisarem, porém, os grupos singulares de *Appellentscheidungen*, pode-se duvidar da correção dessa tipificação processual. Em verdade, abstém-se o Tribunal, muitas vezes, de emitir um juízo de desvalor sobre a norma para evitar conseqüências práticas danosas.[98]

61. No entanto, não deve pairar qualquer dúvida de índole jurídico-funcional quanto à possibilidade de o Tribunal ressaltar, nas chamadas "situações ainda constitucionais", as deficiências da norma impugnada e a necessidade de sua substituição, derrogação ou complementação.[99]

62. Conceda-se, porém, que a tentativa de identificar a consumação do processo de inconstitucionalização não se afigura isenta de problemas, uma vez que o Tribunal não está legitimado a proferir decisões sobre o desenvolvimento futuro com base apenas em prognósticos.[100]

IV — Conseqüências jurídicas do apelo ao legislador

63. Os efeitos do apelo ao legislador não estão disciplinados pelo direito positivo. Segundo a práxis consagrada pelo Tribunal, há de constar da parte dispositiva da decisão apenas o reconhecimento da constitucionalidade da lei. O apelo ao legislador integra, normalmente, os fundamentos da decisão.[101] Estes contêm a advertência de que uma determinada situação — eventualmente, após o decurso de determinado prazo — não mais será aceita.[102] Em tempos mais recentes, passou o Tribunal a declarar, na parte dispositiva, a constitucionalidade da lei "consoante os fundamentos da decisão" (*nach Massgabe der Gründe*).[103] Essa referência na parte dispositiva aos fundamentos da decisão deveria cumprir, assim, uma "função de advertência".

64. As assertivas constantes da sentença de rejeição de inconstitucionalidade

96. Ebsen, Ingwer, *Das Bundesverfassungsgericht als Element gesellschaftlicher Selbstregulierung*, 1985, p. 96.

97. Ebsen, Ingwer, *Das Bundesverfassungsgericht als Element gesellschaftlicher Selbstregulierung*, 1985, pp. 96-97.

98. Rupp-v. Brünneck, "Darf das Bundesverfassungsgericht an den Gesetzgeber appellieren?", in *Festschrift für Gebhard Müller*, 1970, pp. 355 (396); Pestalozza, "*Noch verfassungsmässige und bloss verfassungswidrige*" Rechtslagen, in *Bundesverfassungsgericht und Grundgesetz*, t. I, p. 520 (536 e ss.); Bryde, *Verfassungsentwicklung*, p. 396; Ebsen, *Das Bundesverfassungsgericht als Element gesellschaftlicher Selbstregulierung*, 1985, p. 97.

99. Bryde, Otto, *Verfassungsentwicklung*, 1982, p. 396; Schulte, *Appellentscheidungen des Bundesverfassungsgerichts*, DVBl, 1980, pp. 1.200 (1.205); Gerontas, Apostolo, *Die Appellentscheidungen, Sondervotumappelle und die blosse Unvereinbarkeitsfeststellung als Ausdruck der funktionellen Grenzen der Verfassungsgerichtsbarkeit*, DVBl, 1982, pp. 486 (487); Pestalozza, *Verfassungsprozessrecht*, p. 179. Crítico a propósito: Klein, *Verfassungsprozessrecht — Versuch einer Systematik an Hand der Rechtsprechung des Bundesverfassungsgerichts*, AöR, 108, 1983, pp. 410 (454).

100. Bryde, Otto, *Verfassugsentwicklung*, 1982, p. 397; Klein, *Verfassungsprozessrecht — Versuch einer Systematik an Hand der Rechtsprechung des Bundesverfassungsgerichts*, AöR, 108 (1983), p. 410 (434).

101. BVerfGE 49, 169; BVerfGE 53, 257 (258); BVerfGE 65, 1 (3); cf., a propósito, Gusy, *Parlamentarischer Gesetzgeber und Bundesverfassungsgericht*, 1985, p. 209.

102. Gusy, Christopf, *Parlamentarischer Gesetzgeber und Bundesverfassungsgerichts*, 1985, pp. 209-210; Moench, Christoph, *Verfassungswidriges Gesetz und Normenkontrolle*, p. 184.

103. Cf. Gusy, Christopf, *Parlamentarischer Gesetzgeber und Bundesverfassungsgericht*, 1985, p. 209.

a respeito do processo de inconstitucionalização de uma lei não estão cobertas pela coisa julgada (*Rechtskraft*), nem são dotadas de força de lei (*Gesetzeskraft*), porquanto, esse desenvolvimento posterior não é objeto do controle.[104] A referência aos fundamentos da decisão destina-se a impedir, todavia, que, em virtude da declaração da constitucionalidade, a lei fique isenta de críticas. Ao contrário, pretende-se assegurar a possibilidade de suscitar-se, após o decurso de determinado prazo, a inconstitucionalidade da lei.[105]

65. Acentue-se, pois, que o "apelo" para que corrija uma "situação ainda constitucional" (*noch verfassungsmässige Rechtslage*), antes de que se consolide o estado de inconstitucionalidade, não obriga, juridicamente, o órgão legislativo a empreender qualquer providência.[106] Esse entendimento há de aplicar-se, igualmente, na hipótese de o *Bundesverfassungsgericht* incorporar o "apelo" à parte dispositiva da decisão,[107] uma vez que apenas o conteúdo de decisões expressamente previsto na lei — declaração de constitucionalidade, declaração de inconstitucionalidade, declaração de nulidade — pode fazer coisa julgada ou ser dotado de força de lei.[108] A manifestação do *Bundesverfassungsgericht* sobre o processo de inconstitucionalização há de ser considerada simples *obiter dictum*.[109]

66. É muito provável que a qualificação do apelo ao legislador como mero *obiter dictum* não corresponda à intenção do *Bundesverfassungsgericht*,[110] que, não raras vezes, estabelece, de forma imperativa, a situação que há de subsistir após a decisão, como, *v.g.*, no julgado sobre os filhos havidos fora do casamento (Lei Fundamental, art. 6, V).[111] Outras vezes, determina o Tribunal que o legislador proceda às mudanças reclamadas dentro de determinado lapso de tempo.[112] Todavia, é fácil de compreender que a sentença de rejeição de inconstitucionalidade não pode ser proferida com a imposição de um dever de legislar. Esse dever de legislar não pode assentar-se no § 31, (1), da Lei do *Bundesverfassungsgericht*, uma vez que o efeito vinculante não abrange todos e quaisquer fundamentos da decisão,[113] mas tão-somente aqueles imprescindíveis à prolação do julgado.[114]

104. Bryde, Otto, *Verfassungsentwicklung*, 1982, p. 411; Vogel, "Rechtskraft und Gesetzeskraft", in *Festschrift für das Bundesverfassungsgericht*, vol. I, p. 609. Deve-se reconhecer que a nova jurisprudência do Tribunal está a indicar uma tendência de consolidação dessa práxis (BVerfGE 53, 257 (258); BVerfGE 65, 1 (3)).

105. Bryde, Otto, *Verfassungsentwicklung*, p. 411.

106. Pestalozza, Christian, "*Noch verfassungsmässige* und *bloss verfassungswidrige*", Rechtslagen, 1976, p. 556; Stern, Klaus, *Bonner Kommentar*, art. 93, n. 319; Moench, *Verfassungswidriges Gesetz und Normenkontrolle*, 1977, pp. 186-187; Gerontas, Apostolo, *Die Appellentscheidungen, Sondervotumsappelle und die blosse Unvereinbarkeitsfeststellung als Ausdruck der funktionellen Grenzen der Verfassungsgerichtsbarkeit*, DVBl, 1982, pp. 486 (487).

107. BVerfGE 53, 257 (258); BVerfGE 65, 1 (3).

108. Stern, *Bonner Kommentar*, art. 93, n. 319; Sachs (*Tenorierung bei Normenkontrollentscheidung des Bundesverfassungsgerichts*, DöV, 1982, pp. 23 (29)) destaca que a incorporação de uma recomendação (*Anweisung*) dirigida ao legislador na parte dispositiva da decisão configura um *novum*, destinado, nitidamente, a emprestar maior eficácia ao julgado.

109. Bryde, *Verfassungsentwicklung*, 1982, p. 396. Sobre *obiter dictum*, ver nota n. 23.

110. Bryde, *Verfassungsentwicklung*, 1982, p. 396.

111. BVerfGE 25, 167 (188). Cf. supra II, c, 2.

112. BVerfGE 33, 1; v., também, BVerfGE 39, 169.

113. Moench, Christoph, *Verfassungswidriges Gesetz und Normenkontrolle*, 1977, p. 186.

114. Moench, Christoph, *Verfassungswidriges Gesetz und Normenkontrolle*,1977, p. 186; Sachs, Michael, *Tenorierung bei Normenkontrollentscheidungen des Bundesverfassungsgerichts*, DöV, 1982, S. 23 (29); Bryde, *Verfassungsentwicklung*, 1982, p. 397.

67. Esse juízo preserva validade mesmo se se procurar estabelecer, na parte dispositiva da decisão confirmatória da constitucionalidade o dever do legislador de complementar determinada disposição, uma vez que, como acentuado, os efeitos vinculantes da decisão referem-se apenas ao conteúdo da decisão legalmente definido. Qualquer outra afirmação constante da parte dispositiva da decisão que não diga respeito a esse conteúdo não tem significado jurídico-processual.[115]

68. É certo, todavia, que a aplicação posterior da lei sem as alterações ou complementações determinadas pelo Tribunal deverá ensejar — muito provavelmente — a declaração de inconstitucionalidade.

69. Também o decurso do prazo fixado pelo *Bundesverfassungsgericht* para que o legislador empreenda as medidas reclamadas não acarreta o automático reconhecimento da inconstitucionalidade da lei.[116] É que a Lei que disciplina o processo de controle de normas não prevê esse tipo de declaração de nulidade submetida a uma condição suspensiva (*aufschiebend bedingte Nichtigerklärung*).[117] Por outro lado, a práxis demonstra que uma prorrogação do prazo estabelecido pelo Tribunal afigura-se, igualmente, possível.[118] Esse prazo deve ser considerado, portanto, apenas como um prazo de carência (*Karenzfrist*) dentro do qual a lei "ainda constitucional" poderá ser legitimamente aplicada.[119]

70. Vê-se, assim, que o entendimento sustentado por Maunz, no sentido de que o Tribunal poderia apreciar, de ofício, a questão, após o decurso do prazo estabelecido, e, em caso de inércia do legislador, declarar a nulidade da norma,[120] carece de fundamento constitucional ou processual. É que o *Bundesverfassungsgericht* somente pode atuar em conformidade com os princípios estabelecidos na Lei Fundamental (Art. 93) e consoante as regras processuais fixadas na sua lei de organização.[121] A referida lei estabelece o princípio do pedido (*Antragsprinzip*) como fundamental para a instauração de qualquer processo (§ 23), não contemplando a possibilidade de o Tribunal retomar, por iniciativa própria, processo regularmente encerrado.[122] As normas que disciplinam o processo perante o *Bundesverfassungsgericht* não admitem algo como uma "decisão final provisória" (*vorläufige Endentscheidung*).[123]

71. Dessarte, em caso de inércia do legislador, a lei declarada "ainda cons-

115. Sachs, Michael, *Tenorierung bei Normenkontrollentscheidungen des Bundesverfassungsgerichts*, DöV, 1982, S. 23 (29); Stern, *Bonner Kommentar*, art. 93, n. 319; Idem, *Staatsrecht der Bundesrepublik Deutschland*, Munique, 1980, vol. II, p. 1.039; cf., também, Erichsen, Hans-Uwe, *Staatsrecht und Verfassungsgerichtsbarkeit*, Munique, 1979, vol. II, p. 194.

116. Moench, Christoph, *Verfassungswidriges Gesetz und Normenkontrolle*, 1977, p. 187.

117. Moench, Christoph, *Verfassungswidriges Gesetz und Normenkontrolle*, 1977, p. 187; Stern, *Bonner Kommentar*, art. 93, n. 319.

118. BVerfGE 33, 1 (33) und 40, 273 (286 e ss.).

119. Moench, Christoph, *Verfassungswidriges Gesetz und Normenkontrolle*, 1977, pp. 186-187.

120. Maunz, Theodor, *Das verfassungswidrige Gesetz*, BayVBl, 1980, S. 513 (518); cf., também, Sachs, *Tenorierung bei Normenkontrollentscheidungen des Bundesverfassungsgerichts*, DöV, 1982, pp. 23 (30).

121. Moench, Christoph, *Verfassungswidriges Gesetz und Normenkontrolle*, 1977, p. 187; Pestalozza, *Verfassungsprozessrecht*, Munique, 1982, S. 6; Hesse, Konrad, "Funktionelle Grenzen der Verfassungsgerichtsbarkeit", in *Ausgewählte Schriften*, Heidelberg, 1984, p. 312; Kimminich, Otto, "Verfassungsgerichtsbarkeit und das Prinzip der Gewaltenteilung", in *Auf dem Weg zum Richterstaat*, Munique, 1979, pp. 62 (65); ver, também, a tradução brasileira: "A Jurisdição constitucional e o princípio da divisão de poderes", in *Revista de Informação Legislativa* n. 105, 1990, pp. 283 e ss.

122. Moench, Christoph, *Verfassungswidriges Gesetz und Normenkontrolle*, 1977, p. 187.

123. Moench, Christoph, *Verfassungswidriges Gesetz und Normenkontrolle*, 1977, p. 187.

titucional'' pelo *Bundesverfassungsgericht* há de ser considerada válida até que, devidamente provocado, venha o Tribunal a proferir nova decisão.[124]

72. Não devem ser desconsideradas, todavia, as conseqüências fáticas do apelo ao legislador. O peculiar significado que os órgãos estatais — e a opinião pública — atribuem aos pronunciamentos da Corte Constitucional asseguram às *Appellentscheidungen* eficácia comparável a qualquer outra decisão de índole *mandamental* ou cassatória.[125] O apelo ao legislador tem dado ensejo, não raras vezes, a profundas reformas legislativas,[126] como demonstram os julgados proferidos sobre a situação dos filhos havidos fora do casamento (Lei Fundamental, art. 6, § 5º),[127] sobre a problemática da execução penal,[128] e a respeito das relações jurídicas nas escolas públicas.[129]

Abreviaturas

AöR — Archiv des öffentlichen Rechts

Bundesverfassungsgerichtsentscheidungen (decisões do Tribunal Constitucional Alemão) — o primeiro número refere-se ao volume; o segundo às páginas

AöR — Archiv des öffentlichen Rechts
BayVBl — Bayerische Verwaltungsblatt
DöV — Die öffentliche Verwaltung
DVBl — Deutsches Verwaltungsblatt
EUGrZ — Europäische Grudrechtszeitschrift
NJW — Neue Juristische Wochenschrift
JZ — Juristenzeitung
VVDStRL — Veröffentlichung der Vereinigung der Deutschen Staatsrechtlehrer
RGZ — Reichsgerichtszeitschrift

124. Moench, Christoph, *Verfassungswidriges Gesetz und Normenkontrolle*, p. 187.

125. Landfried, Christine, *Bundesverfassungsgericht und Gesetzgeber*, Baden-Baden, 1983, p. 52; Krebs, Walter, *Kontrolle in staatlichen Entscheidungsprozessen*, Heidelberg, 1984, S. 117.

126. Cf., a propósito, Zeidler, Wolfgang, *Die Verfassungsrechtsprechung im Rahmen der staatlichen Funktionen*, EuGRZ 1988, p. 207 (212).

127. BVerfGE 25, 267.

128. BVerfGE 33, 1; v., também, BVerfGE 40, 276.

129. BVerfGE 41, 251.

PARECERES

CUMULAÇÃO DE PROVENTOS E VENCIMENTOS

CAIO TÁCITO

Parecer

I

O Supremo Tribunal Federal foi chamado a decidir, no Recurso Extraordinário n. 163.204, a pretensão de funcionário estadual, aposentado no cargo de investigador de polícia, ao qual fora denegada, na via administrativa, a acumulação dos proventos com a remuneração por aulas ministradas, na atividade que passava a exercer.

Em sessão plenária de 9 de novembro de 1994, a maioria acompanhou o voto do Relator, Ministro Carlos Mário Velloso, vencido apenas o Ministro Marco Aurélio. O acórdão ainda não foi publicado, dependendo da revisão dos votos de três dos Ministros.

Embora possam ser oferecidos embargos de declaração, o julgamento, na espécie, é definitivo quanto ao mérito.

A ementa, já oferecida pelo Relator, assim sintetiza a decisão: ''A acumulação de proventos e vencimentos somente é permitida quando se tratar de cargos, funções ou empregos acumuláveis na atividade, na forma permitida pela Constituição, CF, art. 37, XVI, XVII; art. 95, parágrafo único, I. Na vigência da Constituição de 1946, art. 185, que continha norma igual à que está inscrita no art. 37, XVI, da CF/88, a jurisprudência do Supremo Tribunal Federal era no sentido da impossibilidade da acumulação de proventos com vencimentos, salvo se os cargos de que decorrem essas remunerações fossem acumuláveis. Precedentes do STF: RE 81.729-SP, ERE 68.480, MS 19.902, RE 77.237-SP, RE 76.241-RJ''.

O voto vencido divergente, após histórico do tratamento constitucional do tema desde a Carta Imperial de 1824, entende que a Constituição de 1988 adotou implicitamente solução inovadora, na medida em que, no curso dos trabalhos constituintes, foi acolhida emenda supressiva que exclui do texto a referência a proventos. O silêncio teria, na hipótese, sentido afirmativo de permissão.

A conclusão é reforçada com a invocação de comentaristas que abonam tal exegese do novo texto constitucional, assim como de acórdão, em igual sentido, no Tribunal de Justiça do Distrito Federal.

Divulgada a decisão do Supremo Tribunal Federal, embora ainda não publicado o acórdão, anteciparam-se órgãos do Poder Judicário e do Ministério Público a dar eficácia a compreensão restritiva convocando servidores, inclusive aposentados, no sentido de manifestarem opção entre situações, de que fossem titulares, que seriam incompatíveis com o entendimento acolhido pela maioria da Suprema Corte, no mencionado julgamento.

A propósito da legalidade desta providência, é solicitado nosso parecer.

II

O tema da acumulação de cargos antecede a independência do País. O direito português cogitou de proibi-la desde a Carta Régia de 6 de maio de 1623, confirmada no Alvará de 8 de janeiro de 1627, no Decreto de 28 de julho de 1668 e em várias Ordens Régias subseqüentes.

O Decreto de 18 de junho de 1822, do Príncipe Regente, mandava cumprir ditames moralizadores para que não fossem feitos pagamentos a funcionários "sem que tenham assíduo exercício em seus ofícios e empregos" e o princípio foi renovado, durante o Império, em sucessivas leis especiais.

Barbalho, no início da República, acentuava que "é um achaque muito velho o da acumulação de cargos remunerados" e arrolava as frustrações no respeito à proibição inserida no art. 73 da Constituição de 1891. Advertia que à "execução do preceito constitucional, que pode ser severo, mas utilíssimo, erguessem os interesses contrariados" (Comentários à Constituição Federal Brasileira, 1902, p. 340).

Rui Barbosa, na pureza de suas convicções, contestava o acerto da proibição absoluta e defendia a conveniência de se compatizar a ocupação simultânea de cargos técnico-profissionais, que viria a ser admitida na legislação ordinária de 1892, revista em 1909. Sustentava, especialmente, a legitimidade do direito adquirido à percepção da aposentadoria porque "se a jubilação não é *cargo*, se cargo não é a aposentadoria, a reforma, a disponibilidade, a pensão — o pensionista, o funcionário em disponibilidade, o reformado, o aposentado, o jubilado, que nenhum cargo exerceu, não incorrem na interdição do art. 73, quando algum cargo assumirem" (*Obras Seletas de Rui Barbosa*, X, Trabalhos Jurídicos, p. 10).

A Constituição de 1934 acolheu o princípio da proibição mitigada, permitindo a acumulação de cargos de magistério e técnico-científicos, respeitada a compatibilidade de horários (art. 172), voltando, porém, a Carta outorgada em 1937 à vedação absoluta (art. 159).

Regressou ao sistema constitucional de 1946 a permissão excepcional de acumulação de cargos, quando pelo menos um deles fosse de magistério ou técnico-científico (art. 185), tolerada, ainda, a acumulação de dois cargos médicos, com a Emenda Constitucional n. 20, de 25 de maio de 1966.

Em pareceres emitidos como Consultor Geral da República, Haroldo Valladão abonou o entendimento de que a proibição de acúmulo era extensiva aos proventos de disponibilidade ou aposentadoria bem como à remuneração de mandatos eletivos (*RDA*, vol. 15, pp. 304-343).

A exceção consagrada na Carta de 1946 perdurou no regime da Constituição de 1967 (art. 97), à qual dedicamos análise especial ("Acumulação de cargos na Constituição do Brasil", in *RDP*, vol. 7, jan./mar. 1969, incorporado ao nosso livro *Direito Administrativo*, Saraiva, 1975, pp. 304 e ss., antecedido pelo estudo à luz da então iminente "Constituição de 1946", in *RDA*, vol. 4, pp. 347-352).

III

A Constituição de 1988 versou a matéria nos itens XVI e XVII do art. 37 que merecem ser transcritos para exata compreensão:

"XVI — é vedada a acumulação remunerada dos cargos públicos, exceto, quando houver compatibilidade de horários:

"a) a de dois cargos de professor;

"b) a de um cargo de professor com outro técnico ou científico;

"a de dois cargos privativos de médicos;

"XVII — a proibição de acumular estende-se a empregos e funções e abrange autarquias, empresas públicas, sociedades de economia mista e fundações mantidas pelo Poder Público."

O voto vencedor na decisão antes referida pondera que "as disposições inscritas na Constituição de 1946, art. 185 e de 1988, art. 37, XVI, são iguais". E extrai, do argumento, a conclusão da similitude quanto à proibição de acumular proventos.

A identidade entre os preceitos sucessivos não é, porém, absoluta.

A par da dispensa, na atual Constituição, da exigência de correlação de matérias entre cargos acumuláveis (o que é indiferente na situação dos aposentados), não mais nela se repete a disposição do art. 69 da Emenda Constitucional n. 1, de 1969, (idêntico ao § 3º, do art. 97, da Constituição de 1967) segundo o qual "a proibição de acumular proventos não se aplica aos aposentados, quanto ao exercício de mandato eletivo, quanto ao de um cargo em comissão ou quanto a contrato para prestação de serviços técnicos ou especializados".

A liberalidade estrita assim estipulada conduzia, pela interpretação *a contrario sensu*, à interdição genérica, ressalvados os casos específicos enunciados.

A atual eliminação da norma retira a força do argumento de imutabilidade do tratamento constitucional.

Ademais, é significativo o elemento histórico, ao qual deu ênfase o voto vencido.

O texto do anteprojeto, oriundo da comissão temática, vedava "a acumulação remunerada de cargos, funções públicas, empregos e *proventos*".

E o projeto da Comissão de Sistematização repetiu o mesmo texto (art. 87), prevendo, ainda, no respectivo § 2º, regra equivalente a do § 4º do art. 69 do texto constitucional de 1969, acima transcrito, a saber, a de que "a proibição de acumular proventos não se aplica aos aposentados quanto ao exercício de mandato eletivo, de magistério ou de cargo em comissão".

Ofereceu, porém, o Senador Nelson Carneiro emenda supressiva à palavra "proventos" contida no *caput* do art. 87, e, por via de conseqüência, a eliminação do § 2º que, como visto, regulava as exceções ao preceito proibitivo.

Aprovada a emenda, não somente deixou de existir a interdição quanto a proventos, como excluiu-se, por desnecessária, a ressalva permissiva.

Eliminada, como regra, a vedação de acumular proventos, não mais cabia prever exceções que privilegiavam situações especiais.

A justificação da emenda — que veio a ser aprovada — tinha declaradamente o propósito de ''reabrir o serviço público a todo e qualquer cidadão nele inativado'', e o de repelir a interdição pela qual ''ao que se aposenta ainda saudável, portador de rica experiência, veda-se-lhe a possibilidade de um novo cargo, emprego ou função pública''.

É mister, ainda, destacar que a emenda supressiva teve o beneplácito de parecer favorável do Relator Geral, Deputado Bernardo Cabral, concluindo ''pela aprovação da Emenda por considerarmos, como o Autor, medida do mais elevado espírito de justiça''.

O Congresso Nacional teve oportunidade de se manifestar, na vigência da atual Constituição, sobre projeto de lei que visava a impedir a percepção conjunta de proventos com vencimentos, remuneração ou salário pagos pela Administração direta e indireta (Projeto de Lei n. 375/89).

Acolhendo parecer do então Senador Maurício Correa (hoje Ministro do Supremo Tribunal Federal) a Comissão de Justiça e Cidadania da Câmara Alta deliberou pelo arquivamento do projeto, por inconstitucionalidade, invocando-se igual entendimento da Comissão de Constituição e Justiça da Câmara dos Deputados com respeito a projetos que propunham a mesma proibição.

IV

Releva, ponderar, ainda, que a decisão do Supremo Tribunal Federal limitou-se a repelir a aquisição de direito novo, ou seja, a pretensão de acumular proventos já auferidos com nova remuneração proveniente da atividade como professor.

Não estava em causa *suprimir* acumulação existente, apenas se ratificou ato administrativo que negava a permissão, contra o que se postulava a concessão do duplo benefício.

De nenhum modo, o mérito da causa — e, *a fortiori*, a substância da decisão — repelia a consideração da existência de direito adquirido ou de ato jurídico perfeito, a ser desfeito ou anulado.

Tão somente declarou-se legítima a *recusa* administrativa de situação a se constituir.

A par, assim, da singularidade da decisão (que não tem precedente na instância suprema) inexiste identidade fática que possa fundamentar sua extensão a hipóteses diversas em que a acumulação se tenha consumado por força de atos concessivos de autoridade competente, atributivas do direito à simultaneidade das situações jurídicas.

V

O voto vencido do Ministro Marco Aurélio arrolou a doutrina consagrada, no tocante à Constituição de 1988, no sentido da inexistência de restrição ao exercício de cargo, ou função pública pelos aposentados.

Em reedição recente de seu *Curso de Direito Administrativo* (2ª ed., 1995) Lúcia Vale Figueiredo traz à colação as posições de Maria Sylvia Zanela Di Pietro e de Celso Antônio Bandeira de Mello, ambos coincidentes com a exegese, que adota, ''no sentido do entendimento de não haver no texto constitucional óbices à acumulação de proventos de inatividade com vencimentos auferidos em virtude de cargos, funções ou empregos'' (ob. cit., p. 385).

A autora alude expressamente ao julgado do Supremo Tribunal Federal, que motiva o presente parecer, mas persiste no entendimento oposto, afirmando que ''deveras, se a Constituição é silente e se não atrita a interpretação com os vetores constitucionais, deve-se entender como possível acumular proventos com vencimentos'' (ob. cit., p. 387).

Não é outro juízo de José Afonso da Silva (*Curso de Direito Constitucional Positivo*, 6ª ed.) em face da Constituição de 1988: "Igualmente, não é mais proibido acumular proventos com vencimentos de cargo, emprego ou função. Significa que o servidor aposentado, ou mesmo em disponibilidade, poderá exercer qualquer cargo, emprego ou função pública sem restrição alguma, recebendo cumulativamente seus proventos".

VI

Não apenas as vozes dos doutrinadores difundem a tese da constitucionalidade na acumulação de proventos e de remuneração na atividade.

Na Constituição do Estado do Rio de Janeiro, promulgada em 5 de outubro de 1989, repercutiu a lição dos mestres e se tornou explícita a isenção favorável aos aposentados.

O item XX do art. 77 agrega ao preceito federal as expressões de que "a proibição de acumular não se aplica a proventos de aposentadoria".

Diretriz idêntica foi estabelecida, para a Administração Pública da União, em Parecer n. SA-04, de 20 de julho de 1989, da Consultoria Geral da República, no qual se firmou entendimento, de força normativa interna, no sentido de que, a partir da Constituição de 1988, "não mais existe vedação constitucional para acumulação de proventos de inatividade com remuneração do cargo, emprego ou função no setor público, com relação a servidores civis e militares" (*RDA*, vol. 177, pp. 91-97).

VII

De qualquer modo, ainda que se venha a alterar a interpretação liberal consolidada com base no teor do postulado constitucional e nos subsídios históricos de sua elaboração, certamente subsistirá a validade de atos praticados segundo a jurisprudência e a doutrina então dominantes.

Não se desconstituem os direitos adquiridos em conformidade com orientação pacificamente estabelecida, em razão da qual os interessados formalizaram, de boa fé, suas pretensões, habilitando-se a acumulações validamente outorgadas.

As vontades que se determinaram, ao abrigo de exegeses consolidadas, para o benefício de acumulações regularmente constituídas, não mais podem ser desconsideradas, caso venha a variar a jurisprudência administrativa ou judicial.

Carlos Medeiros Silva advertiu, como Consultor Jurídico do DASP, que "é pacífico também que a modificação de jurisprudência administrativa, como da judicial, não obriga à revisão dos casos decididos à luz dos critérios repudiados" (*RDA*, vol. 20, p. 233).

E voltaria, como Consultor Geral da República, com aprovação presidencial, a proclamar a mesma tese, alertando, com apoio em Seabra Fagundes, "que os atos administrativos não se anulam quando, sem mácula de ilegalidade, criam situações jurídicas", para, finalmente concluir que "a modificação de jurisprudência aprovada à vista de novos pareceres, não poderia atingir atos já praticados; somente para o futuro seria de observar-se" (*Pareceres da Consultoria Geral da República*, 1951, vol. I, pp. 14-15).

Se e quando, portanto, a orientação administrativa ou a jurisprudência judicial imprimir sentido diverso à hermenêutica antes acatada, pela qual se pautaram decisões constitutivas de direito, não há porque atribuir eficácia retroativa a revogar situações consolidadas, sem eiva de ilegalidade. O entendimento novo terá em suma, tão somente efeitos *ex nunc* a incidir sobre situações futuras.

O respeito às situações constituídas na ordem administrativa não atende somente aos princípios gerais de direito tradicionalmente consagrados.

A revisão de decisões definitivas quando sobrevenha nova orientação interpretativa, abalaria a autoridade e a estabilidade da Administração, gerando — conforme o testemunho de Francisco Campos — "uma atmosfera de incerteza e de hesitação, que acabaria por prejudicar a eficiência de seus próprios atos" (*Direito Administrativo*, 1943, p. 62).

A busca de continuidade e coerência nas deliberações administrativas levou a que o legislador, em garantia da estabilidade e harmonia das relações com os administrados, emitisse o comando fixado no Decreto n. 73.529, de 21 de janeiro de 1974, pelo qual "é vedada a extensão administrativa dos efeitos de decisões judiciais contrárias à orientação estabelecida para a administração direta e autárquica em atos de caráter normativo ou ordenatório" (art. 1º).

VIII

De todo o exposto, parece-nos válido alcançar as seguintes conclusões:

I — o acórdão do plenário do Supremo Tribunal Federal, no RE 163.204, adotado, por maioria de votos, em sessão de 9 de novembro de 1994 e ainda não publicado, a par de não haver transitado em julgado, representa decisão singular, que não é suficiente para exprimir jurisprudência consolidada;

II — ademais, o teor fático da decisão contempla a pretensão do impetrante em adquirir direito novo, que lhe fora denegado na instância administrativa;

III — conseqüentemente, a decisão não enfrentou — nem era pertinente que o fizesse — a hipótese de revisibilidade de atos que, com anterioridade, houvessem constituído direito à acumulação de proventos de inatividade com a remuneração pelo exercício de cargo ou função pública;

IV — é razoável admitir-se, em face dos trabalhos preparatórios na Assembléia Constituinte, e especialmente da aprovação da emenda supressiva de autoria do Senador Nelson Carneiro, acrescida pelo parecer favorável do Relator Geral, que o teor do art. 37, ns. XVI e XVII, da Constituição de 1988 acolhe, implicitamente, a permissividade da acumulação em causa, como tem entendido a doutrina;

V — de qualquer modo, o princípio geral de garantia do direito adquirido e do ato jurídico perfeito, acrescido da diretriz consagrada de que as alterações jurisprudenciais não conduzem, nem induzem à ilegalidade dos atos administrativos praticados em conformidade com orientação antes estabelecida, inviabilizam a revisão que se pretende aplicar a situações definitivamente constituídas, impondo-se opção contrária à estabilidade de direitos individuais.

A perdurar a exigência indebitamente formulada ou se, por qualquer forma, se manifestar a violação de direito líquido e certo, assiste aos seus titulares a garantia jurisdicional, pela via do mandado de segurança.

É como nos parece.

Rio de Janeiro, 17 de março de 1995

COMISSÃO PARLAMENTAR DE INQUÉRITO

FÁBIO KONDER COMPARATO
Professor Titular da Faculdade de Direito da Universidade de S. Paulo

Consulta

Em 1991, o Senado Federal aprovou a criação de uma Comissão Parlamentar de Inquérito, "destinada a investigar", segundo os termos do Requerimento n. 935, daquele ano, "a situação atual da evasão fiscal no País, sob os seguintes aspectos:

"a) a extensão e profundidade de sua ocorrência, quanto à perda de receita pública, sobretudo tributária e de contribuições parafiscais, sociais e especiais;

"b) na modalidade de evasão lícita, ou elisão, abrangendo renúncias de receita, como imunidades e isenções tributárias, além de outros incentivos fiscais;

"c) na modalidade de evasão ilícita, ou evasão propriamente dita, abrangendo ilicítos tributários, tipificados como fraude, sonegação, descaminho etc., ou não, como a chamada economia informal;

"d) suas causas, de natureza legal, administrativa, econômica e sociológica;

"e) seus valores, inclusive quanto à não cobrança, administrativa e judicial, da dívida ativa, tributária e não tributária;

"f) seus efeitos na distribuição da carga tributária, no déficit em relação ao PIB e na dívida pública;

"g) responsabilidades apuradas nas ocorrências verificadas;

"h) providências a adotar, em face das conclusões."

No curso dos trabalhos da referida Comissão Parlamentar de Inquérito, o seu Presidente, Senador Ronan Tito, enviou ofício (n. 14/92, de 14 de julho de 1992) ao então Presidente do Banco Central do Brasil, solicitando, de acordo com deliberação tomada por maioria no seio da Comissão, "o fornecimento das informações abaixo, (...):

"1. Listagem dos depositantes na rede bancária, relativa aos exercícios de 1988 a 1991, com informações por CPF dos seguintes itens, identificando os estabelecimentos de crédito e respectiva agência.

"1.1 saldo médio e total do movimento em conta corrente;

"1.2 saldo médio e total do movimento em conta de poupança;

"1.3 saldo e total médio de contas de aplicação (*fundos*);

"1.4 somatório dos rendimentos das demais aplicações.

"Os valores informados deverão estar expressos na moeda vigente em cada exercício, mês a mês.

"2. Relação dos clientes que realizaram operações com moedas estrangeiras durante os exercício de 1988 a 1991, identificados por CPF, moeda e quantidade transacionada, subdividida em:

"2.1 clientes que adquiriram moeda;

"2.2 clientes que efetuaram remessa de moeda."

À vista desses fatos, a Federação Brasileira das Associações de Bancos — FEBRABAN solicita-me uma opinião jurídica fundamentada sobre:

I — se dita Comissão Parlamentar de Inquérito foi regularmente criada, segundo as regras constitucionais pertinentes;

II — se a mesma Comissão tem poderes para exigir das instituições financeiras as informações constantes do ofício n. 14/92, de 14 de julho de 1992.

Respondo, no parecer anexo.

Parecer

I — Limites constitucionais à criação de Comissões Parlamentares de Inquérito

1. A primeira Constituição brasileira a regular comissões parlamentares foi a de 1934.

Dispôs o seu art. 26 que o Regimento Interno da Câmara dos Deputados asseguraria, "quanto possível, em todas as Comissões, a representação proporcional das correntes de opinião nela definidas".

No art. 29, parágrafo único, previu-se que, se o Presidente da República não prestar contas de sua gestão relativa ao exercício anterior, a Câmara "elegerá uma Comissão para organizá-las e, conforme o resultado, determinará as providências para a punição dos que forem achados em culpa".

Determinou, ademais, o art. 37, § 2º de dita Constituição que "a Câmara dos Deputados, ou as suas Comissões, designarão dia e hora para ouvir os Ministros de Estado, que lhes queiram solicitar providências legislativas ou prestar esclarecimentos".

Finalmente, pelo disposto no art. 36, "a Câmara dos Deputados criará comissões de inquérito sobre fatos determinados, sempre que o requerer a terça parte, pelo menos, dos seus membros". No parágrafo único desse mesmo artigo, explicitou-se: "aplicam-se a tais inquéritos as normas do processo penal, indicadas no Regimento Interno".

Do conjunto dessas disposições da Constituição Federal de 1934 podem ser tiradas algumas importantes conclusões.

Em primeiro lugar, as comissões parlamentares foram reguladas unicamente na Câmara dos Deputados, pois o Senado Federal, no sistema daquela Carta Constitucional, não era um ramo do Poder Legislativo, mas sim um "órgão de coordenação dos Poderes" (arts. 88 e ss.), cuja tarefa consistia em "colaborar" com a Câmara no exercício da função legislativa (art. 22).

Em segundo lugar, a Constituição de 1934 distinguiu, implicitamente, entre comissões parlamentares permanentes e temporárias, ao destacar duas comissões especiais com este último caráter: a destinada a organizar as contas do Presidente em mora de prestá-las e a comissão parlamentar de inquérito prevista no art. 36.

Quanto a esta última, não padece dúvida que ela tinha caráter nitidamente inquisitorial penal, vale dizer, o seu escopo precípuo consistia na apuração de infrações criminais.

1. *Sic*, Themistocles Brandão Cavalcanti, *A Constituição Federal Comentada*, vol. II, 3ª ed., Rio de Janeiro, José Konfino, 1956, com. ao art.

2. A Constituição de 1946, ao dispor sobre comissões parlamentares de inquérito, declarou que elas poderiam ser criadas tanto na Câmara quanto no Senado, "sobre fato determinado", exigindo explicitamente que nos trabalhos realizados por tais comissões fossem observadas as normas próprias do processo penal, conforme disposto no Regimento Interno. Tal omissão foi lamentável, pois acabou por emascular as comissões parlamentares de inquérito, como será visto mais abaixo.

A Constituição de 1967/69, tirante a limitação do número de comissões parlamentares de inquérito com funcionamento concomitante (art. 30, parágrafo único, *d*), não inovou na matéria.

3. No vigente sistema constitucional, as comissões parlamentares tiveram uma regulação mais ordenada. Fez-se a distinção entre as comissões permanentes e as meramente temporárias (art. 58) e explicitaram-se, de modo mais claro e abrangente, as suas funções (mesmo artigo, § 2º), tanto legislativas quanto fiscalizatórias.

Dentre as comissões temporárias, a Constituição de 1988 destacou, pelo seu regime próprio, as comissões de inquérito, a serem criadas em qualquer das Casas do Congresso, ou em ambas conjuntamente (§ 3º). Manteve a exigência de determinação do objeto ("fato determinado") e atribui-lhes "poderes de investigação próprios das autoridades judiciais", seguindo nesse particular o modelo da Constituição italiana (art. 82, segunda alínea).

Implícita, mas muito clara, nessa norma a distinção de objetivo entre as comissões de inquérito e as demais comissões temporárias no Congresso. Estas últimas visam a levantar informações sobre fatos relevantes, para a tomada de deliberações legislativas ou políticas; enquanto as primeiras procuram investigar irregularidades, abusos ou distorsões.[2]

4. Detenham-nos um pouco no exame dessa atribuição de poderes judiciais de investigação às comissões parlamentares de inquérito.

Como lembrei acima, a Constituição de 1934 deu implicitamente a tais comissões, por intermédio de disposições regimentais, os poderes inquisitórios previstos na legislação processual penal, poderes esses que, como sabido, são próprios da polícia judiciária e dos magistrados com competência criminal. A Constituição de 1946 não reproduziu essa norma, mas ela acabou sendo reintroduzida em nosso ordenamento por via da Lei 1.579, de 17 de março de 1952, segundo a qual "indiciados e testemunhas serão intimados de acordo com as prescrições estabelecidas na legislação penal" (art. 2º).

Não obstante, o Supremo Tribunal Federal, ao julgar o *Habeas Corpus* n. 32.678, em sessão de 5 de agosto de 1953, sendo Relator o Ministro Mário Guimarães, entendeu que "determinar diligências, requerer convocação de ministros de Estado, tomar o depoimento de quaisquer autoridades federais, estaduais ou municipais, ouvir os indiciados, inquirir testemunhas sob compromisso, requisitar de repartições públicas e autárquicas informações e documentos, tudo isso,

53 da Constituição de 1946. Ao comentar a Constituição de 1934, Pontes de Miranda entendeu que o instituto das comissões parlamentares de inquérito "não se subsume no quadro dos procedimentos criminais, não pertence ao Direito Penal, processual ou material" (*Comentários à Constituição da República dos E.U. do Brasil*, t. 1, Rio de Janeiro, Ed. Guanabara, s/d, p. 499). Sem dúvida, não se cuidava de instituto de direito penal ou processual penal, mas sim de um inquérito parlamentar, que podia servir de embasamento à abertura de processo-crime.

2. Essa distinção, entre *Sachstandsenquête* e *Misstandsenquête* é bem marcada no direito constitucional alemão, onde também se distiguem investigações internas no Legislativo (*Kollegialenenquêten*), fiscalizações (*Kontrollenquêten*) e pesquisas legislativas (*Gesetzgebungsenquêten*). Cf. *Kommentar zum Grundgesetz für die Bundesrepublik Deutschland, Reihe Alternativkommentare*, organizado por Rudolf Wassermann, t. 2, Luchterhand, 1989, p. 140.

pelo art. 2º da Lei 1.579, é cometido à Comissão. Mas obrigar as testemunhas faltosas a comparecer, cominar-lhes a pena devida, processá-las e puni-las, se houverem omitido a verdade, é da alçada do Judiciário''.[3]

O fundamento dessa decisão de nossa mas alta Corte de Justiça foi, evidentemente, o princípio da separação de Poderes. Sem dúvida, cada um dos ramos em que se divide horizontalmente o Estado exerce, a par de sua função específica, atribuições análogas às dos demais Poderes. Mas essas outras atribuições são sempre ancilares à função própria que a Constituição defere a cada um deles e, em qualquer hipótese, não podem desrespeitar, em seu exercício, as liberdades e direitos fundamentais. Portanto, à falta de uma norma constitucional autorizadora, não pode o Legislativo exercer essas medidas de coerção no curso de inquéritos parlamentares; e, em havendo atribuição constitucional desse poder ao Congresso, o seu âmbito não pode ultrapassar os limites que a própria lei assina, nesse campo, ao Judiciário.

Foi justamente para superar essa dificuldade que a Constituição de 1988 determinou que as comissões parlamentares de inquérito ''terão poderes de investigação próprios das autoridades judiciais'' (art. 58, § 3º). Os poderes judiciais de investigação não são, bem entendido, os de processar e julgar indiciados e testemunhas.

5. É interessante observar que essa preocupação com o respeito ao princípio de separação de poderes não parece existir nos Estados Unidos, onde, no entanto, ele teria tido a sua mais cabal consagração.

A razão dessa aparente incongruência reside, sem dúvida, no fato de que a organização do Poder Legislativo, nos Estados Unidos, sofreu profunda influência da tradição inglesa de soberania parlamentar. De um lado, a Câmara dos Comuns é a fonte de todos os poderes governamentais e, de outro, a Câmara dos Lordes é o tribunal supremo do reino. Assim, logo após a criação da federação americana, a Câmara dos Deputados prendeu e julgou, sem intervenção do Judiciário, dois cidadãos acusados de tentativa de corrupção, com base no *common law power of contempt*, considerado como poder implícito do Congresso. Mas em 1857, o próprio Congresso reconheceu a necessidade de votar uma lei, para vincular explicitamente o exercício dessa coerção parlamentar à função legislativa. Com base nessa lei, a Suprema Corte exige que toda testemunha, intimada a depor perante o Congresso, tenha plenamente asseguradas as suas liberdades constitucionais, tal como ocorre nos processos judiciais.[4]

6. É justamente em razão dessa excepcional atribuição, às comissões parlamentares de inquérito, de poderes normalmente ausentes do órgão legislativo, que os diferentes sistemas constitucionais costumam impor requisitos bem precisos à criação de comissões dessa espécie.

Tais limites são de três ordens — de competência, temporais e de conteúdo — em função do duplo objetivo para a realização do qual são criadas as comissões parlamentares de inquérito: a produção legislativa e a fiscalização dos demais Poderes.

3. *Revista Forense*, 151/375.

4. John E. Nowak, Ronald D. Rotunda e J. Nelson Young, *Constitutional Law*, 3ª ed., St. Paul, Minn., West Publishing Co., 1986, §§ 7.4 e ss. A lei em questão considera uma infração (*misdemeanor*), punida com multa e prisão, o fato de alguém recusar-se a depor, ou a apresentar documentos, perante uma comissão do Congresso. A jurisprudência exige, para a regularidade da aplicação da pena, que estejam reunidos quatro elementos: 1) a investigação parlamentar deve estar ligada a uma finalidade legislativa válida; 2) a comissão parlamentar deve ter sido autorizada a realizar o inquérito; 3) a pergunta cuja resposta foi recusada, ou os documentos não apresentados, devem ser pertinentes ao objeto do inquérito; 4) a recusa de depor ou de produzir os documentos deve ser voluntária.

Em primeiro lugar, deve-se salientar que a atividade fiscal ou investigatória das comissões de inquérito há de desenvolver-se no estrito âmbito de competência do órgão dentro do qual elas são criadas. Se se trata de uma comissão do Legislativo federal, por exemplo, não pode ela invadir a esfera de competência que a Constituição reservou a Estados ou Municípios. Se a comissão é criada no Senado, ela não poderá investigar irregularidades ocorridas na Câmara dos Deputados. Em nenhuma hipótese, admite-se que a comissão de inquérito usurpe os poderes do Judiciário, ou com ele rivalize.[5]

Demais, as comissões de inquérito são sempre criadas com prazo fixo de duração, como aliás se dispõe, expressamente, no art. 58, § 3º da Constituição em vigor. No Regimento Interno do Senado Federal, precisa-se que "em qualquer hipótese, o prazo da comissão parlamentar de inquérito não poderá ultrapassar o período da legislatura em que for criada" (art. 76, § 4º).

Finalmente, no que tange ao conteúdo, não pode haver inquérito parlamentar para apuração de questões que não sejam de interesse público, ou que careçam de suficiente precisão material.

Quanto à primeira dessas exigências, muito embora a nossa Constituição não a expresse, ao contrário do que sucede com as Constituições italiana e espanhola,[6] ela deve ser tida como implícita na norma do art. 58, relativamente ao trabalho de qualquer comissão parlamentar — permanente ou temporária — mas principalmente com relação às comissões de inquérito, por força dos poderes coercitivos de que dispõem. Seria, assim, inadmissível que se instalasse comissão parlamentar de inquérito para apurar fatos ligados à vida familiar de um cidadão, que não ocupa cargos públicos nem mantêm ligações com entidades de direito público. Estaríamos, nessa hipótese, diante de um abuso de poder caracterizado.

No tocante ao segundo requisito de conteúdo para a criação de comissões parlamentares de inquérito, qual seja, a precisa determinação da matéria a ser investigada, não é difícil perceber que se trata de exigência diretamente ligada à natureza coercitiva dos poderes de investigação de que desfrutam tais comissões.

Com efeito, enorme seria o risco de abuso de poder parlamentar, se uma comissão dessa natureza fosse criada para investigar fatos abstratos, ou situações de contornos indefinidos. O Legislativo estaria dando a si próprio plenos poderes para inquirir quaisquer pessoas sob pena de condução coercitiva ou de prisão, ou para requisitar quaisquer documentos, ou fazer exames e vistorias onde bem entendesse, conforme os interesses pessoais ou partidários dos parlamentares. Os agentes políticos, funcionários públicos, empresas ou cidadãos, sujeitos a tais constrangimentos, não teriam nenhum dado ou parâmetro objetivo sobre que se fundar, para uma recusa de cumprir ordens emanadas da comissão. A periclitação das liberdades fundamentais seria irrecusável.

É nesse sentido de uma adequada concretização do objeto das investigações que tem sido interpretada, tanto

5. Conforme dispõe o art. 146 do Regimento Interno do Senado Federal, "não se admitirá comissão parlamentar de inquérito sobre matérias pertinentes: a) à Câmara dos Deputados; b) às atribuições do Poder Judiciário; c) aos Estados". Na França, a ordenação de 17 de novembro de 1958, sobre o funcionamento das assembléias parlamentares, determinou que "il ne peut étre créé de commission d'enquête lorsque les faits ont donné lieu à des poursuites judiciaires et aussi longtemps que ces porsuites sont en cours. Siune commission a déjà été créée, sa mission prende fin des l'ouverture d'une information judiciaire relative aux faits qui ont motivé sa création".

6. Constituição italiana de 1947, art. 82: "Ciascuna Camera pu disporre inchieste su materie di pubblico interesse". Constituição espanhola de 1978, art. 76: "El Congreso y el Senado, y, en su caso, ambas Cámaras conjuntamente, podrán nombrar Comisiones de investigación sobre cualquier asunto de interés público".

aqui quanto alhures, a exigência de que os inquéritos parlamentares só podem existir "para a apuração de fato determinado", segundo a fórmula constante de nossas Constituições desde 1934.[7] Como enfatizou o Ministro José Celso de Mello Filho, quando ainda integrante do Ministério Público paulista, "somente fatos determinados, concretos e individuais, ainda que múltiplos, que sejam de relevante interesse para a vida política, econômica, jurídica e social do Estado, são passíveis de investigação parlamentar. Constitui verdadeiro abuso instaurar-se inquérito legislativo com o fito de investigar fatos genericamente enunciados, vagos ou indefinidos".[8]

7. Ora, examinada à luz dessas exigências constitucionais, a Comissão Parlamentar de Inquérito criada no Senado Federal pelo Requerimento n. 935, de 1991, é manifestamente indefensável.

Em primeiro lugar, na formulação de seu objeto, ela não parece respeitar os óbvios limites de competência, impostos pela organização federal do Estado brasileiro. Pretender investigar "a situação atual da evasão fiscal no País", apurando, especificamente, "seus efeitos na distribuição da carga tributária, no déficit em relação ao PIB e na dívida pública", significa, à toda evidência, ultrapassar os confins da competência tributária federal, para invadir domínio reservado exclusivamente a Estados, Municípios ou ao Distrito Federal. Desde quando um órgão do Legislativo federal ocupar-se — com poderes coercitivos de investigação — do desempenho de outras unidades federadas na arrecadação de tributos que a Constituição lhes atribuiu com exclusividade (arts. 155 e 156)?

Por outro lado, o que significa "a situação atual", com respeito à evasão tributária? É a situação existente no exercício financeiro em que foi criada a Comissão Parlamentar de Inquérito, ou também nos exercícios imediatamente anteriores? Até que exercício passado estender-se-ia, nesta última hipótese, o alcance das investigações? Estaria a Comissão habilitada a apurar, igualmente, o fenômeno da evasão fiscal ocorrente em exercícios posteriores à sua criação, enquanto durasse a legislatura, por exemplo?

Ademais, outra série de dúvidas suscita a expressão "evasão fiscal", utilizada no Requerimento n. 935, de 1991. Na linguagem jurídica, o qualificativo "fiscal", quando aplicado à atividade do Poder Público, diz respeito ao Fisco, isto é, o Estado investido no poder de tributar: criar e recolher tributos. Ora, o citado Requerimento pretende que a Comissão Parlamentar de Inquérito investigue a extensão e profundidade da evasão fiscal no País, "quanto à perda da receita pública, *sobretudo tributária e de contribuições parafiscais, sociais e especiais*".

O conceito de "contribuições parafiscais" é totalmente impreciso, porque utilizado como categoria doutrinária (aliás, controvertida), sem definição legal. Quanto à contribuição social, foi ela criada, pela primeira vez, pelo Decreto-lei 1940, de 1982. Posteriormente, a Lei 7.689, de 15 de dezembro de 1988, instituiu uma contribuição social sobre o lucro das pessoas jurídicas. A Constituição, no art. 149, distingue as contribuições sociais das contribuições de intervenção no domínio econômico e daquelas instituídas no interesse das categorias profissionais ou econômicas, como instrumento de sua atuação nas respectivas

7. Cf. Pontes de Miranda, *Comentários à Constituição de 1967, com a Emenda n. 1, de 1969*, t. III, 2ª ed., São Paulo, Ed. RT, 1970, p. 50. A jurisprudência alemã tem insistido na *Bestimmtheitserfordernis*, como requisito essencial à regularidade de criação de comissões parlamentares de inquérito: cf. Rudolf Wassermann, *Reihe Alternativkommentare*, cit., vol. 2, p. 143.

8. "Investigação parlamentar estadual: as comissões especiais de inquérito", em *Justitia*, órgão do Ministério Público de São Paulo, ano 45, vol. 121, abr./jun. 1983, pp. 150 e ss.).

áreas. O Requerimento n. 935, no entanto, não alude a estas últimas, e prefere utilizar a expressão "contribuições especiais" que, a rigor, ninguém sabe o que é.

Mais ainda, menciona-se "a chamada economia informal" na modalidade de "evasão ilícita", mas para distingui-la dos "ilícitos tributários tipificados". É concebível haver alguma ilicitude tributária não tipificada?

8. Por todas essas razões, a criação da Comissão Parlamentar de Inquérito, efetivada pelo Requerimento n. 935, de 1991, do Senado Federal, parece-me contrariar os princípios e normas da Constituição Federal em vigor.

II — Alcance dos poderes de investigação das Comissões Parlamentares de Inquérito

9. Como foi acima assinalado (n. 6), a atribuição às comissões parlamentares de inquérito dos poderes de investigação próprios das autoridades judiciais, conforme o disposto no art. 58, § 3º da Constituição de 1988, já constava da Constituição italiana de 1947, seguida nesse particular pela Constituição espanhola de 1978.

A doutrina italiana enfatiza que esses poderes devem ser exercidos nos exatos termos em que a norma constitucional os declara; ou seja, sem restrições nem ampliações. As primeiras, com efeito, representariam uma diminuição das garantias das minorias parlamentares, enquanto as segundas violariam as liberdades fundamentais da pessoa humana.[9]

Se a atribuição de poderes coercitivos de investigação, às comissões parlamentares de inquérito, representa uma norma exceptiva ao princípio da separação de Poderes, como acima se frisou, essa disposição constitucional deve ser interpretada em sua justa medida: os poderes próprios das autoridades judiciais só podem ser aqueles explicitados na lei. Onde a lei é omissa ou, *a fortiori*, onde a lei é limitativa, relativamente aos poderes judiciais de inquisição, não há por que cogitar-se de atribuir poder de coerção ao órgão legislativo.

10. Ora, o Ofício n. 14/92, de 14 de julho de 1992, do Presidente da Comissão Parlamentar de Inquérito criada no Senado Federal pelo Requerimento n. 935, de 1991, constitui, para as instituições financeiras e os seus clientes de modo geral, a expressão de um abuso manifesto de poder.

Por meio dele, pretende-se, com a intermediação do Banco Central do Brasil, promover uma devassa em todas as contas correntes bancárias, contas de poupança, contas de aplicação em fundos de investimento ou "das demais aplicações" (*sic*), bem como nos registros de todas as operações cambiais, entre 1988 e 1991.

A pretensão inquisitória, assim manifestada, excede todos os poderes judiciais, em qualquer instância ou tribunal.

Ressalte-se, em primeiro lugar, que a referida Comissão Parlamentar de Inquérito ainda não deu início a nenhum procedimento inquisitório, em boa e devida forma, e, por isso mesmo, não nomeou nenhum indiciado.

Como lembrei acima (n. 3), as comissões parlamentares de inquérito podem exercer tanto uma função de preparação legislativa, quanto de fiscalização ou controle. Na primeira hipótese, o procedimento adapta-se à atividade de mera informação do Congresso, por meio de estudos ou pesquisas. Na segunda, o procedimento é inquisitorial, exercendo a comissão poderes coercitivos de investigação. Em razão disso, nesta última hipótese é indispensável nomear desde lo-

9. Cf. Alessandro Pace, *La Formazione delle Leggi*, t. II *Commentario della Costituzione a cura di G. Branca*, Bolonha, Zanichelli, e Roma, Foro Italiano, 1979, p. 365.

go o indiciado ou indiciados, em relação aos quais terá lugar o exercício da coação legal, coação esta que poderá estender-se às testemunhas.[10]

O indiciamento exerce, no curso da instrução criminal preliminar — que entre nós é atribuição da polícia judiciária — uma clara função de garantia das liberdades. Aliás, no direito italiano, ele se chama, justamente, *aviso di garanzia*. Por meio dele, o indiciado toma conhecimento oficial de que o inquérito foi aberto, para apuração de uma infração penal, de cuja autoria ele é suspeito. Por isso mesmo, o Código de Processo Penal exige que, nos crimes de ação pública, o requerimento de abertura do inquérito policial contenha "a narração do fato, com todas as circunstâncias", bem como "a individualização do indiciado ou seus sinais característicos e as razões de convicção ou de presunção de ser ele o autor da infração, ou os motivos da impossibilidade de o fazer" (art. 5º, § 1º). Desse mesmo requerimento deve constar a nomeação de testemunhas, contra as quais pode então ser exercida a coerção policial.

Não é demais relembrar, por outro lado, que as medidas assecuratórias, determinadas pelo juiz criminal (Código de Processo Penal, arts. 125 e ss.), tal como o sequestro dos bens adquiridos com os proventos da infração, supõe, pelo menos, o prévio indiciamento em inquérito policial.

Em suma, o Poder Judiciário e, com maioria de razão, a autoridade policial, não podem exercer nenhuma coerção, para efeito de investigação ou de prova, antes do formal indiciamento ou da aceitação de denúncia ou queixa-crime contra pessoa determinada. Um constrangimento dessa natureza representaria, claramente, violência ou abuso de poder contra o qual o paciente teria *habeas corpus*.

Ora, a norma do art. 2º da Lei 1.579, de 1952, ao enunciar os poderes investigatórios das comissões parlamentares de inquérito, está evidentemente pressupondo a abertura de um procedimento inquisitório, pois fala em "ouvir os indiciados" e em "inquirir testemunhas sob compromisso".

E é exatamente nesse sentido que deve ser lida e entendida a norma constante do art. 38, § 3º da Lei 4.595, de 31 de dezembro de 1964. As comissões parlamentares de inquérito, no exercício de sua competência fiscalizatória, "obterão as informações de que necessitarem" — note-se bem: as informações necessárias, e não as que julgarem simplesmente úteis ou convenientes — das instituições financeiras indiciadas, ou daquelas nas quais mantenham contas ou relações contratuais as pessoas indiciadas.

Ora, no momento em que foi decidida a medida objeto do citado Ofício n. 14/92, e, ao que parece, até o momento em que escrevo estas linhas, a Comissão Parlamentar de Inquérito ainda não individualizou nenhum indiciado ou suspeito de evasão fiscal ilícita. De qualquer forma, seria uma rematada sandice imaginar que todas as instituições financeiras do País e a totalidade de seus clientes pudessem vir a ser indiciados em globo num inquérito parlamentar...

11. Por outro lado, ainda que a referida Comissão Parlamentar de Inquérito houvesse indiciado alguma instituição financeira, ou algum cliente de instituição financeira em particular, pelo ilícito de evasão fiscal, a medida pretendida — devassa universal de contas bancárias — seria manifestamente excessiva e ilegal.

A mesma Lei 4.595 assentou a regra do sigilo bancário, que deve ser cri-

10. Aliás, no procedimento de pesquisa legislativa, não há testemunhas e sim informantes. A existência de testemunhas supõe uma acusação latente contra alguém, a qual constitui o indiciamento.

teriosamente observado pelo Poder Judiciário: "As informações e esclarecimentos ordenados pelo Poder Judiciário, prestados pelo Banco Central da República do Brasil ou pelas instituições financeiras, e a exibição de livros e documentos em Juízo, se revestirão sempre do mesmo caráter sigiloso, só podendo a eles ter acesso as partes legítimas na causa, que deles não poderão servir-se para fins estranhos à mesma" (art. 38, § 1º).

Como pode uma comissão parlamentar de inquérito pretender desvendar — supondo-se ser isso tecnicamente possível — a totalidade das contas bancárias mantidas por todas as instituições financeiras que operam no Brasil, quando o Poder Judiciário está formalmente proibido de fazê-lo em relação a uma só instituição financeira, ainda que indiciada em inquérito policial, ou ré em processo-crime?[11]

A atribuição constitucional às comissões parlamentares de inquérito dos "poderes de investigação próprios das autoridades judiciais", vale repetir, importa em si mesma uma óbvia limitação de grau: aqueles órgãos legislativos não têm poderes superiores aos que competem ao Judiciário, em qualquer circunstância.

III — Conclusão

As razões acima expostas parecem-me mais do que bastantes a fundamentar a conclusão de que:

1. A criação no Senado Federal da Comissão Parlamentar de Inquérito, pelo Requerimento n. 935, de 1991, em virtude do caráter genérico e indefinido de seu objeto, viola a norma constante do art. 58, § 3º da Constituição Federal;

2. A pretensão de referida comissão de inquérito, manifestada pelo Ofício n. 14/92, de 14 de julho de 1992, de promover uma devassa global de todas as contas bancárias mantidas pelas instituições financeiras que operam no País, sem indiciamento de ninguém e sem respeito à regra de sigilo, imposta até mesmo ao Poder Judiciário, representa patente abuso de poder.

São Paulo, 28 de abril de 1993

11. Examinando a questão da quebra do sigilo contábil de empresas mercantis em geral, por comissões parlamentares de inquérito, o saudoso Ministro Nelson Hungria teve ocasião de lembrar que "no caso dos livros comerciais, cuja inacessibilidade é a regra, só mediante prévia lei criando uma nova exceção ao art. 17 do Código Comercial poderia devassá-los a Comissão Parlamentar de Inquérito, que não é um poder a *legibus solutus*" (e muito menos a *lege maiore solutus*, acrescento eu). Cf. "O Segredo em Torno da Escrituração Mercantil", na *Revista Brasileira de Criminologia e Direito Penal*, ano III (nova fase), n. 10, jul./set. 1965, p. 141.

PARECERES

LICITAÇÃO — CONSÓRCIO
CONSTRUÇÃO E EXPLORAÇÃO DE USINA ELÉTRICA

ADÍLSON ABREU DALLARI
Professor Titular da Faculdade de Direito da Universidade Católica de S. Paulo

Consulta

A Associação dos Auto-produtores Independentes — AAI venceu licitação aberta pela Eletrosul (Centrais Elétrica do Sul do Brasil S/A — Empresa estatal federal) para a escolha de empresas visando à formação de consórcio objetivando a implantação e exploração da Usina Hidrelétrica Itá.

Homologado o certame licitatório, um advogado de Brasília representou ao Advogado Geral da União denunciando a ilicitude do objeto do certame licitatório, sob a alegação de que ela implicava transferência da concessão anteriormente conferida à Eletrosul, prorrogava o prazo da concessão sem autorização legislativa e alterava o objeto da concessão original, acarretando danos patrimoniais à União.

O procedimento administrativo da representação correu sem audiência do principal interessado até a aprovação presidencial do parecer exarado pela Advocacia Geral da União.

Nesse entretempo, foram editadas a Lei 8.987 de 13.2.95 e a Medida Provisória n. 890, da mesma data, que afetaram substancialmente a questão.

Ao abrir o certame licitatório, em junho de 1994, a Eletrosul informou, no texto do Edital, estar autorizada a formar o pretendido consórcio pelo disposto no Decreto n. 915, de 6.9.93.

Diante do exposto, indaga a consulente:

1. O Decreto n. 915, de 6.9.93 efetivamente autorizava a abertura do certame licitatório na forma procedida pela Eletrosul?

2. Existe alguma inconstitucionalidade no Decreto n. 915/93?

3. A formação do consórcio implica transferência da concessão inicial?

4. A prorrogação do prazo da concessão necessitaria de prévia autorização legislativa?

5. A formação do consórcio altera o objeto da concessão outorgada à Eletrosul?

6. O conjunto dos atos praticados pela Eletrosul acarreta algum dano patrimonial para a União Federal?

7. Em resumo: existe algum empecilho jurídico à assinatura do contrato emergente da licitação homologada?

Parecer

I — Introdução

Existem diferenças e distâncias abissais entre a ciência jurídica e a experiência jurídica. A primeira sempre pode ser pura, descompromissada, imune a influências de pressões e interesses. Já a aplicação concreta do direito ocorre em meio ao entrechoque das relações sociais, sofrendo terríveis influências e pressões de paixões, interesses, circunstâncias, preconceitos, amizades, inimizades, solidariedades (mais ou menos justificáveis) etc.

Diante do caso concreto, o jurista nunca pode perder de vista a possibilidade de que fatores extra-jurídicos mascarem ou deformem a questão jurídica em exame.

Não é totalmente irrelevante a forma de nascimento do problema em exame. Somente alguém dotado de uma ingenuidade larvar deixaria de se perguntar qual a razão determinante do fato de a representação inicial ter um signatário formal que evidentemente não é o autor real.

Também não é desimportante o fato de a representação ter sido feita a um órgão que não tem atribuição precípua de controlar atos e contratos administrativos. Deve, ainda, chamar a atenção o procedimento sorrateiro da representação, com desrespeito ao mais elementar dos direitos: o direito de defesa.

Tudo isso, entretanto, não é objeto da consulta formulada e, assim, pelo menos por enquanto, não vai merecer qualquer outro exame além deste simples registro.

Entretanto, outras questões de fato (extrajurídicas) não podem ficar sem exame, pois repercutem diretamente sobre as indagações especificamente formuladas.

O direito evolui. O direito está em constante mutação, acompanhando a própria dinâmica das relações sociais e econômicas. Alguns temas jurídicos apresentam mutações radicais, enquanto outros sofrem alterações quase imperceptíveis. Algumas coisas mudam rapidamente, enquanto outras perduram por longo tempo com a mesma fisionomia.

O instituto jurídico em exame, a concessão de serviço público, teve larga importância no Brasil durante muito tempo, para em seguida, ficar praticamente esquecido durante décadas, e, ao final, ganhar uma dimensão gigantesca. Isso tudo em função dos ventos da economia.

O fato é que, durante muito tempo, os principais serviços públicos no Brasil foram operados por empresas privadas concessionárias. Num segundo momento, coincidente com uma extrema centralização política, as empresas privadas foram substituídas por empresas estatais.

Agora, diante do público e notório exaurimento da capacidade de investimento do setor público, e diante das imensas carências existentes, de repente, retoma-se o caminho das concessões.

A conseqüência disso é que essa repentina mudança de ritmo e de rumo causa enormes dificuldades de adaptação, pois os fatos estão ocorrendo com velocidade maior do que as normas que deveriam disciplina-los.

No caso em exame, questiona-se um contrato referente a uma empresa estatal, mas é importante salientar que contratos idênticos já foram celebrados por outras empresas na mesma situação, sem qualquer questionamento. É o caso das usinas hidrelétricas de Serra da Mesa e Igarapava, operadas, respectivamente, por Furnas e Cemig.

O que se pretende ressaltar é que não se trata de um caso isolado, de eventuais irregularidades ou ilicitudes fortuitas, mas sim, de uma conduta governamental expressamente adotada, às abertas.

Os particulares envolvidos neste caso não são aventureiros, não agiram de má fé, mas, sim, confiaram na plena regularidade do comportamento dos órgãos e entidades governamentais.

Pretende-se agora anular tudo, como se tudo não tivesse passado de uma tentativa frustrada de lesar o erário. Mas não é possível esquecer a responsabilidade do Poder Público decorrente de uma eventual anulação.

Conforme já tivemos oportunidade de assinalar, é horripilantemente inconstitucional o § 1º, do art. 49, da Lei 8.666/93, ao estatuir que "a nulidade do procedimento licitatório não gera obrigação de indenizar". O particular que participa de um procedimento licitatório tem legítimo interesse em firmar o futuro contrato. O vencedor do certame tem mais que isso; tem direito ao contrato, direito esse que não pode ser aniquilado impunemente. Por isso dissemos às pp. 127-128 de nossos *Aspectos Jurídicos da Licitação* (Saraiva, 3ª ed., 1992): "Se, entretanto, a não-aprovação decorrer de ato da autoridade competente anulando ou revogando o procedimento, resta ao particular adjudicatário examinar a motivação e a finalidade do ato, pois se foi a própria Administração, por intermédio de seus agentes, que deu ensejo à anulação ou revogação, e sendo a não-aprovação comprovadamente danosa ao particular adjudicatário, poder-se-á aplicar ao evento e norma do art. 37, § 6º, da Constituição Federal, que dispõe: "As pessoas jurídicas de direito público e as de direito privado, prestadoras de serviços públicos, responderão pelos danos que seus agentes, nessa qualidade, causarem a terceiros".

"É preciso, portanto, verificar quem deu ensejo à anulação e se a revogação foi proferida dentro dos limites da discricionariedade, por motivo justo e para atender a uma finalidade de interesse público, pois não é possível aceitar o entendimento de que a Administração seja completamente irresponsável com relação aos danos que possa causar ao particular por negligência ou malícia de seus agentes.

"Convém lembrar que o particular, algumas vezes, dispende vultosas importâncias para participar de uma licitação (seja em dinheiro, seja em recursos de trabalho; na preparação de projetos, planos e programas necessários à elaboração da proposta) ou deixa de realizar outros contratos, em virtude de comprometer seu pessoal e seus equipamentos com a proposta oferecida. A seriedade, de que deve se revestir a proposta formulada pelo particular, deve corresponder, por parte da Administração, o firme propósito de adjudicar ao melhor proponente o objeto da licitação."

A questão em exame é muito maior do que pode parecer numa primeira vista, pois se o consórcio ofertado pela Eletrosul for ilícito, também serão necessariamente nulos os consórcios já estabelecidos por Furnas e pela Cemig com características e fundamentos idênticos.

É imperioso, portanto, examinar o assunto com mais profundidade, indo muito além da literalidade e das meras aparências.

II — Conceito e características da concessão

Antes de mais nada, é preciso esclarecer o que se entende por concessão, o que se fará mediante análise do conceito formulado por Celso Antônio Bandeira de Mello em seu *Curso de Direito Administrativo* (Malheiros Editores, 6ª ed., 1995, p. 395): "Entende-se por concessão de serviço público o ato complexo através do qual o Estado atribui a alguém o exercício de um serviço público e este aceita prestá-lo em nome de Poder Público sob condições fixadas e alteráveis unilateralmente pelo Estado mas por sua conta, risco e perigos, remunerando-se com a própria exploração do serviço, geralmente pela cobrança de tarifas diretamente dos usuários do serviço e tendo a garantia contratual de um equilíbrio econômico-financeiro''.

Como se nota, são traços essenciais da concessão a celebração de um ajuste bilateral, do qual resulta um ato complexo, compreendendo um contrato e um regulamento. O regulamento diz respeito à execução do serviço e se caracteriza pela permanente e elementar possibilidade de alteração, sempre que necessário para a melhor satisfação do interesse público. A parte contratual é pactuada no momento do ajuste e leva ao estabelecimento de um equilíbrio econômico-financeiro que é inalterável. Toda modificação na parte regulamentar que afetar o equilíbrio econômico-financeiro acarretará uma correspondente alteração na parte contratual, para restaurar o equilíbrio inicialmente estabelecido.

Lúcia Valle Figueiredo, em seu *Curso de Direito Administrativo* (Malheiros Editores, 2ª ed., 1995, p. 65), dá um longo passo no sentido do esclarecimento do ponto crucial do tema em exame. Partindo do entendimento no sentido de que é inerente ao contrato administrativo a mutabilidade do objeto, compensada pelo direito à manutenção do equilíbrio econômico-financeiro, conceitua a concessão como um contrato, nos seguintes termos: ''A concessão de serviço público é contrato administrativo por meio do qual o Poder Público transfere o exercício de determinados serviços ao concessionário, pessoa jurídica privada, para que os execute em seu nome, por sua conta e risco''.

Para ambos, portanto, a concessão está presa à existência de um contrato, pressupondo que as partes envolvidas tenham capacidade para contratar.

Para Lúcia Valle Figueiredo, além disso, é preciso que o serviço seja transferido a uma *pessoa jurídica privada*. Esse ponto, contido na conceituação acima transcrita, leva a uma conseqüência que é destacada em nota de rodapé: ''Não se justifica que o concessionário seja empresa pública, posto que as empresas estatais são criadas por lei, para atingimento de determinadas finalidades. Segue-se que, se possível a criação para aquela dada finalidade, seriam delegadas de serviço público.''

Essa singela observação fere um ponto absolutamente fundamental para uma análise correta do objeto da consulta, qual seja a natureza jurídica da atribuição de um serviço público a uma empresa estatal criada exatamente para isso.

Uma empresa estatal é um prolongamento personalizado da Administração Pública, criada por esta para servir como instrumento de sua ação, sob seu controle. A empresa estatal não tem nem existência nem finalidade a não ser para executar aquilo que desde o nascimento lhe foi determinado por seu criador. Ela não é criada abstratamente, sem finalidade para depois, num segundo momento ''contratar'' com a Administração, a cuja vontade se submete, a prestação de um determinado serviço.

Diante da necessidade de prestar um serviço público, a Administração tem três alternativas: *a*) executá-lo por meio dos órgãos integrados em seu corpo central; *b*) criar uma entidade descentralizada para essa específica finalidade; *c*) outorgar a um terceiro, mediante concessão, a prestação do serviço. A segunda e a terceira alternativas não se confundem.

Já tivemos oportunidade de discorrer longamente sobre tal assunto em trabalho publicado na *RDP* n. 94/94 (abr./jun. 1990) sob o título ''Empresa estatal prestadora de serviços públicos — Natureza jurídica — Repercussão tributária'', no qual examinamos especificamente a situação jurídica da TASA — Telecomunicações Aeronáuticas S/A, empresa criada pelo Governo Federal para executar serviço público federal. Desse trabalho tomamos a liberdade de transcrever os excertos que se seguem, começando pelo que figura à p. 97, onde, por coincidência, o serviço tomado como exemplo foi exatamente a geração e distribuição de energia elétrica: "Os traços acima delineados já evidenciam a impossibilidade de que alguém se outorgue uma concessão a si mesmo. Realmente não tem qualquer sentido falar-se em concessão de serviço público quando o Poder Público cria, ele mesmo, um seu prolongamento personalizado, uma entidade de sua administração indireta, para executar serviço de sua alçada.

"Talvez um exemplo possa facilitar o entendimento dessa questão: tome-se o caso da geração e distribuição de energia elétrica. Por força do disposto no art. 21, inc. XII, letra *b*, da Constituição Federal, trata-se de um serviço público federal. Quando a União cria uma entidade para executar serviços nessa área, não se pode falar em concessão, porque, de qualquer maneira, o serviço estará sendo executado pela própria administração federal (embora de forma descentralizada) que não poderá transferir a si mesma a execução do serviço do qual já é titular, nem poderá punir-se a si mesma mediante a cessação da execução do serviço, caso ele não esteja sendo prestado a contento.

"Entretanto, é perfeitamente possível que o governo federal outorgue uma concessão a uma entidade da administração indireta estadual, integrante da administração indireta de algum Estado-membro, para que execute tal serviço. Em tal caso, a titularidade permanece com a União, cabendo à empresa governamental estadual a simples execução do serviço, de acordo com normas fixadas pelo concedente, e tendo a garantia da manutenção do equilíbrio econômico-financeiro, mas prestando tal serviço por sua conta e risco, podendo inclusive ocorrer a cassação da avença, em caráter punitivo, caso o serviço não seja prestado de maneira satisfatória.

"No caso em exame, não é possível que a União conceda a uma empresa por ela instituída a execução de um serviço que já pertence à própria administração federal. Poderia falar-se em concessão caso o serviço fosse executado por uma empresa governamental estadual, criada por qualquer Estado-membro, exatamente para funcionar como concessionária de serviço público federal, assim definido pelo próprio texto da Constituição Federal (artigo 21, XI e XII).

"Em resumo, ocorre o seguinte: a Constituição Federal determina que a União preste o serviço, mas deixa a critério do governo federal decidir se prefere prestá-lo de forma centralizada, por meio de um órgão integrante do corpo central de sua administração, ou de forma descentralizada, por meio de uma entidade (pessoa jurídica) integrante de sua administração indireta. No caso em exame, o governo federal optou pela segunda modalidade."

Tudo isso está de alguma forma sintetizado numa breve passagem a fls. 103-104: "Haverá uma concessão de serviço público, nos termos do art. 175, da CF, quando o Poder Público decidir pela prestação de serviços públicos de maneira indireta conferindo sua execução a uma terceira pessoa, a uma entidade que não é um prolongamento personalizado do próprio concedente, a uma entidade que, exatamente por não estar sob seu controle pode contratar com o Poder Público. Por outro lado, não haverá concessão de serviço público quando o Estado criar uma entidade para funcionar especificamente como instrumento de sua ação, para desincumbir-se precipuamente de prestar um serviço cuja execução cabe ao próprio Estado criador dessa entidade".

Ao final, à p. 107, enfoca-se objetivamente a situação jurídica da Tasa, mas tudo quanto foi dito a respeito da Tasa aplica-se perfeitamente à Eletrosul:

"1. A Tasa não é uma empresa concessionária de serviço público. Não existe concessão porque não há um ajuste, um acordo entre a Tasa e o Governo Federal, até mesmo porque a Tasa é parte do Governo Federal, é um prolongamento personalizado da Administração Federal, é uma entidade da administração indireta federal. O objeto social da Tasa é a prestação de um serviço público federal, sendo que tal serviço lhe foi atribuído diretamente pela lei que autorizou a sua constituição, por tempo indeterminado, em caráter permanente.

"Ora, é um elemento fundamental na concessão a sua temporariedade, inclusive a possibilidade de que o serviço seja retomado antes do termo final avençado, seja por interesse público, seja por desempenho insatisfatório do concessionário.

"No caso em exame, a Tasa foi incumbida, por lei, de desempenhar suas atribuições em caráter permanente, não havendo qualquer possibilidade de que esse serviço lhe seja retirado por ato da administração, até mesmo porque, se isso ocorresse, a Tasa desapareceria, perderia a razão de ser, dado que a lei possibilitou a sua criação circunscreveu seu objeto social exclusivamente à prestação de um específico e determinado serviço público federal.

"Em síntese, a Tasa é uma empresa estatal, uma sociedade de economia mista federal, prestadora de serviço público, mediante outorga ou delegação que lhe foi feita por lei federal. Absolutamente não há que se confundir a atividade da Tasa com uma concessão de serviço público."

Da mesma forma que a Tasa, a Eletrosul não é um "terceiro" em relação ao Governo Federal, mas, sim, um prolongamento personalizado da Administração Federal, que presta serviço público mediante simples delegação, e não por concessão.

III — Legislação em vigor

Durante muito tempo o Brasil permaneceu sem uma legislação ordinária específica a respeito de concessões em geral. Existiam apenas algumas poucas concessões, cujos problemas eram resolvidos à luz dos preceitos constitucionais sobre o assunto, da legislação ordinária disciplinadora dos contratos administrativos em geral, e das normas estabelecidas nos contratos de concessão.

Havia, entretanto, disciplina legal de concessões para assuntos específicos, como é o caso, por exemplo, dos transportes de passageiros e do uso de recursos hídricos.

As concessões para geração e distribuição de energia elétrica eram disciplinadas pelo vetusto Código de Águas, de 1934, que permanece em vigor.

Entretanto, atualmente, em virtude de disposição expressa contida no art. 175 da Constituição Federal de 1988 e, muito especialmente, das contingências de ordem econômica, existe um texto de lei ordinária disciplinando as concessões em geral, qual seja a Lei 8.987, de 13 de fevereiro de 1995, que convive com uma Medida Provisória (de n. 890) editada na mesma data.

Essa legislação, recentemente editada, disciplina as concessões que vierem a ser outorgadas, mas afeta, também, as concessões anteriormente existentes, que devem a ela amoldar-se.

Não é o caso de se proceder aqui a um estudo completo dessa nova legislação, mas, sim, é pertinente destacar alguns dispositivos que enfocam algumas das questões em exame.

O art. 1º da Lei 8.987/95 ressalta o caráter bilateral da concessão, referindo-se aos "indispensáveis contratos", em perfeita consonância com o § 1º, do art. 175, da Constituição Federal.

O art. 19 cuida detalhadamente dos consórcios e em seu § 2º destaca o papel da empresa líder do consórcio, como "responsável perante o poder concedente pelo cumprimento do contrato de concessão".

O art. 23, XII, enumera entre as cláusulas essenciais do contrato de concessão aquelas relativas "às condições para prorrogação do contrato".

O art. 27 prevê, expressamente, a possibilidade de transferência da concessão, que é condicionada à anuência do concedente.

Por sua vez, a Medida Provisória n. 890/95, do art. 3º ao art. 11 trata longa e detalhadamente dos serviços de energia elétrica, prevendo, expressamente, a possibilidade de prorrogação do prazo das concessões em curso, até mesmo daquelas que deveriam ser extintas, por força das disposições finais e transitórias da Lei 8.987/95.

Mas nem tudo são flores. Essa legislação estabelece a necessidade de abertura de concorrência para todas as concessões, inclusive para a outorga do serviço a uma empresa estatal criada para essa finalidade específica.

Isso leva ao absurdo. Tomando-se os dispositivos legais em sua literalidade, chegar-se-ia a uma hipotética situação absurda. Por exemplo: se o Governo Federal, hoje, desejasse criar uma empresa como a Eletrosul, teria que criar umas quatro ou cinco empresas iguais, para abrir uma concorrência entre elas.

Nota-se, portanto, de imediato, que a situação das chamadas "concessionárias" estatais não se confunde e nem pode ser tratada da mesma forma que as verdadeiras concessionárias particulares.

De qualquer maneira, já se nota, claramente, que quase tudo aquilo que foi apontado como vícios do consórcio proposto pela Eletrosul é tratado como coisa normal pela nova legislação em vigor.

IV — Regulamentos administrativos

Uma questão, entretanto, requer uma abordagem específica: o fato de que o consórcio tal como proposto não tinha previsão legal, mas, sim, apenas em decreto.

Para o signatário da representação, que adota uma posição exacerbada diante do princípio da legalidade, qualquer decreto ou é nulo, ou é inútil: se disser qualquer coisa diferente da lei será nulo; mas se apenas repetir a lei, pode até ser válido, mas certamente será inútil.

O princípio da legalidade não se choca com a possibilidade de expedir decretos e regulamentos, para a fiel execução da lei, conforme previsto no art. 84, IV, da Constituição Federal.

Na verdade, a expedição de decretos e regulamentos é elementar e indispensável ao Poder Executivo, conforme destaca o pranteado Hely Lopes Meirelles em seu consagradíssimo *Direito Administrativo Brasileiro* (Malheiros Editores, 17ª ed., 1992, p. 112): "No poder de chefiar a Administração está implícito o de regulamentar a lei e suprir, com normas próprias, as omissões do Legislativo que estiverem na alçada do Executivo. Os vazios da lei e a imprevisibilidade de certos fatos e circunstâncias que surgem a reclamar providências imediatas da Administração, impõem se reconheça ao Chefe do Executivo o poder de regulamentar, através de decreto, as normas legislativas incompletas, ou de prover situações não previstas pelo legislador, mas ocorrentes na prática administrativa. O essencial é que o Executivo, ao expedir regulamento — autônomo ou de execução da lei — não invada as chamadas 'reservas da lei', ou seja, aquelas matérias só disciplináveis por lei, e tais são, em princípio, as que afetam as garantias e os direitos individuais assegurados pela Constituição (art. 5º).

"A faculdade normativa, embora caiba predominantemente ao Legislativo, nele não se exaure, remanescendo boa parte para o Executivo, que expede regulamentos e outros atos de caráter geral e efeitos externos. Assim, o regulamento é um complemento da lei naquilo que não é privativo da lei".

Pode-se até questionar a amplitude dada por Hely Lopes Meirelles ao campo de abrangência dos decretos e regulamentos, mas é inquestionável que a lei não pode tratar de todas as infinitas questões que podem surgir no dia-a-dia da administração, sendo indispensável que o Chefe do Poder Executivo edite atos normativos para ordenar as atuações dos diversos órgãos, entidades e autoridades que lhes são subordinados.

Autores mais recentes entendem que a capacidade para expedir regulamentos se fundamenta no exercício de competências discricionárias estabelecidas em lei. Essa é a posição de Luciano Ferreira Leite (*O Regulamento no Direito Brasileiro*, Ed. RT, 1986, p. 31) que, entre as diversas hipóteses de exercício de competência regulamentar derivadas da discricionariedade, se refere a uma que se ajusta com precisão ao questionado consórcio em exame: "Numa segunda hipótese, a discricionariedade decorre de regra de competência que não determina as condições de fato do agir administrativo. Tais condições de fato não estão abstratamente previstas na norma legal, mas nela se encontram tão-somente implícitas. Assim, nas normas que conferem competência, sem estabelecer explicitamente as condições de fato justificadoras do agir administrativo, compete ao órgão regulamentador a determinação do interesse público a ser perseguido especificamente".

Entendemos que a finalidade precípua dos decretos e regulamentos é dispor sobre meios e modos de execução da lei. Quando uma determinada situação jurídica é afirmada ou prevista pela lei, sem que esta estabeleça a forma de sua concretização, está aberto o campo para a atividade regulamentar.

No caso em exame, o art. 201 do Código de Águas prevê expressamente a formação de consórcios para o aproveitamento de recursos hídricos, mas nada prescreve a respeito da concretização dessa possibilidade, atribuindo (em seu § 1º) ao regulamento a ser expedido a disciplina dessa matéria.

O questionado Decreto n. 915, de 6 de setembro de 1993 nada mais fez senão regulamentar o disposto no art. 201 do Código de Águas, conforme, aliás, consta expressamente da invocação de seu fundamento de validade.

V — Situação jurídica da Eletrosul

Não cabe aqui um exame detalhado de todos os aspectos jurídicos da criação e funcionamento da Eletrosul, mas, sim, apenas do que pertine à questão em debate.

A Eletrosul — Centrais Elétricas do Sul do Brasil S/A é uma empresa estatal federal, integrante do sistema Eletrobrás, de quem é subsidiária, e foi criada especificamente para cuidar do serviço público federal de produção e distribuição de energia elétrica, em uma determinada região geográfica.

Ela não disputou qualquer concorrência para obter a prerrogativa de executar os serviços cuja necessidade de atendimento determinou sua criação. Também não contratou com a União a execução desses mesmos serviços.

O Código de Águas estabelece uma série de requisitos para a outorga de concessões, inclusive a lavratura de um instrumento de contrato, mas nada disso foi observado quando a Eletrosul recebeu a "concessão" para aproveitamento da energia hidráulica de um trecho do Rio Uruguai, onde agora está a usina de Itá.

Tal outorga foi feita por decreto (Decreto n. 88.015, de 3 de janeiro de 1983) que se refere expressamente à figura jurídica da concessão, mas que, na verdade, corresponde a uma simples delegação, unilateral.

Não há mal algum em se chamar de concessão uma simples delegação (afinal, o nome não muda a substância das coisas), desde que não se pretenda aplicar a essa simples delegação normas aplicáveis apenas e tão somente a verdadeiras concessões.

VI — A licitação questionada

Algumas poucas palavras devem ser ditas a respeito da licitação, apenas para evitar desentendimentos.

Fique perfeitamente claro que o edital aberto pela Eletrosul nunca teve como objeto a outorga de uma concessão.

No fundo, a Eletrosul pretendia apenas captar recursos privados, para viabilizar a construção de uma usina, que já lhe incumbia fazer, mas que ela jamais conseguiria realizar apenas com seus próprios recursos.

Para isso, obedecendo ao princípio constitucional da isonomia e à norma que determina a realização de licitação como procedimento preliminar aos contratos celebrados pela administração indireta, a Eletrosul abriu concorrência, com o objetivo de proceder a uma escolha objetiva entre todos os interessados em com ela formar um consórcio.

Merece especial destaque a lisura do procedimento licitatório. Nada foi feito às escondidas, não houve simulação ou conluio. Houve, sim, uma disputa franca e leal.

Trinta e oito empresas adquiriram o Edital. Desse total, 21 empresas, reunidas em dois grupos, apresentaram propostas. O julgamento foi objetivo e observou fielmente os critérios previstos no Edital.

Um grupo sagrou-se vencedor, por ter oferecido a proposta objetivamente melhor. Conseqüentemente, o outro grupo disputante foi derrotado.

Nada existe de estranho nessa licitação, salvo a "descoberta" seródia de que ela não poderia ter sido realizada.

Registre-se que o Edital deveras afirma que "a concessão original da Eletrosul será transferida para o Consórcio, mediante projeto junto ao DNAEE". Isso pode aparentar a alguém menos avisado, e menos atento, que, doravante, a União perderia o controle da situação, ficando o interesse público subordinado aos interesses do Consórcio.

Um exame global da situação revela que o resultado é bem outro. O Consórcio terá como empresa líder a Eletrosul, que nada mais é senão um prolongamento personalizado da Administração Federal, que continua detentora da delegação que lhe foi outorgada em 1983, que deverá conduzir-se com estrita observância das normas legais e regulamentares pertinentes, e que estará sob permanente fiscalização e controle do DNAEE.

VII — Convalidação dos atos praticados

O que até agora deu vida à polêmica foi a falta de expressa previsão legal. Conforme já se examinou, as atitudes adotadas e os atos praticados pela Eletrosul tinham suporte em decreto regulamentar efetivamente supedaneado pelo art. 201 do Código de Águas. Falta de previsão legal expressa não significa falta de previsão legal, pois o que não estava expresso estava implícito no mandamento legal que conferia ao regulamento a prerrogativa de disciplinar os meios e modos de concretizar aquilo que já estava contido na lei.

Não houve qualquer ilicitude original, mas, mesmo que tivesse havido, ainda assim não seria o caso de anulação, dada a edição de legislação superveniente.

Como regra geral, os atos praticados pela Administração devem apoiar-se em lei previamente editada, e devem atender, antes de sua prática, a todos os condicionamentos legalmente estabelecidos para sua edição. Como regra geral, ato praticado em desacordo com a lei é nulo.

Mas a doutrina pouco a pouco foi mitigando essa fatalidade.

Um primeiro alerta foi dado pelo insuspeitíssimo mestre dos mestres Seabra Fagundes, em seu notável *O Controle dos Atos Administrativos pelo Poder Judiciário* (Saraiva, 6ª ed., 1984, pp. 39-40),com a seguinte cogitação: "A infringência legal no ato administrativo, se considerada abstratamente, aparecerá sempre como prejudicial ao interesse público. Mas, por outro lado, vista em face de algum caso concreto, pode acontecer que a situação resultante do ato, embora nascida irregularmente, torne-se útil àquele mesmo interesse".

A aplicação exacerbada e desmedida do princípio da legalidade, sem um contemperamento com outros princípios constitucionais de igual importância, poderia acarretar injustiças e até mesmo levar ao sacrifício do interesse público cuja proteção era objetivada pelo preceito legal desobedecido.

Em tais situações, desapareceria o dever de anular o ato praticado, conforme expõe Almiro do Couto e Silva em admirável trabalho publicado na *RDP* 84/46 sob a denominação de "Princípios da legalidade da Administração Pública e da Segurança Jurídica no Estado de Direito Contemporâneo", do qual merece transcrição a seguinte passagem, estampada às pp. 61-62: "É importante que se deixe bem claro, entretanto, que o dever (e não o poder) de anular os atos administrativos inválidos só existe, quando no confronto entre o princípio da legalidade e o da segurança jurídica o interesse público recomende que aquele seja aplicado e este não. Todavia, se a hipótese inversa verificar-se, isto é, se o interesse público maior for de que o princípio aplicável é o da segurança jurídica e não o da legalidade da Administração Pública, então a autoridade competente terá o dever (e não o poder) de não anular, porque se deu a santória do inválido, pela conjunção da boa fé dos interessados com a tolerância da Administração e com o razoável lapso de tempo transcorrido. Deixando o ato de ser inválido, e dele havendo resultado benefícios e vantagens para os destinatários, não poderá ser mais anulado, porque, para isso, falta precisamente o pressuposto da invalidade".

Mas a sistematização completa e definitiva desse assunto foi feita por Weida Zancaner em sua belíssima monografia *Da Convalidação e da Invalidação dos Atos Administrativos* (Ed. RT, 1990) de onde extraímos os trechos impressos nas pp. 53-54 e 55-56 que são agora transcritos:

"Em tese, poder-se-ia supor que o princípio da legalidade imporia sempre à Administração o dever de invalidar seus atos eivados de vícios, para restaurar a ordem jurídica por ela mesma ferida. A suposição, todavia, não procede, pois a restauração da ordem jurídica tanto se faz pela fulminação de um ato viciado, quanto pela correção de seu vício. Em uma e outra hipótese a legalidade se recompõe.

"O princípio da legalidade visa a que a ordem jurídica seja restaurada, mas não estabelece que a ordem jurídica deva ser restaurada pela extinção do ato inválido.

"Há duas formas de recompor a ordem jurídica violada em razão dos atos inválidos, quais sejam, a invalidação e a convalidação.

"A Administração deve invalidar quando o ato não comportar convalidação. Deve convalidar sempre que o ato comportá-la.

"Resta saber o porquê da invalidação e da convalidação nas hipóteses em que, como já mencionamos, cada qual se propõe como obrigatória.

"A invalidação se propõe como obrigatória porque se o ato não comporta convalidação, inexiste outra forma de a Administração Pública restaurar a legalidade violada. Ora, a restauração do Direito é para ela obrigatória por força do princípio da legalidade. Logo, toda vez que o ato não seja convalidável, só lhe resta o dever de invalidar.

"Por sua vez, a convalidação se propõe obrigatória quando o ato comportá-la, porque o próprio princípio da legalidade — que predica a restauração da ordem jurídica, inclusive por convalidação —, entendido finalisticamente, demanda respeito ao capital princípio da segurança jurídica."

No caso em exame, conforme já se destacou, a legislação superveniente autoriza tanto a prorrogação do prazo como a transferência da concessão, sem exigir prévia autorização legislativa, bastando apenas a anuência do concedente, que nunca perde a prerrogativa de alterar os termos da concessão original, sempre que isso for necessário à plena satisfação do interesse público.

É irrecusável que os fundamentos da representação formulada à Advocacia Geral da União ficaram prejudicados.

VIII — Conclusões

Em face do exposto, pode-se, agora, responder sintética e objetivamente ao que foi indagado:

1. O certame licitatório questionado estava efetivamente previsto e autorizado pelo Decreto n. 915, de 6.9.63, que foi fielmente observado pela Eletrosul.

2. Não existe qualquer inconstitucionalidade no Decreto n. 915/93, que apenas cumpriu sua finalidade precípua de apresentar meios e modos para concretizar o disposto no art. 201 do Código de Águas.

3. Embora o Edital fale expressamente em transferência da concessão inicial, é certo que não houve exatamente uma concessão inicial. O que houve, e continua havendo, foi uma delegação à Eletrosul que, enquanto existir, permanecerá detentora dessa delegação. A celebração do Consórcio, tendo a Eletrosul como empresa líder, afeta muito levemente essa delegação, pois, de qualquer modo, continuará cabendo à Administração Federal o poder de decisão. De todo modo, mesmo que tivesse havido uma transferência da concessão, isso está agora previsto no art. 27 da Lei 8.987/95.

4. A lei não exige autorização legislativa para a prorrogação do prazo da concessão.

5. O consórcio em nada altera a finalidade em função da qual foi criada a Eletrosul, que continuará atuando revitalizada com o aporte de recursos proporcionados pelos consumidores particulares.

6. Nenhum dano foi apontado em momento algum, nem ao erário, nem aos consumidores em geral.

7. Não existe qualquer empecilho jurídico à assinatura do contrato decorrente da licitação, especialmente após a edição da legislação superveniente.

S.M.J. é o parecer.

São Paulo, 16 de março de 1995

INTERPRETAÇÃO E LINGUAGEM — CONCESSÃO E DELEGAÇÃO DE SERVIÇO PÚBLICO

PAULO DE BARROS CARVALHO
Professor Titular da Faculdade de Direito da Universidade Católica de S. Paulo

Da consulta

A Associação dos Auto-Produtores Independentes (AAI), por seu ilustre advogado, vem submeter à minha apreciação, solicitando parecer, tópicos do problema jurídico suscitado pela Advocacia Geral da União, ao opinar perante Sua Excelência, o Presidente da República, no processo de representação que recebeu o n. 00400.001294/95-18, postulando a anulação da concorrência n. 20.140.020, realizada pela Eletrosul.

Para tal fim, fez-me chegar às mãos todo o material indispensável à compreensão do assunto, especialmente o texto do mencionado Parecer, que recebeu o n. AGU/JM-01/95, estando anexo ao de n. 6Q-58, no qual o Douto Advogado Geral da União aprova o conteúdo da Representação.

O motivo que sustenta a pretensão de invalidade está circunscrito à eventual infringência do princípio da legalidade, uma vez que a Eletrosul, sendo "concessionária da exploração da UHE Itá", não poderia transferir tal delegação. Sobremais, mesmo que admitida a transferência, ainda assim seu prazo não poderia ser prorrogado, à falta de norma legal autorizativa. Este é o ponto de apoio da tese elaborada pela Advocacia Geral da União, conquanto a peça oferecida à decisão do Presidente da República se desenvolva mediante uma série de considerações tipificadoras de irregularidades que estariam infiltradas nos vários tópicos do procedimento, como reflexos e desdobramentos daquele vício central.

O interesse da consulente se consubstancia em esclarecer o tema, procurando saber do alcance da disciplina normativa a que deve subordinar-se, insatisfeita, naturalmente, com o teor da manifestação do órgão consultivo e de assessoramento da União. É para tanto que pede meu parecer, na expectativa de fortalecer suas convicções com referência aos direitos subjetivos de que se julga investida, na condição de vencedora da concorrência promovida pela Eletrosul, visando à implantação da Usina Hidrelétrica Itá.

Do parecer

1. Sua metodologia

A questão é de fundo eminentemente hermenêutico. Aliás, toda discussão jurídica é de fundo hermenêutico. Sendo o direito um bem cultural, invariavelmente portador de valores, o ato gnosiológico próprio é a compreensão e o método é o empírico-dialético. Conhece-se o direito, interpretando-o, compreendendo-o. Como decorrência, causa impacto a frase utilizada no documento da AGU, § 63, quando assenta que "Não há interpretação quando a regra é clara...", cláusula surrada e que, de há muito, não freqüenta estudos jurídicos de maior tomo. Corresponderia a declarar que, sendo a norma prescrita com clareza, sua mensagem não poderia ser conhecida, compreendida, interpretada, três palavras que, neste passo, comparecem como equivalentes nominais.

Ao consignarmos o substrato hermenêutico de toda a questão jurídica, estamos asseverando, também, que o desate dos seus problemas depende da tomada de posição que assumirmos perante o direito, de modo que as interpretações possíveis advirão como subprodutos da postura que mantivermos. Em vista disso, cuidarei de exprimir minha cosmovisão jurídica, demarcando o espaço em que penso mover-se o fenômeno da regulação normativa das condutas interpessoais, para depois apresentar os instrumentos cognoscentes de que o homem pode lançar mão para conhecê-lo e estudá-lo, extraindo, então, as conclusões que pretendo sejam esclarecedoras da matéria que me foi submetida.

Descarto, desde logo, qualquer argumento que favoreça a falsa dualidade aristotélica entre teoria e prática, proclamando que o conhecimento do objeto se dá precisamente na conexão de ambas, recordando a preciosa lição de Pontes de Miranda: "Não há diferença entre teoria e prática. Aquilo que existe é o conhecimento do objeto: ou se conhece o objeto ou não se conhece o objeto" (*O Problema Fundamental do Conhecimento*). Ou a formulação de Lourival Vilanova, rigorosamente voltada ao domínio do Direito: "O jurista é o ponto de intersecção entre a teoria e a prática, entre a Ciência e a experiência" (*O Objeto da Teoria Geral do Estado*). Por isso mesmo, perseguirei um modelo teórico que possa mostrar-se eficaz para produzir o resultado, isto é, para fazer aparecer a compreensão de que necessitamos.

2. *Conhecimento — a linguagem como constitutiva da realidade*

Decompondo-se o fenômeno do conhecimento, encontramos a linguagem, sem o que o conhecimento não se fixa nem se transmite. Já existe um *quantum* de conhecimento na percepção, mas ele se realiza mesmo, na sua plenitude, no plano proposicional e, portanto, com a intervenção da linguagem. "Conhecer", ainda que experimente mais de uma acepção, significa "saber proposições sobre". Conheço determinado objeto na medida em que posso expedir enunciados sobre ele, de tal arte que o conhecimento se apresenta pela linguagem, mediante proposições descritivas ou indicativas.

Por outro lado, a cada momento se confirma a natureza da linguagem como constitutiva de nossa realidade. Já L. Wittgenstein afirmava, na proposição 5.6, do *Tractatus Logico-Philosophicus*, que "os limites da minha linguagem são os limites do meu mundo", que, dito de outro modo, pode significar: meu mundo vai até aonde for minha linguagem. E a experiência o comprova: olhando para uma folha de laranjeira, um botânico seria capaz de escrever laudas, relatando a "realidade" que vê, ao passo que o leigo ficaria limitado a poucas linhas. Dirigindo o olhar para uma radiografia de pulmão, o médico poderia sacar múltiplas e importantes informações, enquanto o advogado ver-se-ia compelido a oferecer registros ligeiros e superficiais. Por seu turno, examinando um fragmento do

Texto Constitucional, um engenheiro não lograria mais do que extrair uma mensagem circunscrita à fórmula literal utilizada pelo legislador, enquanto o bacharel em Direito estaria em condições para desenvolver uma análise ampla, contextual, trazendo à tona normas implícitas, identificando valores e apontando princípios que também não têm forma expressa. Por que uns têm acesso a esses campos e outros não? Por que alguns ingressam em certos setores do mundo, ao mesmo tempo em que outros se acham absolutamente impedidos de fazê-lo? A resposta é uma só: a realidade do botânico, com relação à Botânica, é bem mais ampla do que a de outros profissinais, o mesmo ocorrendo com a realidade do médico e a do bacharel em Direito. E quem fez com que essas realidades se expandissem, dilatando o domínio do conhecimento? *A linguagem*.

Guibourg, Ghigliani e Guarinoni, no seu excelente *Introducción al conocimento cientifico* (Buenos Aires, Eudeba, 1985, p. 37) asseveram, cheios de convicção: "Estas consideraciones nos llevan a una nueva conclusión, más profunda que la anterior: al inventar nombres (o al aceptar los ya inventados) trazamos límites en la realidad, como si la cortáramos idealmente en trozos; y al asignar cada nombre *constituimos* (es decir, identificamos, individualizamos, delimitamos) el trozo que, según temos decidido, corresponderá a ese nombre. (...) Por esto la realidad se nos presenta ya cortada en trozos, como una *pizza* dividida em porciones, y no se nos ocurre que nosotros podríamos haber cortado las porciones de otro tamaño o con otra forma" (os grifos são do autor).

Decididamente, é também a linguagem que nos dá os fatos do mundo físico e do social. Tércio Sampaio Ferraz Jr. enfatiza, portanto, a necessidade de distinguir *fato* e *evento*, concluindo que "fato" não é pois *algo* concreto, sensível, mas um elemento lingüístico capaz de organizar uma situação existencial como realidade" (*Introdução ao Estudo do Direito*, Atlas, 1988, p. 253).

Ora, feita a observação, verifica-se que o homem vai criando os nomes e os fatos, na conformidade de seus interesses e de suas necessidades. Para nós basta "neve", entretanto, para os esquimós, envolvidos por circunstâncias bem diversas, impõe-se a distinção entre várias modalidades de "neve". Não se pode precisar o exato motivo, mas a cultura portuguesa houve por bem, num determinado momento de sua evolução histórica, especificar a palavra "saudade", diferentemente de outras culturas que a mantém incluída dentro de conceitos mais gerais, como "nostalgia", "tristeza" etc. Em português, como em castelhano, temos "relógio" ("reloj"); já em inglês discriminou-se "clock" para o relógio de parede e "watch" para o de bolso ou de pulseira. E em francês, como anotam os autores argentinos citados, existem três vocábulos distintos: "horloge" (de torre ou de parede), "pendule" (de mesa ou de pé) e "montre" (de bolso ou de pulseira).

O esclarecimento das razões determinantes dessas especificações pode ser procurado na Gramática Histórica, disciplina incumbida de estudar as dinâmicas que presidem a evolução do idioma. Todavia, aquilo que se pode dizer é que as palavras que vão sendo criadas, ou aqueles vocábulos já conhecidos que passam a assumir novas acepções, tanto uns como outros incorporam-se ao patrimônio lingüístico por força de necessidades sociais. A Física tinha no átomo a unidade irredutível da matéria. Assim que o interesse científico se acentuou, intensificando-se a pesquisa que culminou com a possibilidade de decomposição daquela partícula, tornou-se imperiosa a expansão da linguagem para constituir a nova realidade: eis o "proton", o "neutron", o "eletron".

Breve comparação entre dicionários de um mesmo idioma, editados em momentos históricos diferentes, aponta para o significativo crescimento do número de palavras, assim na chamada "linguagem natural", que nos discursos das várias ciências. É a linguagem constituindo realidades novas e alargando as fronteiras do nosso conhecimento.

3. A linguagem do direito constituindo a realidade jurídica

Vale a proporção: a linguagem natural está para a realidade em que vivemos, assim como a linguagem do direito está para a nossa realidade jurídica. Dito de outra maneira, da mesma forma que a linguagem natural constitui nosso mundo circundante, a que chamamos de realidade, a linguagem do direito estabelece o domínio do jurídico, isto é, o campo material das condutas intersubjetivas, dentro do qual nascem, vivem e morrem as relações disciplinadas pelo direito. Se não há fato sem articulação de linguagem, também inexistirá fato jurídico sem a linguagem específica que o relate como tal. S' empresta quantia em dinheiro a S''. O interessado vê-se impossibilitado de contar a história em linguagem jurídica, ou seja, não consegue transmitir a mensagem segundo as provas que o direito prescreve como ajustadas à espécie. Fato jurídico não será. Conserva sua natureza factual porque descrito em linguagem ordinária, porém não alcança a dignidade de fato jurídico por ausência de expressão verbal adequada.

O direito positivo é vertido numa linguagem técnica, assim entendida toda aquela que se assenta no discurso natural, aproveitando, em quantidade considerável, palavras e expressões de cunho determinado, pertinentes ao patrimônio das comunicações científicas. Projeta-se sobre o campo do social, disciplinando os comportamentos intersubjetivos com seus três (e somente três — lei do quarto excluído) operadores deônticos (obrigatório, permitido e proibido) e canalizando as condutas em direção aos valores que a sociedade quer ver implantados. Quanto ao tipo é uma linguagem técnica, mas sua função é eminentemente prescritiva, incidindo como um conjunto de ordens, de comandos que buscam alterar comportamentos sociais, motivando seus destinatários.

Já a Ciência do Direito é um discurso descritivo de seu objeto, o direito positivo. Assume, portanto, a condição de metalinguagem, pois suas proposições indicativas ou teoréticas se ocupam das proposições prescritivas do direito posto. Sendo a metalinguagem de cunho descritivo, seus valores lógicos são os da lógica alética: verdadeiro e falso. Ao mesmo tempo, como a linguagem-objeto (direito positivo) tem função prescritiva, suas valências são as da lógica deôntica: válida e não-válida. Os mais modernos estudos sobre o Direito reivindicam atenção especial para este ponto, uma vez que "linguagem jurídica" é expressão ambígüa, servindo para designar tanto a prescritiva de condutas (direito positivo) quando a descritiva de normas (Ciência do Direito). Tratando-se de duas linguagens com dimensões sintáticas (ou lógicas), semânticas e pragmáticas diferentes, a indistinção se torna uma ameaça sempre perigosa para o estudioso.

Em termos de ação direta, é a linguagem do direito positivo que constitui as realidades do mundo jurídico. Mesmo quando mal aplicadas às regras do direito operam em nome do ordenamento em vigor, recortando-se o mundo social na estrita conformidade das determinações contidas nos seus comandos. E a velocidade das mutações sociais, registradas pela linguagem comum, pode ser acompanhada de certo modo pelo sistema positivo, na medida em que o legislador das normas gerais e abstratas, aquele que no direito brasileiro está credenciado a inovar a ordem jurídica, acolhe os fatos novos, juridicizando-os e sustentando assim o equilíbrio das relações do direito com os demais sub-sistemas do social (econômico, político, religioso, social em sentido estrito etc.). E desse modo que o direito se mantém atualizado com relação às modificações da sociedade: o legislador absorve as matérias novas, fazendo-as ingressar pela porta aberta das hipóteses normativas (Lourival Vilanova). Eis o fato meramente social adquirindo a dimensão de fato jurídico. Foi juridicizado, na expressão empregada por Pontes de Miranda e, neste momento, constituiu-se uma situação nova, ampliando-se a realidade do direito pela ação de sua linguagem própria.

De fato, primordialmente, a realidade jurídica é constituída pela linguagem do direito positivo, que cumpre desta maneira sua função predominante: incidir sobre fatos, tipificando-os, e operar sobre condutas, regrando-as. De outra parte está o discurso da Ciência do Direito, organizado como sistema proposicional nomoempírico, de caráter teorético, para atingir seus objetivos, consubstanciados em transmitir conhecimentos sobre o direito positivo. Contudo, em Teoria da Linguagem se aprende que não existe linguagem "quimicamente pura" (*Irwing Copy*), o que significa admitir que a qualificação das funções do discurso se faz por critério de preponderância, de prevalência. Assim como na emissão de uma ordem vai um *quantum* de informação, a veiculação de uma notícia pode passar estímulos que alterem a conduta. Insere-se precisamente aí uma importante função da Dogmática Jurídica (Tércio Sampaio Ferraz Jr.). Ao descrever o direito positivo, o cientista percebe certas distorções entre a realidade social e a realidade jurídica, ambas constituídas pelas respectivas linguagens. Ao circunscrever esses desvios e consigná-los na sua obra, ele abre espaço para que o aplicador da lei desempenhe sua tarefa com uma visão mais larga e abrangente do sistema de que é órgão e também do meio social sobre que vão incidir suas providências normativas. Nesse sentido, tem sido muito fecundo o papel da Dogmática brasileira, permitindo, quando é possível, a correção de abusos que a letra fria do direito posto acaba ensejando. De qualquer modo, entretanto, mesmo quando não seja cabível a chamada "interpretação corretiva", o singelo apontar para os descompassos entre a linguagem jurídica e a linguagem social já representa uma contribuição efetiva da Ciência, pois rende espaço a iniciativas de modificação que o político empreende, voltado à recomposição do equilíbrio que deve existir entre as duas realidades. Temos aqui a Dogmática operando alterações no plano social. Indiretamente, dirão alguns, pois a interpretação corretiva se faz sempre por intermédio de texto normativo. Todavia, de uma forma rápida e eficaz.

Paralelamente, a doutrina vai definindo, propondo classificações, construindo distinções, de tal modo que tudo isso expande a realidade lingüística do direito e o cientista cumpre um papel social importante na construção da linguagem jurídica.

Vamos a um exemplo concreto: a evolução da temática das imunidades tributárias. Seu reconhecimento é fruto de aturada construção jurisprudencial da Suprema Corte dos Estados Unidos da América do Norte, certamente inspirada pela doutrina do constitucionalismo e da federação. Quando de seu acolhimento entre nós, falava-se em "isenção". Nas relações recíprocas, tanto União, como Estados, eram "isentos", toda vez que a entidade tributante fossem as unidades federadas ou a fazenda federal. E Rui Barbosa escreveu: "Nos Estados Unidos, p. ex., a Constituição não se pronuncia, de maneira alguma, negando à União o direito de tributar serviços ou instituições estaduais. Não há contudo, princípio ali mais solidamente assentado que o da reciprocidade nesta isenção tributária, entre a União e os Estados" (*Comentários à Constituição Brasileira*, São Paulo, 1932) (apud Geraldo Ataliba, *RDP* n. 92, p. 72). Note-se que o grande Rui, tão cioso da precisão vocabular, com o rigor que imprimia a todos os seus escritos, utiliza a voz "isenção", quando deveria empregar "imunidade". Teria sido por desconhecimento da palavra própria? Certamente que não. A elaboração doutrinária estava ainda em curso de formação e não havia se firmado como o termo adequado para dar nome à figura do instituto constitucional. Anos depois foi consagrado, ganhando foros de unanimidade, se bem que nossa Constituição de 1988 ainda hesite, aqui ou acolá, averbando palavras que não correspondem ao fenômeno juridicizado. Isso, porém, não se deve levar à conta, ficando entre os chamados "tropeços do legislador". Interessa assinalar que, a despeito do mau uso que porventura se faça do vocábulo "isenção", nem por isso viremos a confundi-lo com "imunidade". Trata-se de produto do labor científico e, posteriormente, da atividade legislativa, constituinte atual da realidade jurídica brasileira.

4. Realidade social e realidade jurídica

Há, necessariamente, um intervalo entre a realidade social, constituída pela linguagem natural e a realidade jurídica, constituída pela linguagem do direito. Isto porque esta última se constrói a partir da primeira, assumindo a feição de uma linguagem de segundo grau, com rigoroso processo seletivo, seja na absorção dos fatos que hospeda em suas hipóteses, seja pela ação deôntica de seus operadores, realizando o código lícito/ilícito. O espaço que se entrepõe é inevitável, consignando-o Pontes na distinção "suporte fáctico/fato jurídico". Sendo os enunciados normativos seletores de propriedades, neles estabelece o legislador quais os aspectos do suporte físico que ingressam e quais os que não ingressam (ficando irrelevantes) nos domínios do direito.

Ora, reconhecer que o intervalo é inevitável traz imediatamente a questão dos parâmetros em que deve estar contida a distância entre as duas linguagens, para que o direito positivo cumpra seus fins, isto é, regule as condutas intersubjetivas, no contexto social, orientando o fluxo das interações humanas na direção de certos valores que a comunidade anela. Até que ponto a realidade jurídica pode manter-se afastada da realidade social é tema que interessa à Sociologia Jurídica, à Ciência Política do Direito, à Filosofia do Direito (principalmente no capítulo da Axiologia) e também a outros segmentos cognoscentes do fenômeno jurídico, entre eles a História do Direito, à Psicologia Social e à Antropologia Cultural do Direito. Mas, indiscutivelmente, o esclarecimento dessa dúvida interessa, e muito, à própria Dogmática ou Ciência do Direito em sentido estrito, na medida em que diz respeito ao bom funcionamento do sistema, à sua eficácia como corpo de regras. Um ordenamento que não preveja certas situações, que contemple insuficientemente os fatos sociais, não pode pretender realizar os valores que se propõe. Daí o esforço de atualização das autoridades legislativas, premidas pela pressão popular, amparadas pela lição dos doutos, atentas nas manifestações do Poder Judiciário. É o direito procurando acompanhar, a seu modo, a dinâmica e palpitante velocidade das mutações sociais, adaptando-se às novas circunstâncias e mantendo, por esse meio, íntegros seus objetivos finais.

É curioso notar que o direito positivo, sendo, como é, um subsistema do sistema social total, mesmo que paralizado no campo da produção legislativa, equivale a dizer, ainda que suas normas gerais e abstratas permaneçam imutáveis, sem qualquer atualização de forma, continua em movimentação, alterando-se, no tempo, o quadro de suas significações. O fenômeno se explica por força, principalmente, da maleabilidade dos planos semântico e pragmático de sua linguagem. A dimensão sintática, mais rígida e, portanto, resistente a mutações, mostra-se morosa e tardia. Modifica-se, mas somente pela dinâmica incessante dos outros dois ângulos da concepção semiótica.

Foi por virtude de análises propiciadas pela Ciência dos Signos que os juristas refizeram seus conceitos a propósito do tormentoso problema do fechamento do sistema. Hoje, a resposta pode ser imediata: o ordenamento é fechado, em termos sintáticos, mas aberto nos níveis semântico e pragmático, o que permite comprovação no breve exame de algumas vozes bem conhecidas. Aludimos, a título de exemplo, a "adultério", "tributo" e "mulher honesta" como palavras do discurso jurídico que experimentaram sensíveis mutações semânticas, nos tempos atuais.

5. *Constituição jurídica dos dados-de-fato expostos na consulta*

A situação narrada na consulta envolve uma série de conceitos genuinamente jurídicos. Impende, portanto, que sejam considerados na sua configuração jurídico-positiva, a fim de que, bem compostos, possamos sobre eles desenvolver o trabalho interpretativo que se consubstancia na razão do presente parecer. Nesse trajeto, para abrir caminho ao esforço analítico, vou selecionar, topicamente, os institutos, categorias e formas que mais intensamente contribuam para a delimitação do tema, expondo-os nos seus traços substanciais.

a) Centrais Elétricas do Sul do Brasil S/A — Eletrosul é empresa estatal subsidiária da Eletrobrás e criada na conformidade do art. 15, § 1º, da Lei 3.090-A, de 25.5.61. Seu objeto, segundo os estatutos, é realizar estudos, pesquisas, construção e operação de usinas produtoras e linhas de transmissão e distribuição de energia elétrica, participar de entidades dirigidas pela Eletrobrás e destinadas à coordenação operacional de sistemas elétricos interligados, prestar serviços de apoio técnico, operacional e administrativo às empresas concessionárias de serviço público de energia elétrica. E recebeu, por obra do Decreto n. 88.015, de 3 de janeiro de 1983, "concessão" com prazo de 30 (trinta) anos para aproveitamento de energia elétrica no rio Uruguai, mais precisamente, no trecho situado entre os Municípios de Itá (SC) e Aratiba (RS).

b) Ora, pertence à pessoa política da União a competência para explorar diretamente ou mediante autorização, concessão ou permissão os serviços e instalações de energia elétrica e o aproveitamento energético dos cursos de água, em articulação com os Estados onde se situam os potenciais hidroenergéticos, de acordo com os termos do art. 21, inc. XII, letra *b*, da Constituição de 1988, o que significa reconhecer tratar-se de *serviço eminentemente público*.

A titular da competência optou pelo caminho da exploração direta do mencionado serviço, criando, por lei, uma empresa com o fim específico de desempenhá-lo. Para tanto, outorgou-lhe "concessão" pelo prazo de 30 (trinta) anos.

c) Acontece que, para tornar possível a realização do projeto, num quadro de inexistência de recursos suficientes do poder público para investimentos desse porte, entendeu-se por bem adotar o sistema de consórcio com grupos de empresas do setor privado, em consonância, aliás, com diretrizes políticas muito presentes no momento histórico atual. Ademais, a modalidade cogitada encontra sustentação no que dispõe o art. 1º do Decreto n. 915, de 6 de setembro de 1993, que autoriza "a formação de consórcios por empresas interessadas na geração de energia elétrica a ser utilizada nas respectivas unidades consumidoras".

E esse diploma infra-legal, por sua vez, tem fundamento de validade no art. 201 do Código de Águas (Decreto n. 24.643, de 10 de julho de 1934), sucessivamente recepcionado pelas Constituições brasileiras, incluindo-se a que está em vigor.

d) Impondo-se o procedimento de licitação, a Eletrosul fez publicar edital de concorrência, que tomou o n. 20.140.020, no sentido de selecionar empresas interessadas em construir e explorar o potencial energético da Usina Hidroelétrica de Itá, *em regime de consórcio por ela liderado*, no indigitado trecho do rio Uruguai, tudo com suporte na Lei 8.666/93 e no Decreto n. 915/93. Trilhado o caminho dentro dos cânones jurídicos estabelecidos, proclamou-se vencedora a Associação dos Auto-produtores Independentes (AAI).

e) Eis que, dando curso a Representação dirigida à Advocacia Geral da União, este órgão de consultoria e assessoramento propôs a Sua Excelência, o Presidente da República, determinasse inválido o referido certame licitatório, porquanto teria havido infringência aos princípios da legalidade (transferência da concessão outorgada ou prorrogação do prazo sem norma legal que o autorizasse) e da licitação (pois, tratando-se de "nova concessão", teria ela de ser licitada, na forma do que determina o art. 175 da CF).

f) O Presidente da República acolheu o parecer da AGU, suscitando pedido de reconsideração por parte da ora consulente, também aceito com a condição de ser exercido no prazo de 10 (dez) dias.

6. Separação e análise dos signos jurídicos mais importantes para a compreensão do problema

Isolemos, para fins de análise, os conceitos jurídicos utilizados no quadro exposto. O isolamento é meramente temático. Para fazê-lo, suspenderemos a atenção para o conjunto, mantendo-os, momentaneamente, entre parênteses metódico. Logo depois, mais bem conhecidos, serão recuperados para nova visão do conjunto.

1. Serviço público, na lição de Celso Antônio Bandeira de Mello, "é toda atividade de oferecimento de utilidade ou comodidade material fruível diretamente pelos administrados, prestados pelo Estado ou por quem lhe faça as vezes, sob um regime de Direito Público — portanto, consagrador de prerrogativas de supremacia e de restrições especiais — instituído pelo Estado em favor dos interesses que houver definido como próprios no sistema normativo" (*Curso de Direito Administrativo*, 5ª ed., p. 306, Malheiros Editores).

Os serviços para os quais foi criada a Eletrosul estão inscritos na competência privativa da União, sotopondo-se estritamente ao regime de direito público, em que há restrições especiais e prerrogativas de supremacia. Manifestando-se como um dever essencial que a Lei Maior impõe ao poder público, nas formas legais concebidas, não cabe falar de "lucro" ou de "prejuízo": o serviço tem que ser prestado, sob pena de desfigurar-se o Estado, como tal. Por isso mesmo, utilizam-se aqui os vocábulos "déficit" e "superávit", que aparecem como mera contingência na trajetória de empresas dessa natureza.

Esse caráter de necessidade básica e de substancialidade, tão incisivamente marcado no Texto Constitucional, investe as entidades que desempenham tais serviços nas prerrogativas que lhes são inerentes, vale dizer, reivindicam para seus titulares todas as prerrogativas indispensáveis ao cumprimento de sua missão. São pessoas de direito administrativo e, obviamente, devem ser portadoras de condições jurídicas compatíveis com os objetivos que devem cumprir.

Como decorrência, fica inteiramente para plano secundário a forma de organização societária adotada, sobrepondo-se-lhe a índole dos serviços que está destinada a cumprir.

2. Como forma descentralizada de prestação do serviço público, a *concessão* está prevista no art. 175, além de mencionada nos arts. 21 e 223 da CF. Seu conteúdo, como instituto de Direito Constitucional e de Direito Administrativo, experimenta momento de relevantes reflexões, mas podemos apresentá-la, resumidamente, como o "contrato administrativo por meio do qual o Poder Público transfere o exercício de determinados serviços ao concedente, pessoa jurídica privada, para que os execute em seu nome, por sua conta e risco". (Lúcia Valle Figueiredo, *Curso de Direito Administrativo*, Malheiros Editores, p. 65). O contrato há de ser precedido de licitação e estabelecerá cláusulas que firmem e protejam a equação econômico-financeira do ajuste. Tratando-se de acordos de vontade, em que intervêm o capital e a expectativa de sua adequada remuneração por parte do particular, assume grande importância a política tarifária adotada, o que se fará nos termos da lei (art. 175, parágrafo único, III). É celebrado *intuitu personae*, como anota Caio Tácito (*Direito Administrativo*, Saraiva, 1975, p. 294) "importando obrigação pessoal a ser cumprida pelo próprio contratante".

Desde logo se vê que existe um contraponto entre a posição do concessionário de serviço público, a que alude o Texto Supremo e sobre o qual discorre a doutrina, e a figura de certas entidades, na forma de autarquia, empresa pública ou sociedade de economia mista, concebidas com o objetivo precípuo de exercitar um serviço público determinado. Lá, divisamos um procedimento licitatório, que dá espaço a um contrato de direito administrativo, enlaçando as vontades de uma pessoa jurídica privada com o poder público, em ambiente de atividade econômica, com investimento de capital, com política de tarifas e expectativa de lucro, podendo também ocorrer prejuízo. Aqui, uma atribuição de competência administrativa, da pessoa política titular para outra que ela mesma cria, pela vontade da lei, portanto sem licitação, sem cogitar-se de manifestações volitivas, onde não tem sentido qualquer referência a lucro ou a prejuízo.

De fato, se concessão é o que prescreve o direito positivo e ensina a doutrina mais categorizada, distam de ser verdadeiras concessionárias aquelas pessoas que surgem no cenário jurídico como desdobramentos que o Estado crê necessário estabelecer e a quem incumbe a realização de serviços públicos específicos e determinados. Nada obstante, a voz "concessão" vem sendo utilizada de modo continuado e indistintamente, qualificando situações bem diversas, que postulam tratamento peculiar, na estrita correspondência de suas singularidades. O mesmo vocábulo nominando realidades discrepantes, o que significa um descompasso entre a pretensão normativa do direito, constituído por sua linguagem, e a realidade social sobre que ele incide, constituída pela linguagem que convencionamos chamar de natural.

Quero lembrar que a ambigüidade, enquanto tal, não compromete necessariamente o discurso. Para tanto, contudo, é mister que o contexto seja suficiente para esclarecer seu sentido. Caso isso não aconteça, porém, a mensagem gerará, inevitavelmente, o equívoco.

Ao mesmo tempo, segundo a lição de Alf Ross, todas as palavras são vagas, além do que todas potencialmente ambígüas. Aquelas que ainda se mantém unívocas, a qualquer momento podem vir a ser utilizadas em outro sentido, ingressando na classe das plurissignificativas. Em vista disso, o Neopositivismo Lógico, pela voz de Rudolf Carnap, propôs para a linguagem das ciências o chamado "processo de elucidação", que obriga o cientista e "elucidar" a significação exata do termo ambígüo que está empregando, em homenagem ao rigor e à precisão das comunicações científicas.

7. A reação da dogmática no sentido de restabelecer o equilíbrio entre a realidade social e a realidade jurídica

O exemplo sempre foi um ponto de apoio eficaz para iluminar o entendimento. Quando mencionamos o papel social da dogmática, contribuindo na expansão da realidade jurídica, mediante as propostas de definição, as classificações, as subdivisões e especificações que freqüentam com grande assiduidade os trabalhos doutrinários, já contávamos com uma preciosa referência. Para o descompasso que foi se formando, à medida em que os operadores do direito brasileiro iam tomando conhecimento da ambigüidade da palavra "concessão" que, diga-se de passagem, não era algo cristalino, que pudesse aparecer à vista de todos, nossa doutrina produziu uma teoria que apontava o desconcerto, demonstrava seus contornos e propunha, inclusive, nomes diferentes para as duas situações até então denotadas com o mesmo vocábulo: quero aludir à tese de Geraldo Ataliba, publicada na *Revista da Procuradoria Geral do Estado de São Paulo*, de dezembro de 1993, sob o título "Empresas estatais e regime administrativo (serviço público — inexistência de concessão — delegação — proteção ao interesse público)". Trabalho pioneiro, teve a virtude de colocar o assunto em horizonte claro, ensejando, desde logo, grande repercussão entre nossos mais aprofundados publicistas. O modo cartesiano de apresentar o caso e os dons retóricos do autor granjearam-lhe forte e expressiva adesão, em trabalhos de Lúcia Valle Figueiredo, Eros Roberto Grau, Adílson Dallari e Carlos Ari Sundfeld. Citando manifestações de juristas do porte de Celso Antônio Bandeira de Mello e Carlos Velloso, trouxe à luz do dia uma distinção simples e decisiva, que se estabelece entre as estatais que prestam serviços públicos e aquelas que exercem atividades empresariais. A estas últimas, como bem frisou o Min. Carlos Velloso "não se podem estender essas medidas que são criadas exclusivamente para as entidades públicas" (*RDP* 83/139). E mostra, com tintas fortes, que entre o chamado "poder concedente", nos casos de serviço público, e a empresa estatal que recebe a atribuição, para exercê-la sob regime de direito administrativo, o que há é mera delegação, nunca o instituto jurídico da concessão, previsto no art. 175 do Texto Constitucional.

É o cientista do direito, descrevendo seu objeto e colaborando com os órgãos do sistema na elaboração de uma linguagem mais hábil para discernir o mundo social. Nesse instante, cresce a realidade jurídica e se aproxima da realidade social, reduzindo o desajuste e mantendo aquela distância que supomos desejável para a harmonia da vida em sociedade. Surpreendemos um traço que revela importante função social da Dogmática (vide Tércio Sampaio Ferraz Jr.).

8. Situação jurídica da consulente e a conclusão

Penso ressaltar à mais pura evidência que a Eletrosul, a despeito do Decreto que lhe concedeu o *status* de concessionária, é uma *delegada* da União, com a incumbência de prestar serviços de caráter eminentemente público na linha dos objetivos para que foi concebida. Não é uma concessionária no sentido angusto, como seria uma empresa privada que, vencedora em procedimento licitatório, fizesse por merecer a celebração de um contrato administrativo com o titular do serviço, o chamado "poder concedente". E não é, precisamente porque não se trata de pessoa privada, não opera em atividade econômica, não lida com lucro nem prejuízo e jamais celebrou contrato com a União, pessoa política que resolveu criá-la. Como outorgar-lhe uma condição tão discrepante de seu real e concreto desempenho? A resposta pode estar no reconhecimento das dificuldades que acompanham a dinâmica social, no moroso processo de construção de nossa realidade, tanto a meramente social quanto a jurídica. Nem sempre é fácil surpreender a marcha inexorável da história, identificando as pequenas mutações que vão ocorrendo em nossa volta. Para o homem, na sua experiência existencial, em princípio, o mundo circundante de hoje é o mesmo de ontem e será idêntico ao de amanhã. Entretanto, a sabedoria do tempo lhe apresentará, oportunamente, os sinais inequívocos da mudança.

Não cabendo à Eletrosul o título jurídico de concessionária, evidentemente que não lhe podem ser aplicados os preceitos que atinam à concessão: seu regime jurídico é outro, aliás bem diferente. Daí porque perdem sentido as discussões a propósito do prazo, como a respeito de ter ou não havido "transferência" ou "nova concessão". Na diretriz escolhida, a pessoa titular do serviço está à vontade para fazer como bem lhe aprouver: assim como criou a Eletrobrás e sua subsidiária Eletrosul, pode extingui-las a qualquer momento, como podem também prorrogar por tempo indeterminado a duração de suas existências, remanecendo como única exigência a de que a vontade se expresse pelos canais competentes.

Algo distinto, entretanto, se dá com a celebração de consórcio. A Eletrosul não poderia estar na condição de consorciada sem que houvesse o certame licitatório que se pretende anular. O exercer atividade conjunta, o explorar os serviços que lhe foram atribuídos, ainda que detendo a liderança e fazendo-o em condição privilegiada, não poderia prescindir do procedimento de licitação. Neste tópico, entram em jogo interesses públicos juntamente com interesses privados e impõe-se um processo seletivo, que promova a competição e preserve os valores inerentes à coisa pública.

Mas, a circunstância da necessidade de licitação para que a Eletrosul se estabeleça em consórcio, não significa dizer que houve transferência de uma concessão inexistente ou que vai acontecer nova concessão. Aquela empresa, liderando o consórcio, com os aportes, com a ajuda, com os recursos que esse fato representa, certamente poderá cumprir ainda melhor os serviços que se põe na raiz e na própria razão de sua existência.

Salvo melhor juízo.

É o meu parecer.

LICITAÇÃO SEM OBJETO Lei 8.666/93 e Estados e Municípios. Princípio da proporcionalidade

EROS ROBERTO GRAU
Professor Titular da Faculdade de Direito da Universidade de S. Paulo

Encaminhou-me a empresa "x" a seguinte

Consulta

A Prefeitura Municipal de São Paulo instaurou procedimento licitatório, a concorrência n. 014/SSO/93, referindo-a como do tipo *menor preço*, tendo por objeto a "execução dos serviços de limpeza de logradouros públicos, coleta e transporte de resíduos domiciliares, de varrição, (*sic*) de feiras livres e de todos aqueles resultantes dos serviços de limpeza nas áreas e vias existentes nas Administrações Regionais que compõem os Agrupamentos, pertencentes ao Município de São Paulo".

Dispondo-se a participar da licitação, a consulente adquiriu o Edital e seus Anexos, nele encontrando irregularidades que, segundo entende, o viciam. Por isso o impugnou, com fundamento no § 1º do art. 41 da Lei 8.666/93, em 6 de dezembro corrente. A impugnação foi indeferida, a destempo, curiosamente observando-se que menciona como impugnante a Splice do Brasil Telecomunicações Eletrônica Ltda., que não é a real impugnante, nem interessada em participar da licitação.

Entre essas irregularidades, apontam-se as seguintes:

a) O item 11.4.2 exige, como documento necessário à demonstração da capacidade técnica dos licitantes, a apresentação, por eles, de "Metodologia de Execução, consubstanciada em Plano de Trabalho". Esse "Plano de Trabalho" deverá conter "Plano de coleta domiciliar", "Plano de varrição manual e/ou mecanizada" e "Plano descritivo para limpeza de favelas", tudo relativo a cada Administração Regional. O "Plano de coleta" deverá compreender mapa ou mapas indicativos de setores e circuitos, itinerários e respectivos períodos (diurno e noturno), freqüência, programação de execução (dias da semana) e locais de feiras livres e favelas. O "Plano de varrição" deverá indicar o nome das vias, o trecho considerado, a extensão, a freqüência e o horário. É imprescindível, portanto, para que a licitante possa elaborar esses "planos", que conheça todos os mapeamentos atualizados de todas as Administrações Regionais, tendo prévio conhecimento de todas as ruas, qual a mão de direção de cada uma delas — a fim de que possa traçar os itinerários — quais os locais de feiras livres e quais os locais que compreendem favelas. Assim, em verdade, exige o edital que cada licitante apresente autêntico "projeto básico" dos serviços. Como se pode supor que todas essas informações sejam conhecidas por algumas possíveis licitantes (as empresas que coletam ou coletaram lixo na cidade de São Paulo), tudo indica sejam elas privilegiadas, especialmente quando se observe que o item 11.4.2.5 do Edital define que "será considerado inabilitado o licitante que deixar de apresentar, ou apresentar de forma incompleta, incompreensível, ilegível, com erro, omissão, qualquer exigência contida no item 11.4.2 de forma a comprometer o Plano de Trabalho". Mas o item 7.1 do Anexo I do Edital define que "a contratada" deverá apresentar à aprovação da Administração Regional até quinze dias a contar da "Ordem de Início", "complemento do plano inicial"; ora, se a contratada poderá "complementar" o "Plano de Trabalho", como considerar-se qualquer licitante "omisso" quando do julgamento das propostas, em termos de habilitação?

b) Essa exigência afeta a própria substância da licitação, que, embora declarada, no edital, como do tipo *menor preço*, se converte em licitação do tipo *melhor técnica* ou, ao menos, do tipo *técnica e preço*, o que importa violação do art. 46 da Lei 8.666/93.

c) Os critérios que determinarão a inabilitação técnica dos licitantes, referidos no item 11.4.2.5 do edital, são subjetivos, o que importa violação do disposto no art. 45 da Lei 8.666/93.

d) Tal como redigidos os itens 11.4.3.1 e 11.4.3.1.1, de um lado, e 11.4.3.2 do Edital, de outro, exige-se, dos licitantes, que equipamentos automotores e instalações adequadas à execução dos serviços estejam disponíveis *à época do procedimento licitatório* e não para a realização do objeto da licitação, como determina o art. 30, II da Lei 8.666/93.

e) O item 7.1 do Edital, ao estipular a garantia para licitar que deve ser prestada pelos licitantes, no montante de CR$ 37.756.161,28 (trinta e sete milhões, setecentos e cinqüenta e seis mil, cento e sessenta e um cruzeiros reais e vinte e oito centavos), exige se dê essa prestação em "moeda corrente nacional ou em letras do Tesouro Municipal", excluindo a possibilidade de ser ela fornecida mediante fiança bancária, o que contraria o disposto no art. 31, III, combinado com o art. 56, III da Lei 8.666/93.

f) O item 13.2.4.1 estabelece preços mínimos admitidos para as propostas, o que confere à licitação caráter próprio à modalidade de *preço-base*, banida pela Lei 8.666/93. Assim, a licitação assume caráter especialíssimo: é licitação de *técnica e preço-base*! E mais: esses "preços mínimos" são sabidamente *mais elevados do que os preços que estão praticados atualmente, pela prestação — inclusive os que pratica a própria consulente — do mesmo serviço à Municipalidade.*

Indaga-se: O Edital de Concorrência n. 14/SSO/93, seja em razão do quanto acima exposto, seja por razão, importa violação de algum princípio da licitação e/ou de alguma norma aplicável à espécie?

Parecer

I — A licitação

1. A licitação — tenho neste ponto insistido, preliminarmente, sempre que dela cogito — é um procedimento que visa à satisfação do *interesse público*, pautando-se pelo princípio da *isonomia*.

Seu fundamento, bem assim o dos concursos públicos, encontra-se no *prin-*

cípio republicano.[1] Dele decorre, na abolição de quaisquer privilégios, a garantia formal da igualdade de oportunidade de acesso de todos, não só às contratações que pretenda a Administração avençar, mas também aos cargos e funções públicas. Daí porque a *escolha* do licitante com o qual a Administração há de contratar deve ser, *na república, a melhor escolha* ou *a escolha do melhor contratante.*[2]

A licitação está voltada a um duplo objetivo: o de proporcionar à Administração a possibilidade de realizar o negócio mais vantajoso — o melhor negócio — e o de assegurar aos administrados a oportunidade de concorrerem, em igualdade de condições, à contratação pretendida pela Administração.

2. A licitação, como observei, é uma exigência do *interesse público*. Pressuposto dela é a *competição*.

"Competição" é, no entanto, termo que assume mais de uma significação.

Há *competição*, pressuposto da licitação, quando o universo dos possíveis licitantes não estiver previamente circunscrito, de sorte que dele não se exclua algum ou alguns licitantes potenciais.

Por isso impõe-se que a *competição* de que ora se trata, pressuposto da licitação, seja desenrolada de modo que reste assegurada a *igualdade* (*isonomia*) de todos quantos pretendam acesso às contratações da Administração.

Fala-se porém em *competição* também em diverso sentido, ou seja, como *disputa*.

Há *competição-disputa* quando, assegurada a todos a oportunidade de concorrerem à contratação pretendida pela Administração, apresentam-se os proponentes diante dela oferecendo vantagens distintas entre si, de modo que possa ela distinguir, a partir dos critérios, objetivos, da licitação, entre as várias propostas, o negócio mais vantajoso a ser contratado.

Daí dizermos que cessa a *competição* — já não mais no primeiro sentido acima delineado: competição plena, permissiva do acesso de todos e quaisquer agentes econômicos, indiscriminadamente, à licitação, porém como *disputa* — quando, embora a todos os licitantes possíveis tenha sido assegurada a oportunidade de disputarem a contratação pretendida pela Administração, todos eles apresentaram-se em igualdade de condições na licitação, de modo que não se possa distinguir, entre vários, o negócio mais vantajoso para a Administração.

Desejo insistir na distinção acima debuxada.

Competição, pressuposto da licitação, é possibilidade de acesso de todos e quaisquer agentes econômicos capacitados à licitação; ela, aqui, é concreção da garantia de igualdade (isonomia). Chamemo-la *competição-pressuposto*.

Por outro lado, *competição* é também *disputa*, ou seja, no caso, possibilidade de uns licitantes apresentarem melhores propostas do que outros, um a proposta melhor de todas. Chamemo-la *competição-disputa*.

3. A *competição* enquanto *pressuposto* da licitação, expressa — repito-o — "possibilidade de acesso de todos e quaisquer agentes econômicos *capacitados* à licitação".

Relembre-se: a licitação, como afirmei, é um procedimento que visa à satisfação do *interesse público*, pautando-se pelo princípio da *isonomia*.

Vale dizer: não é admissível que, a pretexto de radical entronização do princípio da *isonomia*, sacrifique-se o *inte-*

1. Tome-se, aqui, a idéia de República como "forma de governo não pessoal"; vide José Joaquim Gomes Canotilho, *Direito Constitucional*, 3ª ed., Almedina, Coimbra, 1983, pp. 407 e ss., e Geraldo Ataliba, *República e Constituição*, Ed. RT, São Paulo, 1985.

2. Vide meu *Direito, Conceitos e Normas Jurídicas*, Ed. RT, São Paulo, 1988, p. 175.

resse público. Nem o inverso é concebível: a entronização do princípio do *interesse público* em sacrifício da *isonomia*. Ambos, princípio do *interesse público* e princípio da *isonomia*, coexistem, completando-se e se conformando, um ao outro, na base do procedimento licitatório.

II — A Lei 8.666/93

4. A recente Lei Federal 8.666, de 21 de junho próximo passado, regulamenta o art. 37, inc. XXI, da Constituição Federal, institui normas para licitações e contratos da Administração Pública e dá outras providências.

Define o seu art. 1º: "Esta lei estabelece normas gerais sobre licitações e contratos administrativos pertinentes a obras, serviços, inclusive de publicidade, compras, alienações e locações no âmbito dos Poderes da União, dos Estados, do Distrito Federal e dos Municípios".

E completa o parágrafo único desse mesmo art. 1º: "Subordinam-se ao regime desta Lei, além dos órgãos da administração direta, os fundos especiais, as autarquias, as fundações públicas, as empresas públicas, as sociedades de economia mista e demais entidades controladas direta ou indiretamente pela União, Estados, Distrito Federal e Municípios".

Neste sentido, a lei nova é bem distinta do Decreto-lei 2.300, de 21 de novembro de 1986. Este, qual dispunha o seu art. 1º, instituiu "o estatuto jurídico das licitações e contratos administrativos pertinentes a obras, serviços, compras, alienações, concessões e locações, no âmbito da Administração Federal centralizada e autárquica". E, nos termos do que dispunham seus arts. 85 e 86, as *normas gerais* nele estabelecidas aplicavam-se aos Estados, Municípios, Distrito Federal e Territórios, bem assim — até que editassem "regulamentos próprios, devidamente publicados, com procedimentos seletivos simplificados e observância dos princípios básicos da licitação, inclusive as vedações contidas no parágrafo único do art. 85" — às sociedades de economia mista, empresas e fundações públicas e demais entidades controladas direta ou indiretamente pela União, pelos Estados, pelos Municípios, pelo Distrito Federal e pelos Territórios.

5. O Decreto-lei 2.300/86 suscitou questionamentos a propósito da constitucionalidade, entre outros, especialmente dos preceitos inscritos em seus arts. 85 e 86. Questionamentos de todo procedentes, aliás.

Isso porque, até a vigência da Constituição de 1988, a União carecia da competência que lhe foi atribuída pelo art. 22, XXVII desta ("Art. 22. Compete privativamente à União legislar sobre: (...); normas gerais de licitação e contratação, em todas as modalidades, para a administração pública, direta e indireta, incluídas as fundações instituídas e mantidas pelo Poder Público, nas diversas esferas de governo, e empresas sob seu controle").

Ora, como até então essa competência não fora atribuída à União, aqueles preceitos padeciam de constitucionalidade. Não obstante, vieram sendo eles aplicados, sem qualquer tormento, aos Estados e Municípios, e suas entidades — o que comprova serem, as normas jurídicas, não o que está escrito nos textos, mas sim o que os intérpretes dizem que neles está escrito.

É fora de dúvida, de toda sorte, que ainda que a União fosse dotada de competência para definir *normas gerais*, sobre a matéria, aplicáveis aos Estados e Municípios, ainda assim — além de inúmeras inscritas no texto do Decreto-lei — aquela extraível do enunciado do parágrafo único do art. 85 evidenciadamente não configurava *norma geral*.

Que aqui não havia *norma geral*, isso é evidente. Se de *norma geral* se tratasse, o significado veiculado por esse parágrafo único do art. 85 já estaria albergado no *caput* do artigo. A vinculação dos Estados, Municípios, do Distrito Federal e Territórios ao quanto no parágrafo único estabelecido era operada não pelo texto que referia *normas gerais* — o art. 85, *caput*. Repito: se as matérias aludidas no parágrafo estivessem ordenadas por *normas gerais*, ele resultaria inócuo. Precisamente porque não se cuidava, ali, de matérias reguladas por *normas gerais* é que a disposição inscrita neste parágrafo havia de ser concebida como inovadora do ordenamento jurídico. A estipulação de limite de valor, para qualquer fim, e de prazos, não configura contudo, nitidamente, *norma geral*.

Por isso, a inconstitucionalidade desse preceito, do parágrafo único do art. 85 do Decreto-lei 2.300/86, era inquestionável ainda e já na vigência do art. 22, XXVII da Constituição de 1988, que — insista-se — atribui à União competência exclusivamente para legislar *normas gerais* de licitação e de contratação.

6. A Lei Federal 8.666/93, como vimos, define a si própria como lei que "estabelece *normas gerais* sobre licitações e contratos administrativos pertinentes a obras, serviços, inclusive de publicidade, compras, alienações e locações no âmbito dos Poderes da União, dos Estados, do Distrito Federal e dos Municípios", *normas gerais* que se aplicam não apenas aos órgãos da Administração Direta, mas também aos fundos especiais, às autarquias, às fundações públicas, às empresas públicas, às sociedades de economia mista e às demais entidades controladas direta ou indiretamente pela União, Estados, Distrito Federal e Municípios.

Mercê disso hão de retornar, os que estão envolvidos em indagações a respeito do direito posto pelo Estado, ao tema do conceito de *norma geral*. Pois é evidente que agride a Constituição toda e qualquer disposição, no texto da Lei Federal 8.666/93, que, não consubstanciante de *norma geral*, vincule os órgãos da Administração Direta dos Estados, do Distrito Federal e dos Municípios e os fundos especiais, as autarquias, as fundações públicas, as empresas públicas, as sociedades de economia mista e demais entidades controladas direta ou indiretamente pelos Estados, pelo Distrito Federal e pelos Municípios.

7. Em ocasião anterior, cogitando das "normas gerais de defesa e proteção da saúde",[3] observei que a disposição de normas gerais supõe a determinação de parâmetros, em um nível maior de generalidade, a serem atendidos na normatividade subseqüente a sua definição.

Essa observação afasta-nos da tradicional oposição entre *norma geral* e *norma especial*, própria à teoria geral do direito, e nos aproxima daquela outra, peculiar à estrutura do Estado federal, que em um primeiro momento distingue entre *leis federais, leis estaduais* e *leis municipais* e, em momento subseqüente, entre essas e as *leis nacionais*.

Da primeira oposição — entre *norma geral* e *norma especial* — diga-se, desde logo, que os atributos da "especialidade" e da "generalidade", qual anota Natalino Irti[4] derivam de um juízo de comparação entre duas normas. *Norma geral* e *norma especial* não são "geral" e "especial" em si e por si,mas sempre em relação a outras normas. Assim, uma norma que se deve ter como *geral* em relação a outra norma pode dever ser tida como *especial* quando posta em relação a uma terceira norma.

De outra parte, temos também — observa ainda Natalino Irti[5] — que a

3. Meu *Direito Urbano*, Ed. RT, São Paulo, 1983, p. 129.

4. *L'Età della Decodificazione*, Giuffré, Milano, 1979, pp. 43-44.

5. Ob. cit., p. 46.

norma geral é dotada de uma compreensão (aqui como conjunto das notas de cada norma) menor e de uma extensão (conjunto de sujeitos aos quais cada norma se dirige) maior, ao passo que a *norma especial* é dotada de uma compreensão maior e de uma extensão menor. E isso de modo que, ab-rogada a *norma especial*, o âmbito de aplicação da *norma geral* se expande e ela passa a disciplinar a situação de que cogitava aquela.

Bastam essas verificações para afastar, no caso, a possibilidade de recurso, senão subsidiária, às construções doutrinárias desenvolvidas em torno àquela tradicional oposição como pauta indicativa do conceito de *norma geral*, para os efeitos da Lei Federal 8.666/93.

O que importa, pois, é considerarmos a outra contribuição, peculiar à estrutura do Estado federal, que em um primeiro momento distingue entre *leis federais, leis estaduais* e *leis municipais* e, em momento subseqüente, entre essas e as *leis nacionais*.

8. *Norma geral*, então — termo que designa outro conceito, diverso daquele com trânsito no campo, mais ancho, da teoria geral do direito — é, disse-o, norma que supõe a determinação de parâmetros, em um nível maior de generalidade, a serem atendidos na normatividade subseqüente a sua definição. O que conferiria às *normas gerais* o caráter de "direito sobre direito", conforme, de modo inadequado — no meu sentir — se tem referido.

Mas isso não diz muito. Seria necessário dizermos, ademais, que as *normas gerais* (normas *nacionais*) (I) consubstanciam regras que conferem concreção a determinados princípios[6] — aqueles que o Canotilho denomina princípios jurídicos fundamentais e princípios políticos constitucionalmente conformadores[7] — inobstante, contudo, as *normas gerais* também veiculem princípios e princípios sejam também veiculados por normas que não se pode qualificar como *normas gerais*; (II) veiculam princípios; (III) consubstanciam a ordenação de condutas uniformes, visando prevenir conflitos entre as entidades da federação e/ou entre os que nelas estejam situados; (IV) suprem lacunas constitucionais.

A complexidade do tema permanece ainda assim a nos desafiar, conduzindo-nos ao descaminho trilhado na busca da determinação do que não é *norma geral*.

9. Por certo não pretendo, nesta oportunidade e espaço de cogitação em torno da Lei Federal 8.666/93, solucionar a questão, mesmo porque as matérias, aludidas na consulta, que não incididas por *normas gerais* por ela veiculadas, são afetadas — como adiante veremos — por regras e princípios que as conformam.

III — Os princípios

10. A análise que passo a empreender, portanto, desconsidera, no texto da Lei 8.666/93, as disposições que não estejam, francamente, a veicular *normas gerais*.

O art. 3º da Lei 8.666/93 enuncia como princípios básicos da licitação — e aí, indisputadamente, uma *norma geral*: o da legalidade, o da impessoalidade, o da moralidade, o da igualdade (= *isonomia*), o da publicidade, o da probidade administrativa, o da vinculação ao instrumento convocatório, o do julgamento objetivo e os que lhes são correlatos.

Aqui nos colocamos diante de princípios positivos (positivados) de direito.

6. A respeito dos princípios, vide meu *A ordem econômica na Constituição de 1988 (interpretação e crítica)*, 2ª ed., Ed. RT, São Paulo, 1991, pp. 92 e ss.

7. *Direito Constitucional*, 3ª ed., Almedina, Coimbra, 1983, pp. 200 e ss.

Entre os referidos como princípios correlatos, contudo, considere-se o do interesse público e o da proporcionalidade.

11. Uma nota fundamental, ainda que breve, neste passo há de ser introduzida.

É que tanto os *princípios positivados* (*ou positivos*) quanto os *princípios gerais de cada direito* — isto é, os que se manifestam de modo apenas latente sob cada direito — constituem *norma jurídica*.[8]

Norma jurídica, pois, é gênero no qual se incluem, como espécie, as *regras* e os *princípios gerais do direito*.[9] Esta última expressão abrange tanto os *princípios positivados* (*ou positivos*) quanto os *princípios gerais de cada direito*, após sua "descoberta" no ordenamento jurídico, no que designo *direito pressuposto*.

Note-se que o não discernimento da circunstância de *norma jurídica* ser o gênero, do qual espécies são as *regras* e os *princípios gerais de direito*, é que conduz o estudioso do direito a equivocadamente equiparar *regra* e *norma jurídica* — o que torna hermético o tema dos princípios jurídicos.

As *regras* são concreções dos *princípios*.

Assim, ainda quando em um determinado direito apareçam formuladas como preceito escrito (positivado) apenas *regras* que estejam a dar concreção a um certo *princípio*, ainda assim cumprirá reconhecermos que esse *princípio* pertence a esse direito. É o que ocorre, entre outros, com o *princípio da motivação do ato administrativo* e com o *princípio da vedação do enriquecimento sem causa*.

12. Refiro-me ao princípio do *interesse público* não no sentido que o faz a doutrina antiga, como supremacia do interesse público sobre o privado. O conteúdo do princípio, conforma-o a noção de *interesse público primário*, tal como a expõe Alessi.[10]

A medida do *interesse público* é a *legalidade*.

Dizendo-o do modo mais singelo (para não dizer simplista, "acaciano"), presta acatamento ao princípio quem acata e se curva à *legalidade*, pois apenas na sua moldura o *interesse público* encontra vias de realização

13. Já a alusão ao *princípio da proporcionalidade* reclama maiores cuidados.

Nossa doutrina tem cometido inúmeros pecadilhos ao dele tratar.

8. A propósito dessa questão — em especial a distinção entre *princípios gerais do direito e princípios gerais de cada direito* — insisto em remeter o leitor ao texto de meu *A ordem econômica na Constituição de 1988 (interpretação e crítica)*, cit., pp. 118 e ss.

9. Tanto as regras como os princípios são normas jurídicas, pois, como enfatiza Robert Alexy (*Theorie der Grundrecht*), Suhrkamp, Frankfurt am Main, 1986, p. 77), ambos afirmam o que *deve ser*; ambos são formulados a partir da deontologia da expressão básica da ordem (*Grundausdrücke des Gebots*). Por isso que a distinção entre regras e princípios se equaciona como distinção entre duas espécies de norma: *Jede norm ist entwender eine Regel oder ein Prinzip* — cada norma é uma regra ou um princípio.

10. Ensina Renato Alessi (*Principi di Diritto Amministrativo*, I, quarta edizione, Giuffrè, Milano, 1978, pp. 232/233) que os interesses públicos, coletivos, cuja satisfação deve ser perseguida pela Administração, não são — note-se — simplesmente o interesse da Administração enquanto aparato organizacional autônomo, porém aquele que é chamado interesse coletivo *primário*. Este é resultante do complexo dos interesses individuais prevalentes em determinada organização jurídica da coletividade, ao passo que o interesse do aparato organizacional que é a Administração, se pode ser concebido um interesse, desse aparato, unitariamente considerado, será simplesmente um dos interesses *secundários* que se fazem sentir no seio da coletividade e que podem ser realizados somente na medida em que coincidam, e nos limites dessa coincidência, com o interesse coletivo primário. A distinção — fundamental e necessária — entre *interesse público primário* e *interesse da Administração* (interesse público secundário) também está pacificada entre nós (vide Celso Antônio Bandeira de Mello, *Curso de Direito Administrativo*, 4ª ed., Malheiros Editores, São Paulo, 1993, pp. 22 e 46).

Como a Constituição do Estado de São Paulo em seu art. 111 refere o *princípio da razoabilidade*, algumas vezes o da *proporcionalidade* é tratado como se fosse um outro princípio, distinto dele. Na verdade, contudo, estamos aí (na *razoabilidade*) diante de uma feição da *proporcionalidade* (e não o inverso, ademais).

De outra parte, o *princípio da proporcionalidade* é apresentado como dirigido à autoridade administrativa, afetando a liberdade com que esta atua ao exercitar a discricionariedade. Mas não é assim.

Tércio Sampaio Ferraz Jr.[11] percucientemente observa que, como a Administração não teria podido funcionar tolhida pela concepção rígida da legalidade, encontraram-se duas válvulas para contornar essa rigidez: a discricionariedade e as ordens de necessidade. A discricionariedade, na sua origem — e assim prossegue — presta-se a instrumentar a atuação estatal a serviço da assim chamada, naquele momento histórico, burguesia.

A doutrina do Direito Administrativo liberal constrói uma *falsa legalidade*, na medida em que a fragiliza mediante a introdução, nela, deste autêntico cavalo de Tróia, a discricionariedade. Ademais, enreda-se em erros que o discernimento de noções fundamentais de teoria geral do direito exorcizaria. A confusão entre juízo de oportunidade e juízo de legalidade é, nesse bojo, fatal.

14. O *princípio da proporcionalidade* (*Verhältnismässigkeit*) desdobra-se em três subprincípios: o de *adequação* (*Geeignetheit*), o de *necessidade* (mandamento de uso do meio mais brando) (*Erforderlichkeit* — Gebot des mildestem Mittels) e o de *proporcionalidade em sentido estrito* (mandamento de ponderação específica) (*Verhältnismässigkeit im engeren Sinne* — eingentliches Abwägungsgebot).[12]

O princípio (da *proporcionalidade*) encontra sua origem mais imediata na obra do último *von Jhering* (*Der Zweck im Recht* e *Der Kampf ums Recht*)[13] e opera primordialmente no campo dos juízos de legalidade, informando a interpretação do direito. Porque opera neste campo é que afeta, conformando-a, a atuação das autoridades administrativas (inclusive quando atuem com alguma margem de discricionariedade, que a elas norma jurídica atribua). O que sustento é que toda atuação da autoridade administrativa, que necessariamente supõe interpretação/aplicação do direito — porque interpretação e aplicação não se realizam autonomamente[14] — é sempre informada pelo *princípio da proporcionalidade*.

Importando a proibição de excesso (*übermassverbot*), o princípio, na dicção de Pierre Muller,[15] compele os órgãos do Estado a adaptar, em todas as suas atividades, os meios de que dispõem aos fins

11. "A Relação meio/fim na teoria geral do Direito Administrativo", in *RDP* 61/27.

12. Cf. Robert Alexy, ob. cit., p. 100.

13. Vide Paulo Bonavides, *Curso de Direito Constitucional*, 4ª ed., Malheiros Editores, São Paulo, 1993, p. 315 e Willis Santiago Guerra Filho, *Ensaios de teoria constitucional*, edição do autor, Fortaleza, 1989, p. 70.

14. O intérprete discerne o sentido do texto a partir e em virtude de um determinado caso dado (cf. Hans-Georg Gadamer, *Verdad y Metodo*, 4ª ed., trad. de Ana Agud Aparicio y Rafael de Agapito, Ediciones Sígueme, Salamanca, 1991, p. 397); a interpretação do direito consiste em concretar a lei em cada caso, isto é, na sua aplicação Gadamer, p. 401). Assim, existe uma equação entre interpretação e aplicação; não estamos, aqui, diante de dois momentos distintos, porém frente a uma só operação (Enrique E. Marí, "La interpretacion de la ley. Análisis histórico de la escuela exegética y su nexo con el processo codificatorio de la modernidad", in *Materiales para una Teoria Critica del Derecho*, Enrique E. Marí *et alii*, Abeledo-Perrot, Buenos Aires, 1991, p. 236). Interpretação e aplicação se superpõem.

15. Apud Paulo Bonavides, cit., p. 319.

que buscam e aos efeitos de seus atos; a proporção adequada torna-se, assim, *condição da legalidade*. Essa adequação encontra-se na conformidade dos meios com o objetivo (*Zielkonformität*) e na sua prestabilidade para atingir o fim (*Zwecktalglichkeit*) do ato.[16] O *razoável* é o veículo da idéia de proporcionalidade.[17]

15. O *princípio da proporcionalidade* é princípio do direito brasileiro, consubstanciando um dos princípios correlatos da licitação, a que refere o art. 3º da Lei 8.666/93.

Nosso direito — e a própria Constituição, aliás — contempla inúmeras *regras* que lhe conferem concreção. Na medida em que *condição da legalidade*, ele a completa, de sorte que, sem a sua integração a ela, esta (a *legalidade*) não estaria plenamente contemplada no direito brasileiro. E, mais, a *proporcionalidade* penetra o direito brasileiro através da cláusula inscrita no § 2º do art. 5º da Constituição de 1988.

Passo portanto, munido dos subsídios até este ponto alinhados, a considerar o caso descrito na consulta.

IV — A concorrência n. 014/SSO/93, da Prefeitura Municipal de São Paulo

O "Plano de Trabalho"

16. Relata a consulente — e isso verifiquei examinando o Edital — que a Administração Municipal exige dos licitantes a apresentação, como documento necessário à comprovação de sua capacidade técnica, de um "Plano de Trabalho".

16. Cf. Willis Santiago Guerra Filho, cit., p. 75.

17. Cf. Xavier Philippe, *Le Contrôle de la proportionnalité dans les Jurisprudences Constitutionelle et Administrative Françaises*, Economica, Paris, 1990, p. 21.

Uma *licitação* deve ter objeto — é óbvio.

No caso, o objeto dos serviços licitados apenas pode ser compreendido — é o que se apura da análise da exigência — na medida em que, além do projeto básico, o seu projeto executivo seja conhecido.

Esse conhecimento, também do projeto executivo dos serviços objeto da licitação, deve ser não apenas conhecimento dos virtuais licitantes, mas, também — evidentemente — da Administração.

Como o serviço reclama a exigência de "Plano de Trabalho" — tanto é que o edital de concorrência o impõe — é óbvio que, sem o desenvolvimento desse "plano" (projeto executivo), o seu objeto, que é o objeto da licitação, não se encontra ainda definido.

Das duas, uma, portanto.

Ou a elaboração do projeto executivo ("Plano de Trabalho") se impõe, do que se extrai a conclusão de que a Administração Municipal instaurou procedimento licitatório *sem objeto definido* — nesta hipótese violando o preceito inscrito no art. 5º da Lei Municipal n. 10.544/88 ("Nenhuma obra ou serviço será licitado sem a previsão de recursos orçamentários e projeto executivo ou, no mínimo, projeto básico, aprovado pela autoridade competente, sob pena de nulidade do ato e responsabilização de quem lhe deu causa").

Ou a elaboração do projeto executivo ("Plano de Trabalho") não se impõe, do que se extrair a conclusão de que a Administração municipal, voluntária ou involuntariamente, está a *privilegiar determinado(s) licitante(s), em detrimento de outro(s)* — nesta hipótese violando os princípios da *igualdade* (= *isonomia*) e da *probidade administrativa* (art. 3º da Lei Municipal n. 10.544/88), bem assim os da *impessoalidade* e da *moralidade* (art. 3º da Lei 8.666/93).

Logo, como se vê, a exigência encontra sua razão de ser ou na ignorância ou na má-fé.

Ignorância palmar do que seja uma licitação — se a elaboração do projeto executivo (''Plano de Trabalho'') se impuser, visto que à Administração Municipal, ela própria, *ex vi* do que impõe o art. 5º da Lei Municipal, incumbia elaborá-lo ou contratar a sua elaboração previamente à instauração do procedimento licitatório.

Ou ignorância generalizada — se a elaboração do projeto executivo (''Plano de Trabalho'') não se impuser; a exigência, então, involuntariamente conduz ao *privilégio de determinado(s) licitante(s), em detrimento de outro(s)* — nesta hipótese com violação culposa dos princípios da *igualdade* (= *isonomia*) e da *probidade administrativa* (art. 3º da Lei Municipal n. 10.544/88), bem assim os da *impessoalidade* e da *moralidade* (art. 3º da Lei 8.666/93).

Ou má-fé — se a elaboração do projeto executivo (''Plano de Trabalho'') não se impuser; a exigência, então, voluntariamente conduz ao *privilégio de determinado(s) licitante(s), em detrimento de outro(s)* — nesta hipótese com violação *dolosa* dos princípios da *igualdade* (= *isonomia*) e da *probidade administrativa* (art. 3º da Lei Municipal n. 10.544/88), bem assim os da *impessoalidade* e da *moralidade* (art. 3º da Lei 8.666/93).

Prosperam no sentido de informar o que de fato se passa as disposições inscritas no item 11.4.2.5 do Edital e no item 7.1 do seu Anexo I.

A exigência é, de qualquer forma, descabida: ou importa violação do art. 5º da Lei Municipal n. 10.544/88 ou importa violação (culposa ou *dolosa*) dos princípios da *igualdade* (= *isonomia*) e da *probidade administrativa* (art. 3º da Lei Municipal n. 10.544/88), bem assim dos princípios da *impessoalidade* e da *moralidade*.

17. Observa a consulente que aquela mesma exigência converteria a licitação — embora declarada, no Edital, como do tipo *menor preço* — em licitação do tipo *melhor técnica* ou, ao menos, do tipo *técnica e preço*, o que importa violação do art. 46 da Lei 8.666/93.

Não diviso, no art. 46 da Lei 8.666/93, uma *norma geral*, vinculante do Município.

Não obstante, duas considerações incisivas devem neste passo ser desenvolvidas.

De uma parte, tal como imposta aos virtuais licitantes a exigência — sob os efeitos do disposto no item 11.4.2.5 do Edital e no item 7.1 do seu Anexo I — é francamente excessiva, importando agressão ao *princípio da proporcionalidade* enquanto proibição de excesso. A exigência é inadequada ao fim que busca (a demonstração de capacidade técnica dos virtuais licitantes — item 11.4 do edital). Nessa medida, a exigência é adversa ao *interesse público* e confronta — porque a *proporcionalidade* é dela uma condição — a *legalidade*. Ainda que o preceito no art. 46 da Lei 8.666/93, como me parece, não se aplique ao Município, a exigência agride o princípio.

De outra parte, a exigência não se inclui entre aquelas enunciadas nos números do § 2º do art. 35 da Lei Municipal n. 10.544/88, sendo certo, ademais, que a sua imposição compromete a *competição*, pressuposto da licitação. Assim, inexistindo fundamento jurídico a justificá-la — e, mais, sendo ela adversa ao *princípio da proporcionalidade*, ao *interesse público* e ainda aos demais princípios acima enunciados, concluo não autorizar, a Lei Municipal, a sua imposição aos virtuais licitantes.

Logo entendo, ainda, que a exigência agride o *princípio da proporcionalidade*, é adversa ao *interesse público* e confronta a *legalidade*, além de a Lei Municipal n. 10.544/88 não autorizar a sua imposição.

18. Diz a consulente, a seguir, que os critérios que determinarão a inabilitação técnica dos licitantes, referidos no item 11.4.2.5 do Edital, são subjetivos, o que importa violação do disposto no art. 45 da Lei 8.666/93.

Aqui porém, segundo me parece, há violação do disposto no art. 3º da Lei Municipal n. 10.544/66, que positiva (do verbo positivar) o *princípio do julgamento objetivo da licitação*.

Diz o item 11.4.2.5 do Edital que "Será considerado inabilitado o licitante que deixar de apresentar, ou apresentar de forma incompleta, incompreensível, ilegível, com erro, omissão, qualquer exigência contida no item 11.4.2 de forma a comprometer o Plano de Trabalho".

O que se visa impedir, na determinação de que os critérios de julgamento da licitação sejam *objetivos*, é que a subjetividade dos julgadores da licitação, ainda que involuntariamente, prospere no sentido de beneficiar um dos licitantes, em desfavor dos demais. O *princípio do julgamento objetivo*, assim, — associado ao da *publicidade*, — é ancilar do princípio da *isonomia*.

Ocorre não enunciarem, nem o direito positivo, nem a doutrina, o conceito de *critério objetivo*, para efeito de julgamento das propostas, nas licitações. A doutrina apenas aponta uma pista — digamos assim — do conceito, ao afirmar que critério objetivo, para tanto, é o que independe de apreciação subjetiva do julgador. Mas nisso e com isso, definitivamente, não se está a enunciar conceito nenhum, menos ainda um conceito jurídico.[18]

O conceito jurídico de *critério objetivo*, para efeito de julgamento das propostas, na licitação, corresponde a uma suma determinada de idéias.

Note-se: porque é assim (ele corresponde a uma suma determinada de idéias) é que este conceito jurídico pode cumprir sua função, que é a de permitir a aplicação de certas normas ou efeitos jurídicos (e não de outras ou de outros), com um mínimo de segurança e certeza, a uma coisa (coisa, estado ou situação).

Impõe-se, dessarte, discernirmos o conceito jurídico de *critério objetivo* para efeito de julgamento das propostas, nas licitações.

Tal conceito não pode ser singelamente extraído aos dados da realidade, pois *objetividade* e *subjetividade*, neste plano, não podem ser determinadas em termos absolutos para todas as situações da realidade.

Então, o conceito jurídico perquirido — conceito de critério objetivo para efeito de julgamento de propostas, na licitação — há de ser discernido no plano jurídico.

Não basta para tanto recorrermos, dele partindo, ao princípio do *julgamento objetivo* das licitações. É necessário irmos aquém, à busca de princípio maior, do qual esse (o do julgamento objetivo) é ancilar.

Esse princípio maior é o da *isonomia*.

Podemos ter, assim, que *critério objetivo*, para efeito de julgamento das propostas na licitação é aquele cuja aplicação não permita a consumação de agressão à *isonomia*. Isso, o que decorre da convenção normativa posta nos desdobramentos desse princípio, da *isonomia*.

Para que isso não possa ocorrer, basta se possa *materialmente* demonstrar — no quadro dos conhecimentos técnicos e científicos do homem, ainda que especializados — em cada caso, quando o conceito deva e quando o conceito não deva ser atribuído a esta ou àquela situação.

Assim, temos que *critério objetivo*, para efeito de julgamento de propostas, na licitação, é todo aquele cuja atribuição ou não atribuição a múltiplas situa-

18. Vide meu *Direito, Conceitos e Normas Jurídicas*, cit., pp. 61 e ss.

ções possa ser materialmente demonstrada, a partir de e com base em conhecimentos técnicos ou científicos do homem, ainda que especializados.

Mais importante, neste passo, do que a possibilidade técnica ou científica de os julgadores da licitação definirem materialmente a atribuição ou não atribuição do conceito a determinada situação é a possibilidade de qualquer licitante materialmente demonstrar, técnica ou cientificamente, que, neste ou naquele caso, a atribuição do conceito foi procedida de modo correto ou incorreto.

Essa demonstração pode se fazer dificultosa, ou mesmo impossível, para o leigo em determinada técnica ou ciência — o que o impeliria, diante da necessidade de assumir uma decisão a respeito daquela atribuição ou não atribuição do conceito de que se cuida a certa situação, a decidir subjetivamente (= sem os subsídios de determinada técnica ou ciência).

A carência de conhecimento técnicos ou científicos por alguns não compromete contudo a objetividade do critério, se outros que o dominem existirem, capacitados a materialmente demonstrar a correção técnica ou científica da atribuição do conceito a umas situações e a correção técnica ou científica de sua não atribuição a outras.

Essa assertiva, vê-se para logo, à primeira vista nos conduziria à conclusão de que, no caso, a apuração de apresentação de forma incompleta, incompreensível, ilegível, com erro ou omissão, de qualquer exigência contida no item 11.4.2 do Edital, de forma a comprometer o Plano de Trabalho, não será subjetiva, podendo ser objetivamente procedida.

Sucede que, como observa a consulente, o item 7.1 do Anexo I do Edital define que "a contratada" deverá apresentar à aprovação da Administração Regional até quinze dias a contar da "Ordem de Início", "complemento do plano inicial", do que se extrai, por conseqüência, que a contratada poderá "complementar" o "Plano de Trabalho", com isso resultando fragilizada, ao extremo, a apuração de *incompletude, incompreensibilidade, ilegibilidade, erro* ou *omissão* do licitante, quando do julgamento das propostas, em termos de habilitação.

Concluo: os critérios de julgamento da capacidade técnica dos licitantes, definidos no item 11.4.2.5 do Edital, não são, em si, subjetivos. Tal como no Edital contemplados, no entanto — veja-se o item 7.1 do seu Anexo I — assumem caráter de marcada subjetividade. Isto é: o Edital está composto de molde a serem tais critérios deliberadamente aplicados sem o mínimo de objetividade necessário à prestação de acatamento ao *princípio do julgamento objetivo* da licitação. Não fora assim, a disposição inscrita no item 7.1 do Anexo I do Edital não teria razão de ser.

Logo, parece-me, de fato, que aqueles critérios, tal como contemplados no edital, violam o *princípio do julgamento objetivo* da licitação.

Equipamentos automotores e instalações

19. Observa ainda a consulente que, tal como redigidos os itens 11.4.3.1 e 11.4.3.1.2.1, de um lado, e 11.4.3.2 do Edital, de outro, exige-se, dos licitantes, que equipamentos automotores e instalações adequadas à execução dos serviços estejam disponíveis *à época do procedimento licitatório* e não para a realização do objeto da licitação, como determina o art. 30, II, da Lei 8.666/93.

A ilegalidade sob esse aspecto consumada encontra-se não em violação do art. 30, II, da Lei 8.666/93, porém em afronta ao texto expresso do item 3, do § 2º., do art. 35, da Lei Municipal n. 10.544/88.

A Administração Municipal poderia apenas exigir, dos licitantes, a indicação de equipamentos automotores e instalações adequadas e disponíveis "*para a realização do objeto do contrato*, acompanhada de compromisso hábil do cedente ou locador, quando estes não forem de propriedade do interessado". O preceito veiculado pelo art. 30, II, da Lei 8.666/93 reproduz o texto do item 3, do § 2º, do art. 35, da Lei Municipal n. 10.544/88.

A ilegalidade é flagrante. O Edital não poderia ter exigido, dos licitantes, que equipamentos automotores e instalações adequadas à execução dos serviços estivessem disponíveis *à época do procedimento licitatório*. Há violação, aqui — repito — do disposto no item 3, do § 2º, do art. 35, da Lei Municipal n. 10.544/88. Essa exigência, ademais, afronta a *competição*, pressuposto da licitação.

Fiança bancária

20. E observa a consulente, a seguir, que o item 7.1 do Edital, ao estipular a garantia para licitar que deve ser prestada pelos licitantes, no montante de CR$ 37.756.161,28 (trinta e sete milhões, setecentos e cinqüenta e seis mil, cento e sessenta e um cruzeiros reais e vinte e oito centavos), exige se dê essa prestação em "moeda corrente nacional ou em letras do Tesouro Municipal", excluindo a possibilidade de ser ela fornecida mediante fiança bancária, o que contraria o disposto no art. 31, III, combinado com o art. 56 e seu § 1º, III, da Lei n. 8.666/93.

Entendo não consubstanciarem *normas gerais* os preceitos, da Lei 8.666/88, referidos pela consulente. Não obstante, ainda que a disposição inscrita no § 2º, do art. 53, da Lei Municipal n. 10.544/88 não seja completamente explícita, como aquela outra, veiculada pelo inc. III, do art. 31, da Lei 8.666/93 ("garantia, nas mesmas modalidades e critérios previstos no *caput* e § 1º desta Lei"), a exigência, pela Administração Municipal, dessa excepcional garantia para licitar, há de ser imposta nos termos do que define o art. 73 da Lei Municipal — garantia "prestada por uma das seguintes modalidades: I — caução em dinheiro ou em Título da Dívida Pública do Município; II — fiança bancária; III — seguro-garantia".

A exclusão da possibilidade de prestação de garantia através de *fiança bancária*, no caso, importa violação da Lei Municipal, no preceito do § 2º, do seu art. 53, combinado com o do seu art. 73.

A moralidade

21. Finalmente, considera a consulente que o item 13.2.4.1 do Edital estabelece preços mínimos admitidos para as propostas, o que confere à licitação caráter próprio à modalidade de *preço-base*, banida pela Lei 8.666/93; assim, a licitação assume caráter especialíssimo: é licitação de *técnica e preço-base*! e mais: esses "preços mínimos" são sabidamente *mais elevados do que os preços que estão praticados atualmente, pela prestação — inclusive os que pratica a própria consulente — do mesmo serviço à Municipalidade*.

Quanto a este ponto, apenas um aspecto — mas fulminante — parece-me relevante, atinente ao fato, afirmado, de que os "preços mínimos" no edital estabelecidos pela Administração municipal são sabidamente *mais elevados do que os preços que estão praticados atualmente, pela prestação — inclusive os que pratica a própria consulente — do mesmo serviço à Municipalidade*. Esse aparenta mesmo ser um fato notório, que a imprensa escrita tem sobejamente divulgado.

A violação do *princípio da moralidade*, assim perpetrada, é ímpar. Essa circunstância, de resto, associada às demais acima consideradas, confere à concorrência em questão o caráter de verdadeira ousadia — para não dizer escárnio — da Administração, insensível às mudanças, no rumo da moralidade, que o momento histórico que vivemos, mais do que prenuncia, está a consumar.

22. Em face do exposto, dou a seguinte resposta ao quesito proposto na consulta:

Sim; o edital de concorrência n. 014/SSO/93, concomitantemente, como demonstrei, (I) importa ou violação do art. 5º da Lei Municipal n. 10.544/88 ou violação (culposa ou *dolosa*) dos princípios da *igualdade* (= *isonomia*) e da *probidade administrativa* (art. 3º da Lei Municipal n. 10.544/88), bem assim dos princípios da *impessoalidade* e da *moralidade*; (II) agride o *princípio da proporcionalidade*, é adverso ao *interesse público*, confronta a *legalidade* e excede o quanto a Lei Municipal n. 10.544/88, nos termos do § 2º, 3, do seu art. 35, autoriza seja exigido dos licitantes; (III) afronta o *princípio do julgamento objetivo* da licitação; (IV) afronta o disposto no item 3, do § 2º, do art. 35 da Lei Municipal n. 10.544/88; (V) afronta o disposto no § 2º, do art. 53, combinado com o art. 73 da Lei Municipal n. 10.544/88; (VI) afronta o *princípio da moralidade*.

É o que me parece.

São Paulo, 23 de dezembro de 1993

PARECERES

PASEP, PIS E CONCESSIONÁRIA DE SERVIÇO PÚBLICO

TORQUATO JARDIM
Professor da Faculdade de Direito da Universidade de Brasília,
Ministro do Tribunal Superior Eleitoral

Consulta

A Companhia Energética de São Paulo — CESP, formulou a seguinte consulta:

"1. A CESP é concessionária de serviço público federal?

"2. Nessa qualidade, é abrangida pelo regime de paridade com as empresas privadas (art. 173, § 1º, CF)?

"3. Para fins de enquadramento no PIS ou no PASEP, prevalece a substância da atividade (serviço público) ou a forma de sua execução (concessão)? Empresa privada, concessionária de serviço público federal, é contribuinte do PASEP? A CESP não deve ser subordinada ao mesmo regime?

"4. A interpretação das Leis Complementares 7 e 8 subordina-se ao art. 173 da Constituição?

"5. Perante o exercício de serviço público federal, os Estados ou suas criaturas são concessionários ou delegados?

"6. A CESP deve ser enquadrada como contribuinte do PASEP ou do PIS?"

2. Dos documentos enviados pela Consulente, em particular a petição de mandado de segurança preventivo, subscrita pelos nobres Advogados Geraldo Ataliba e William Grapella (n. 94.0030632-6, 24.11.94), ressalta que:

a) a CESP sempre foi contribuinte do PIS; em 1989 o Banco do Brasil endereçou-lhe mensagem declarando-a contribuinte do PASEP;

b) em agosto de 1994 a Receita Federal, após diligências, intimou a CESP a prestar esclarecimentos para o fim de autuá-la por não recolher a contribuição para o PASEP;

c) esgotado o prazo para o atendimento dos dados requisitados, e temerosa da autuação, impetrou a CESP mandado de segurança preventivo, no qual obteve o deferimento de medida liminar.

Exame do mérito

3. A questão de mérito é determinar se a CESP é *contribuinte do PIS ou do PASEP*.

Seu exame, contudo, pressupõe fiquem assentados conceitos fundamentais típicos de uma ordem constitucional substantiva — e séria, própria dos povos civilizados.

4. Elementares que sejam aos olhos dos juristas de formação científica reta, tais conceitos típicos serão, contudo, explicitados tendo em mira os destinatários do estudo, vale dizer, aqueles não-juristas — servidores públicos, probos que sejam, aos quais compete a sagrada tarefa de conferir *eficácia à Constituição nas manifestações administrativas despolitizadas*, as quais, no dia a dia, tocam as pessoas ou o patrimônio de cada qual. Em outras palavras, para intentar, uma vez mais, o esforço sempre inacabado do publicista de *fazer valer* e *fazer sentir* a Constituição em todas as manifestações do poder público; de superar, enfim, o preconceito histórico da administração pública em ver na Constituição palavras políticas e na sua aplicação exercício acadêmico.

I — A premissa constitucional

5. Controlam o mérito da causa as seguintes normas constitucionais:

"Art. 173. Ressalvados os casos previstos nesta Constituição, a exploração direta de atividade econômica pelo Estado só será permitida quando necessária aos imperativos da segurança nacional ou a relevante interesse coletivo, conforme definidos em lei.

"§ 1º. A empresa pública, a sociedade de economia mista e outras entidades que explorem atividade econômica sujeitam-se ao regime jurídico próprio das empresas privadas, inclusive quanto às obrigações trabalhistas e tributárias.

"§ 2º. As empresas públicas e as sociedades de economia mista não poderão gozar de privilégios fiscais não extensivos às do setor privado. (...)

"Art. 174. Como agente normativo e regulador da atividade econômica, o Estado exercerá, na forma da lei, as funções de fiscalização, incentivo e planejamento, sendo este determinante para o setor público e indicativo para o setor privado. (...)

"Art. 175. Incumbe ao poder público, na forma da lei, diretamente ou sob regime de concessão ou permissão, sempre através de licitação, a prestação de serviços públicos (...)."

1. A supremacia da Constituição

6. A norma constitucional é o *norte jurídico* — enquanto norma objetiva, e *norte social* — enquanto valor posto como premissa da escolha política.

Feita a escolha pelo constituinte, e o de 1988 foi politicamente legitimado e juridicamente validado por investidura popular direta, desaparecem, nos planos jurídico e político, a possibilidade de opção diversa, ou de opção que *tenda a obstruir* o desígnio constitucional (leia-se, por exemplo, o § 4º, art. 60, CF).

O legislador infraconstitucional, por conseguinte, como também o administrador, ficam subordinados politicamente e vinculados juridicamente ao que normatizado na Constituição. Suas opções, para serem válidas juridicamente, e, assim, vincularem terceiros, têm que se revelar conseqüências lógicas e necessárias (*necessary and proper clause*), ainda que implícitas (*implied powers*) no norte constitucional. Caso contrário, nascem — a decisão política ou a norma jurídica, com a eiva da inconstitucionalidade, o que as torna nulas (a norma inconstitucional não tem validade desde sua edição).

7. Por isso mesmo, as questões constitucionais têm que se subsumir à Constituição e nela se resolverem. Óbvio? Nem tanto, e o caso em estudo patenteia o quanto o princípio é desprezado.

Tenha-se presente a arguta percepção do clássico Pontes de Miranda: "Todo programa de solução do problema social mediante leis ordinárias, ou leis de direito privado, nenhuma probabilidade pode ter de êxito. Só no terreno do direito público, do *direito constitucional*, é que poderá apresentar-se em termos hábeis. Só assim é possível direito que seja ao mesmo tempo do Estado democrático-liberal e das forças econômicas. Qualquer outro ensaio representaria o intento de submeter as forças econômicas a disciplina jurídica prepotente, heterogênea, despótica, *heteronômica*" (*Comentários... 67/69*, 2ª ed., vol. VI, p. 4, Ed. RT, São Paulo, 1974, grifos originais).

8. No entendimento nobre da Constituição, aceita a premissa de que o intérprete e o aplicador estão comprometidos com a *construção substantiva do desígnio constitucional*, têm eles, em suma, a visão marshaliana consagrada: não descuidar de que se está a interpretar uma constituição: "In considering this question, then, we must never forget that it is a *constitution* we are expounding." (John Marshall, C. J., in McCulloch *vs.* Maryland).

9. Por isso mesmo, na compreensão construtiva do seu significado, não se pode presumir que qualquer cláusula na Constituição seja despida de eficácia. Todos quantos conceberam constituições escritas tomaram-na como o direito fundamental e superior; daí porque todo ato — legislativo, administrativo ou judicial —, contrário à Constituição, é nulo.

Tal perspectiva é fundamental à compreensão dos problemas surgidos do confronto entre a aplicação das leis pelo administrador público e o *texto-premissa* — a Constituição.

Relembre-se a lição nos seus termos originais: "It cannot be presumed that any clause in the constitution is intended to be without effect (...).

"Certainly all those who have framed written constitutions contemplate them as forming the fundamental and paramount law of the nation, and consequently, the theory of every such government must be that an act of the legislature, repugnant to the constitution, is void.

"This theory is essentially attached to a written constitution, and is, consequently, to be considered, by this court, as one of the fundamental principles of our society. It is not therefore to be lost sight of in the further consideration of this subject" (John Marshall, C. J., in Marbury *vs.* Madison).

10. De igual força e substância a advertência de que quando se lida com palavras que são também um *ato constituinte* deve-se compreender que se está a dar vida a um ser cujo desenvolvimento não poderia jamais ser antecipado completamente por seus criadores: "... when we are dealing with words that are also a constituent act, like the Constitution (...), we must realize that they have called into life a being the development of which could not have been foreseen completely by the most gifted of its begetters" (Oliver W. Holmes, J., in Missouri *vs.* Holland).

11. A supremacia da Constituição, portanto, é muito mais do que uma formalidade lógica inerente a um sistema normativo. Consagra ela, por igual, a *prevalência dos princípios*.

Princípios de dupla ordem. Primeiro, os que precedem a própria ordem constitucional, e que se revelam mediante a leitura objetiva da Constituição. Segundo, aqueles inerentes à Constituição, que não têm vida própria, e que só nascem dela mesma, em razão do sistema nela plasmado. São estes, dentre outros, os direitos individuais e os poderes públicos implícitos, decorrentes da exigência de meios que confiram eficácia à Constituição (*necessary and proper clause*) ou conseqüência lógica do sistema.

12. Daí a afirmação antiga dos consagrados professores Celso Antônio Bandeira de Mello e Geraldo Ataliba de que a ofensa aos princípios é mais grave do que a desobediência à lei, porquanto aquela implica desacato a todo o sistema.

Na mesma linha a lição do notável Miguel Reale: "(...) na palavra 'constituição' passa a prevalecer *a idéia de organização ou estrutura unitária essencial da sociedade civil e do Estado*, a partir de determinados princípios ou parâmetros postos na base do sistema de normas diretoras de determinada convivência" (*Aplicações da Constituição de 1988*, p. 1, Forense, Rio, 1990, grifos originais).

13. O entendimento de um princípio constitucional na resolução de caso concreto implica conviver com limites lógicos nunca enunciados, nem pensados, pelo autor da norma. Isto, no entanto, não inibe, nem invalida o raciocínio.

Muito pelo contrário; a busca da visão coerente do fato concreto subsumido na ordem jurídica — do ato administrativo vinculado à lei, e da lei subordinada à Constituição, faz com que o julgador não perca o rumo do bom senso e da justiça. Faz mais; faz com que o julgador não tema os princípios gerais do direito, porquanto os terá revelados a partir da situação concreta à qual aplicar seu senso de justiça. Vale dizer, a abstração aparente da teoria e do princípio não o afastam da concreção da norma jurídica. Na verdade, o conhecimento do objeto se dá pela racionalização da sua intuição de valores e de justiça; os princípios gerais do direito constitucional positivado são instrumentos para conhecimento do objeto concreto — eles não fazem o objeto.

O argumento ora posto funda-se em consagrada lição do *Justice* Cardozo: "(...) a legal principle, one enunciated, will tend to expand to its logical limit, occupying fields for which it was not crafted. The danger he perceived was that, in striving for a coherent and consistent body of law, we might so exalt abstract principles that we would lose sight of our common sense notions about justice. But there is also virtue in consistency. To the extent that a mode of thought may be identified as 'legal', it has everything to do with evenhadedly applying general principles to concrete situations. A prerequisite of the lawyer's art, therefore, is the enunciation of principles. A principle is distinguished from an intuition by the fact that a principle is abstract; it connects our intuitions about specific fact situations at a higher level of abstraction. This is the method of the common law" (*The Nature of the Judicial Process*, p. 5, Yale University Press, 1921).

14. A conclusão, nesta parte, é a de que a resolução do caso concreto *só pode ter por base a Constituição* — estrutura unitária essencial da sociedade civil e do Estado, de eficácia permanente.

É o quanto nela se dispõe, nos três planos citados — princípios precedentes, normatização e princípios decorrentes, que controla, e se impõe com eficácia absoluta e imediata, às leis complementares pertinentes e à caracterização substantiva adequada da natureza jurídica da Consulente. Vale dizer, não será o entendimento administrativo de uma lei isolada que prevalecerá sobre a interpretação judicial do sistema constitucional pertinente à atuação do Estado na ordem econômica. A coerência da ordem jurídica positiva — nos planos dos princípios gerais e do direito legislado, leva ao encontro lógico da intuição de justiça com o caso concreto.

Dito de outro modo, é na via da interpretação judicial, interpretação vinculante porque ato de poder do Estado, que se sobreporá o desígnio valorativo constitucional à mera vontade administrativa. Relembre-se este ensinamento do renomado professor Tércio Ferraz Jr.: "(...) pressupondo-se que uma constituição apresenta, no seu corpo normativo, um sistema de valores, a *aplicação* das suas normas, por via interpretativa, se torna uma *realização* de valores" (*Interpretação e Estudos da Constituição de 1988*, pp. 12-13, Atlas, 1990).

2. Os pressupostos do "caput" do art. 173 da Constituição: a eficácia necessária da norma

15. A exploração direta de atividade econômica pelo Estado está *expressamente* condicionada a dois pressupostos substantivos alternativos (imperativos da segurança nacional ou relevante interesse coletivo) e a um pressuposto formal ("conforme definidos em lei").

Trata-se, por conseguinte, de uma *atuação por exclusão*. O Estado, mediante lei, há de conceituar os pressupostos substantivos para, na extensão de cada qual, explorar diretamente atividade econômica.

16. Prevalece, pois, por força lógica, a regra geral da prioridade e preferência da iniciativa privada, seja como *fundamento do estado democrático de direito* (art. 1º, IV, CF), seja como *fundamento da ordem econômica* (art. 170 *caput*, CF), seja como *princípio geral da atividade econômica* (art. 170, IV, CF).

O sentido valorativo da preferência do constituinte é claro: a iniciativa privada é um dos fundamentos do próprio estado democrático de direito e da vida econômica protegidos na Constituição. Não se trata de valor absoluto; convive com a função social da propriedade, tema, contudo, que escapa ao escopo do presente estudo.

O agente econômico do Estado, portanto, além de criado por lei (CF, art. 37, XIX, XX), só poderá atuar, constitucionalmente, no âmbito que a lei geral defina como segurança nacional e de interesse coletivo relevante.

17. Irrelevante que ainda não editada essa lei geral. As normas constitucionais, enquanto normas jurídicas, *são sempre eficazes*. Como dito linhas atrás, não se pode conceber que, num sistema de constituição escrita, uma norma constitucional não tenha eficácia (n. 9, supra). Ela terá, no mínimo, uma *eficácia negativa*, a de proibir que algo se passe de forma contrária, direta ou indiretamente, ao quanto nela se contenha, material ou formalmente (releia-se o § 4º, art. 160, CF).

Ora, se a Constituição confere preferência à iniciativa privada, e só excepcionalmente admite a atuação do Estado, esta atuação só será compatível com a Constituição se compreendida de forma restrita — como, aliás, se interpretam as exceções. Mais, e não menos importante: a atuação do Estado, ausente a lei geral definidora dos seus pressupostos substantivos, não pode ser admitida, dentro do quanto conceitualmente possa estar compreendido nesses pressupostos (segurança nacional e relevante interesse coletivo), de modo a sufocar, ou fazer desaparecer, a iniciativa privada.

Este o significado de *eficácia negativa* da Constituição: enquanto omisso o poder público na edição da lei geral definidora dos conteúdos substantivos das duas exceções que permitem a exploração direta de atividade econômica pelo Estado, esta só estará conforme a Constituição se concebida limitadamente como exceção à regra geral.

É este também o sentido geral do argumento do ilustre professor Tércio Ferraz Jr. em estudo sobre os artigos 173 e 174 da Constituição: "(...) que o sentido de papel do Estado como agente normativo e regulador está delimitado, negativamente, pela livre iniciativa, que não pode ser suprimida. O Estado, ao agir, tem o dever de omitir sua supressão" (ob. cit., p. 23).

18. Os pressupostos da exploração direta de atividade econômica pelo Estado, enquanto normas constitucionais, revelam a ordem valorativa que se impõe ao julgador e ao aplicador administrativo. É o quanto deflui do sistema de constituição escrita.

A ausência da norma infra-constitucional que dê substância à exceção não inibe a eficácia da norma constitucional de preferência; *esta independe de infraconstitucionalidade, por ser, desde sua entrada no mundo jurídico, pressuposto lógico necessário da norma de exceção, na medida que lhe impõe uma proibição.*

As duas normas constitucionais — a de preferência pela iniciativa privada e a de exceção da atuação do Estado, compõem um *horizonte normativo* que, pelo quanto já exposto, só pode ser compreendido e harmonizado no plano constitucional.

Relembre-se, uma vez mais, o eminente Miguel Reale: "Embora pareça paradoxal, diria que a Constituição, como estrutura normativa essencial condicionadora de todos os demais esquemas ou proposições normativas, é, ao mesmo tempo, base e cúpula do ordenamento político-jurídico do País. É a *base* na medida em que ela delimita e determina os pressupostos lógicos e éticos do sistema jurídico global, assegurando a *congruência interna* de seus dispositivos (sem a qual não se poderia falar em sistema) e fixando as diretrizes morais e políticas a serem seguidas de maneira prioritária (...) ela é, por sua vez, *cúpula* do sistema, tanto no sentido de sua idealidade ou da natureza vetorial do ideal político almejado pelo povo (...) como também *horizonte normativo* delimitador da legitimidade, quer no concernente à vigência e eficácia das normas não-constitucionais, quer relativamente à interpretação de seus próprios imperativos e das demais estruturas legais" (ob. cit., p. 2).

19. Fica, destarte, assentado, nesta seção, que as condições expressas na Constituição para a exploração de atividade econômica pelo Estado têm aplicação imediata; que configuram elas, no mínimo da eficácia negativa, limitações lógicas necessárias no sistema constitucional à compreensão do papel do Estado na ordem econômica; e que, por conseguinte, na preferência que confere a Constituição à iniciativa privada, não pode o âmbito da exceção — atuação do Estado, tornar-se regra geral de inibição da preferência constitucional. Tem o Estado o dever de omitir a supressão da iniciativa privada.

Em outras palavras, a atuação do Estado, no espaço de exceção, será aquele definido por lei, mediante agente criado por lei (CF, art. 173 c/c 37, XIX, XX). À iniciativa privada, ao contrário, é livre a escolha do campo de sua atuação; ela se vincula apenas ao objeto contratualmente estabelecido no ato de sua criação, observadas as leis gerais de interesse público.

3. *A isonomia constitucional — § 1º, art. 173*

20. Observados os pressupostos substantivos e adjetivos do *caput* do art. 173, se decidir o Estado explorar diretamente certa atividade econômica, terá que fazê-lo mediante uso de um dos instrumentos admitidos no § 1º do mesmo artigo: "empresa pública, sociedade de economia mista e outras entidades".

E tais instrumentos subordinam-se à condição que decorre logicamente da preferência pela iniciativa privada: "regime jurídico próprio das empresas privadas, inclusive quanto às obrigações trabalhistas e tributárias".

21. Cria-se, pois, uma *isonomia constitucional*. E isto porque a atividade estatal é *complementar*. Na verdade, o intuito histórico vinha melhor posto no sistema de 1967-69: "Apenas em caráter suplementar da iniciativa privada o Estado organizará e explorará diretamente a atividade econômica" (art. 170, § 1º).

"São facultados a intervenção no domínio econômico, mediante lei federal, quando indispensável por motivo de segurança nacional ou para organizar setor que não possa ser desenvolvido com eficácia no regime de competição e de liberdade de iniciativa (...)" (art. 163).

22. Onde pretenda o constituinte, por razões políticas incontrastáveis juridicamente, seja exclusiva a ação do Estado, cria ele os monopólios.

Daí a necessidade, logo reconhecida pelos doutrinadores, e mais tarde acolhida pela melhor jurisprudência, de se distinguirem *as naturezas substantivas diversas* das empresas públicas e das sociedades de economia mista concebidas nos moldes do art. 173, CF, daquelas criadas para atuar fora do regime de competição, em desigualdade integral com a empresa privada, e para o fim exclusivo de executar serviços públicos. Estas últimas são, em essência, *entes delegados* do poder público, *materialmente autarquias*; instrumentos de conveniência administrativa que não guardam correlação substantiva com as primeiras — as criadas conforme o molde substantivo do art. 173, § 1º, da Constituição.

23. Não se confundem os dois tipos de empresa criadas pelo Estado — aquele para atividade econômica, o outro para prestação de serviço público. No primeiro caso impõe-se a isonomia constitucional; no segundo, não.

E não se confundem porque serviço público, consoante lições clássicas, "é todo o serviço existencial, relativamente à sociedade, ou pelo menos assim havido num momento dado, que, por isso mesmo, tem de ser prestado (...), direta ou indiretamente, pelo Estado ou outra pessoa administrativa" (Ruy Cirne Lima apud Geraldo Ataliba, *Rev. PGE*/SP, dez. 93, p. 42). Seu regime formal especial é de direito público (Celso Antônio Bandeira de Mello, id. ibid., p. 43).

As figuras do Estado presentes na exploração direta de atividade econômica, ao contrário, têm *regime substantivo específico de direito privado*. A coincidência isonômica expressamente compreende as obrigações trabalhistas e tributárias, vedados os privilégios fiscais não extensivos às empresas do setor privado (art. 173, §§ 1º e 2º, CF).

Não se confundem, por fim, porque o ente estatal do art. 173 se dispõe "à satisfação de *interesses coletivos* — relevantes para a sociedade, mas que não chegaram a ser qualificados como públicos"; as outras figuras estão "volvidas à satisfação de *interesses públicos*, ou seja, (são) *sociedades prestadoras de serviços públicos*" (Celso Antônio Bandeira de Mello, id. ibid., p. 49).

24. Fica, assim, demonstrada, nesta parte, a relevância da identificação do *objeto* do ente estatal, se atividade de interesses coletivos, ou se prestação de serviço público.

Quedam, claro, destarte, o quanto de irrelevante será tornar único o critério da criação formal do ente do Estado e o quanto decisivo será buscar sua natureza material.

Tem-se, por fim, que a isonomia do art. 173, § 1º, CF, se põe entre empresas privadas propriamente ditas e entes do Estado voltados à satisfação de interesses coletivos, e nunca à prestação de serviços públicos.

II — Objeto da CESP — Sociedade estadual de economia mista

25. A CESP é sociedade de economia mista criada por *lei estadual*, surgida da fusão de onze empresas concessionárias do serviço público *federal* de energia elétrica; é sociedade anônima aberta, no qual o acionista majoritário é o Estado de São Paulo; é concessionária da União; e não integra a administração pública do Estado, nem indiretamente, pois não presta qualquer serviço público da alçada estadual.

O serviço público de energia elétrica é competência da *União*, que o explora diretamente ou mediante concessão (CF, art. 21, XII, *b*).

4. *Sociedade de economia mista: critério constitucional do conceito*

26. A doutrina e a jurisprudência claudicam freqüentemente na conceituação dos entes estatais que atuam na economia.

Uma primeira e fundamental distinção já está consagrada dentre os estudiosos científicos do direito público. Não se confundem mais os entes estatais que prestam serviços públicos por delegação do poder público (entes materialmente autárquicos) e os que, propriamente privados, se destinam à satisfação de interesses coletivos em complementação da — e em concorrência com, a iniciativa privada (cf. n. 22-24, supra).

27. Pontes de Miranda, sempre presente nas reflexões cruciais, oferece como critério de distinção o exercício do *imperium*; onde este estiver presente, não há falar em sociedade anônima de direito privado: "O conceito sociedade de economia mista ou de economia e de finanças mistas não é, propriamente, conceito de direito — alude à participação estatal na formação do capital, como sócio ou acionista, e como administrador, ou nomeante de administradores. Nem todas as sociedades de tal tipo são do mesmo grau de participação estatal: algumas têm o seu capital dividido em parte de capital, que corresponde a ações de particulares, e parte de capital, que corresponde a dois terços ou à maioria de ações pertencentes ao Estado, inalienáveis, impenhoráveis e incedíveis essas ações; outras, em que o Estado não exige, sequer, a maioria, e se satisfaz com certo número de ações, com intervenção na escolha de diretores e o veto; outras, em que não se leva a intervenção até o veto, ou até não se estabelece qualquer intervenção, e só se asseguram vantagens à entidade política; outras, em que o Estado apenas se reserva certo controle da administração técnica. Há toda uma escala de formas possíveis. Se o Estado permite certo exercício de *imperium*, já não se trata de sociedade anônima de direito privado, mas de entidade autárquica, ou paraestatal" (ob. cit., pp. 10-11).

28. Não há, no caso da CESP, que se falar em exercício de *imperium*: sociedade *estadual* de economia mista, concessionária de serviço público da *União, atua nos limites legais ditados pelo poder concedente*.

5. *A alternativa constitucional: exploração direta ou mediante concessão*

29. O comando constitucional permite dois caminhos à prestação do serviço público de energia elétrica: exploração direta pela União, *ou* concessão a terceiro.

Feita a concessão a empresa criada pelo Estado — *ente federativo*, deixou a União de criar entidade própria — formalmente privada, porém substantivamente autárquica, para, mediante delegação, prestar serviço público.

A CESP é uma sociedade de economia mista *estadual*, tornada concessionária de um serviço público *federal*, porque *estruturada exclusivamente para esse fim*, quando da fusão nela de onze outras empresas já concessionárias do serviço público federal de energia elétrica. O objeto do ente criado pelo poder público *estadual* não é, portanto, exercer qualquer função ou prestar qualquer serviço cometido pela Constituição àquele âmbito federativo. Não é, portanto, a CESP, ente autárquico de qualquer natureza cujo objeto seja prestar serviço público mediante delegação do poder público.

30. Não o é também por outra razão — e de igual estatura constitucional: em face do *laço federativo União-Estado* não há como conceber que uma sociedade de economia mista estadual integre, em relação autárquica, a administração pública da União, e que com ela tenha, em conseqüência, subordinação hierárquica.

Forçoso concluir que o único liame admissível no estado federal, em casos como o presente, *é a relação contratual voluntária entre a CESP e a União e para o exercício de atividade econômica.*

Se assim não fôr, restará quebrado princípio fundamental do federalismo, o das órbitas jurídicas concêntricas, sedes, cada qual, da autonomia de cada ente federativo.

31. A concessão de serviço público da União a sociedade estadual de economia mista faz incidir o art. 175, CF: a obrigatoriedade da licitação. E o *pressuposto lógico da licitação é a livre concorrência.*

Onde o poder público meramente delegue a ente autárquico, por conveniência administrativa, a prestação de serviço público, não há falar em licitação. A forma autárquica — mero expediente de descentralização administrativa, não é bastante para desfigurar a presença substantiva — e exclusivista, do poder público.

Diversamente quando se opte pela concessão. A licitação, tornada obrigatória pela Constituição, é uma chamada ao setor privado. É clara a vontade do constituinte: *certos serviços públicos devem ser prestados pelo setor privado em sentido próprio*; são tornados *atividade econômica*, e, portanto, lucrativos, para a empresa privada.

32. A autarquia não tem fito lucrativo; ela é delegada do poder público; — mero recurso administrativo descentralizado; ela presta serviço público. *A concessionária, ao contrário, visa lucro*; e lucro só se obtém em atividade econômica.

O sempre aplaudido publicista Geraldo Ataliba, comentando o conceito de concessão, destaca o fito de lucro do concessionário: "decorre do regime de livre empresa (...) informado pela livre iniciativa (art. 170, IV), que se consagrou na Constituição, que o concessionário seja movido a estabelecer esse tipo de relacionamento com o poder público com o objetivo de lucro" (in *RDP* 92/76-77).

Em seqüência, no mesmo estudo, transcreve Ataliba a opinião de Zanobini: "(...) no sujeito privado o fim a que se propõe no exercício da função pública é diferente do fim estatal a que esta função provê, porque é um fim privado, uma finalidade de lucro. Pode se dizer, portanto, que o serviço público ou a função pública serve de meio ao privado, para este conseguir seu fim pessoal".

33. O eminente professor Eros Roberto Grau, em parecer sobre tema muito próximo ao que ora se examina, expõe ensinamento de marcante lucidez que sintetiza o quanto até aqui se sustentou sobre a natureza jurídica substantiva da CESP e sua distinção daquelas estatais criadas pelo próprio poder concedente para atuar como delegadas do Estado:

"Da leitura do que dispõe o art. 175 do texto constitucional extraem-se algumas verificações.

"Em primeiro lugar, o concessionário do serviço público está sujeito a regime determinado, que supõe a celebração de contrato, dotado de caráter especial. Vale dizer: a concessão supõe a *adesão voluntária* de um sujeito (o concessionário) à relação jurídica de concessão. Ainda que hoje se coloque sob vigorosa contestação o caráter contratual do instituto da concessão, visto que a relação se formaliza mediante a imposição, pelo poder concedente, de um certo número de cláusulas regulamentares, suportadas por ele, concessionário, a celebração desse contrato expressa a aceitação, pelo concessionário, de capacidade para o exercício da atividade de serviço público, capacidade que lhe é atribuída pelo poder concedente.

"As empresas estatais" (entenda-se, quando criadas pelo próprio poder concedente para a prestação do serviço público mediante procedimento formal de concessão) "não celebram nenhum *contrato de concessão* com o Estado; não manifestam adesão à situação de concessionárias: são constituídas visando à prestação do serviço. Ocupam a situação de prestadoras de serviço público não em decorrência de manifestação de vontade própria em aceitar atribuição de capacidade para o exercício da atividade, porém em decorrência de imposição legal. Para tanto foram criadas, como extensões do Estado. (...)

"Em segundo lugar, da análise do preceito constitucional verifica-se também que o concessionário é beneficiado pela estipulação legal de política tarifária. Vale dizer: à capacidade de exercício do serviço atribuída ao concessionário adere um direito à remuneração por tal exercício, em condições de equilíbrio econômico-financeiro. Às empresas estatais prestadoras de serviço público não assiste, contudo, direito à percepção de remuneração pela prestação do serviço, em condições de equilíbrio daquele tipo. Pode inclusive o Estado (poder concedente) sujeitá-las a regime de atuação deficitária — o que ocorre com freqüência, fixando as remunerações que lhes devem ser pagas pelos usuários dos seus serviços em níveis inferiores aos que seriam necessários à reposição dos custos da prestação dos serviços. Neste caso — que, repita-se ocorre com freqüência e dá ensejo à realimentação do velho discurso segundo o qual as empresas estatais são ineficientes, essas remunerações resultam subsidiadas, responsabilizando-se o Estado pela cobertura dos seus déficits.

"Em terceiro lugar, do exame do mesmo art. 175 apura-se que a concessão, tal qual a permissão, na medida em que assegurado ao concessionário o equilíbrio econômico-financeiro da relação — o que deflui do inc. III do seu parágrafo único, é exercida pelas pessoas privadas concessionárias tendo em vista a realização de lucro. Não fôra assim, de resto, e nenhuma razão conduziria empresas privadas a aderir à situação de concessionária de serviço público. Já, as empresas estatais, por outro lado, não visam, no exercício da atividade de prestação de serviços públicos, precipuamente à obtenção de lucros, mas sim à satisfação do interesse público.

"São situações jurídicas inteiramente distintas, pois, a do concessionário de serviço público e a da empresa estatal que tenha por objeto a sua prestação. Estas (...) são delegadas do Estado, criadas no bojo do movimento da descentralização administrativa, para fim específico. É o próprio Estado, então, quem, através de uma sua extensão, dotada de personalidade jurídica privada, presta os serviços.

"Por isso que" (no caso das estatais criadas para prestação de serviço público como instrumento descentralizado de conveniência administrativa) "não há como cogitar de licitação. Esta se impõe, nos termos do que define o art. 175 do texto constitucional, unicamente quando se trate de *concessão* ou *permissão*, ou seja, de atribuição de capacidade para o exercício da atividade de serviço público a pessoas privadas, estranhas ao Estado" (*RTDP* 5/83-85).

34. É de se concluir, portanto, neste passo, que feita, pela União, a concessão de serviço público federal a sociedade estadual de economia mista, tem esta por objeto finalidade de lucro própria das empresas privadas, às quais se encontra equiparada também pela natureza concorrencial da licitação de que trata o art. 175 da Constituição.

Não se pode admitir, de outro ângulo, no estado federal, tenha qualquer validade entendimento que leve a ter a CESP relação autárquica de subordinação à União, como se fôra mera prestadora de serviços públicos delegados pela União.

A CESP é, pois, pessoa de direito privado estranha à órbita da União. Segue das lições transcritas que a CESP exerce atividade econômica com fito de lucro nos termos e para os fins que defluem de seus atos constitutivos e de sua relação contratual com a União.

III — Direito aplicável

35. O direito infra-constitucional a considerar na espécie em exame consiste nas Leis Complementares n. 7/70 — que criou o PIS, e n. 8/70 — origem do PASEP.

36. As Leis Complementares n. 19/74, que determinou a aplicações unificada dos recursos dos dois programas, e a de n. 26/75, que unificou os fundos, não alteraram as hipóteses de incidência de cada contribuição.

As modificações ulteriores, advindas com os Decretos-leis n. 2.052/83, 2.445/88 e 2.449/88, não têm eficácia em face das decisões do Supremo Tribunal Federal que deram pela inconstitucionalidade formal desses diplomas.

Esta a ementa do acórdão de que Relator o ilustre Ministro Francisco Rezek:

"Constitucional. Art. 55, II da Carta anterior. Contribuição para o PIS. Decretos-leis 2.445 e 2.449, de 1988. Inconstitucionalidade.

"I — Contribuição para o PIS: sua estraneidade ao domínio dos tributos e mesmo aquele, mais largo, das finanças públicas. Entendimento pelo Supremo Tribunal Federal da EC n. 8/77 (*RTJ* 120/1.190).

"II — Trato por meio de Decreto-lei: impossibilidade ante a reserva qualificada das matérias que autorizavam a utilização desse instrumento normativo (art. 55 da Constituição de 1969).

"Inconstitucionalidade dos Decretos-leis 2.445 e 2.449, de 1988, que pretenderam alterar a sistemática da contribuição do PIS" (RE 148.754, Ementário STF 1.735-02/175).

Este o segundo precedente, de que Relator o ilustre Ministro Sepúlveda Pertence:

"PIS. Contribuição para o Programa de Integração Social: inconstitucionalidade formal dos Decretos-leis 2.445 e 2.449, de 1988, que lhes alteraram a legislação de regência, à luz da ordem constitucional sob a qual editados (STF, RE 148.754, Plen., 24.6.93, Rezek).

"Segundo jurisprudência consolidada do STF, sob o regime constitucional pretérito, e desde a EC 8/77, as contribuições sociais, como a destinada ao PIS, deixaram de caracterizar tributo; por isso mesmo e também porque, a outro título, aquela contribuição social não se compreenderia no âmbito material das finanças públicas, não poderia sua disciplina legal ter sido alterada por Decretos-leis pretensamente fundados no art. 55, II, da Carta 1969; donde a inconstitucionalidade formal dos Decretos-leis 2.445 e 2.449, de 1988, declarada no julgamento do RE 148.754, pelo plenário do Tribunal, precedente que é de aplicar-se ao caso concreto" (RE 161.474, *DJU* 8.10.93, p. 21.018).

37. Este o confronto normativo:

— PIS (Lei Complementar n. 7/70, art. 1º, § 1º): "É instituído (...) o Programa de Integração Social, destinado a promover a integração do *empregado* na vida e no desenvolvimento das *empresas*. Para os fins desta lei entende-se por empresa e pessoa jurídica, nos termos da legislação do Imposto de Renda, e por *empregado* todo aquele definido pela Legislação Trabalhista";

— PASEP (Lei Complementar n. 8/70, art. 3º): "As autarquias, empresas públicas, sociedades de economia mista e fundações, da União, dos Estados, dos Municípios, do Distrito Federal e dos Territórios, contribuirão para o Programa com (...) por cento da receita orçamentária, inclusive transferências e receita operacional ... e 0,8% (oito décimos por cento) no ano de 1973 e subseqüentes.''

38. Vistas as normas infra-constitucionais das leis complementares à luz da ordem constitucional que lhe antecede hierarquicamente — direito formal, e que lhe é superior — direito material, conforme exposto sucintamente ao longo do presente estudo; visto ser a CESP empresa estatual de economia mista, não prestadora de qualquer serviço público de âmbito estadual, concessionária de serviço público federal, mantendo, destarte, relação contratual com a União, em razão do que exerce atividade com intuito de realizar lucro, concessão hoje submetida a licitação competitiva; segue que a CESP é empresa privada no sentido do § 1º, art. 173, Const., equiparada, portanto, substantivamente, à empresa privada propriamente dita, donde a conclusão de ser ela contribuinte do PIS.

Respostas

Vistos os fundamentos da exposição, respondo à Consulta.

Quesito 1. Sim, a CESP é concessionária de serviço público federal.

Quesito 2. Sim, a CESP está compreendida no regime de isonomia com a empresa privada em sentido restrito em face do § 1º, art. 173, da Constituição.

Quesito 3. A ordem jurídica não define automaticamente a figura jurídica diante de sua face formal; do exame da natureza substantiva intrínseca da empresa é que decorrem as suas obrigações legais.

Quesito 4. Sim, a interpretação das leis complementares, como de resto todo o direito infraconstitucional, subordina-se à Constituição.

Quesito 5. Em face do princípio federativo, sociedade de economia mista criada por lei estadual para exercício de atividade econômica em regime de competição com a iniciativa privada não pode ter relação autárquica (hierarquia administrativa) com a União; por conseguinte, não pode ser ente descentralizado da administração pública federal.

Quesito 6. A CESP é contribuinte do PIS.

É o parecer.

Em 1º de fevereiro de 1995.

PARECERES

MONOPÓLIO ESTATAL DO GÁS — PARTICIPAÇÃO DE EMPRESAS PRIVADAS NA SUA EXECUÇÃO

NELSON EIZIRIK
Advogado no Rio de Janeiro

I — A consulta

Da Companhia Paulista de Desenvolvimento — CPD, por intermédio de seu ilustre Consultor Jurídico, Dr. Fernando Albino, recebemos a seguinte consulta:

A Consulente, no momento, está desenvolvendo os estudos necessários para a construção do gasoduto Brasil/Bolívia, assim como para a avaliação de fontes alternativas de suprimento de gás e de sua aplicação. Entre outros aspectos, os estudos compreendem uma análise jurídico-institucional do melhor modelo a ser adotado para a viabilização da construção do gasoduto e sua operação por parte de empresas privadas.

O modelo em princípio idealizado prevê a participação da iniciativa privada na construção e operação do gasoduto, mediante o qual seria importado o gás natural da Bolívia para o Brasil, assim como na distribuição do gás, internamente.

Face ao exposto, indaga-nos a Consulente:

1. Qual o regime jurídico aplicável ao gás: monopólio, concessão de serviço público ou liberdade de iniciativa?

2. Tratando-se o regime jurídico de exploração do gás o do monopólio, qual o seu alcance? Pode a entidade monopolista exercer a atividade em conjunto com empresas privadas?

3. Caso seja possível a exploração do gás com a participação de empresas privadas, qual o modelo mais aconselhável, tendo em vista o regime legal vigente?

II — Princípios orientadores da ordem econômica na Constituição

Eça de Queiroz, já há muito, advertia que "emborcar *bocks* e desenrolar teorias não constituem ocupações heterogêneas, nem novas".[1] Sem querer tirar, do fundo de um *bock*, a síntese do universo, nem mesmo desenrolar a ontologia e a gênese da ordem econômica no regime constitucional pátrio, é necessário, para a encadeada ordenação da matéria, uma sumária exposição acerca

1. *Notas Contemporâneas*, Porto, Livraria Chardron, 1920, p. 339.

dos princípios que informam a ordem econômica na Constitução vigente, à qual seguir-se-á também breve análise dos princípios que regulam a intervenção estatal no domínio econômico.

Muito se tem discutido a respeito do alcance da intervenção estatal na economia no vigente texto constitucional; para alguns autores, com efeito, a reforma constitucional realizada em 1988 teria operado uma formidável estatização da economia, consagrando a estatolatria, com o crescente dirigismo governamental das atividades econômicas.[2]

Para outros, a Constituição teria ido mais adiante, no seu conteúdo progressista, ao criar as condições fundamentais para a adoção do desenvolvimento autocentrado, nacional e popular; embora ainda capitalista, por consagrar a liberdade de iniciativa econômica privada, legítima apenas enquanto exercida no interesse da justiça social, abriria, o texto constitucional vigente, o caminho às transformações da sociedade com base em alguns instrumentos e mecanismos sociais e populares que consagrou.[3]

O certo é que, passadas as reações iniciais, em que a tônica dominante era a de certa revolta contra o que estaria a configurar um dirigismo estatal dos negócios privados, uma análise fria da nova Constituição revela que, no que toca à ordem econômica, não houve modificações de maior relevância, capazes de operar uma transformação no modelo econômico vigente.

Com efeito, a Constituição vigente consagra plenamente o modo de produção capitalista, que se funda na apropriação privada da produção econômica. O sistema vigente é o da economia de mercado, da liberdade de iniciativa, conforme referido expressamente em vários dispositivos.

Nesse sentido, o art. 170 dispõe que a ordem econômica é fundada na *valorização do trabalho humano e na livre iniciativa*, observados os seguintes princípios:

I — soberania nacional;

II — propriedade privada;

III — função social da propriedade;

IV — livre concorrência;

V — defesa do consumidor;

VI — defesa do meio ambiente;

VII — redução das desigualdades regionais e sociais;

VIII — busca do pleno emprego;

IX — tratamento favorecido para as empresas brasileiras de capital nacional de pequeno porte.

A *livre iniciativa*, elemento essencial caracterizador da economia de mercado, encontra-se não só referida como princípio geral da ordem econômica, como também constitui princípio fundamental da República Federativa do Brasil, conforme a disposição expressa do art. 1º, IV, da Constituição Federal de 1988.

Ademais, encontram-se consagrados, no art. 5º, como direitos essenciais:

- o livre exercício de qualquer trabalho ou ofício;
- a plena liberdade de associação;
- a liberdade de criação de associações;
- o direito de propriedade.

2. Manoel Gonçalves Ferreira Filho, "O Estado Onipresente", *Folha de S. Paulo*, 10.12.87; Raul Machado Horta. "A Ordem Econômica na Nova Constituição: problemas e contradições", *in A Constituição Brasileira — 1988 — Interpretações*, Rio de Janeiro, Forense, 1988. A respeito do excessivo intervencionismo estatal, a esmagar a liberdade de iniciativa, comentou-se: o indivíduo abstrato não existe: o que conforma a sociedade são operários, empresários, professores, militares, contribuintes, agricultores, profissionais liberais etc. — mas, a alguns, a Constituição cerca e cerceia, como se fossem apenas tolerados, e, a outros, os engana com falsas concessões, como se o progresso fosse produto da lei e dádiva do papel (Diogo de Figueiredo Moreira Neto. "Dádiva do Papel", *in Carta APEC*, n. 797).

3. José Afonso da Silva, *Curso de Direito Constitucional Positivo*, São Paulo, Ed. RT, 1989, pp. 662, 663, 669.

A Constituição assegura, portanto, os elementos básicos da economia de mercado, como liberdades individuais: a liberdade de iniciativa; a liberdade de competição; a liberdade de contratação e de apropriação.

O *mercado interno* é tido expressamente como patrimônio nacional, devendo ser incentivado de modo a viabilizar o desenvolvimento cultural e sócio-econômico, o bem-estar da população e a autonomia tecnológica do País, nos termos do art. 219.

Como em qualquer outra moderna economia de mercado, ao elenco de liberdades individuais que consagram o modo de produção capitalista, encontramos, no regime constitucional pátrio, determinados princípios corretivos, os quais temperam e moderam referidas liberdades.

Conforme referido doutrinariamente, o princípio da liberdade de iniciativa é temperado pelo princípio da iniciativa suplementar do Estado; o princípio da liberdade de empresa é moderado com o princípio da função social da empresa; os princípios da liberdade de lucro e de competição são moderados com o da repressão ao abuso do poder econômico; o postulado da liberdade de contratação é limitado pela aplicação dos princípios da valorização do trabalho e da harmonia e solidariedade entre as categorias sociais de produção; e o princípio da propriedade privada é temperado pelo princípio da função social da propriedade. Tais princípios corretivos devem ser objeto de definição precisa nas constituições democráticas, posto que, simultaneamente, *outorgam e limitam* o poder do Estado. Ou seja, a atuação do Estado quando limita as liberdades fundamentais (entre as quais as de livre iniciativa, contratação, apropriação, exercício de ofício ou profissão) é necessariamente *vinculada* aos princípios corretivos, na oportunidade, na forma, com o conteúdo previsto, e, principalmente, para os estritos fins para os quais foram criados referidos mecanismos de correção.[4]

Os princípios que moderam a liberdade de iniciativa são estabelecidos visando precisamente a sua conservação, jamais a sua negação. Daí ser necessariamente *vinculada* a atividade do Estado quando os aplica ao intervir no domínio econômico.

Nesse sentido, é necessário enfatizar, conforme reconhecido por Tércio Sampaio Ferraz, em lúcido estudo sobre a matéria,[5] que o art. 170 da vigente Constituição, ao proclamar a livre iniciativa e a valorização do trabalho humano como fundamentos da ordem econômica, está em tais princípios reconhecendo a sua base, ou seja, aquilo sobre o que se constrói a ordem econômica brasileira. Sem a plena vigência de tais princípios, que constituem a sua *conditio per quam* e a *conditio sine qua non*, a ordem econômica passaria a ser outra, constitucionalmente inaceitável. Ademais, afirmar a livre iniciativa como base da ordem econômica significa reconhecer na *liberdade* um dos fatores estruturais da ordem, significa afirmar a autonomia empreendedora do homem na conformação da atividade econômica; ou seja, a estrutura da ordem está centrada na atividade das pessoas e dos grupos e não na atividade do Estado. Tal não significa uma ordem de *laissez faire*, uma vez que a livre iniciativa conjuga-se com a valorização do trabalho humano. *Liberdade de iniciativa e valorização do trabalho humano* constituem os fundamentos harmônicos da ordem econômica, nos quais se consagra o valor *liberdade*: na iniciativa, em termos de liberdade negativa, da ausência de impedimentos na expansão

4. Diogo de Figueiredo Moreira Neto, "Ordem Econômica e Desenvolvimento na Constituição de 1988", Rio de Janeiro, 1989, *APEC*, pp. 28 e 29.

5. "A Economia e o controle do Estado". Parecer publicado em *O Estado de S. Paulo*, de 4.6.89.

da própria criatividade; na valorização do trabalho humano, em termos de liberdade positiva, de participação na construção da riqueza econômica.

Do exposto decorre que a intervenção do Estado no domínio econômico, além de *vinculada*, deve visar, fundamentalmente, a manutenção e reafirmação do valor *liberdade*, em seu duplo aspecto: de iniciativa e de participação nos resultados econômicos do trabalho.

A intervenção estatal na economia, portanto, quando não estiver a serviço do valor *liberdade*, é excepcional, necessariamente decorrente de dispositivos constitucionais expressos, os quais devem ser objeto de interpretação restritiva, descabendo qualquer aplicação de métodos hermenêuticos analógicos ou que possam importar em ampliação da atuação estatal no domínio econômico.

Vigora, assim, nas modernas Constituições, no que concerne à intervenção estatal no domínio econômico, o princípio da *subsidiariedade*, nos termos do qual a atividade do Estado na economia não se autojustifica; sua presença deve ocorrer no caso de defeito da atividade dos indivíduos e da sociedade, e na medida de tais faltas. O princípio, assim, resulta num critério *residual* de atribuição de funções; na falta de soluções por parte dos indivíduos ou dos organismos sociais, cabe a atuação estatal, ou para estimular a iniciativa privada ou para suplementar os vazios por ela eventualmente deixados.[6]

III — Modalidades de intervenção do Estado na economia

A partir da 1ª Guerra Mundial, as Constituições dos diversos países passaram a conter preceitos disciplinando a intervenção estatal no domínio econômico, visando basicamente suprir as faltas da iniciativa privada e fornecer à sociedade determinados serviços que não eram suficientemente providos pelo sistema do livre mercado. Nesse sentido, merecem registro a Constituição Alemã de Weimar, de 1919, e a Constitução Espanhola de 1931.[7] Após a 2ª Guerra, intensificou-se a atuação estatal no domínio econômico, seja visando a recuperação das economias nacionais abaladas pela guerra, seja aumentando o número de serviços que passaram a ser atendidos pelo Estado, no movimento em direção ao chamado *Welfare State*; de tal movimento constituem marcos importantes a Constituição Francesa de 1946, a Constituição Italiana de 1947, e a Constituição Francesa de 1958.

Entre nós, a Constituição de 1934 já continha dispositivo relativo à ordem econômica, garantindo a liberdade econômica, limitada aos princípios da justiça e às necessidades da vida nacional (art. 115). As Constituições seguintes, de 1937, de 1946, de 1967, com a Emenda Constitucional n. 1, de 1969, foram disciplinando, com maior ou menor detalhe, a ordem econômica, fundamentada sempre nos princípios da livre iniciativa e da atuação suplementar do Estado no domínio econômico.[8]

6. Vital Moreira, *A Ordem Jurídica do Capitalismo*, Coimbra, 1978, pp. 220 e 221; Alfredo Nicz, *A Liberdade de Iniciativa na Constituição*, São Paulo, Ed. RT, 1981, p. 112 e ss. Vale notar, aliás, que tanto para os pensadores marxistas como para os pensadores ditos conservadores, a atuação do Estado na economia jamais foi interpretada como algo essencialmente contraditório aos interesses dos proprietários dos meios de produção; na realidade, tal intervenção é vista como elemento de conservação da ordem capitalista, jamais de sua negação (Ralph Miliband, *The State in Capitalist Society*, Londres, Quartet Books, 1973; Baran e Sweezy, *Monopoly Capital*, New York, Monthly Review Press, 1966; Raymon Aron, "Classe Sociale, Classe Politique, Classe Dirigeante, *in Archives Européenes de Sociologie*, 1960, vol. I, n. 2; Harold Demsetz, "Toward a Theory of Property Richts", *American Economic Review*, maio de 1967.)

7. A propósito. Karl Loewenstein, *Teoria de la Constitución*, Barcelona, Ed. Ariel, 1976.

8. Para um completo estudo da evolução histórica da noção de ordem econômica na Constituição: Alberto Venâncio Filho, *A Intervenção do Estado no Domínio Econômico*, Rio de Janeiro, FGV, 1968.

A Constituição vigente, a despeito de suas inúmeras incorreções conceituais, deficiências técnicas, repetições de preceitos, e abundância de normas programáticas, o que conduziu a uma situação de ineficácia relativa de vários de seus preceitos,[9] instituiu, a nosso ver, um tratamento mais sistemático do que aquele verificado nas anteriores à questão das modalidades de intervenção do Estado no domínio econômico.

O modelo constitucional vigente, na realidade, aumentou o número de hipóteses de intervenção estatal nas áreas de regulação e fiscalização de determinadas atividades, tornando, por outro lado, mais limitada a atuação empresarial do Estado na economia.

Podemos identificar, inicialmente, a atuação do Estado na economia como agente *normativo e regulador*, incumbindo-lhe, na forma da lei, as funções de incentivo, fiscalização e planejamento, este último determinante para o setor público e indicativo para o setor privado (art. 174).

Assim, o Estado intervém, na economia, como *agente regulador* de determinadas atividades, posto que entendeu o legislador constituinte que, deixadas ao livre jogo das forças do mercado, poderiam ocasionar imperfeições no processo concorrencial ou causar prejuízos ao interesse público.

Conforme já tivemos a oportunidade de analisar,[10] a regulação de determinada atividade econômica significa, basicamente, a atuação do Estado de baixar normas de acesso e exercício de tal atividade, assim como de fiscalizar o seu atendimento por parte dos particulares. Ainda que a regulação deva ser estabelecida tendo em vista o interesse público, é inequívoco que muitas vezes serve ela aos interesses dos grupos dominantes da indústria regulada, na medida em que impede a maior competição (ao estabelecer normas restritivas à entrada de novos competidores), gerando efeitos similares aos da cartelização privada.[11]

Podemos encontrar exemplos de atuação do Estado como regulador de determinadas atividades econômicas: na disciplina dos investimentos do capital estrangeiro e de remessa de lucros (art. 172); na ordenação dos transportes aéreo, marítimo e terrestre (art. 178, I); na limitação da aquisição ou arrendamento de propriedade rural por pessoa física ou jurídica estrangeira (art. 190); na autorização para funcionamento e na disciplina das instituições financeiras (art. 192, I); na autorização e fiscalização do funcionamento de estabelecimentos de seguro, previdência e capitalização, bem como do órgão ressegurador (art. 192, II); na participação do capital estrangeiro nas instituições financeiras (art. 192, III); na disciplina do comércio exterior (art. 237); na disciplina da produção e comercialização de material bélico (art. 21, VI) etc.

Em amplo estudo sobre a matéria, Diogo de Figueiredo Moreira Neto contabilizou em vinte e oito o número de institutos de intervenção regulatória do Estado na atividade econômica, bastante superior ao das Constituições anteriores. O elenco constitucional dos instrumentos de intervenção regulatória é *exaustivo*, inadmissível ampliação por via interpretativa, posto que representam, cada um deles, exceção ao princípio da livre

9. Manoel Gonçalves Ferreira Filho, *Direito Constitucional Econômico*, São Paulo, Saraiva, 1990, pp. 72 e ss.

10. Cf. o nosso *O Papel do Estado na Regulação do Mercado de Capitais*, Rio de Janeiro, IBMEC, 1977, pp. 32 e ss.

11. Richard Posner, ''Theories of economic regulation'', *The Bell Journal of Economics and Management Science*, vol. 5, n. 2, 1974; Georges Stigler, ''The theory of economic regulartion'', *The Bell Journal of Economics and Management Science*, vol. 2, n. 1, 1971; e também o nosso *O Papel do Estado na Regulação do Mercado de Capitais*, cit., pp. 38 e ss.

iniciativa, esculpido nos arts. 1º, IV e 170, *caput*, assim como ao princípio da livre concorrência, estabelecido no art. 170, IV.[12]

Pode ainda o Estado intervir *diretamente* no domínio econômico, desempenhando determinada atividade econômica. No seu sentido mais amplo, a atividade econômica do Estado engloba não só a atuação empresarial como também a prestação de serviços públicos.

Já a atividade econômica do Estado em sentido estrito, conforme a lúcida análise desenvolvida por Eros Roberto Grau, significa a sua ação propriamente como agente econômico. Tal ação pode ocorrer em duas modalidades: ou em regime de competição ou em regime de monopólio. Assim, atuação monopolística do Estado na economia importa o exercício de atividade econômica em sentido estrito, enquanto a exclusividade da prestação de serviços públicos constitui expressão de uma situação de privilégio.[13]

Nos termos do art. 173, *caput*, fica expresso que, ressalvados os casos previstos na Constituição, *a exploração direta de atividade econômica pelo Estado somente será permitida quando necessária aos imperativos de segurança nacional ou a relevante interesse coletivo, conforme definidos em lei*.

Conforme refere a doutrina, a Constituição apresenta a intervenção concorrencial do Estado na economia como uma exceção à regra da livre iniciativa. Nesse sentido, avançou no rumo da desestatização da economia, ao limitar a atuação empresarial do Estado a apenas três hipóteses: *1.* nos casos previstos na própria Constituição, como para a prestação de serviços públicos (atuação na economia em sentido amplo) e de atividades monopolizadas; *2.* nos casos em que a exploração direta de atividade econômica por parte do Estado for necessária aos imperativos de segurança nacional, definidos em lei; *3.* nos casos em que a exploração direta de atividade econômica pelo Estado for necessária para atender relevante interesse coletivo, conforme definido em lei.[14]

Assim, houve uma evidente *limitação* às atividades empresariais desenvolvidas pelo Estado; com efeito, a Constituição anterior, em seu art. 170, § 1º, estabelecia um regime de suplementariedade ampla da iniciativa estatal sobre a privada. Na vigente Carta, passou-se a um sistema de suplementariedade restrita, nos termos do art. 173, *caput*, que reduz as hipóteses de atuação do Estado na economia, ao dispor expressamente quais são os casos em que ela se justifica (segurança nacional e relevante interesse coletivo, conforme definidos em lei).

Com relação à intervenção monopolista do Estado na atividade econômica, embora tenha a vigente Constituição ampliado o elenco de hipóteses em que ela ocorre, impossibilitou-se a criação de novos monopólios estatais, salvo por emenda constitucional. Já na anterior Constituição era possível a criação de monopólio estatal por lei federal, desde que presentes motivos de segurança nacional ou para organizar setor que não pudesse ser desenvolvido com eficácia no regime da livre competição, conforme dispunha o seu art. 163.

Nos termos do art. 177 da vigente Constituição, são atribuídos *cinco* monopólios à União:

- da pesquisa e lavra das jazidas de petróleo e gás natural e outros hidrocarbonetos fluidos;
- da refinação do petróleo nacional ou estrangeiro;

12. *Ordem Econômica e Desenvolvimento da Constituição de 1988*, cit., pp. 63 a 70.

13. *A Ordem Econômica na Constituição de 1988 (interpretação e crítica)*, São Paulo, Ed. RT, 1990, pp. 154 e ss.

14. Diogo de Figueiredo Moreira Neto, op. cit., p. 71.

• da importação e exportação dos produtos e derivados básicos do petróleo, do gás natural e de outros hidrocarbonetos fluidos;

• do transporte marítimo do petróleo bruto de origem nacional ou de derivados básicos de petróleo produzidos no país, assim como do transporte, por meio de conduto, de petróleo bruto, seus derivados, e do gás natural de qualquer origem;

• da pesquisa, lavra, enriquecimento, reprocessamento, industrialização e comércio de minérios e minerais nucleares e seus derivados.

A análise fria dos dispositivos constitucionais atinentes à ordem econômica, em seu conjunto, leva necessariamente o intérprete a concluir que não existe, em nosso sistema jurídico, dirigismo econômico, mas mero intervencionismo, da mesma forma que ocorre nas demais modernas economias de mercado. O intervencionismo, conforme refere a doutrina,[15] não se faz contra o mercado, mas a seu favor; com efeito, o mercado, enquanto mecanismo de organização do processo econômico e que pressupõe a liberdade de iniciativa e de apropriação privada, é mantido no intervencionismo como princípio regulador da economia. No dirigismo, diversamente, pressupõe-se a propriedade estatal dos meios de produção e a atuação do Estado como centralizador das decisões econômicas. A Constituição de 1988, em seus arts. 173 e 174, deixa claro que a intervenção (não a direção) do Estado sobre o domínio econômico não se faz em substituição ao mercado, mas a seu favor, visando reafirmar o pluralismo da iniciativa econômica e a valorização do trabalho humano.

IV — Alcance do monopólio estatal

Enunciados, brevemente, os princípios que informam a ordem econômica e a intervenção estatal no domínio econômico, em nosso sistema constitucional, passaremos a examinar, no presente tópico, a questão referente aos monopólios estatais.

Vale notar, inicialmente, que a doutrina tem feito a adequada distinção entre o monopólio e o serviço público, os quais constituem institutos submetidos a regimes jurídicos diversos.

O serviço público, na conceituação de Celso Antônio Bandeira de Mello, constitui toda atividade de oferecimento de comodidade fruível pelos administrados, prestado diretamente pelo Estado ou por outra pessoa que lhe faça às vezes, *sob um regime de direito público*, consagrador portanto de supremacia e de restrições especiais, instituído pelo Estado em favor dos interesses que houver definido como próprios ao sistema normativo.[16]

Há serviços públicos privativos, que somente podem ser prestados pelo Estado (União, Estado-membro ou Município) diretamente, sendo admitida a possibilidade de sua prestação por entidades do setor privado, apenas em regime de concessão ou permissão (art. 175 da Constituição). Já os serviços públicos *não* privativos podem ser prestados tanto pelo Estado como pelos particulares, como é o caso dos serviços de educação e saúde.[17]

O traço jurídico caracterizador do serviço público é de natureza *formal*, consistente no específico regime de direito público, do qual são exemplos significativos: a estrita submissão ao princípio da legalidade; a utilização de técnicas autoritárias por parte do Estado, como a possibilidade de constituir obrigações mediante ato unilateral; a presunção de legitimidade dos atos praticados;

15. Tércio Sampaio Ferraz, artigo citado.

16. *Prestação de Serviços Públicos e Administração Indireta*, São Paulo, Ed. RT, 1975, p. 20.

17. Eros Roberto Grau, ob. cit., pp. 149 e ss.

a auto-executoriedade dos atos praticados; a impossibilidade do concessionário invocar a *exceptio non adimpleti contractus* para eximir-se de suas obrigações; a continuidade necessária das atividades tidas como públicas, etc.[18]

No nosso sistema constitucional, portanto, conforme refere a doutrina,[19] não se confunde o serviço público com o monopólio, posto que o primeiro submete-se a um regime jurídico especial, *de direito público*.

O exercício de atividade econômica sob regime de monopólio, ao contrário, constitui atuação empresarial do Estado, sujeita, portanto, ao regime do *direito privado*. Temos, no caso, atividade econômica do Estado em sentido estrito, como agente econômico,[20] trata-se não de serviço público, mas sim de serviço governamental, desenvolvido sob as regras do direito privado.[21]

Quando o Estado atua no domínio econômico na exploração de determinada atividade econômica, seja de maneira monopolística ou não, *não* há qualquer traço de direito público em tal atuação. Trata-se de intervenção excepcional, que só se justifica quando necessária aos imperativos de segurança nacional ou para atender relevante interesse coletivo, ou, ainda, quando decorrente de monopólio constitucionalmente cometido ao Estado (art. 173, *caput*). Tal intervenção ocorre sob o regime do direito privado, ou seja, o Estado não tem qualquer poder de império com relação aos particulares.

Nesse sentido, o § 1º do art. 173 da Constituição dispõe expressamente que a empresa pública, a sociedade de economia mista e outras entidades que explorem atividade econômica sujeitam-se ao regime jurídico próprio das empresas privadas, inclusive quanto às obrigações trabalhistas e tributárias.

Complementarmente, estabelece o § 2º do mesmo artigo que as empresas públicas e as sociedades de economia mista não poderão gozar de privilégios fiscais não extensivos às do setor privado.

No desempenho de determinada atividade monopolizada, portanto, não há qualquer dúvida de que o Estado atua como se fosse um empresário privado, submetendo-se aos princípios e regras do direito privado e não gozando de privilégios de qualquer natureza.

A noção do que seja exatamente *monopólio* deve ser objeto de análise criteriosa, posto que muitas vezes, na linguagem comum, a expressão é atribuída, indistintamente, ao exercício de um direito de propriedade (Fulano tem o monopólio das terras), a determinados atributos (Beltrana tem o monopólio da beleza), assim como à exclusividade da exploração econômica de determinado bem (a Petrobrás tem o monopólio do petróleo).

A linguagem jurídica (aquela mediante a qual o legislador edita as normas jurídicas), como qualquer outra, possui o seu vocabulário e a sua codificação. As expressões do vocabulário jurídico, porém, originam-se de diversas fontes: linguagem comum; linguagem científica; linguagem técnica (sociológica, econômica etc.). Em alguns casos, conforme já tivemos a oportunidade de analisar,[22] o legislador define tais expressões, para certos ou para todos os efeitos; em outros, porém, utiliza-as com o mesmo significado que apresentam na linguagem

18. Celso Antônio Bandeira de Mello, "O Conteúdo do Regime Administrativo e seu Valor Metodológico", *RDP*, vol. II, p. 44.

19. Celso Ribeiro Bastos, *Comentários à Constituição do Brasil*, 7º vol., São Paulo, Saraiva, 1990, p. 165.

20. Eros Roberto Grau, ob. cit., p. 152.

21. Celso Antônio Bandeira de Mello, ob. cit., p. 23.

22. Arnoldo Wald e Nelson Eizirik, "A designação grupo de sociedades e a interpretação do art. 267 da Lei das S.A.", *Revista de Direito Mercantil*, n. 54, abr./jun. 1984, pp. 51 e ss.

natural ou na linguagem técnica de onde foram extraídas. Assim, o estudo das expressões utilizadas na linguagem jurídica, quando não são elas explicitamente definidas pelo legislador, deve levar em conta o seu significado na linguagem de onde se originaram.[23] Tal procedimento evita que se incorra no equívoco das interpretações em abstrato das normas jurídicas, que muitas vezes transforma em verdadeiros fetiches os termos utilizados na lei, outorgando-lhes vida autônoma, independente da textura real e lingüística que envolveu a sua utilização na norma jurídica.

Para evitar que a expressão monopólio seja transformada em autêntico fetiche, é indispensável a análise do seu preciso significado no contexto da linguagem de onde se originou, que é a da teoria econômica. Com efeito, tal expressão *não* foi objeto de definição jurídica; a linguagem jurídica recebeu a expressão monopólio da teoria econômica e adotou-a com o mesmo significado, que não se confunde com aquele, absolutamente impreciso, verificado na linguagem comum.

A noção de monopólio na teoria econômica constitui antítese à de concorrência perfeita.[24] Os pressupostos básicos do modelo de concorrência perfeita ou mercado competitivo para determinado produto são os seguintes:

- Os produtores desejam maximizar seus lucros, por um lado, e os consumidores, por outro lado, estão interessados em maximizar sua utilidade;
- Existe um grande número de compradores e vendedores efetivos e potenciais;
- Todos os compradores efetivos e potenciais têm perfeito conhecimento de todas as oportunidades existentes de comprar e vender, ou seja, a informação sobre preços e produtos é livre;
- Os compradores vêem todas as unidades do produto como homogêneas;
- Os fatores de produção são perfeitamente móveis;
- Os processos produtivos são perfeitamente divisíveis, isto é, prevalecem os rendimentos constantes de escala;
- Somente os bens privados puros são comprados e vendidos, isto é, não há externalidades, ninguém sofre prejuízos ou recebe benefícios extras quando compra o produto.

No modelo de concorrência, assim, cada unidade produtiva tem que aceitar preço de mercado como algo posto, inalterável pela ação individual. O mercado é quem dita os preços e cada unidade econômica é uma tomadora de preços. Tal significa que, embora a curva de demanda do mercado seja descendente, a curva de cada unidade econômica é perfeitamente elástica. Como só existe *um* preço de equilíbrio do mercado, e como todos os vendedores e compradores o conhecem, a produtora pode vender qualquer quantidade a esse preço; porém, se pedir um preço mais elevado, ninguém compra o seu produto.

O mercado competitivo, portanto, é caracterizado pelo fato de que todos os que dele participam são tomadores de preços. Com efeito, todos admitem que não lhes é possível afetar os preços pelos quais compram ou vendem. Para que tal situação de competição seja mantida deve haver um grande número de tomadores, de porte bastante uniforme, de sorte que nenhuma empresa possa exercer um efeito notável no preço ou na oferta agregada do produto.

23. Juan Ramon Capella, *El Derecho como Lenguaje*, Barcelona, Ariel, 1968.

24. Alex Hunter, *Monopoly and competition*, Penguin, 1970, pp. 17 e ss; Robert Dorfman, *Prices and Markets*, Nova Jersey, Prentice-Hall, 1972, pp. 190 e ss; Robert A. Mundell, *Man and Economics*, McGraw-Hill, 1968, pp. 80 e ss; B. J. McCormick, P. D. Kitchin, G. P. Marshall, A. A. Sampson, R. Sedgwick, *Introdução à Economia*, Rio de Janeiro, Zahar Editores, 1976, pp. 317 e ss; J. P. Miller, ''Business Concentration and Price Policy'', *Report of the National Bureau for Economics Research*, Princeton University Press, 1955.

Em muitas indústrias, porém, as vantagens da produção e da comercialização em massa, adicionadas aos custos crescentes do desenvolvimento de novas tecnologias, que somente podem ser suportados por grandes empresas, conduzem a uma situação de concentração. Com efeito, os modernos métodos de produção tendem a exigir grandes quantidades de bens de capital fixo e a se caracterizar pelos custos crescentes de longo prazo; ou seja, uma grande fábrica operando em um eficiente volume de produtos terá custos médios mais baixos do que aqueles suportados por uma pequena fábrica. Quando tal ocorre, há um processo de concentração, constituindo as poucas empresas remanescentes um oligopólio. Na situação de oligopólio, a competição de preços é praticamente eliminada; remanescem poucas empresas, cada uma delas ciente de que suas ações exercem um impacto significativo no preço e na oferta do produto.

No oligopólio não desaparece a competição, subsistindo, na realidade, concorrência entre poucos vendedores.

O que caracteriza o comportamento oligopolístico é que cada empresa sabe que uma mudança no seu comportamento terá efeitos perceptíveis nas vendas e margens de lucros de seus concorrentes. Por exemplo: se a empresa *X* reduzir o seu preço, a empresa *Y* será forçada a segui-lo, ou a aumentar a sua publicidade, ou a melhorar a qualidade de seu produto, enfim, a seguir um comportamento que impeça a queda de suas vendas.

Nas últimas décadas do século XX, verifica-se o crescimento dos oligopólios, ou seja, do comportamento interdependente entre as empresas, particularmente nos setores em que o tamanho proporciona acesso a grandes economias de escala. Na situação de oligopólio há uma tendência dos oligopolistas de maximizarem sua renda conjunta, na qual os preços são uniformes, e os que já estão dentro do mercado conjugam seus esforços para impedir a entrada de novos concorrentes, muitas vezes mediante pressão sobre os legisladores para que estabeleçam normas restritivas ao ingresso de novas empresas no setor.

O processo de concentração pode ir além da situação de oligopólio, até que uma única empresa torne-se tão grande e poderosa que possa abastecer todo o mercado consumidor. Nessa hipótese, temos a situação de monopólio.

Assim, o monopólio constitui o mercado no qual toda a mercadoria é fornecida por uma única empresa. No caso, desaparece por inteiro a competição; a característica essencial do monopolista é que a curva de procura individual de sua empresa é idêntica à curva de procura de seu produto. O monopolista tem a prerrogativa de fixar o preço de seu produto; seu único problema é estabelecer a mais lucrativa equação preço-quantidade na sua curva de procura. Logra obtê-la mediante o processo de igualar suas margens — igualando o custo marginal do seu produto ao aumento da sua receita bruta de vendas que resultasse da venda de uma unidade adicional (receita marginal, que constitui o acréscimo no valor bruto das vendas resultante da venda de uma unidade adicional).

A tendência do monopolista é de restringir a quantidade do produto para manter o seu preço. Ao comprimir a produção até o nível no qual o custo marginal iguala sua receita marginal, o monopolista desperdiça recursos econômicos, o que não ocorreria numa situação de concorrência. Ademais, o monopolista faz com que seus clientes paguem preços muito superiores aos que se verificariam num mercado competitivo.

A atuação do monopolista, portanto, não só causa desperdício econômico, como também distorções no processo de formação dos preços.

Com efeito, no monopólio o preço não é fixado pelo mercado. A característica básica do monopólio, assim, é o poder de influenciar preço ou quantidade produzida. O monopolista, portanto, é o controlador da oferta de um determinado produto que não possui um substituto; seu poder básico é o de fixar preço e quantidade de determinado produto.

O monopólio pode surgir basicamente de três causas: naturais, de indivisibilidades e de restrições legais.

As causas naturais determinam o surgimento de monopólios pela propriedade da terra que contém minérios, petróleo, ou que apresenta uma utilização desejável.

As causas ditas de indivisibilidades relacionam-se a eventuais descontinuidades no processo produtivo. É impossível, por exemplo, ter meia ponte, ou meia estrada. As indivisibilidades estão associadas às economias de escala; quanto maiores, aumenta a probabilidade de se formar uma situação de monopólio.

O monopólio pode surgir, ainda, de causas legais. Com efeito, o Estado pode atribuir a alguém ou a si próprio a exclusividade de produção ou de comercialização de determinado bem. O monopólio legal, assim, consiste no poder reservado ao Estado ou a uma empresa de exercer determinada atividade em regime não competitivo, isto é, mediante a exclusão de quaisquer outros concorrentes.

É fundamental enfatizar que o conceito de monopólio, tal como desenvolvido na teoria econômica, e recepcionado pelo Direito, refere-se a uma situação de *inexistência de competição*. Trata-se de conceito antagônico ao de competição; sua existência só faz sentido quando referido à exploração econômica de determinada atividade, no contexto de um mercado determinado. Não se liga, o conceito de monopólio, à noção de propriedade, mas sim de atividade econômica.

Na teoria tradicional do Direito Administrativo, ignorava-se a noção econômica do monopólio, o que levava alguns doutrinadores a entender o monopólio legal como um monopólio genérico, compreendendo todos os processos de exercício da atividade monopolizada.[25] Tal concepção aproximava o monopólio da noção de propriedade, deixando de lado a sua feição primordial, tal como desenvolvida pela teoria econômica: o de significar, basicamente *exclusão de concorrência*, isto é, possibilidade de fixação unilateral de preço e de quantidade do produto.[26] De tal sorte, operava, a visão tradicional, verdadeiro fetiche do monopólio estatal, entendendo-o, não como exercício de atividade econômica sem concorrência, mas como propriedade exclusiva de todos os meios de produção de determinado bem.

A concepção moderna, porém, desenvolvida pelo Direito Econômico,[27] põe em relevo, exatamente, a noção de monopólio tal como elaborada pela teoria econômica, para a qual pouco importa quantas unidades econômicas atuaram no processo produtivo de determinado bem; estando ausente a competição na formação do preço estará configurada a situação de monopólio. Ou seja, é inteiramente irrelevante se o bem foi produzido por uma ou por várias empresas; o que importa, para caracterizar o monopólio, é que, no momento da sua venda, o preço não será fixado pelo mercado, mas sim pelo vendedor.

25. Marcelo Caetano, *Manual de Direito Administrativo*, Rio, Forense, 1970, t. II, p. 995.

26. Encontramos exemplo de tal postura na concepção de Pontes de Miranda, para quem o monopólio da exploração do petróleo seria privativo da União, inadmissível qualquer delegação no seu exercício (in *Comentários à Constituição de 1967*, Rio, Forense, 1987, t. VI, p. 28).

27. C. Champaud e J. Houssiaux, "Les Monopoles dans le Marché commun", *Ligue Internationale Contre la Concurrence Déloyale*, Milão, 1968, pp. 90 e ss.

Ou seja, o monopólio *não* significa a propriedade exclusiva dos meios de produção, mas sim a situação em que o vendedor é o único fornecedor do produto. O conceito de monopólio, com efeito, foi desenvolvido no contexto da teoria do mercado perfeito; relaciona-se aos conceitos de concorrência e de oligopólio, que tratam de explicar, basicamente, o processo de formação de preços na economia de mercado.

O monopólio do Estado, igualmente, *não* significa a propriedade estatal de todos os meios de produção de determinado bem, mas simplesmente a exclusão de outros competidores pela venda de tal bem; no processo produtivo podem participar inúmeras empresas, o que não descaracterizará o monopólio, posto que, entre elas, *não haverá concorrência na fixação do preço*. Assim, quando a União produz, por conta própria, determinado bem, e trata de vendê-lo no mercado, concorrendo com os particulares, não estará caracterizada a situação de monopólio; por outro lado, se entrega a sua fabricação a terceiros, mas vende *com exclusividade*, isto é, *sem competidores*, aí sim estará caracterizado o monopólio, posto que o preço não é formado no mercado, mas sim pela ação do único vendedor.

A moderna teoria do direito econômico vem pondo em relevo, precisamente, a existência de diversas modalidades de organização e de gestão do monopólio estatal,[28] alguns monopólios são geridos diretamente pelo Estado, outros por entidades autônomas e descentralizadas, como empresas públicas e sociedades de economia mista, ou mesmo entregues, em regime de concessão, a particulares. Considera-se, a propósito, que existe grande flexibilidade na gestão do monopólio estatal, bastando, para caracterizar a inserção de tal atividade econômica no setor público, que o Estado detenha uma preponderância no processo decisório.[29]

Entre nós, igualmente, pode ser mencionado o exemplo do monopólio do petróleo, o qual, tendo sido atribuído à União, passou, por força da Lei 2.004, de 3.10.53, a ser explorado por uma sociedade de economia mista, como é a Petrobrás.

A crescente complexidade da gestão empresarial vem operando uma flexibilização no conceito de monopólio estatal; sua caracterização, com efeito, não exige a execução, por parte do Estado, de todas as etapas do processo produtivo, muito menos a propriedade de todos os meios de produção utilizados na exploração econômica. Nada impede, a rigor, que o monopólio seja explorado por outras pessoas jurídicas, das quais o Estado detenha o controle acionário, ou nas quais exerça algum tipo de preponderância no processo decisório. Continua a caracterizar-se a situação de monopólio, desde que: *1.* não exista competição na venda do bem, ou seja, o Estado continue a ser o único vendedor; *2.* o Estado detenha o poder do monopolista, ou seja, a capacidade de fixar preço ou de influir decisivamente no processo de sua fixação, independentemente da concorrência de outros vendedores.

Nesse sentido, vale mencionar os preceitos do Tratado de Roma referentes aos monopólios nacionais dos países-membros (art. 37), nos quais verifica-se, precisamente, a tendência de flexibilização do conceito de gestão do monopólio, antes mencionada. Ali dispõe-se que os Estados-membros devem eliminar gra-

28. André de Laubadère, *Droit Public Économique*, Paris, Dalloz, 1976, pp. 252 e ss; J. Chevallier, "Le pouvoir de monopole et le droit administratif français", RDT, 1974, n. 21.

29. Hubert Charles, "La concurrence partagee: concurrence a l'interieur du secteur public", in *Droit Public de la Concurrence*, org. por Jean-Marie Rainaud e Renè Cristini, Paris, Economica, 1987, pp. 271 e ss.

dativamente os monopólios nacionais, visando à extinção das restrições à livre comercialização de produtos; aplica-se tal preceito, literalmente, "à tout organisme par lequel un État-membre, de jure ou de facto, *contrôle, dirige ou influence, directement ou indirectement*, les importations ou les exportations entre les États-membres. Ces dispositions s'appliquent également aux monopoles d'État délègués". Ou seja, a caracterização da situação de monopólio é nitidamente econômica, alcançando qualquer modalidade de atuação em que exista controle, direção ou influência.

V — O monopólio estatal do gás natural

Examinados, no item precedente, os princípios referentes à caracterização da situação de monopólio, analisemos como devem ser aplicados à situação concreta do exercício do monopólio estatal do gás natural, em nosso sistema de direito constitucional.

Do que foi até aqui exposto, é importante, para efeitos de nossa análise, e de sua aplicação ao caso do monopólio estatal do gás, enfatizar que:

- a Constituição, no que toca à ordem econômica, consagra plenamente a economia de mercado, erigido o princípio da livre iniciativa a princípio fundamental da República Federativa do Brasil;
- a intervenção empresarial do Estado no domínio econômico é supletiva, justificando-se apenas para estimular a iniciativa privada ou para preencher vazios por ela deixados;
- o intervencionismo estatal na economia, que não se confunde com o dirigismo, faz-se, necessariamente, a favor do mercado;
- a situação de monopólio é indesejável, posto que nela o processo de formação de preços não é ditado pelo mercado;
- a caracterização do monopólio decorre do poder do monopolista de estabelecer o preço, independentemente de qualquer concorrência;
- o monopólio estatal caracteriza-se não só nos casos em que o Estado explora, em todas as suas etapas, determinada atividade econômica, mas também quando, delegando todas ou parte delas a outras pessoas, mantém o poder do monopolista de fixar os preços, o qual decorre de sua situação de único fornecedor do produto para o mercado.

A situação de monopólio estatal de determinada atividade econômica é excepcionalíssima: primeiro, porque a atuação empresarial do Estado deve ser meramente supletiva, a favor do mercado, e não contra o mercado; segundo, porque a situação de monopólio não é desejável, não só porque contrária aos princípios da economia de mercado, como também pelos efeitos indesejáveis que acarreta para a economia. Assim, as normas que asseguram o monopólio estatal de determinada atividade econômica devem ser objeto de interpretação restritiva, descabendo a aplicação de qualquer método hermenêutico que acarrete eventual ampliação do escopo do monopólio.

Daí decorre, também, que deve ser entendido como caracterizado o monopólio em qualquer situação em que inexista a competição e o Estado detenha a prerrogativa de fixar, direta ou indiretamente, o preço do produto sujeito ao monopólio estatal, uma vez que é o único fornecedor.

Assentadas tais premissas básicas, vejamos como se caracterizam, em nosso sistema jurídico, os princípios que regem o monopólio estatal na exploração do gás natural.

A Constituição vigente dispõe, em seu art. 177, que:

"Art. 177. Constitui monopólio da União:

"I — a pesquisa e a lavra das jazidas de petróleo e *gás natural* e outros hidrocarbonetos fluidos;

"II — a refinação do petróleo nacional ou estrangeiro;

"III — a *importação* e exportação dos produtos e derivados básicos resultantes das atividades previstas nos incisos anteriores;

"IV — o transporte marítimo do petróleo bruto de origem nacional ou de derivados básicos de petróleo produzidos no País, bem assim o *transporte*, por meio de conduto, de petróleo bruto, seus derivados e *gás natural de qualquer origem*;

"V — a pesquisa, a lavra, o enriquecimento, o reprocessamento, a industrialização e o comércio de minérios e minerais nucleares e seus derivados.

"§ 1º. O monopólio previsto neste artigo *inclui os riscos e resultados decorrentes das atividades nele mencionadas*, sendo vedado à União *ceder ou conceder* qualquer tipo de participação, em espécie ou em valor, *na exploração de jazidas de petróleo ou gás natural*, ressalvado o disposto no art. 20, § 1º.

"§ 2º. A lei disporá sobre o transporte e a utilização de materiais radioativos no território nacional" (os grifos são nossos).

A Lei 2.004, de 3 de outubro de 1953, promulgada após intensa campanha, com forte apelo popular e nacionalista (o petróleo é nosso!) dispôs, em seu artigo 2º, que a União exercerá o monopólio por meio do Conselho Nacional de Petróleo, como órgão de orientação e de fiscalização, e da Petrobrás e suas subsidiárias como órgãos de execução.

Na realidade, convém mencionar que o art. 177 da vigente Constituição, excetuados o seu inc. V e seus §§ 1º e 2º, constitui reprodução quase literal do art. 1º da Lei 2.004/53. Com efeito, assim dispõe o art. 1º da referida Lei:

"Art. 1º. Constituem monopólio da União:

"I — a pesquisa e a lavra das jazidas de petróleo e outros hidrocarbonetos fluidos e gases raros existentes no território nacional;

"II — a refinação do petróleo nacional ou estrangeiro;

"III — o transporte marítimo do petróleo bruto de origem nacional ou de derivados de petróleo no País, e bem assim o transporte, por meio de condutos, de petróleo bruto e seus derivados, assim como de gases raros de qualquer origem".

Buscou-se, presumivelmente, elidir a argüição de inconstitucionalidade da Lei 2.004/53, posto que a Constituição de 1967, em seu art. 162, *não* mencionava o monopólio do gás natural, mas tãosomente do petróleo.[30]

A Lei 2.004/53 foi promulgada na vigência da Constituição de 1946, cujo art. 146 estabelecia que poderia a União, mediante lei especial, intervir no domínio econômico e monopolizar determinada indústria ou atividade, tendo por base o interesse público e por limite os direitos fundamentais constitucionalmente assegurados. O fundamento de validade das normas contidas na Lei 2.004/53, ou seja, o suporte de sua existência enquanto normas jurídicas era conferido pelo art. 146 da Constituição de 1946.

A Lei 2.004/53 instituiu, em seu art. 1º, o monopólio da União sobre: as atividades de pesquisa e lavra das jazidas de petróleo e outros hidrocarbonetos fluidos e gases raros existentes no território nacional; a refinação do petróleo nacional ou estrangeiro; o transporte marítimo do petróleo bruto de origem nacio-

30. Alberto Venâncio Filho menciona, a propósito, pareceres em que se discute a questão da inconstitucionalidade da Lei 2.004/53 (ob. cit., p. 185).

nal ou de derivados de petróleo no país, assim como o transporte, por meio de condutos, de petróleo bruto e seus derivados, assim como de gases raros de qualquer origem.

Estabeleceu ainda a Lei 2.004/53, em seu art. 2º, que a Petrobrás e suas subsidiárias seriam os órgãos de execução do monopólio estabelecido no art. 1º, acima referido.

A Constituição de 1967, em seu art. 162 (literalmente repetido no art. 169 da Emenda Constitucional n. 1/69) assim dispôs: "Art. 162. A pesquisa e a lavra do petróleo em território nacional constituem monopólio da União, nos termos da lei".

Nada se dispôs a respeito das atividades relacionadas à pesquisa e lavra de gás, muito menos ao seu transporte. Admitamos, porém, que a Lei 2.004/53 tenha sido recepcionada pelo texto constitucional castrense de 1967, cujo art. 157, § 8º, facultava o monopólio de determinada indústria ou atividade "mediante lei da União, quando indispensável por motivos de segurança nacional, ou para organizar setor que não possa ser desenvolvido com eficiência no regime de competição e de liberdade de iniciativa, assegurados os direitos e garantias individuais".

Tal recepção evidentemente só poderia ter ocorrido no que toca às disposições expressas da Lei 2.004/53, não se podendo admitir, dado o caráter excepcionalíssimo do monopólio, qualquer interpretação que ampliasse o seu alcance.

A Lei 2.004/53 não cogitou do monopólio do gás natural; a Petrobrás foi de fato ocupando tal situação de executor do "monopólio" do gás natural (juridicamene inexistente) a partir de uma interpretação extensiva no art. 2º da Lei 2.004/53.

Com efeito, o art. 1º da Lei 2.004/53 refere-se, em seus incs. I e III a "gases raros", não ao "gás natural".

"Gases raros" (ou "gases nobres") é a denominação que se dá ao hélio, o neônio, o argônio, o criptônio, o xenômio, o radônio, elementos químicos que ocupam a coluna 0 na classificação periódica. Já o "gás natural" (ou "gás de petróleo") constitui mistura de hidrocarbonetos leves que se escapa de algumas camadas geológicas.

Até a promulgação da Constituição de 1988, assim, inexistia o monopólio estatal sobre o gás natural, tendo a Petrobrás ocupado "de fato" (mas sem qualquer amparo legal) a posição de executor de tal "monopólio". Com efeito, a Petrobrás *não* detém a posição de executora de qualquer atividade relacionada ao gás natural, por absoluta falta de previsão legal.

De qualquer sorte, com a redação dada ao art. 177 da vigente Constituição, não há mais dúvidas quanto à existência do monopólio estatal sobre o gás natural.

Referentemente ao *gás natural*, nos termos do art. 177 da Constituição, o monopólio da União é estabelecido quanto às seguintes atividades:

I — pesquisa e lavra (evidentemente *no território nacional*, o que, aliás, está expresso no art. 1º, I, da Lei 2.004/53);

II — importação e exportação;

III — transporte por meio de conduto.

Adicionalmente, o art. 25, § 2º da Constituição assim dispõe:

"§ 2º. Cabe aos Estados explorar diretamente, ou mediante concessão a empresa estatal, com exclusividade de distribuição, os serviços locais de gás canalizado."

Com relação às atividades acima mencionadas (pesquisa e lavra; importação e exportação; transporte por meio de conduto; serviços locais de gás canalizado) ficou estabelecido o monopólio da União — para as três primeiras — e dos

Estados, para a última. Trata-se de intervenção do Estado no domínio econômico, sob a forma de monopolização de determinadas atividades, atividade econômica em sentido estrito, na expressão de Eros Grau,[31] a qual deve, conforme antes referido, ser objeto de interpretação restritiva, descabendo qualquer ampliação do regime de monopólio pela via interpretativa ou por recurso à analogia.

Assim, o § 1º do art. 177 deve ser entendido como um duplo comando: em sua primeira parte (o monopólio previsto neste artigo inclui os riscos e resultados decorrentes das atividades nele mencionadas) dispõe que estão *incluídos* no monopólio os *riscos e resultados* das atividades de pesquisa e lavra, de importação e exportação, e de transporte por meio de conduto; tal significa que o Estado deve necessariamente participar dos riscos e resultados de tais atividades, não podendo delas ser excluído; significa, principalmente, que ninguém pode competir com o Estado no desempenho de tais atividades. Evidentemente *não* significa que o Estado deva realizar todas as atividades, ou incorrer em todos os riscos e resultados econômicos delas advindos; o § 1º do art. 177, com efeito, ao incluir os *riscos e resultados* no monopólio, entendida a expressão monopólio em sua acepção técnico-econômica (única cabível), está simplesmente dispondo que não pode haver competição quanto a tais elementos.

Em sua segunda parte (sendo vedado à União ceder ou conceder qualquer tipo de participação, em espécie ou em valor, na exploração de jazidas de petróleo ou gás natural, ressalvado o disposto no art. 20, § 1º), o § 1º do art. 177 está estabelecendo claramene a proibição, *para a União*, de permitir qualquer participação *na exploração de jazidas*, ou seja, na pesquisa e lavra; a expressão exploração deve ser entendida em seu sentido restrito, puramente técnico; não se cuida, aqui, da exploração econômica de todas as atividades sujeitas ao monopólio, mas pura e simplesmente da exploração de jazidas, como a própria redação da norma está a demonstrar.

A remissão feita ao § 1º do art. 20 confirma nossa interpretação. Ali dispõe-se que:

"§ 1º. É assegurada, nos termos da lei, aos Estados, ao Distrito Federal e aos Municípios, bem como a órgãos da administração direta da União, participação no resultado da exploração de petróleo ou gás natural, de recursos hídricos para fins de geração de energia elétrica e de outros recursos minerais no respectivo território, plataforma continental, mar territorial ou zona econômica exclusiva, ou compensação financeira por essa exploração."

A utilização da expressão participação no resultado da exploração está claramente a demonstrar que o termo exploração significa extração, nela compreendidas a pesquisa e lavra, nunca a exploração econômica do monopólio, em todas as suas etapas (pesquisa e lavra; importação; transporte por meio de conduto; e distribuição de gás canalizado). Se assim não fosse, não se utilizaria a expressão *resultado* da exploração no § 1º do art. 20.

Se a primeira parte do § 1º do art. 177 da Constituição *não* exclui, conforme entendemos, a possibilidade de participação de empresas não estatais nas atividades mencionadas nos incisos do artigo, qual o seu objetivo ao dispor que o monopólio inclui os riscos e resultados de tais atividades?

A nosso ver, o que se visa é impedir a possibilidade de o Estado *conceder* aos particulares o exercício das atividades ali mencionadas. Com efeito, na concessão, por definição, o particular presta determinado serviço público *por sua conta e risco*, não podendo, assim, por qualquer for-

31. Ob. cit., p. 157.

ma, partilhar os riscos e resultados do empreendimento com o poder concedente.

Nesse sentido, vale referir que o Substitutivo da Câmara ao Projeto de Lei do Senado n. 179, de 1990, que dispõe sobre o regime de concessão e permissão da prestação de serviços públicos previsto no art. 175 da Constituição Federal e dá outras providências, define a concessão, em seu art. 2º, II, como a delegação de sua prestação (do serviço público) feita pelo poder concedente, mediante licitação, na modalidade de concorrência, à pessoa jurídica ou consórcio de empresas que demonstre capacidade para seu desempenho, *por sua conta e risco*, e por prazo determinado (os grifos são nossos).

Ademais, conforme a redação do art. 14, parágrafo único, do referido Substitutivo, a exploração das atividades previstas no art. 177 e no § 2º do art. 25 da Constituição não pode ser objeto de concessão a particulares, podendo caber apenas a concessão, no caso, sem licitação, a entidades estatais, nos termos literais do referido dispositivo.

No caso submetido à nossa análise, deseja-se que os particulares participem na exploração (pesquisa e lavra) do gás natural na Bolívia; do transporte do gás, por meio de conduto, da Bolívia para o Brasil; e da distribuição do gás, internamente.

Não há, inicialmente, em nosso sistema legal, qualquer óbice à exploração das jazidas de gás, pelos particulares, na Bolívia. Evidentemente o monopólio estatal sobre a exploração de jazidas refere-se tão-somente àquelas existentes nos limites do território nacional. As empresas particulares podem, assim, desenvolver a atividade de exploração de jazidas de gás na Bolívia por conta própria ou em conjunto com a União, se assim o desejarem.

No que tange à importação e transporte, por meio de conduto, de gás natural de qualquer origem, aplicando-se à matéria os princípios até aqui analisados, podemos chegar às conclusões que se seguem.

Não existe, a nosso ver, qualquer óbice legal à participação de empresas privadas nas atividades de importação e transporte do gás, por meio de conduto, podendo conviver, tal participação, com a manutenção do regime de monopólio.

Para tanto, basta que a atuação das empresas privadas ocorra em conjunto com a União, excluída qualquer competição, e atribuída à União preponderância no processo de formação do preço do gás, que constitui, conforme até aqui analisado, o núcleo real do poder do monopolista.

Tal atuação conjunta, além de caracterizar a situação de monopólio estatal, posto que o Estado teria preponderância no processo de estabelecimento de preço do gás, estando excluída qualquer competição na sua comercialização, conferiria maior viabilidade econômica ao empreendimento, uma vez que sabidamente não existem recursos do setor público para prover o seu financiamento.

Em princípio, a atuação conjunta dos particulares com o Estado poderia ocorrer de três formas:

1. mediante a criação de uma nova sociedade de economia mista, exclusivamente para explorar o monopólio do gás, e da qual participariam, minoritariamente no capital votante, as empresas privadas interessadas no projeto;

2. mediante a formação de uma sociedade anônima, na qual os empresários privados poderiam deter o controle acionário, assegurado à União, com participação minoritária, mediante a titularidade de uma *golden share* (ação de classe especial) ou por disposição expressa de

Acordo de Acionistas, o poder de fixar o preço do produto;

3. mediante a formação de um consórcio, do qual participaram as empresas privadas e a União. A participação da União poderia ser direta, ou indireta, caso em que, mediante lei especial, proceder-se-ia à delegação da execução do monopólio à Petrobrás ou a outra entidade que viesse a ser criada.

A viabilização da primeira alternativa dependeria de lei específica, nos termos do art. 37, XIX, da Constituição Federal. A segunda dependeria de autorização legislativa, conforme o disposto no art. 37, XX, da Constituição.

Já a terceira alternativa, a nosso ver a mais factível, poderia ser implementada independentemente de qualquer lei específica ou de autorização legislativa.

No caso, a União (ou a executora do monopólio) e as empresas privadas firmariam um contrato de consórcio, cujo objeto poderia ser a construção do gasoduto e sua operação, ou seja, o transporte do gás, internamente, assim como a sua distribuição.

Trata-se, o consórcio, de instituto jurídico a nosso ver adequado para a execução de empreendimento complexo e oneroso, como o presente, no qual é tipicamente necessário o estabelecimento de um contrato de colaboração entre o setor público e as empresas privadas.

O consórcio entre empresas, disciplinado nos arts. 278 e 279 da Lei 6.404/76, apresenta a natureza de um contrato plurilateral; as consorciadas mantêm sua independência, conservando íntegras as suas personalidades jurídicas. Embora não seja dotado de personalidade jurídica, respondendo cada consorciada por suas obrigações, nas condições previstas no contrato (art. 278, § 1º da Lei 6.404/76), o consórcio, conforme já tivemos a oportunidade de analisar, pode ter uma administração comum do empreendimento, mediante a qual contrai obrigações e assume direitos, dispondo, ainda, de um patrimônio destacado do patrimônio de cada consorciada.[32]

Do contrato de consórcio devem constar, a teor do art. 279 da Lei das S.A., os seguintes elementos:

1. a designação do consórcio, se houver;

2. o empreendimento que constituirá o seu objeto;

3. a sua duração, que está condicionada à execução do seu objeto, não necessariamente a um lapso de tempo predeterminado.[33]

4. o endereço e o foro;

5. a definição das obrigações e responsabilidades de cada consorciada, assim como das suas prestações específicas;

6. normas sobre recebimento de receitas e partilha de resultados;

7. normas sobre a administração do consórcio, contabilidade, representação das consorciadas e taxas de administração, se houver;

8. forma de deliberação sobre os assuntos de interesse comum, com número de votos de cada consorciada;

9. contribuição de cada consorciada para as despesas comuns.

No contrato de consórcio, no caso presente, deveria ficar expresso o poder da União de fixar o preço do produto, em atenção ao monopólio estatal existente.

É evidente que o poder de estabelecer o preço não é arbitrário; a União, no caso, deve fixá-lo com base em parâmetros objetivos, sendo tal decisão necessariamente motivada. Com efeito, a política de preços, no monopólio, deve ne-

32. Cf. o nosso *Aspectos Modernos do Direito Societário*, Rio de Janeiro, Renovar, 1992, pp. 131 e ss.

33. Mauro Rodrigues Penteado, "Associações voluntárias de empresas. Uma análise da legislação no país e no exterior", *Revista de Direito Mercantil*, n. 52, out./dez.1983, pp. 42-62.

cessariamente atender ao interesse público; seria de todo inadmissível a atuação estatal no sentido de estabelecer preços incompatíveis com a realidade do mercado consumidor, posto que caracterizaria o desvio de poder da autoridade.

Estruturando de tal forma o consórcio, ficando claramente mantido o monopólio estatal, como até aqui analisado, não vemos qualquer óbice legal à concessão, por parte dos Estados, para referido consórcio, da exploração, com exclusividade, dos serviços locais de gás canalizado, em atendimento ao disposto no art. 25, § 2º da Constituição Federal.

Vale lembrar, a propósito, que o Substitutivo da Câmara ao Projeto de Lei do Senado n. 179, de 1990, antes referido, prevê expressamente, em seu art. 2º., tanto para a concessão de serviço público como para a concessão de serviço público precedida da execução de obra pública, a possibilidade de delegação do referido serviço a consórcio de empresas.

Não temos dúvida de que a modalidade de condução do empreendimento de exploração, importação e transporte do gás natural, assim como de distribuição de gás canalizado, acima descrita, não só concilia o princípio legal do monopólio com o postulado da liberdade de iniciativa, como também torna viável economicamente referido empreendimento.

VI — Respostas aos quesitos

Face à análise até aqui desenvolvida, assim respondemos aos quesitos formulados pela Consulente.

1. O regime jurídico aplicável ao gás natural, nos termos da Constituição Federal, é o do monopólio estatal.

2. Não existe qualquer óbice legal à execução do monopólio de gás natural por parte da União em conjunto com os particulares. O conceito de monopólio estatal funda-se na exploração de determinada atividade na qual a União detém o poder de estabelecer, motivadamente e tendo em vista o interesse público, o preço final do produto.

3. O modelo mais aconselhável para a exploração do gás natural, a nosso ver, seria o do consórcio entre a União (ou entidade designada, mediante lei especial, para a sua execução, e que poderia ser a própria Petrobrás) e as empresas privadas interessadas.

É o nosso Parecer.

Rio de Janeiro, 5 de abril de 1993

MONOPÓLIO — GÁS

CARLOS EDUARDO BULHÕES PEDREIRA
Advogado no Rio de Janeiro

1. Empreendimento econômico: 1.1 Estrutura do empreendimento; 1.2 Participação da iniciativa privada. 2. Monopólio estatal: 2.1 Conceito de monopólio; 2.2 Formas de ingerência do Estado na ordem econômica; 2.3 Critério de interpretação das normas instituidoras de monopólios estatais. 3. A Constituição brasileira de 1988: 3.1 Interpretação sistemática e lógica da Constituição; 3.2 Proposições fundamentais do Estado brasileiro; 3.3 A ordem econômica na atual Constituição brasileira: a) O Estado como agente normativo e regulamentador; b) O Estado como agente interveniente na ordem econômica; c) O Estado como agente econômico; 3.4 Atividades econômicas reservadas ao Estado pela Constituição de 1988: a) Atividades reservadas à União sem o emprego da expressão "monopólio"; b) Atividades reservadas aos Estados-membros e aos Municípios sem o emprego da expressão "monopólio"; c) Atividades reservadas à União com o emprego da expressão "monopólio". 4. Inteligência do art. 177 da Constituição: 4.1 O inc. I; 4.2 O inc. II; 4.3 O inc. III; 4.4 O inc. IV; 4.5 O inc. V; 4.6 O § 1º.

Monopólios constitucionais da União do transporte, via conduto, de gás natural e dos Estados-membros dos serviços locais de gás canalizado. Empreendimento econômico de construção e exploração de gasoduto, em execução de acordo entre o Brasil e a Bolívia. Participação da iniciativa privada nacional no empreendimento.

Exposição e consulta

1. Os Governos brasileiro e boliviano celebraram acordo prevendo a construção de gasoduto (Gasoduto Brasil-Bolívia) e o fornecimento, pela República de Bolívia, de gás natural à República Federativa do Brasil, destinado ao mercado consumidor nacional, em particular aos mercados dos Estados de São Paulo, do Rio de Janeiro, do Paraná, de Santa Catarina, do Mato Grosso do Sul e do Rio Grande do Sul.

Trata-se de empreendimento econômico de relevante interesse nacional, pois propiciará significante elevação da participação do gás natural na matriz energética do País, com a conseqüente redução, naquelas macrorregiões, do consumo de gás resultante do refino de petróleo cru, matéria-prima importada, em grande escala, pela Petróleo Brasileiro S/A — Petrobrás, já que a produção interna de petróleo cru não é suficiente às necessidades nacionais.

2. A implantação do empreendimento (que compreende a construção do gasoduto, a partir do território boliviano) exigirá do Brasil substancial investimento, que, em princípio, deverá ser realizado pela União, diretamente ou através da Petrobrás. Não havendo, por parte da União ou da Petrobrás, disponibilidade de recursos financeiros para a realização do investimento, será necessário, para a execução do acordo celebrado com a República de Bolívia, obtenção de financiamentos junto a organismos internacionais, em particular o Banco Internacional de Desenvolvimento — BID.

Os organismos internacionais estariam dispostos a financiar a implantação do empreendimento econômico, mas condicionam a abertura de linhas de crédito a que a responsabilidade do empreendimento seja da iniciativa privada.

3. A iniciativa privada nacional está disposta a participar do empreendimento, inclusive para viabilizar a obtenção dos financiamentos externos necessários à sua implantação e tendo-se em vista os benefícios que dele advirão para a economia nacional.

Com o intuito de conjugar esforços com o Poder Público de modo a que seja viabilizada a construção do Gasoduto Brasil-Bolívia, de relevante interesse nacional, empresários privados associaram-se e constituiram a Companhia Paulista de Desenvolvimento — CPD (consulente), cuja finalidade precípua é a de promover os necessários estudos técnicos, econômico-financeiros e jurídicos a respeito do empreendimento e da forma em que nele poderá vir a participar a iniciativa privada.

4. Como a Constituição brasileira reserva *a) à União*, a título de "monopólio", as atividades de importação e de transporte, via conduto, de gás natural de qualquer origem (art. 177, III e IV), e *b) aos Estados-membros* a exploração, diretamente ou mediante concessão a empresa estatal, dos serviços locais de gás canalizado (art. 25, § 2º), a viabilidade e a forma da participação da iniciativa privada no empreendimento de que se cogita estão condicionadas ao entendimento do que dispõem os referidos dispositivos constitucionais.

5. À vista dessa exposição, consulta-se:

1) É compatível com os "monopólios constitucionais" da União — de importação e transporte, via conduto, de gás natural — a participação da iniciativa privada na implantação e exploração do Gasoduto Brasil-Bolívia?;

2) Sendo compatível, sob que regimes jurídicos poderia se dar aquela participação, de modo a que, respeitada a Constituição, se viabilize a implantação do empreendimento?;

3) Como conjugar os interesses da União, dos Estados-membros e da iniciativa privada no empreendimento?

Parecer

1. O empreendimento econômico

1.1 Estrutura do empreendimento

1. Conforme se depreende da consulta, o que se pretende é a implantação e execução de empreendimento econômico com a participação do setor privado nacional, cujo objeto é *empresa* (no sentido de "conjunto organizado de recursos humanos, naturais e de capital"[1]) destinada à exploração (*lato sensu*) de reservas de gás natural existentes no território da República de Bolívia.

1. Cf. José Luiz Bulhões Pedreira, *Finanças e Demonstrações Financeiras da Companhia*, Forense, 1989, n. 122.

A estrutura do empreendimento pode ser assim resumida: *a)* extração de gás natural em território estrangeiro; *b)* construção de gasoduto (com financiamento internacional e/ou capital privado); *c)* transporte do gás extraído em território estrangeiro para o território brasileiro, através do gasoduto; e *d)* distribuição do gás, para consumo da população de Estados-membros da República Federativa do Brasil. O empreendimento envolve, portanto, interesses estrangeiros e nacionais.

2. A extração de gás natural no território boliviano não é atividade econômica abrangida pelo "monopólio" de que trata o inciso I do art. 177 da atual Constituição brasileira, regendo-se pelos princípios norteadores da ordem econômica da República de Bolívia. Já o transporte, via conduto, de gás natural, dentro do território nacional, é atividade que a Constituição reserva à União. E a distribuição de gás canalizado em seus territórios é atividade que a nossa ordem constitucional reserva aos Estados-membros da federação.

A dedução lógica da estrutura do empreendimento é que o monopólio da União de transporte, via conduto, de gás natural só incide sobre determinada fase, ou etapa, do procedimento de exploração do empreendimento, já que a União não tem soberania sobre a extração de gás natural no território boliviano e há de respeitar a reserva — o "monopólio" — da distribuição de gás canalizado conferida aos Estados-membros pela Constituição.

1.2 Participação da iniciativa privada

3. Há interesse da iniciativa privada nacional (associada ou não com a iniciativa privada estrangeira) em participar do empreendimento, e essa participação, pelo que se infere da consulta, seria fundamental devido *a)* à necessidade da obtenção de financiamento externo para a construção do gasoduto e *b)* à aparente impossibilidade de o governo brasileiro (através do Tesouro Nacional ou da Petrobrás) obter recursos externos junto aos órgãos internacionais de financiamento.

A participação da iniciativa privada nacional no empreendimento depende do entendimento que se tenha *a)* do conteúdo e da extensão do "monopólio" constitucional da União do transporte, por meio de conduto, de gás natural e *b)* dos preceitos do § 2º do art. 25 e do § 1º do art. 177 da Constituição de 1988.

2. *Monopólio estatal*

2.1 Conceito de monopólio

4. O nosso direito positivo não define "monopólio estatal" como "instituto jurídico", no sentido em que essa expressão é usualmente empregada para definir relação ou conjunto de relações geradoras de direitos e obrigações. "Monopólio" é conceito estritamente econômico:

I — significa que a alguém é conferido *exclusividade na oferta* de determinada mercadoria ou serviço (não necessariamente na sua produção), do que resulta para quem detém o "monopólio" ampla (mas não ilimitada) margem para a fixação do preço da mercadoria ou do serviço ("produto");

II — não confere *domínio* sobre a atividade monopolizada, pois atividade econômica, por sua natureza, não é objeto de direito atribuidor do domínio: apenas exclui a liberdade de outrem de explorar a atividade econômica, salvo mediante autorização daquele que detém o "monopólio";

III — não pressupõe o domínio (direito de propriedade) dos meios de produção do "produto" objeto da atividade monopolizada.

O "monopólio", ou reserva, de determinada atividade ao Estado não significa necessariamente que ela não possa ser explorada ou exercida pelo particular, sob qualquer regime jurídico de delegação (permissão ou concessão) ou em colaboração com o Estado; significa que o Estado tem o dever de suprir ou colocar à disposição da coletividade determinado "produto" (que não deve ser deixado à livre empresa) por ser peculiarmente fundamental à organização e ao desenvolvimento da sociedade, ou que o "produto", por sua natureza, deve estar a cargo do Estado por indispensável à segurança nacional.

5. No nosso ordenamento jurídico a reserva de determinada atividade a particular não pode ser conferida por lei, porque a nossa ordem econômica é fundada na valorização da livre iniciativa e tem por princípio a livre concorrência.

"Monopólio" de particular de determinada atividade econômica não tem o mesmo sentido nem conteúdo do "monopólio" estatal porque não resulta de lei, mas de situação fática: é forma de dominação fática do mercado, vedada, como abuso do poder econômico, pelo nosso direito positivo.

2.2 Formas de ingerência do Estado na ordem econômica

6. As formas de ingerência do Estado na ordem econômica são a legislativa, administrativa e a empresarial.

A ingerência legislativa do Estado se faz através do complexo de normas jurídicas regulatórias e limitativas da atuação do particular como agente econômico, ou empresário, e se justifica pela necessidade de se orientar a economia interna do país na busca do *bem-estar* da coletividade. A ingerência administrativa, também considerada como substrato da ingerência legislativa, externa-se através de atos de fiscalização e de controle da ação empresarial dos particulares, como meio de realização das normas jurídicas regulatórias das atividades econômicas.

7. A atuação do Estado como agente econômico, chamada de "atividade empresária do Estado", pode se dar em nível de livre concorrência com o particular ou sob o regime de reserva (ou "monopólio") ao Estado de determinadas atividades econômicas.

Leopoldo Braga[2] em substancioso estudo intitulado *Empresas Públicas*, invocando observação de Salvador Oría, salienta que o fenômeno dessa forma de ingerência estatal na ordem econômica teve por causa primeira a "conveniência de que o Estado tomasse a seu cargo a exploração de certos serviços considerados de interesse público, tais como os relativos a comunicações ferroviárias, luz, telefones, abastecimento e distribuição de água etc., que, no regime liberal puro, se achavam em mãos de particulares"; e, recorrendo àquele financista, aduz que "dentro mesmo do Estado liberal, sem chegar todavia à forma da economia dirigida, que é a expressão mais violenta do intervencionismo, se começou a declarar que certas riquezas, como a energia hidráulica, não podiam pertencer a particulares; e logo surgiram expressões distintas sobre outras formas de empresas, objetivando as minas, a exploração da indústria de petróleo etc., numa paulatina substituição da ação privada pela ação do Estado...".

8. A atuação estatal na ordem econômica dividiu as correntes político-ideológicas nas últimas décadas. A respeito do exercício das atividades industriais e comerciais, a opinião de Vicente Tangorra [3] é que "a norma que se deve

2. In *Repertório Enciclopédico do Direito Brasileiro*, Borsói, verbete "Empresa Pública".

3. Apud Leopoldo Braga, loc. cit.

seguir é a de abandoná-las totalmente à atividade econômico-privada, e isto porque faltam aos entes públicos condições para conseguir uma renda industrial e comercial com base nos múltiplos elementos e circunstâncias de que se sabe valer a atividade privada para explorar a eficácia dos diversos fatores produtivos'', e ''somente deveriam restar a cargo do Estado aquelas indústrias que não poderiam passar aos particulares sem grave perigo público, como as fábricas de armas e de matérias explosivas, de máquinas e instrumentos destinados à defesa militar, de blindagens, de navios de guerra e de alguns produtos cuja fabricação requeira processos que, no interesse do Estado, se devam conservar secretos''. Fundado nas múltiplas experiências, Maurice Maison[4] sustenta que é fato que ''o Estado é inábil para gerir um domínio econômico desde que refuja ao tipo das explorações simples e *estandartizadas*, pois a interferência de considerações políticas e partidárias na direção, a ausência de iniciativa e de responsabilidade na administração, as lacunas de uma contabilidade que nem sempre se capacita da noção de amortização ou de rendimento do capital investido, são outros tantos defeitos que podem estragar completamente as condições de uma boa e sã exploração das empresas pelo Estado e conduzir, seja a uma diminuição de produtividade e a uma alta dos preços, seja a um desperdício de energias e de riquezas, em contrários aos objetivos colimados''

Em contraposição àqueles que se opõem ao fenômeno da ''atividade empresária do Estado'', outros autores, informa Leopoldo Braga,[5] ''não apenas justificam, face às exigências e necessidades públicas da vida hodierna, mas, ainda, louvam e aplaudem o intervencionismo estatal no campo tradicionalmente reservado à economia privada, pela consideração de que, como explica Héctor Câmara, 'o Estado não cumpre só uma função administrativa, mas deve assegurar e aperfeiçoar o bem-estar econômico e social da coletividade', e 'por este motivo começou participando de alguns aspectos da vida dos negócios, para terminar substituindo a atividade privada em vários setores'...''

9. Colocadas de lado as teses contrárias e favoráveis à ''atividade empresária do Estado'', o fato é que se tem verificado profundo movimento no sentido de o Estado retirar-se de setores da ordem econômica em que ele vem atuando em concorrência com a iniciativa privada ou com exclusividade por reserva legal, mediante transferência de suas empresas aos particulares. A atual consciência dominante é que não é papel do Estado atuar como agente econômico, e que os recursos públicos devem ser direcionados para investimentos sociais e de infra-estrutura básica.

Programas de privatização, ou reprivatização, de empresas estatais têm sido executados em diversos países na última década, tendo também o Brasil aderido a esse movimento, nada obstante profunda reação de correntes políticas de cunho estatizante.

2.3 Critério de interpretação das normas instituidoras de monopólios estatais

10. A nossa ordem econômica é fundada na valorização da livre iniciativa e do trabalho humano, e tem por um dos princípios básicos a livre concorrência. As normas jurídicas que instituem ''monopólios'' de atividades econômicas a favor do Estado são excepcionais, representando, como assinala Gustavo Ingrosso,[6] limitação da liberdade econômica, ''da li-

4. Apud Leopoldo Braga, loc. cit.
5. Ob. cit.
6. Apud Leopoldo Braga, loc. cit.

berdade dos cidadãos de satisfazerem às suas próprias necessidades segundo a lei da escolha entre muitas ofertas de uma mesma mercadoria ou de um mesmo serviço''.

As normas jurídicas que dispõem sobre ''monopólios estatais'' devem ser observadas e interpretadas a partir dos princípios constitucionais que norteiam a ordem econômica (ou sistema jurídico-econômico) de cada país, e a ordem econômica não pode ser compreendida, na plenitude de seu sentido e objetivo, se a apreciarmos sem ter presentes os postulados ou normas fundamentais da organização, no plano constitucional, da coletividade como Estado. O sentido da reserva ao Estado de determinada atividade econômica, ou empresarial, difere em função da natureza da ordem ou sistema econômico consagrado no plano constitucional: no sistema econômico liberal ou no neoliberal, aquela reserva constitui exceção, porque nesses sistemas prevalecem os princípios da livre iniciativa e da competição econômica; já no sistema de economia centralizada, ou estatizada, a atuação do Estado na ordem econômica é princípio geral, dominante, e as regras permissivas de atuação do particular como agente econômico são exceções. Na primeira hipótese, a interpretação das regras sobre ''monopólios'' estatais há de ser restrita, porque são especiais; na segunda, há de ser irrestrita e abrangente, porque são gerais.

11. Nada obstante a crônica escassez no Brasil de recursos financeiros internos indispensáveis ao desenvolvimento nacional e à erradicação da pobreza absoluta, ou quase absoluta, da maioria do povo brasileiro, ainda não se conseguiu refletir com clareza de espírito e isenção de propósito sobre a função e a própria razão de ser dos ''monopólios'' estatais (em particular, o do petróleo) na nossa organização jurídica da atividade econômica: tendo sido os ''monopólios estatais'' alçados por corrente político-ideológica à condição de ''direito sagrado e invulnerável'' da Nação brasileira, poucos são aqueles que conseguem — sem visão turbada — compreendê-los em sua natureza, conteúdo e finalidade.

Essa pretendida condição de ''direito sagrado e invunerável'' da Nação brasileira fundamenta a proposição de seus defensores de que os preceitos do nosso direito positivo que instituem ''monopólios estatais'' constituem normas ''absolutas'', no sentido de que devem ser interpretadas de forma abrangente e irrestrita, sempre em benefício do Estado — sendo, portanto, inadmissível qualquer exegese que importe em limitação da atuação estatal nas atividades econômicas monopolizadas, ou, muito menos, a participação da iniciativa privada nacional nessas atividades, sob qualquer forma ou título.

Acolhida como verdade absoluta, tal proposição significaria submeter aos interesses do Estado (como sujeito distinto dos membros que fundamentam a existência da própria sociedade política) os interesses do povo brasileiro; seria, em última análise, conferir com exclusividade os eventuais benefícios resultantes dos ''monopólios'' aos indivíduos (funcionários públicos, *lato sensu*) que, em nome do Estado, podem organizar as atividades monopolizadas.

12. A reserva (ou ''monopólio'') ao Estado de determinada atividade econômica não é cláusula que contenha, por sua natureza, vedação à ''participação'' (sob qualquer regime ou forma jurídica) do setor privado na exploração da atividade, pois ela constitui exceção na nossa ordem econômica, que se funda na valorização da livre iniciativa e do trabalho humano: restrição ou vedação à participação do particular na exploração (ou em qualquer das etapas do empreendimento) de atividade reservada ao Estado há de estar formulada de modo claro e preciso na norma jurídica que institui essa reserva (mais conhecida como ''monopólio estatal") — mas pode ocorrer que a reserva, por defeito de técnica legislativa, seja inferida pela única interpretação possível da norma jurídica. Essa afirmação é corroborada pela própria Constituição de 1988, em incs. do art. 21 e no § 2º do art. 25.

Preceito que institui "monopólio estatal" de atividade econômica tem natureza *especialíssima* no nosso sistema jurídico-econômico, sua existência tem como premissa o Estado apresentar condições efetivas de exercer adequadamente a atividade monopolizada, e a participação da iniciativa privada, em colaboração com o Estado, na implantação e execução de atividade monopolizada não é elemento negatório do "monopólio".

3. *A Constituição brasileira de 1988*

3.1 Interpretação sistemática e lógica da Constituição

13. O exame das questões objeto da consulta não pode cingir-se à interpretação isolada de um ou outro dos numerosos dispositivos que formam o corpo constitucional vigente.

Somente exame do sistema constitucional brasileiro em seu conjunto é que permite que se conheça o exato conteúdo de uma de suas regras; e esse exame há de abranger tanto os postulados ou normas fundamentais e as regras particulares da Constituição como também os princípios que informam a estrutura da ordem econômica por ela adotada.

14. A Constituição de uma nação não é uma codificação de normas com existência autônoma, que têm isoladamente sentido próprio, mas um conjunto de princípios que se inter-relacionam e interagem. O processo de interpretação das normas que formam esse conjunto também não pode ser literal, rígido, pois esse processo de exegese não permite conhecer o exato conteúdo e a real finalidade de cada regra específica da Constituição no seu sistema normativo.

Após observar que existem princípios que, embora não estejam expressos na Constituição, informam a estrutura de seu regime ou constituem os eixos em torno dos quais se organiza e articula a matéria constitucional, conferindo à pluralidade de regras específicas unidade sistemática, como um todo organizado em que se manifesta uma idéia, um sentido de direção e uma intencionalidade, Francisco Campos[7] observa que:

"(...) A direção, o sentido, a intencionalidade decidem não somente da matéria que será objeto ou conteúdo da Constituição, como do modo por que deve ser tratada política e juridicamente, a fim de que resulte da pluralidade de regras uma planificação política e jurídica, não somente do ponto de vista formal como do ponto de vista material, distribuída a matéria de acordo com as afinidades lógicas, técnicas e jurídicas das suas diversas partes, e formuladas as normas de maneira que, embora aparentemente desconexas, convirjam para uma só finalidade, que é a de garantir determinados valores, uma forma de vida, um tipo histórico ou ideal de cultura, ou de convivência humana, que ao legislador constituinte se afiguram ser os valores, o tipo de cultura, a forma de vida ou o sentido de convivência para os quais tende ou gravita a coletividade nacional".

E aduz que a coletividade nacional delega ao legislador constituinte "autoridade de racionalizar e planificar com eficácia normativa, ou de organizar em cosmos jurídico, não só as tradições e os costumes, como os ideais, ou as ideologias mediante as quais as correntes de opinião pública procuram alterar o estado de equilíbrio, próprios das tradições e dos costumes, introduzindo nele o ele-

7. *Direito Constitucional*, Freitas Bastos, v. II, pp. 57-103.

mento dinâmico, de cuja presença resulta o processo de evolução ou de transformação das instituições políticas, econômicas, jurídicas e culturais''.

15. O momento que atravessava o País, após longo período ditatorial, está refletido na extensão da atual Constituição brasileira — 245 artigos, a maioria contendo mais de duas regras (não considerados os artigos do Ato das Disposições Constitucionais Transitórias). O desejo da coletividade de ter garantido o retorno da Nação ao pleno Estado de Direito, à democracia irrestrita, em que prevalecessem como valores supremos a liberdade individual e a justiça social, gerou um corpo constitucional sem unidade lógica e com repetição de postulados e princípios.

Se vivo fosse, sem dúvida com mais ênfase e rigor Francisco Campos[8] faria sobre a atual Constituição brasileira o comentário que fez sobre a Constituição da República de 1946: ''4. É verdade que à primeira vista a Constituição não apresenta esse aspecto de unidade ou de coerência lógica e ideológica, parecendo, antes, uma codificação de normas com existência autônoma, ou cada uma dotada de sentido completo e unívoco, tomada isoladamente, podendo, assim, ser desmembrada em tantas leis quantas são as cláusulas ou grupos de cláusulas em que vêm reguladas diversas matérias que o legislador constituinte decidiu deverem constituir objeto ou conteúdo da legislação constitucional. De acordo com este ponto de vista não haveria Constituição, no sentido de um sistema de normas, ou de um cosmos jurídico, ou de um todo dotado de normatividade própria, ou independente da normatividade de cada uma das regras constitucionais. A Constituição seria dissolvida em uma pluralidade de leis, valendo cada qual por si mesma, ou cada uma delas constituindo uma totalidade do ponto de vista lógico e ideológico, isto é, contendo em suas próprias palavras a plenitude do seu sentido, e para captá-lo em sua integridade não precisaria, nem deveria o intérprete recorrer ao processo de integração lógica, que consiste em agrupar em sistema, mediante comparação e abstração, regras que se apresentam com a aparência de serem capazes de subsistir isoladamente ou de dispensar, para se manter de pé, qualquer amparo, podendo como totalidades autônomas repousar em si mesmas, graças ao peso, à densidade e à plenitude do próprio sentido''.

16. Apenas por processo de interpretação sistemática e lógica é que se pode precisar o conteúdo de determinada norma constitucional, particularmente quando se trata de Constituição elaborada sem maior cautela quanto à ordenação e à redação de seus preceitos normativos — que reflete, pela sua singular extensão, o momento político-social que atravessava o País.

Assim, as regras constitucionais sobre ''monopólios estatais'' devem ser observadas e interpretadas a partir dos princípios constitucionais que norteiam a ordem econômica, e esta não pode ser compreendida, na plenitude de seu sentido e objetivo, se a apreciarmos sem ter presente as proposições ou pressupostos fundamentais da organização da coletividade brasileira como Estado, na forma de república federativa.

3.2 Proposições fundamentais do Estado brasileiro

17. O Estado que os constituintes de 1988 deliberaram insituir é, conforme consignado no preâmbulo da atual Constituição, ''um Estado Democrático, *destinado a assegurar o exercício dos direitos* sociais e *individuais, a liberdade*, a segurança, o *bem-estar, o desenvolvimento*, a igualdade e a justiça como valores supremos de uma sociedade frater-

8. Ob. cit.

na, pluralista e sem preconceitos, fundada na harmonia social''.

Os dispositivos da Constituição não podem ser interpretados sem se ter presente essas proposições fundamentais constantes de seu preâmbulo, porque, como assinala Francisco Campos,[9] elas ''constituem, efetivamente, ainda que não formuladas de modo expresso na Constituição, normas constitucionais fundamentais, não somente no sentido propriamente normativo de obrigarem ou de valerem de maneira preferencial ou suprema, como no sentido lógico de constituirem indispensáveis instrumentos de interpretação das disposições constitucionais concretas ou particulares, que, ao contrário de serem regras autônomas ou completas em si mesmas, do ponto de vista do conteúdo e da significação, não passam de proposições subordinadas, sujeitas à regência normativa e lógica daquelas normas ou proposições fundamentais''.

18. A Constituição de 1967 (com as alterações introduzidas pela EC n. 1/69) não continha preâmbulo com proposições fundamentais que definissem o Estado brasileiro como ''Estado Democrático'', destinado a assegurar o exercício dos direitos individuais, a liberdade e o desenvolvimento nacional, mas essas proposições estavam consagradas em princípios contidos em disposições esparsas do seu sistema normativo (arts. 1º, § 1º; 153, *caput*, §§ 22 e 23; 160, *caput* e inc. I); e a existência desses princípios naquela Constituição era suficiente para definir o Estado brasileiro de então como ''Estado Democrático de Direito'', e norteava a ordem econômica nela consagrada.

19. Princípios que na Constituição de 1967 (EC n. 1/69) não constituíam postulados fundamentais do Estado Brasileiro foram alçados a essa condição no art. 1º da atual Constituição (em reforço às decisões contidas em seu preâmbulo), que dispõe:

''Art. 1º A República Federativa do Brasil, formada pela união indissolúvel dos Estados e Municípios e do Distrito Federal, *constitui-se em Estado Democrático de Direito e tem como fundamentos*:

''I — a soberania;

''II — a cidadania;

''III — a dignidade da pessoa humana;

''IV — *os valores* sociais do trabalho e *da livre iniciativa*;

''V — o pluralismo político.

''Parágrafo único. Todo o poder emana do povo, que o exerce por meio de representantes eleitos ou diretamente, nos termos desta Constituição''.

A livre iniciativa, elemento característico do sistema econômico liberal, *foi alçada* pelos constituintes de 1988, juntamente com os demais elementos especificados no art. 1º como notas dominantes da atual ordem constitucional brasileira, *à condição de um dos fundamentos da própria existência do Estado brasileiro*. Não se pode, portanto, interpretar qualquer outra regra constitucional com abstração dos postulados fundamentais, enumerados naquele dispositivo, que informam a República Federativa do Brasil (como forma de organização do Estado), tendo por objetivos ou fins *a)* uma sociedade livre, justa e solidária, *b)* o *desenvolvimento nacional*, *c)* a erradicação da pobreza e da marginalização, *d)* a redução das desigualdades sociais e regionais, e *e)* o bem de todos, sem preconceitos de origem, raça, sexo, cor, idade e quaisquer outras formas de discriminação (art. 3º) — objetivos esses que, em sua essência, pressupõem o desenvolvimento nacional, com a geração e distribuição de riquezas à população, o que apenas se consegue através do exercício das atividades econômicas.

Dessas considerações resulta que, sob pena de sua invalidade, nenhum processo de interpretação de regra constitu-

9. Ob. cit.

cional pode implicar negação ou limitação dos postulados fundamentais inscritos no art. 1º ou na inviabilização da concretização dos objetivos definidos no art. 3º. E a reserva ao Estado de atividade econômica significa que o Estado tem o dever de explorá-la, podendo, quando for o caso, delegar a exploração a terceiros.

3.3 A ordem econômica na atual Constituição brasileira

20. O regime constitucional anterior adotava o sistema econômico liberal, de livre mercado, em que a atuação do Estado no domínio econômico só era legítima *a)* em caráter suplementar à da iniciativa privada, mas em pé de igualdade com ela (art. 170, §§ 1º e 2º), ou *b)* quando indispensável por motivo de segurança nacional ou para organizar setor que não pudesse ser desenvolvido com eficácia no regime de competição e de liberdade de iniciativa, assegurados, em qualquer desses casos, os direitos e garantias individuais (art. 163, *caput*).

A doutrina nacional[10] reconhecia que, naquele regime constitucional, a ordem econômica, ou domínio econômico, cujo fim era realizar o desenvolvimento nacional e a justiça social, tinha por postulados fundamentais a livre iniciativa e a valorização do trabalho, constituindo exceções ao princípio da livre iniciativa, ou livre empresa, as regras permissivas de atuação do Estado na ordem econômica. Comentando a Constituição de 1967 (EC n. 1/69), José Afonso da Silva[11] opinou que a participação e o planejamento estatais não podiam ser reputados como princípios da constituição econômica pois, "se a liberdade de empresa, a liberdade de iniciativa, são princípios dela, o que contraria e restringe estes (como a participação, o planejamento, a intervenção enfim) não o podem ser. *Se a constituição econômica*, traduzida no direito constitucional positivo, *é essencialmente capitalista, fundado na livre iniciativa e na livre concorrência* (art. 160, I e V), *a faculdade de intervenção* e *participação estatal no domínio econômico constitui apenas um modo de temperamento do sistema*", acrescentando que "o princípio pertinente à participação estatal na economia é o da *subsidiariedade*" — embora ressalte o eminente jurista que "outros princípios são previstos que orientam o sistema para a realização dos fins de desenvolvimento e justiça social" (grifos aditados).

21. O princípio da livre iniciativa, como postulado fundamental da ordem econômica brasileira, é da tradição do nosso ordenamento constitucional desde a época do Império, cuja Constituição já o consagrava no inc. 24 do art. 179, tendo sido ele reafirmado pelas Constituições de 1934 (art. 115), 1937 (art. 135), de 1946 (art. 145) e de 1967 (art. 157, I), e mantido pela EC n. 1/69 (art. 160).

Análise da evolução do nosso sistema constitucional mostra que o princípio da livre iniciativa, com maior ou menor grau de intensidade, sempre constituiu postulado fundamental da ordem econômica nacional, e que a participação do Estado nesta ordem sempre teve natureza excepcional — mesmo na Constituição de 1937 aquele princípio ao menos no papel restou consignado.

22. Seria por demais supérflua digressão a respeito dos princípios norteadores da ordem econômica na atual Constituição brasileira, já que em todos os seus aspectos, inclusive no da atuação do Estado, ela tem sido objeto de profundos estudos doutrinários.[12]

10. Ver José Afonso da Silva, *Curso de Direito Constitucional Positivo*, Ed. RT, 3ª ed., pp. 504-509; Pontes de Miranda, *Comentários à Constituição de 1967 (com a Emenda n. 1, de 1969)*, 2ª ed. revista, t. VI, (arts. 160-200).

11. Ob. cit., pp. 506-507.

12. Ver Celso Ribeiro Bastos, *Comentários à Constituição do Brasil* (*Promulgada em 5 de outubro de 1988*), Saraiva, 1990, 7º v., (arts. 170-173); José Cretella Junior, *Comentários à Constituição de 1988*, Forense Universitária, 1ª ed., v. VIII.

O que releva destacar é que, a nosso ver, a Constituição de 1988 acolheu o princípio da livre iniciativa com *maior grau de intensidade* do que as Constituições anteriores: além de constituir um dos dois princípios em que se funda a nossa atual ordem econômica (art. 170, *caput* e § único), a livre iniciativa foi alçada à condição de um dos fundamentos da própria existência do Estado brasileiro, organizado sob a forma de república federativa e definido como "Estado Democrático de Direito" (art. 1º, IV).

Esse *maior grau de intensidade* dado ao princípio da livre iniciativa pela atual Constituição da República não pode ser desconsiderado no processo de interpretação de regras constitucionais permissivas da atuação do Estado na ordem econômica ou instituidoras de "monopólio estatal". Pelo contrário, essas regras especiais passaram a ficar sujeitas à interpretação ainda mais restritiva, pois, simetricamente à maior intensidade dada ao princípio da livre iniciativa, a Constituição de 1988 confere a tais regras *menor grau de intensidade* do que faziam as Constituições anteriores. É o que se verifica quando se analisa comparativamente com o regime constitucional anterior os papéis do Estado na ordem econômica no atual regime constitucional.

a) O Estado como agente normativo e regulamentador

23. Na ordem econômica da Constituição de 1988, o papel do Estado é primordial e essencialmente o de *agente normativo e regulador* das atividades econômicas, competindo-lhe exercer, nesse papel e na forma da lei, as funções de fiscalização, incentivo e planejamento, sendo que a política de planejamento por ele definida é determinante (ou cogente) para o setor público e apenas indicativa para o setor privado (art. 174, *caput*).

Esse papel, que não constava de norma expressa da Constituição anterior, confirma que a nossa atual ordem econômica funda-se na livre iniciativa (e na valorização do trabalho), assegurando a todos o livre exercício de qualquer atividade econômica, independentemente de autorização de órgãos públicos, salvo os casos previstos em lei (art. 170, parágrafo único).

O conteúdo do preceito do *caput* do art. 174 da atual Constituição brasileira indica que o Estado deve exercer seu papel de agente normativo e regulador das atividades econômicas visando à expansão do setor privado, agente natural da ordem econômica, não podendo sequer impor a esse setor sua política de planejamento. Disso resulta que medida adotada pelo Estado no exercício daquele papel, que cerceie, sob qualquer forma, a iniciativa privada é inconstitucional por fraudar o referido preceito e negar um dos dois princípios em que se funda a nossa atual ordem econômica.

b) O Estado como agente interventor na ordem econômica

24. A Constituição de 1988 também apresenta inovação no que se refere à intervenção do Estado na ordem econômica.

A Constituição anterior (EC n. 1/69, art. 163) facultava ao Estado a intervenção no domínio econômico e a instituição de monopólio de determinada indústria ou atividade, sendo que, neste último caso, para organizar setor que não pudesse ser desenvolvido com eficácia no regime de competição e de liberdade de iniciativa, assegurados os direitos e garantias individuais. Discutia-se doutrinariamente se a exigência de lei especial, prevista no art. 163, referia-se tanto à hipótese de intervenção no domínio econômico quanto à de instituição de monopólio de determinada indústria ou atividade. Essa discussão tornou-se inócua em relação à Constituição de 1988, posto que ela não contém disposição expressa, de natureza especialíssima, que faculte ao Estado intervir na ordem econômica e instituir monopólios, mediante lei especial.

25. Em nosso atual regime constitucional o Estado só pode legitimamente intervir no domínio econômico para reprimir abuso do poder econômico nas modalidades de dominação dos mercados, da eliminação de concorrência e do aumento arbitrário dos lucros; e essa intervenção pressupõe a existência de lei repressora de tais modalidades de abuso do poder econômico (art. 173, § 4º).

Ato de intervenção do Estado na ordem econômica, que não se funde em lei reprimidora do abuso do poder econômico, em qualquer das suas modalidades acima mencionadas, não tem abrigo no atual regime constitucional brasileiro. Ao não incluir na Constituição de 1988 preceito igual ou análogo ao do *caput* do art. 163 da Constituição anterior (tradicional nas Constituições brasileiras), o legislador constituinte, por inequívoco ato de vontade, restringiu a faculdade de intervenção do Estado no domínio econômico (que, hoje, só é legítima para reprimir abuso do poder econômico, repita-se) e excluiu a hipótese de instituição por lei especial de "monopólio estatal" de atividade econômica.

Tal restrição da faculdade de o Estado intervir no domínio econômico corrobora a conclusão de que a Constituição de 1988 confere ao princípio da livre iniciativa, como fundamento da ordem econômica, *status* superior ao que lhe era atribuído no regime constitucional anterior.

c) O Estado como agente econômico

26. Coerentemente com o seu papel primordial e essencial de agente normativo e regulador das atividades econômicas (art. 174, *caput*), o Estado teve restringida pela Constituição de 1988 a possibilidade de atuar como agente na ordem econômica.

Com efeito, verifica-se que no regime constitucional anterior o Estado podia atuar na ordem econômica em caráter suplementar à atuação da iniciativa privada, mediante a organização e exploração direta de atividade econômica (art. 170, § 1º).

27. A Constituição de 1988 restringiu, como já referido, a faculdade de o Estado atuar como agente econômico, ao fixar os seguintes princípios, ou regras:

I — ressalvados os casos previstos na Constituição, a exploração direta de atividade econômica pelo Estado só é permitida quando necessária aos imperativos da segurança nacional ou a relevante interesse coletivo, conforme definidos em lei (art. 173, *caput*): a atuação direta do Estado na ordem econômica está vinculada à pré-existência de um daqueles pressupostos — enquanto no regime constitucional anterior tal atuação podia ocorrer livremente desde que em caráter suplementar, ou subsidiário, à atuação da iniciativa privada;

II — a exploração indireta de atividade econômica pelo Estado, mediante criação de empresa pública, sociedade de economia mista, autarquia ou fundação pública depende de *lei específica*; e a criação de subsidiárias por qualquer dessas entidades ou sua participação em empresa privada depende de *autorização legislativa* (art. 37, XIX e XX).

Os casos ressalvados na atual Constituição de exploração de atividade econômica pelo Estado, a que se refere o *caput* do art. 173, são precisamente aqueles relativos às atividades constitucionalmente reservados ao Estado — ou seja, aquelas ditas *monopolizadas*.

28. A atual Constituição da República reproduziu, com algumas alterações, os preceitos dos §§ 2º e 3º do art. 170 da Constituição anterior:

I — as empresas públicas, sociedades de economia mista e outras entidades que explorem atividade econômica estão sujeitas ao regime jurídico próprio das empresas privadas, inclusive quanto às obrigações trabalhistas e tributárias (art. 173, § 1º) — esse preceito na Constituição anterior só se referia às empresas públicas e às sociedades de economia mista (art. 170, § 2º);

II — as empresas públicas e as sociedades de economia mista não podem gozar de privilégios fiscais não extensivos às empresas no setor privado — a Constituição anterior (art. 170, § 3º) excluía do regime tributário aplicável às empresas privadas as empresas públicas que explorassem atividade monopolizada, princípio derrogado pelo atual regime constitucional.

3.4 Atividades econômicas reservadas ao Estado pela Constituição de 1988

29. Excepcionando o princípio da livre iniciativa, que, como assinalado, é postulado fundamental da própria existência do Estado brasileiro e no qual se funda a ordem econômica nacional, a Constituição de 1988 reserva algumas atividades econômicas ao Estado.

Ao fazê-lo, porém, a Constituição não emprega em relação a todas o termo "monopólio" — talvez porque, conforme destacado no número 2 deste parecer, "monopólio" não é instituto jurídico, mas econômico: embora vulgarmente empregado entre nós com conotações variadas como se instituto jurídico fosse, não passa ele muitas vezes de vocábulo-núcleo de *slogans* cunhados e amplamente difundidos por diversos movimentos políticos e especialmente a partir da campanha nacionalista "O Petróleo é Nosso".

a) Atividades reservadas à União sem o emprego da expressão "monopólio"

30. No art. 21 a Constituição reserva à União as seguintes atividades: *a)* exploração dos serviços telefônicos, telegráficos, de transmissão de dados e dos demais serviços públicos de telecomunicações (inc. XI); *b)* exploração dos serviços de radiodifusão, de sons e imagens e de telecomunicações (inc. XII, *a*); *c)* exploração dos serviços públicos e instalações de energia elétrica e de aproveitamento energético dos cursos de água (inc. XII, *b*); *d)* exploração dos serviços de navegação aérea e de infra-estrutura aeroportuária (inc. XII, *c*); *e)* exploração dos serviços de transporte ferroviário e aquaviário entre portos brasileiros e fronteiras nacionais, ou que transponham os limites de Estado-membro ou de Território (inc. XII, *d*); *f)* exploração dos serviços de transporte rodoviário interestadual e internacional de passageiros (inc. XII, *e*); *g)* exploração dos serviços portuários, marítimos, fluviais e lacustres (inc. XII, *f*); e *h)* exploração dos serviços (e instalações) nucleares de qualquer natureza (inc. XXIII).

Essas atividades econômicas, que são em sua quase totalidade de prestação de serviços, constituem "monopólio" da União porque sua exploração a ela compete por determinação constitucional, estando portanto, em princípio, fora da esfera de atuação do particular. A "monopolização" de tais atividades, ou sua reserva à União, resulta *a)* de razões técnicas ou de sua "indivisibilidade", *b)* da necessidade de se assegurar à coletividade disponibilidade de determinados serviços que a iniciativa privada pode não ter interesse em prestar, ou *c)* do entendimento de que a reserva é indispensável à segurança nacional.

31. A reserva à União (art. 21, XI) da exploração dos serviços telefônicos, telegráficos, de transmissão de dados e demais serviços públicos de telecomunicações por si só não restringe a participação da iniciativa privada nem pressupõe que essas atividades sejam *diretamente* exploradas pela União;

I — a União pode explorar diretamente essas atividades ou delegá-las, sob o regime jurídico de *concessão*, a empresas sob *controle acionário estatal*:

a) a delegação daquelas atividades há de ser sob o regime jurídico de concessão, e não no de permissão ou autorização — o que constituiu restrição da liberdade da União de delegar a exploração das referidas atividades;

b) a delegação só pode ser feita à empresa organizada sob a forma jurídica de sociedade por ações, e seu controle acionário há de ser estatal — da União (federal), de Estado-membro (estadual) ou de Município (municipal);

c) a iniciativa privada pode participar da exploração das atividades se associando com o Poder Público na sociedade anônima concessionária, pois a Constituição, no inc. XI do art. 21, só exige que seja estatal o controle acionário da concessionária.

II — a cláusula de reserva à União das atividades indicadas naquele inciso não abrange todas as modalidades de serviços de telecomunicações: é assegurado às entidades de direito privado (não se exigindo que estejam sob controle estatal) a prestação de serviços de informações, desde que a exploração dessa atividade se faça através da rede pública de telecomunicações explorada pela União.

32. A cláusula de reserva à União da exploração das atividades especificadas no inc. XII do art. 21 da Constituição não veda a participação da iniciativa privada: aquele inciso não impõe que as atividades nele especificadas sejam diretamente exploradas pela União, e esta pode explorá-los diretamente ou mediante delegação à iniciativa privada, que, por força da delegação, passa a explorar, nas condições ajustadas com a União e nas previstas em lei, mediante permissão ou concessão, a atividade delegada, sem prejuízo da reserva constitucional à União.

33. Já a redação do inc. XXIII do art. 21, sob o aspecto de técnica legislativa, deixa a desejar, dificultando a compreensão de seu conteúdo:

"Art. 21. Compete à União:

"(...)

"XXIII — *explorar* os serviços e instalações nucleares de qualquer natureza e *exercer* monopólio estatal sobre a pesquisa, a lavra, o enriquecimento e reprocessamento, a industrialização e o comércio de minérios nucleares e seus derivados, atendidos os seguintes princípios e condições:

"a) toda atividade nuclear em território nacional somente será admitida para fins pacíficos e mediante aprovação do Congresso Nacional;

"b) sob regime de concessão ou permissão, é autorizada a utilização de radioisótopos para a pesquisa e usos medicinais, agrícolas, industriais e atividades análogas;

"c) a responsabilidade civil por danos nucleares independe da existência de culpa."

Correta inteligência desse inciso exige prévia fixação de conceitos. A expressão "exercer monopólio estatal" (além de constituir impropriedade técnica, pois não existe de direito "monopólio" ou reserva de atividade que não seja a favor do Estado) está empregada no sentido de as atividades de pesquisa, de lavra, de enriquecimento e reprocessamento, de industrialização e de comércio de minérios nucleares e seus derivados serem privativas, ou reservadas, à União — isto é, que compete à União exercer tais atividades, que são distintas das atividades de exploração de *serviços* e de *instalações* nucleares de qualquer natureza.

"*Explorar instalações* nucleares de qualquer natureza" pode ser entendido no sentido de que tais instalações (coisas corpóreas, objeto de domínio) são de uso exclusivo da União, não podendo os Estados-membros, os Municípios e os particulares, ainda que proprietários de tais instalações, delas fazer uso. Já a expressão "*explorar serviços* nucleares de qualquer natureza" há de ser interpretada no sentido de que só à União compete produzir e fornecer esses serviços.

O dispositivo em questão não veda de per si a delegação, pela União, das atividades de pesquisa, de lavra, de enriquecimento e reprocessamento, de industrialização e de comercialização de minérios nucleares e seus derivados, mas expressamente sujeita a exploração de atividade nuclear em território nacional à prévia aprovação do Congresso Nacional e a restringe a fins pacíficos. A proibição de a União delegar a terceiro a exploração daquelas atividades resulta de interpretação a contrário senso: a alínea *b* autoriza a utilização de radioisótopos (químicos radioativos, elementos que apresentam radioatividade) para a pesquisa e uso medicinais, agrícolas, industriais e atividades análogas (= fins análogos), desde que sob o regime jurídico de concessão ou permissão, o que significa que a União pode delegar ao particular as atividades de industrialização e comercialização de radioisótopos desde que para aqueles fins; e se somente nesse caso e para tais fins o legislador constituinte permitiu a delegação, é porque não pretendeu permitir que a União pudesse delegar as demais atividades mencionadas no inc. XXIII do art. 21 — o que se explica pela relevância, para a segurança da coletividade, de toda e qualquer atividade nuclear.

A vedação de a União delegar a particular (ou a Estado-membro ou a Território) as atividades enumeradas no *caput* do inc. XXIII do art. 21 da atual Constituição da República não resulta, portanto, de cláusula expressa do dispositivo, que determine, por exemplo, que tais atividades sejam diretamente exercidas pela União: resulta da única interpretação lógica que, a nosso ver, se pode emprestar ao dispositivo, com base na regra da sua alínea *b*, na expressão "instalações nucleares" (objeto de domínio) constante do dispositivo e na condição subordinativa (restritiva da reserva ou "monopólio", da União) de que toda atividade nuclear no território nacional somente será admitida para fins pacíficos e *mediante aprovação do Congresso Nacional*.

34. No que se refere ao art. 21, VII, da Constituição, Hely Lopes Meirelles[13] entendia que a cláusula constitucional — que confere à União competência para "emitir moeda" — diz respeito à atividade "monopolizada". Em nossa opinião, tal cláusula não reserva à União (ou institui seu "monopólio") a fabricação de papel-moeda ou metálica, mas refere-se ao ato de criação da moeda nacional, como meio de pagamento de curso forçado, com poder liberatório (até passado recente a produção do papel-moeda representativo do cruzeiro era feita no exterior, ou por empresa privada estrangeira radicada no Brasil).

Há, ainda, a cláusula que reserva à União competência para "manter o serviço postal e o correio aéreo nacional" (art. 21, X), que, em nosso entender, não impede que o particular atue em atividade de prestação de serviços de entrega e de transporte aéreo de coisas e documentos, mas apenas impõe à União o *dever* de manter e explorar serviço postal e o de manter em operação o chamado "correio aéreo nacional".

b) Atividades reservadas aos Estados-membros e aos Municípios sem o emprego da expressão "monopólio"

35. A Constituição de 1988 (no art. 25, § 2º) reserva aos Estados-membros,

13. In *Direito Administrativo Brasileiro*, Ed. RT, 16ª ed., atualizada pela Constituição de 1988, p. 538.

nos limites de seus territórios, a exploração da atividade de prestação dos serviços locais de gás canalizado. Essa reserva (ou "monopólio") constitucional não significa que tal atividade tenha que ser explorada *diretamente* pelos Estados-membros, ou por autarquia ou empresa pública:

I — a própria norma constitucional instituidora desse "monopólio" ou reserva autoriza que a exploração da atividade seja direta ou mediante concessão a *empresa estatal*, com exclusividade de distribuição;

II — a Constituição não conceitua "empresa estatal", para os fins dos seus dispositivos em que essa expressão é empregada, mas se há de entendê-la como empresa pública ou sob o controle acionário do Estado — o que autoriza concluir que particulares podem, em associação com o Poder Público, participar da exploração daquela atividade através de sociedade concessionária dos serviços de gás canalizado, desde que seu controle seja detido pelo Poder Público.

Verifica-se, assim, não ser da essência da cláusula de reserva ou "monopólio" de determinada atividade econômica princípio negatório da participação da iniciativa privada na exploração da atividade. Ademais, ressalta-se, aquele "monopólio" dos Estados-membros só incide sobre a atividade de distribuição de gás *canalizado*.

36. No art. 30, a atual Constituição dispõe que compete aos Municípios "organizar e prestar, diretamente ou sob o regime de concessão ou permissão, os serviços públicos de interesse local, incluído o de transporte coletivo, que tem caráter essencial". Essa cláusula instituiu reserva ou "monopólio" a favor dos Municípios, nos seus limites territoriais, das atividades cujo objeto sejam serviços públicos de interesse local, inclusive o de transporte coletivo, mas não impõe que tais atividades sejam exploradas *diretamente* pelos Municípios ou através de empresa sob seu controle: pelo contrário, permite que os Municípios deleguem a particulares a exploração das atividades, desde que a delegação regule-se pelo instituto da concessão ou permissão — o que confirma, repita-se, que não é da essência da cláusula de reserva ou "monopólio" princípio negatório da participação da iniciativa privada na exploração de atividade reservada ao Estado (União, Estados-membros ou Municípios).

37. Cabe referir que, no inc. VII do art. 30, a Constituição atribui aos Municípios competência para "prestar, com a cooperação técnica e financeira da União e do Estado-membro, serviços de atendimento à saúde da população". Nesse caso não se trata evidentemente de cláusula de reserva de atividade aos Municípios, nos limites de seus territórios, mas de norma que impõe *a)* ao Município, o dever de prestar serviços de assistência à saúde de sua população e *b)* ao Estado-membro de que faça parte o Município e à União o dever de cooperarem técnica e financeiramente com o Município na prestação desses serviços.

c) Atividades reservadas à União com o emprego da expressão "monopólio"

38. Análise da atual Constituição Federal mostra que em seu art. 177 a expressão "monopólio" é explicitamente empregada no sentido de *reserva* ao Estado (no caso, à União) de atividades econômicas. Nas demais disposições constitucionais, anteriormente analisadas, "monopólio estatal" resulta de normas da Constituição que conferem ao Estado (União, Estados-membros ou Municípios) competência para explorar, ou exercer, determinadas atividades.

Como já destacado, no inc. XXIII do art. 21 é empregada a expressão "monopólio estatal" quando se confere à União competência para exercer "monopólio" sobre "a pesquisa, a lavra, o enriquecimento e reprocessamento, a industrialização e o comércio de minérios nucleares e seus derivados", o que nada mais é do que o princípio monopolista constante do inc. V do art. 177. Análise sistemática da atual Constituição autoriza a conclusão de que no inc. XXIII do art. 21 a expressão "monopólio estatal" foi empregada pelo legislador constituinte no sentido (restrito) de que tais atividades, devido à sua natureza, deveriam ser excluídas da esfera de atuação da iniciativa privada, e, portanto, reservada à União, como "Estado federal".

39. Segundo o *caput* do art. 177, *constituem* monopólio, ou reserva, da União as atividades ali especificadas. Essa norma constitucional não abrange apenas *um monopólio*, mas diversos "monopólios", cada um referente a uma atividade *monopolizada*. "Constituem monopólio" todas as atividades especificadas no dispositivo, consideradas, de per si, como atividade singular, e não em seu conjunto. Assim, a atividade de pesquisa e a de lavra de jazida de petróleo constituem monopólio da União; as de pesquisa e lavra de jazida de gás natural constituem monopólio da União; bem como as atividades de pesquisa e lavra de outros hidrocarbonetos fluidos, de refinação do petróleo nacional e estrangeiro; de importação e de exportação de petróleo, de gás natural e de outros hidrocarbonetos fluidos, e de seus derivados básicos resultantes das atividades de pesquisa, lavra e refinação; de transporte marítimo de petróleo bruto de origem nacional e de seus derivados básicos produzidos no País; de transporte, por meio de conduto, de petróleo bruto, seus derivados e de gás natural de qualquer origem; de pesquisa, de lavra, de enriquecimento, de reprocessamento, de industrialização e de comércio de minérios e minerais nucleares e seus derivados.

A Constituição reserva à União essas atividades, negando o princípio da *livre iniciativa*, um dos postulados da República e fundamento da ordem econômica. A interpretação da norma do *caput* do seu art. 177 há de ser restritiva por sua natureza especialíssima.

4. *Inteligência do art. 187 da Constituição*

40. Para a exata inteligência do conteúdo e da extensão do art. 177 da Constituição, de importância capital para a resposta aos quesitos objeto da consulta, impõe-se a análise de cada um de seus preceitos.

Para essa finalidade, convém transcrever o dispositivo, em seu inteiro teor (com omissão, por irrelevante, do § 2º):

"Art. 177. Constituem monopólio da União:

"I — a pesquisa e a lavra das jazidas de petróleo e gás natural e outros hidrocarbonetos fluidos;

"II — a refinação do petróleo nacional ou estrangeiro;

"III — a importação e exportação dos produtos e derivados básicos resultantes das atividades previstas nos incisos anteriores;

"IV — o transporte marítimo do petróleo bruto de origem nacional ou de derivados básicos de petróleo produzidos no País, bem assim o transporte, por meio de conduto, de petróleo bruto, seus derivados e gás natural de qualquer origem;

"V — a pesquisa, a lavra, o enriquecimento, o reprocessamento, a industrialização e o comércio de minérios e minerais nucleares e seus derivados.

"§ 1º. O monopólio previsto neste artigo inclui os riscos e resultados decorrentes das atividades nele mencionadas, sendo vedado à União ceder ou conceder qualquer tipo de participação, em espécie ou em valor, na exploração de jazidas de petróleo ou gás natural, ressalvado o disposto no art. 20, § 1º.''

4.1 O inciso I

41. Por esse inciso, são reservadas à União as atividades de pesquisa e de lavra de jazidas de petróleo, de gás natural e de outros hidrocarbonetos fluidos.

Essa reserva, ou ''monopólio'', abrange as atividades de pesquisa e de lavra de jazidas existentes no território nacional, e não, à evidência, a exploração de tais atividades em território estrangeiro.

42. A limitação territorial desse ''monopólio'' não resulta apenas de interpretação lógico-jurídica do inciso em questão: constituiria absurdo pretender-se que ''monopólio'' instituído por ordem jurídica de um Estado incida, ou produza efeitos, sobre jazidas minerais existentes em território estrangeiro, ou de outro Estado.

Tal interpretação funda-se na própria evolução do direito positivo, no que se refere à política nacional do petróleo (e seus derivados) e gás natural:

I — até o advento do Decreto-lei n. 395, de 29.4.1938, a exploração, em território nacional, de petróleo (e seus derivados) e gás natural não estava sujeita a qualquer restrição ou regulação legal — a partir desse diploma, tais atividades passaram a ser reguladas pela União, cabendo ao então criado Conselho Nacional do Petróleo superintender e dispor sobre a exploração daquelas atividades;

II — na evolução legislativa sobre a matéria, destaca-se o Decreto-lei n. 3.236, de 7.5.1941, que instituiu ''o regime legal das jazidas de petróleo e gases naturais'', criando domínio privativo da União sobre jazidas de petróleo e gases naturais *existentes no território nacional* (art. 1º);

III — a Lei 2.004, de 3.10.1953, editada com fundamento no art. 146 da Constituição de 1946, ao instituir ''monopólios'' em favor da União, adotou princípio análogo ao contido no art. 1º do Decreto-lei n. 3.236/41, dispondo que, dentre os ''monopólios'' da União, incluiam-se ''a pesquisa e a lavra das jazidas de petróleo e outros hidrocarbonetos fluidos e gases raros *existentes no território nacional*.

Em toda legislação sobre a matéria cuidou-se sempre de ''monopólios'' de atividades no âmbito do território nacional. E para que a Petrobrás, criada como instrumento de exercício dos ''monopólios'' instituídos pela Lei 2.004/53, pudesse exercer fora do território nacional as atividades abrangidas pelo seu objeto social, entendeu-se necessário a alteração do art. 41 daquela lei — o que foi procedido através da Lei 5.665, de 21.6.1971.

4.2 O inciso II

43. Esse inc. do art. 177 da Constituição reserva à União atividade de refinação, no *território nacional*, de petróleo resultante de lavra de jazidas existentes nesse território (''petróleo nacional'') e no território de qualquer outro país (''petróleo estrangeiro'').

A atividade reservada à União é a de *refinação de petróleo no território nacional*, seja extraído de jazidas situadas no País, seja de jazidas situadas em território estrangeiro, ingressado, em seu estado bruto, no Brasil. O inc. II corresponde, no plano constitucional, à regra do inc. II do art. 1º da Lei 2.004/53.

4.3 O inciso III

44. À União são reservadas, no inc. III do art. 177, as atividades de importação e exportação de produtos e derivados básicos resultantes das atividades compreendidas nos incs. I e II daquele artigo. Esse dispositivo constitucional reproduz princípio já constante da Lei 2.004/53 (art. 3º, § 1º).

O conteúdo do inciso em questão é no sentido de que compete à União importar tais produtos do exterior e exportar os mesmos produtos quando derivados de atividades de lavra e refinamento exercidas no País. Explica-se a reserva à União da atividade de *importação* pela circunstância de que, se não houvesse tal reserva, os "monopólios" das atividades de pesquisa e de lavra (incs. I e II) resultariam inócuos, já que qualquer um poderia, atendidos os requisitos legais, importar aqueles produtos do exterior.

4.4 O inciso IV

45. No inc. IV do art. 177, a Constituição reserva à União, nos moldes do que fazia a Lei 2.004/53 (art. 1º, III), duas atividades econômicas: *a)* o transporte marítimo do petróleo bruto de origem nacional ou de derivados básicos de petróleo produzidos no País, e *b)* o transporte, por meio de conduto, de petróleo bruto, seus derivados e de gás natural de qualquer origem.

Segundo esse inciso, só há "monopólio" de transporte marítimo de produtos de origem nacional, o que impõe a conclusão de que o transporte marítimo de petróleo bruto e seus derivados básicos de origem estrangeira não é abrangido pela reserva, ou "monopólio", constitucional: qualquer particular, nacional ou estrangeiro, pode se dedicar ao transporte, para o Brasil, de petróleo bruto e seus derivados oriundos de atividades econômicas exercidas, ou exploradas, no exterior.

46. O "monopólio" do transporte, por meio de conduto, de petróleo bruto, seus derivados e de gás natural de qualquer origem não autoriza, sob pena de conclusão absurda, a premissa de que ele abranja secção de "conduto" situada em território estrangeiro: a incidência de norma da Constituição brasileira, muito menos de lei especial, não ultrapassa os limites do território nacional.

Conhecida a limitação da incidência desse "monopólio", a única e razoável interpretação do inc. IV do art. 177 da Constituição é, a nosso ver, que o "monopólio" do transporte, por meio de conduto, de petróleo bruto, seus derivados e de gás natural de qualquer origem:

I — só é exercível nos limites do território nacional, posto que reserva de atividade econômica ao Estado (no caso, à União) só é exeqüível dentro desse território, não se admitindo a imposição de ato soberano de um país a limite territorial que ultrapasse suas fronteiras;

II — pressupõe participação, ou parceria, nos casos de transporte de petróleo bruto, seus derivados e de gás natural de origem estrangeira, objeto de importação, já que a secção do conduto situada em território estrangeiro não se submete ao ordenamento jurídico brasileiro, inclusive à Constituição;

III — constituiria entrave econômico se resultasse em transporte exclusivamente explorado pela União (ou através de empresa pública) de petróleo bruto, seus derivados e gás natural de origem estrangeira internados no território nacional, porque demandaria complexa divisão do exercício dessa atividade, dentro e fora do território brasileiro; em outras palavras, a partir do momento em que o conduto cruzasse as fronteiras brasileiras, sua operação passaria ao controle exclusivo e direto da União, com evidentes e incontáveis incovenientes de ordem jurídica e operacional.

47. O inc. IV do art. 177 não determina expressamente que as atividades de transporte por via marítima e por meio de conduto sejam exploradas *diretamente* pela União, não podendo o intérprete, por recurso a interpretação rígida e assistemática, inferir esse princípio: não é da essência da reserva, ou ''monopólio'', que a atividade reservada ou monopolizada seja diretamente explorada pelo Estado.

Conforme assentado no número 2 deste parecer, não é elemento da cláusula de ''monopólio'', ou reserva, que a atividade monopolizada seja explorada exclusivamente pelo detentor do ''monopólio'', ou que, no caso de ''monopólio estatal'', não possa o Estado delegar (por permissão ou concessão) ao particular a exploração da atividade monopolizada. Qualquer restrição à delegação da exploração da atividade monopolizada há de resultar de norma expressa ou de inferência pela única interpretação possível do dispositivo que instituiu o ''monopólio''. Se assim não fosse, de duas uma:

I — como o art. 146 da Constituição de 1946 não autorizava expressamente a delegação pela União, na lei especial instituidora de ''monopólio'', da exploração da atividade monopolizada, haveria de se reconhecer que o inc. II do art. 2º e o art. 5º da Lei 2.004/53 seriam inconstitucionais desde a edição dessa lei, já que neles a exploração das atividades ali monopolizadas foi delegada, ou conferida, à Petrobrás, pessoa jurídica de direito privado — e essa inconstitucionalidade não teria sido elidida pela Constituição de 1967 (com ou sem a EC n. 1/69);

II — como as atividades delegadas à Petrobrás pela Lei 2.004/53 foram alçadas ao plano constitucional sem ratificação expressa dessa delegação, impor-se-ia como conclusão inexorável que aquela lei não teria sido recepcionada (porque seria conflitante com o art. 177) e que a Petrobrás teria se tornado, desde a promulgação da atual Constituição, ''instrumento ilícito'' (porque teria se tornado inconstitucional).

Qualquer outra interpretação que atribua ao ''monopólio'', por sua natureza, elemento excludente da delegação da atividade monopolizada ou de qualquer forma de participação do particular na sua exploração, leva a assumir como verdadeiro que a Petrobrás, por ser pessoa jurídica de direito privado, teria, na melhor das hipóteses, se tornado ''instrumento ilícito'' após a promulgação da atual Constituição. Parece-nos pouco razoável presumir que o legislador constituinte de 1988 tenha pretendido atribuir à Petrobrás a pecha de inconstitucional.

48. Reafirmando o que já dissemos: o Estado (União, Estados-membros e Municípios) pode delegar ao particular a exploração de atividade monopolizada. Esse é o princípio geral. Só não pode quando a delegação é vedada expressamente pelo dispositivo instituidor do ''monopólio'' ou a vedação resulte de única e possível interpretação desse dispositivo.

Assim, todas as atividades especificadas nos incs. do *caput* do art. 177, inclusive a de transporte, por meio de conduto, de gás natural, são delegáveis pela União, que não está obrigada a explorá-la *diretamente*.

4.5 O inciso V

49. À União são reservadas, nesse inciso, as atividades de pesquisa, de lavra, de enriquecimento, de reprocessamento, de industrialização e de comercialização de minérios e minerais nucleares e seus derivados.

A delegação dessas atividades não é vedada pelo inc. V do art. 177 da Constituição, mas resulta de interpretação conjunta desse dispositivo e do inc. XXIII do art. 21, analisado no número 3.4 deste parecer.

4.6 O parágrafo 1º

50. A extensão e a finalidade desse dispositivo são a *vexata quaestio* da consulta, porque ele contém restrição ao princípio geral de que as atividades monopolizadas podem ser objeto de delegação.

O § 1º dispõe que "o monopólio previsto neste artigo inclui os riscos e resultados decorrentes das atividades nele mencionadas, sendo vedada à União ceder ou conceder qualquer tipo de participação, em espécie ou em valor, na exploração de jazidas de petróleo ou gás natural, ressalvado o disposto no art. 20, § 1º".

51. O preceito desse dispositivo divide-se em duas partes: *a*) a primeira, que diz que "O monopólio... inclui os riscos e resultados decorrentes das atividades nele mencionadas"; e *b*) a segunda, que veda "à União ceder ou conceder qualquer tipo de participação, em espécie ou em valor, na exploração de jazidas de petróleo ou gás natural", ressalvada a participação que a Constituição assegura aos Estados-membros, ao Distrito Federal, aos Municípios e a órgãos da administração direta da União, no resultado (em espécie) da exploração de petróleo e gás natural, que pode ser substituída por compensação financeira (em dinheiro, ou valor).

Desconsiderada a razão de ser do preceito do dispositivo ou a motivação do legislador constituinte de incluí-lo na Constituição de 1988, sua interpretação seria no sentido de que:

I — a primeira parte do preceito aplicar-se-ia a todas as atividades elencadas no *caput* do art. 177, donde todos os riscos e resultados da exploração dessas atividades seriam da União, o que, por definição, importaria em impossibilidade prática e lógica de se delegar, sob qualquer regime jurídico, a exploração daquelas atividades;

II — a segunda parte importaria em que a União deveria explorar *diretamente* jazidas de petróleo ou gás natural, não podendo fazê-lo por qualquer modo de delegação ou tipo de participação — sendo que a única participação possível seria a prevista no § 1º do art. 20 da Constituição.

52. Essa interpretação (gramatical) do § 1º, feita com abstração de sua razão de ser e do sistema em que ele está inserido, impõe inexoravelmente as seguintes conclusões:

I — a União não estaria obrigada a explorar *diretamente* as atividades especificadas nos incs. II a V do *caput* do art. 177, podendo delegar sua exploração a entidades de direito privado (ou a elas conceder participação na exploração das atividades): nada obstante, no plano prático, *a delegação* da exploração das atividades (ou sua participação) a entidades privadas *é inviável, já que todos os riscos e resultados da exploração*, com base naquela interpretação, *são da União* — se desta são todos os riscos e resultados, a conclusão necessária é que, no plano prático, a primeira parte do preceito do § 1º vedaria a delegação ou a participação do particular naquelas atividades;

II — como, por força da Lei 2.004/53, atualmente as atividades especificadas no *caput* do art. 177 são exercidas pela Petrobrás, a conclusão a que se chegaria pela interpretação gramatical do § 1º é que, a partir da promulgação (5.10.88) da Constituição de 1988, *os riscos e os resultados da exploração das atividades especificadas nos incs. II a V não são mais da Petrobrás*, mas da União:

a) a Petrobrás, como pessoa jurídica de direito privado e companhia aberta, estaria, portanto, "esvaziada" de seu objeto social, não mais detendo empresa a desenvolver, com sérias conseqüências para seus acionistas, públicos e privados;

b) seria inconstitucional qualquer tipo de participação, em espécie ou em valor, nos resultados da Petrobrás decorrentes da exploração daquelas atividades, inclusive a participação de empregados e administradores.

III — devido à vedação contida na segunda parte do preceito do § 1º do art. 177, *a Petrobrás*, como pessoa jurídica de direito privado, com milhares de acionistas particulares, *não poderia mais explorar jazidas de petróleo e de gás natural, existentes no território nacional*: por força daquele dispositivo constitucional, *apenas a União poderia explorar diretamente essas atividades*, vedada a concessão de qualquer tipo de participação (inclusive à Petrobrás), ressalvadas apenas as participações a que se refere o § 1º do art. 20 — e os riscos e resultados da exploração daquelas atividades seriam exclusivos da União.

Em resumo: adotada interpretação gramatical do § 1º do art. 177 da Constituição, somente a União poderia, de fato e de direito, explorar (diretamente) as atividades especificadas no *caput* desse dispositivo, jogar com a sorte (riscos, ou *álea*) nessas atividades e ser o "sujeito" dos resultados (ganhos e perdas) decorrentes de tais atividades. E a Petrobrás teria se tornado "instrumento ilícito" para explorar jazidas de petróleo e de gás (como previsto na Lei 2.004/53) e não poderia ter qualquer participação, em espécie ou em valor, na exploração dessas e das demais atividades especificadas no *caput* do art. 177.

53. O absurdo das conclusões a que inexoravelmente se chega pela interpretação gramatical do § 1º do art. 177 da Constituição — possivelmente por alguns defendida — autoriza o abandono desse critério de interpretação, pois evidentemente suas conseqüências não são as pretendidas pelo legislador constituinte.

A nosso ver, na interpretação do § 1º não se pode desconsiderar sua razão de ser ou a motivação do legislador constituinte de incluir seu preceito na Constituição, após especificar no *caput* do art. 177 atividades que, no plano infraconstitucional, já eram monopolizadas pela União (Lei 2.004/53).

54. É notório que o preceito do § 1º foi construído pelo legislador constitucional para vedar que a Petrobrás, como instrumento de exercício, pela União, das atividades monopolizadas pela Lei 2.004/53, continuasse a celebrar com outras empresas privadas, nacionais ou estrangeiras, os denominados "contratos de risco", pelos quais empresas privadas eram autorizadas, com assunção dos riscos, a *pesquisar* petróleo no território nacional e tinham assegurada *participação* nos resultados da lavra das jazidas descobertas.

Essa finalidade, ou objetivo do preceito, não é só fato notório, mas é confirmada pelo parágrafo único do art. 45 do Ato das Disposições Constitucionais Transitórias da atual Constituição, que, para preservar os "contratos de risco" já celebrados pela Petrobrás, dispõe que "ficam ressalvados da vedação do art. 177, § 1º, os contratos de risco feitos com a Petróleo Brasileiro SA (Petrobrás), para pesquisa de petróleo que estejam em vigor na data da promulgação da Constituição".

55. Tendo-se presente o objetivo por ele visado, conclui-se que o legislador constituinte pretendeu com o preceito do § 1º vedar que a Petrobrás (como instrumento da União) concedesse a terceiros *participação*, em espécie ou em valor, *na exploração de jazidas de petróleo e de gás natural*, cabendo a ela, Petrobrás, todos os riscos e resultados dessas atividades. A intenção do legislador constituinte não foi a de reservar à União os riscos e resultados de todas as atividades especificadas no *caput* do art. 177, nem a de proibir que a Petrobrás continuasse a explorar as atividades "monopolizadas" pela Lei 2.004/53, com os riscos e resultados a elas inerentes.

Sob pena de se chegar ao absurdo anteriormente destacado, que implica em se "esvaziar" a Petrobrás, o § 1º daquele artigo há de ser interpretado restritivamente e em consonância com os fins verdadeiramente visados pelo legislador constituinte, cujo real conteúdo não é outro senão o seguinte: "É vedado à União, diretamente ou através de empresa sob seu controle acionário, ceder ou conceder qualquer tipo de participação, em espécie ou em valor, na exploração de jazidas de petróleo ou gás natural, ressalvado o disposto no art. 20, § 1º, sendo da União, ou de empresa sob o seu controle acionário, os riscos e resultados decorrentes dessa atividade".

A expressão "atividades" constante do § 1º do art. 177 deve ser tomada como referindo-se às atividades de pesquisa e de lavra das jazidas de petróleo e de gás natural existentes no território nacional, mencionadas no inc. I daquele artigo, e não indistintamente a todas as atividades elencadas no dispositivo — por não ser razoável este entendimento, que leva, como visto, à conclusão absurda em suas conseqüências.

56. A única interpretação do § 1º que entendemos razoável é a que resulta de processo teleológico, que confere ao dispositivo o conteúdo acima enunciado. Essa interpretação fundamenta as seguintes conclusões:

I — *as atividades de pesquisa e de lavra de petróleo e de gás natural* existentes no território nacional *não podem ser delegadas* (sob qualquer regime jurídico) *a terceiros*, devendo ser exploradas diretamente pela União ou por sociedade sob o seu controle acionário, também não podendo ser concedida, em qualquer hipótese, participação *direta* (em espécie ou em valor) a indivíduos e a pessoas jurídicas controladas por capital privado (ou por capital público estrangeiro) nos resultados da exploração daquelas atividades;

II — *à União não é vedado delegar* (sob qualquer regime jurídico) *a terceiros* a exploração das atividades especificadas nos incs. II a V do *caput* do art. 177, nem conceder a terceiros qualquer tipo de participação na exploração dessas atividades — e, como instrumento legal de exploração das atividades, a Petrobrás pode contratar sua exploração com outras empresas de direito privado.

No nosso entender, o único critério razoável de interpretação do § 1º conduz às conclusões acima. Qualquer outro critério de interpretação que se pretenda adotar leva a conclusões absurdas, e importa em se negar a legitimidade da Petrobrás de continuar a explorar as atividades monopolizadas pela Lei 2.004/53, hoje alçadas ao plano constitucional.

Respostas aos quesitos

57. Com esses fundamentos, assim respondemos aos quesitos da consulta:

1. Sim. É compatível com os "monopólios constitucionais" da União de importação e de transporte, por meio de conduto, de gás natural a participação da iniciativa privada na implantação e exploração do Gasoduto Brasil-Bolívia. A cláusula que reserva ao Estado determinada atividade econômica não contém como elemento essencial vedação a que o Estado delegue (sob qualquer regime jurídico) à empresa privada nacional a exploração, em todas ou em algumas de suas etapas, da atividade monopolizada. A vedação há de constar expressamente da norma jurídica instituidora do "monopólio" ou resultar da única interpretação possível da norma.

2. Sendo a Petrobrás o instrumento de exercício, pela União, do "monopólio" da atividade do transporte, por meio de conduto, de gás natural, a Petrobrás pode se associar a outras empresas privadas visando à construção e à exploração econômica do Gasoduto Brasil-Bolívia. Para a associação poderá ser adotada a forma jurídica que melhor atenda às peculiaridades do empreendimento (sociedade personificada, contrato de consórcio, de parceria, de arrendamento, de sociedade em conta de participação etc.). Não ferem o "monopólio" daquela atividade *a*) a condição de a iniciativa privada participar da administração e dos riscos e dos resultados do empreendimento e *b*) o fato de se ajustar que as instalações físicas do Gasoduto Brasil-Bolívia (que estejam em território nacional) pertencerão à iniciativa privada, ou, se de propriedade da Petrobrás, venham a ser objeto de garantia real dos financiamentos externos contraídos pela iniciativa privada para viabilizar o empreendimento.

3. O empreendimento econômico a que se refere a consulta compreende três etapas, conforme destacado no número 1.2 deste parecer. A primeira etapa corresponde à exploração de jazida de gás em território boliviano; a segunda ao transporte, por meio de conduto do gás tanto no território boliviano quanto no brasileiro; a terceira aos serviços locais (nos territórios dos Estados-membros) de distribuição desse gás por rede canalizada. A conjugação dos interesses de todas as partes nele envolvidas dependerá da modelagem jurídico-operacional do empreendimento. Há que se lembrar, quando da formulação dessa modelagem, que a atividade consiste em serviços de distribuição de gás canalizado, que constitui "monopólio" dos Estados-membros, e só pode ser explorada de acordo com o disposto no § 2º do art. 25 da Constituição (diretamente pelo Estado-membro ou por empresa sob controle estatal).

Rio de Janeiro, 18 de março de 1993

OBJEÇÃO DE CONSCIÊNCIA E SERVIÇO POLICIAL MILITAR

DIOGENES GASPARINI
Advogado, Mestre e Doutor em Direito pela Universidade Católica de S. Paulo

1. Introdução

Com o advento da Constituição Brasileira de 1891, que organizou a Primeira República, de modo formal foi separada a Igreja do Estado, na medida em que restou estabelecido no § 7º, do seu art. 72, que "nenhum culto ou igreja gozará de subvenção oficial, nem terá relações de dependência ou aliança com o governo da união ou dos Estados". Essa separação nada tinha de novo, pois fora adotada pelo Decreto n. 119-A, de 7 de janeiro de 1890, salvo o nobre *status* constitucional.

Passou, desse momento em diante, a vigorar o princípio da Igreja livre em Estado livre, conforme ensina Sampaio Dória (*Princípios Constitucionais*, São Paulo, 1926, p. 99). Instala-se, por conseguinte, a plena liberdade de consciência (faculdade de julgar os próprios atos) e crença (fé religiosa) em substituição à religião oficial que fora até então adotada no Brasil, *ex vi* da Constituição Imperial que em seu art. 5º estabelecia: "A religião católica, apostólica, romana, continuará a ser a religião do Império".

2. Liberdade de consciência e crença

Não obstante o asseguramento dessa liberdade de consciência e crença que, entre nós, se instituía constitucionalmente e nos moldes do que já vinha acontecendo nos mais importantes países do mundo, não se permitia que esses valores se opusessem a outros também constitucionalmente garantidos, sob pena de perda dos direitos políticos, Com efeito, prescrevia o § 29, do art. 72, da Constituição de 1891: "Os que alegarem motivo de crença religiosa com o fim de se isentarem de qualquer ônus, que as leis da República imponham aos cidadãos, e os que aceitarem condecoração ou título nobiliárquicos estrangeiros, perderão os direitos políticos".

De modo semelhante, esses princípios ainda vigoram entre nós, na medida em que a atual Constituição da República estabelece no art. 5º, VIII, que "ninguém será privado de direitos por motivo de crença religiosa ou de convicção filosófica ou política, salvo se as invocar para eximir-se de obrigação legal a todos imposta e se recusar a cumprir prestação alternativa, fixada em lei". Nesse dispositivo está o que os autores chamam de *objeção de consciência* ou *escusa de consciência* e Hermann Heller denomina de *direito moral de resistência*.

3. *Objeção de consciência*

Objeção de consciência é o direito do objetor, calcado na liberdade de consciência ou de crença, de desatender ao determinado em lei. Manoel Gonçalves Ferreira Filho, ao comentar a Constituição Federal de 1967, nos termos da Emenda n. 1 de 1969, ensina que a objeção de consciência foi reconhecida no direito pátrio pela Constituição de 1946. Para dito autor, a objeção de consciência é a "invocação da crença ou da convicção como escusa para o descumprimento de obrigação legal que seria exigível do objetor" (*Comentários à Constituição Brasileira — Emenda Constitucional n. 1 de 17 de outubro de 1969*, São Paulo, Saraiva, 1975, 3º vol., p. 89).

Seu exercício sempre, senão quase, está relacionado com a prestação do serviço militar obrigatório, consoante estabelece o art. 143 da Constituição Federal. Por essa razão, assevera Celso Ribeiro Bastos (*Comentários à Constituição do Brasil*, São Paulo, Saraiva, 1989, 2º vol., p. 55), que "é o direito reconhecido ao objetor de não prestar o serviço militar nem de engajar-se no de convocação para a guerra, sob o fundamento de que a atividade marcial fere as suas convicções religosas ou filosóficas. É verdade que o Texto fala em eximir-se de obrigação legal a todos imposta e não especificamente em serviço militar. É fácil de verificar-se, contudo, que a hipótese ampla e genérica do Texto dificilmente se concretizará em outras situações senão aquelas relacionadas com os deveres marciais do cidadão. A experiência de outros países também confirma esse fato".

Não se pode, contudo, criar uma casta social de privilegiados, quebrar o princípio da igualdade, enfraquecer o Estado e colocar em risco o caráter democrático da ordem jurídica. O exercício desse direito deve estar subordinado à conveniência do interesse público e ao cumprimento de prestação alternativa, conforme regulado em lei. Nesse sentido é a lição de Dalmo de Abreu Dallari ("A objeção de consciência e a ordem jurídica", in *Revista de Ciência Política*, vol. II, n. 2, abr./jun. 1968, p. 36), ao afirmar: "À vista disso tudo, parece não ser difícil concluir que a objeção de consciência pode ser prevista na lei, sem quebra do caráter democrático da ordem jurídica e sem que se chegue a ponto de privar o Estado de suas bases de sustentação. Mas, para que não se crie uma casta de privilegiados nem se enfraqueça o Estado, tal concessão deve estar sempre subordinada às conveniências do interesse público. Além disso, como norma de eqüidade, deve-se exigir sempre um serviço público equivalente àquele que se escusa ao cumprimento de uma ordem geral por objeção de consciência".

4. *Alegação da objeção de consciência por policial militar*

Nesse contexto estão várias e importantes preocupações, pois alguns policiais militares, integrantes dos efetivos das Polícias Militares, têm invocado a crença ou a convicção religiosa para se eximirem do trabalho aos sábados, para não portarem arma e para se escusarem de outras atividades, havidas como contrárias aos princípios pregados por algumas religiões ou seitas que professam.

Estariam certos esses policiais militares quando alegam, como fundamento da tese que desejam ver vitoriosa, o disposto no citado inc. VIII do art. 5º da Lei Maior da República?

Vale observar que não se discutirá a violação da liberdade de consciência e de crença, garantidas pelo art. 5º, VI, da Constituição Federal, até porque ninguém pode ser impedido de crer ou ter seus atos interiores disciplinados pela lei ou, na lição de Carlos Maximiliano: "O pensamento é íntimo, simples função psíquica, incoercível. Dele faz uso até o encarcerado". Portanto, a norma só pode tratar da projeção da consciência no mundo externo, ou seja, quando exteriorizada. Nesse particular já se manifestara Pimenta Bueno, em lição acolhida por José Afonso da Silva (*Curso de Direito Constitucional Positivo*, 9ª ed., São Paulo, Malheiros Editores, 1992, p. 219), ao afirmar que a "liberdade de pensamento em si mesmo, enquanto o homem não manifesta exteriormente, enquanto não o comunica, está fora de todo o poder social, até então é do domínio somente do próprio homem, de sua inteligência e de Deus".

Não obstante, a indagação antes formulada somente poderá ser respondida depois de algumas considerações sobre serviço policial militar.

5. *Serviço Policial Militar*

Ninguém desconhece que a Polícia Militar tem duas finalidades: uma, principal, permanente, contínua e exclusiva, está consubstanciada no policiamento ostensivo e na preservação da ordem pública, conforme indicado no § 5º do art. 144 da Carta Política Federal, repetida nas Constituições Estaduais,[1] outra, secundária, permanente e episódica, consistente no servir de força auxiliar e reserva do Exército, consoante prescrito no § 6º do art. 144, também dessa Lei Maior da República.[2] Dessas finalidades decorrem os serviços a cargo de seus integrantes, oficiais e praças, consolidados nos trabalhos de policiamento ostensivo e de preservação da ordem pública e nos de defesa do território, se e quando chamadas à essa prestação, na qualidade de forças auxiliares e reserva do Exército.

Os serviços de policiamento ostensivo e de preservação da ordem pública são, substancialmente, serviços policiais de interesse militar, conforme infere-se do Decreto-lei federal n. 667/69 e do expressamente estatuído no art. 4º, parágrafo único, da Lei do Serviço Militar. Exatamente por isso, somente são executados por servidores integrados às corporações de natureza militar, face a razões: *estruturais*, que permitem subdivisões necessárias à organização de grandes efetivos armados, hierarquizadas de forma a propiciar estabilidade interna e eficiência nas ações policiais; *morais*, que fundamentam uma disciplina rígida, onde impera o senso do exato cumprimento do dever expresso na lei; *estéticas*, que justificam o uso do uniforme, a correção dos gestos e atitudes, a apresentação pessoal, individual e coletiva; *funcionais*, que prescrevem o uso da ordem unida e outras técnicas militares indispensáveis ao emprego do grupo em situações críticas e justificam o manuseio de armas e equipamentos, conforme ensina o Cel. José Francisco Profício ("A Força Policial", *Revista da Polícia Militar de São Paulo*, n. 2, abr./jun. 1994).

Tais serviços, genericamente mencionados na Carta Magna federal, regulamentados por leis e instruções internas da Polícia Militar e executados por instituição com *status* militar e tradicionalmente conhecida, são, evidentemente, do conhecimento de todos, especialmente dos que de maneira voluntária ingressam em suas fileiras, como prescreve o art. 11, do Decreto-lei federal n. 667/69 que reorganiza as Polícias Militares e os Corpos de Bombeiros Militares dos Estados, Territórios e Distrito Federal.[3]

1. A título de exemplo, confira as Constituições dos Estados de São Paulo (art. 141), do Rio Grande do Sul (art. 129), do Paraná (art. 48) e do Rio de Janeiro (art. 186).

2. Confira, também, as Constituições dos Estados do Rio de Janeiro (art. 181) e do Paraná (art. 49)

3. No Estado de São Paulo, confira, no mesmo sentido, o art. 52 da Lei Estadual n. 616/74, que dispõe sobre a organização básica da Polícia Militar.

Sobre mais, diga-se, que o ingresso nessas Corporações depende de rigoroso concurso público de seleção e classificação, a que o interessado, por força de exigência constitucional, se submete. Essa submissão a tais certames realça, ainda mais, a natureza voluntária da incorporação e o fato de que o concursando sabe o que deseja e o que lhe espera. Integrado à Milícia, o incorporado, em razão dos diversos cursos de formação pelos quais obrigatoriamente passa, vai somando a esses conhecimentos outros e se assenhoreando das peculiaridades de uma instituição dessa natureza, característica e finalidade.

6. Objeção de consciência para fugir à ordem legal

O direito de objetar o cumprimento da lei, por motivo de crença religiosa ou de convicção filosófica ou política, não é absoluto. Assim sendo, não pode ser fundamento para o objetor eximir-se de obrigação legal imposta a todos. Até mesmo a Igreja Católica consagra esse entendimento nas palavras de Pio XII. De fato, esse Pontífice, na mensagem de Natal de 1956, declarou que "um cidadão católico não pode apelar para sua própria consciência a fim de recusar prestar os serviços e cumprir os deveres fixados pela lei".[4] A possibilidade de invocação é ampla se promovida com o fito de o objetor escapar de medida imposta a alguns, não a todos, conforme a dicção da primeira parte do inc. VIII, do art. 5º, da Lei Maior da República. Celso Ribeiro Bastos (ob. e vol. cits., p. 57) assevera, a esse respeito, que: "Na redação atual, fica certo que em primeiro lugar há uma possibilidade de invocação ampla da escusa de consciência, mas desde que feita valer para evadir-se o interessado de uma obrigação imposta a alguns ou a muitos, mas não a todos".

Se, contudo, for invocada para contrariar obrigação dessa natureza, ou seja, exigida de todos, deve o objetor prestar obrigação alternativa, consoante estabelecido em lei ou responder pelo seu ato. Neste caso, poderá perder ou ter seus direitos políticos suspensos (art. 15, IV, da CF). Essa também é a inteligência de José Cretella Júnior, quando em seus *Comentários à Constituição de 1988* (1ª ed., Rio de Janeiro, Forense Universitária, 1989, vol. I, p. 253), escreve que "se por um lado a Constituição promete que ninguém será privado de seus direitos por motivos religiosos, filosóficos ou políticos, podendo crer e pensar no que quiser, ao mesmo tempo que assegura a manifestação pública de tais convicções, por outro lado, não admite que alguém invoque qualquer desses motivos para eximir-se de obrigação legal a todos imposta. Assim, se o jovem convocado para o serviço militar não atender à convocação, alegando motivo religioso, filosófico ou político, deverá sofrer as sanções da lei pela recalcitrância".

Mais adiante (ob. cit., vol. II, p. 1.122), esse autor completa sua exposição e menciona qual é essa sanção ao afirmar: "A regra jurídica constitucional determina que ocorrerá perda ou suspensão de direitos políticos, quando o cidadão se recusar a cumprir obrigação a todos imposta, ou prestação alternativa. Se o cidadão deixa de atender à convocação para o serviço militar, alegando motivos de crença religiosa, de convicção filosófica ou política, recusando-se, ainda, a cumprimento de obrigação alternativa, que substitui aquela obrigação, imposta a todos, ficará sujeito à perda ou suspensão dos direitos políticos".

Portanto, se para contornar o cumprimento de obrigação legal imposta a todos, forem invocados tais motivos (crença religiosa, convicção filosófica ou política), não há como seu autor escapar das sanções (perda ou suspensão de diritos políticos), conforme previsto na

4. Apud Dalmo de Abreu Dallari (ob. cit.).

própria Constituição Federal (art. 15, IV), se também se recusar a cumprir prestação alternativa fixada em lei (art. 5º, VIII, da CF), que ainda não foi editada, salvo em relação à prestação obrigatória do serviço militar.

A falta dessa lei não impede o exercício da objeção de consciência. As normas constitucionais que entre nós definem as liberdades são auto-executáveis, salvo para restringir sua abrangência. Com efeito, ensina José Afonso da Silva (ob. cit., p. 242) que "as normas que definem as liberdades consideradas neste capítulo são, via de regra, daquelas que denominamos de eficácia plena e aplicabilidade direta e imediata, porque o legislador constituinte deu normatividade suficiente aos interesses vinculados à matéria de que cogitam. Vale dizer, não dependem de legislação nem de providências do Poder Público para serem aplicadas. Algumas normas podem caracterizar-se como de eficácia contida, mas sempre de aplicabilidade direta e imediata, caso em que a previsão da lei não significa que desta depende sua eficácia e aplicabilidade, visto como tal lei não se destina a integrar-lhes a eficácia (que já têm amplamente), mas visa restringir-lhe a plenitude desta, regulando os direitos subjetivos que delas decorrem para os indivíduos ou grupos. Enquanto o legislador, neste caso, não produzir a normatividade restritiva, sua eficácia será plena".

Contudo, não basta a simples alegação de crença religiosa ou imperativo de consciência para embasar o descumprimento da obrigação legal a todos imposta. Se essa mera invocação fosse possível, seria extremamente fácil fugir às inúmeras obrigações legais. A Constituição Federal exige no inc. VIII, do art. 5º, que haja, para validar a invocação, motivo de crença religiosa ou de convicção filosófica ou política. Assim, quando a alegação for de ordem religiosa há que se verificar qual a religião seguida pelo objetor e, dentro dela, quais as funções que exerce. Assim há de ser, pois nem todas as religiões se opõem a certos comportamentos impostos legalmente.

Só essa percuciente verificação dará a certeza se se está frente a um motivo de crença ou diante de simples razão para se escusar da prestação legalmente imposta a todos. Na primeira hipótese, a invocação surte seus devidos efeitos; na segunda não. Essa é a lição, válida ainda hoje, de José Ricardo Gomes de Carvalho (*RDA* 21/292) quando assevera: "Dada essa declaração, a autoridade a quem é feita verificará se se trata, realmente, de um motivo, ou se, ao contrário, de um mero pretexto ou desculpa de que o cidadão se serve para não prestar os serviços que as leis impõem a todos os cidadãos".

Essa também é a inteligência de Pontes de Miranda quando acentua que "A liberdade de consciência assegura-se a todos, em qualquer atividade ou função. Nas espécies do art. 153, § 6º., a conciliação, no choque com os deveres de cidadão, somente pode ocorrer se há todos os elementos do suporte fáctico (convicção religiosa, filosófica ou política *versus* prestação por parte de quem tem o dever de satisfazê-la, se há verdadeiramente correlação). A alegação, por exemplo, de que nas fileiras das forças armadas adversárias está pai, irmão ou filho, não basta, se não há, à base da atitude, a convicção religiosa, filosófica ou política, que componha a matéria de consciência" (*Comentários à Constituição de 1967*, com a Emenda n. 1 de 1969, São Paulo, Ed. RT, t. V, p. 130).

7. *Objeção de consciência para fugir à ordem superior*

Do exposto, já é possível responder ao indagado no item 4, do seguinte modo: o policial militar não pode, sob pena de insubordinação ou não cumprimento de ordem, invocar motivo de crença religiosa ou de convicção filosófica ou política, para eximir-se de obrigação legal a todos imposta. Com efeito, o direito consubstanciado no inc. VIII, da Constituição Federal, somente está à disposição de objetor que é alcançado compulsoriamente por obrigação a todos imposta. É o que ocorre com a prestação do serviço militar, imposto a todos, obrigatório, por força do art. 143 da Lei Maior Federal. É aos obrigados a essa e outras prestações dessa natureza que se dirige a regra do citado inciso. Somente nessas hipóteses os motivos de crença religiosa e os imperativos de consciência podem se revelar eficientes óbices para o objetor eximir-se da prestação imposta a todos por lei.

Destarte, a regra não prestigia aquele objetor que voluntariamente buscou a situação da qual, pelo exercício de escusa de consciência, deseja evadir-se. Seria fácil, se fosse de outro modo, à alguém que espontaneamente ingressou numa dada relação jurídica, escolher o que não lhe interessa e invocar motivo de crença religiosa ou de convicção filosófica ou política para dela se escusar. É exatamente o que se passa com o policial militar que escolhe voluntariamente a atividade, o trabalho, o serviço, a carreira policial militar e nela ingressa mediante concurso público, disputando uma vaga com muitos outros.

É interessado que sabe o que quer e o que vai encontrar ao longo de sua carreira. Sabe da necessidade de trabalho em todos os dias da semana, inclusive sábados, domingos e feriados civis e religiosos. Sabe que deverá portar revólver e pegar em armas para o enfrentamento de bandidos, quadrilhas e grupos armados. Esse conhecimento vem-lhe do convívio em sociedade, onde atua a Polícia Militar, e das notícias divulgadas pelo rádio, jornal e televisão.

Por evidente, esse policial militar não pode ser tratado como o civil convocado para a prestação do serviço militar ou para a guerra. Este pode invocar motivo de crença religiosa ou de convicção filosófica ou política. Aquele, não. O policial militar que ingressa na Milícia desfrutará das vantagens da carreira e, por isso mesmo, deverá suportar as desvantagens, não lhe cabendo para furtar-se destas invocar a objeção de consciência. Os romanos já diziam: *qui sentit onus, sentire debet commodum, et contra* ou no vernáculo: quem suporta ônus, deve gozar as vantagens respectivas e inversamente. Explicando esse brocardo, Carlos Maximiliano (*Hermenêutica e aplicação do direito*, 6ª ed., Rio-São Paulo, Freitas Bastos, 1957, p. 310) afirma: "os que têm direito ao cômodo, devem sofrer os incômodos que lhe estão anexos, ou do mesmo decorrem".

Não melhora a situação do policial militar e, portanto, não se lhe faculta a invocação de motivo de crença ou de convicção filosófica ou política, o fato de ter mudado de crença. A professada antes não se opunha a certos comportamentos (portar arma, trabalhar aos sábados), a seguida agora se opõe. Nessas hipóteses, só o desligamento porá fim ao conflito que se instaurou entre a obediência aos imperativos da religião e o atendimento da lei, da ordem hierárquica. Também de nada valeria concordar com a prestação de serviço alternativo, dado que essa solução, cremos, só é permitida aos que foram compulsoriamente atirados a uma situação que não desejavam, não pretendiam. Dela não podem se valer os que voluntariamente a procuraram, como são os policiais militares.

8. Desconhecimento do serviço para fugir à ordem policial

Embora não seja objeção de consciência, policiais militares vêm alegando que por ocasião de seu engajamento à Milícia desconheciam os serviços policiais militares na sua integralidade e, por essa razão, se recusam a cumprir ordens legais. Estariam certos? Não cremos.

Com efeito, por todos os fortes motivos elencados, não cabe ao policial militar, pelo menos com sucesso, alegar que desconhecia, à epoca da incorporação, os serviços que lhe são atribuídos e, com isso, escusar-se da execução de qualquer atividade, para a qual receba a competente ordem. A impedi-lo, está a força do velho princípio *neminem ignorantia legis excusat*, hoje regra do nosso Direito. De fato, estabelece o art. 3º da Lei de Introdução ao Código Civil que "ninguém se escusa de cumprir a lei, alegando que não a conhece".

Washington de Barros Monteiro, no 1º vol. do seu *Curso de Direito Civil — Parte Geral* (14ª ed., São Paulo, Saraiva, 1976, p. 26), justifica esse dispositivo, ao asseverar que "se admissível dispensa fundada na *ignorantia legis*, a força imperativa da norma estaria comprometida e vacilante se tornaria todo o sistema jurídico, com evidente prejuízos para a comunidade". Certamente, se se admitisse ao policial militar livrar-se de suas obrigações e deveres porque desconhece os serviços policiais militares, restariam, severamente comprometidas, as finalidades da Polícia Militar e, os prejuízos da comunidade, enormes e de toda espécie, não se fariam esperar. Seriam imediatos e, na maioria das vezes, irreversíveis.

Ainda está a embaraçar seu intento, o fato de que o policial militar é servidor público, conforme dissemos em outra oportunidade (*Direito administrativo*, 3ª ed., São Paulo, Saraiva, 1993, p. 196) e, como tal, deve ser assíduo, pontual e obediente. Entre outros, esses comportamentos são deveres do servidor militar, inclusive do policial militar. O dever de obediência impõe ao servidor militar o acatamento das ordens recebidas e a sua imediata execução, salvo se manifestamente ilegais. Desse modo, se a ordem não for visivelmente ilegal, sob pena de quebrar o dever de obediência, deve cumpri-la ou assumir o risco decorrente do descumprimento. Assim, qualquer desobediência de ordem hierárquica corretamente emitida, ainda que sob a alegação de convicção religiosa, filosófica ou política deverá ser, conforme o caso, punida administrativa ou penalmente.

9. Prestação do serviço alternativo ao serviço militar

No que concerne à atribuição de serviço alternativo aos que, em tempo de paz, após alistados, alegarem imperativo de consciência, entendendo-se como tal o decorrente de crença religiosa e de convicção filosófica ou política, para se eximirem de atividade de caráter essencialmente militar, deve-se alertar que já há regulamentação. Com efeito, pela Lei Federal n. 8.239/91, chamada de Lei de Prestação do Serviço Alternativo ao Serviço Militar Obrigatório, foi regulamentado o § 1º do art. 143 da Constituição Federal e aprovado, pela Portaria n. 2.681-COSEMI, de 28 de julho de 1992, do Estado Maior das Forças Armadas, o competente regulamento dessa lei.

Esses diplomas legais, seguramente, não se aplicam aos policiais militares quando da invocação de motivo de crença religiosa ou de convicção filosófica ou política para se furtarem à obrigação legalmente a todos imposta, dado que visaram a regulamentação dos §§ 1º e 2º do art. 143 da Constituição Federal, onde o primeiro dispõe que "Às Forças Armadas compete, na forma da lei, atribuir serviço alternativo aos que, em tempo de paz, após alistados, alegarem imperativo de consciência, entendendo-se como tal o decorrente de crença religiosa e de convicção filosófica ou política, para se eximirem de atividades de caráter essencialmente militar'' e o segundo estatui que ''As mulheres e os eclesiásticos ficam isentos do serviço militar obrigatório em tempo de paz, sujeitos, porém, a outros encargos que a lei lhes atribuir''. Assim, não há qualquer vantagem com sua menção nas hipóteses em que os policiais militares pretendem se eximir de obrigação legal, em razão dos indigitados imperativos de consciência.

ESTUDOS & COMENTÁRIOS

O NEGRO, A SUPREMA CORTE E A EMENDA CONSTITUCIONAL N. 13

ADHEMAR FERREIRA MACIEL
Ministro do Superior Tribunal de Justiça

Imenso é o abismo entre o mundo das normas jurídicas e o mundo da realidade. Muito se decide no plano ideal e pouco se realiza concretamente. Ninguém quer perder privilégio, ainda que à custa do sacrifício de seu semelhante. Bernard Schwartz, em seu *Direito Constitucional Americano* (Forense), talvez não tenha exagerado quando disse que "a discriminação contra o negro não podia ter um efeito tão grande sem a tolerância da ordem jurídica. Foi necessária a anuência dos tribunais para que a condição subordinada do negro se tornasse um assunto de importância extralegal".

Os jornais noticiaram que no mês de fevereiro que passou o Senado do Estado do Mississipi, após exatos 130 anos, ratificou a Emenda Constitucional n. 13, que aboliu a escravidão como instituição nos Estados Unidos. Falta, ainda, a adesão da outra casa legislativa (a House of Representatives, com cerca de 122 deputados).

Embora o principal alvo de tal Emenda tenha sido o negro, seu alcance foi maior, pois abrangeu a "servidão involuntária", apanhando o "peão mexicano" e o "cule chinês".

Em 1863, em plena Guerra da Secessão, o presidente Lincoln fez uma proclamação — a *Emancipation Proclamation* — onde declarava que todas as pessoas tidas como escravas nos Estados em rebelião seriam consideradas livres. Tal Proclamação foi um tanto inocente, pois dirigida exatamente aos inimigos. Mas, de qualquer sorte, Lincoln estava avivando leis do Congresso e regando a semente plantada pelos principais constituintes de 1787, como George Washington, Alexander Hamilton, James Madison, Benjamin Franklin e John Jay, que se opunham à escravidão, pois incompatível com as idéias que presidiram o nascimento da nova Nação. Praticamente desde o início de seu funcionamento, o Congresso procurou legislar, ainda que com uma série de percalços, para os Territórios que iam sendo incorporados à União e se transformavam em Estados, proibindo que neles se instalasse a *peculiar institution*. Esse era o anseio de boa parte da população estadunidense, sobretudo dos nortistas, e da própria Igreja Presbiteriana. Mas, difícil era vencer as barreiras criadas pela sociedade da época.

Em 1857 veio a furo o denominado Caso Dred Scott *vs.* Sandford, julgado pela Suprema Corte dos Estados Unidos. Dred Scott era escravo de um cirurgião militar (John Emerson) no Estado de Missouri, que reconhecia a escravidão. O militar foi transferido para Forte Snelling, que ficava em Território novo (hoje corresponde a Minnesota), onde o Congresso proibira a escravidão. Levou seu escravo, que então se considerou livre, pois estava em jurisdição onde era vedada a escravidão. Procurou em vão sua alforria, até mesmo tentando comprá-la. Nada conseguiu. Entrou com uma ação na justiça do Estado de Missouri. Perdeu. Mais tarde ingressou na justiça federal (Circuit) e recorreu para a Suprema Corte. Não teve melhor sorte. Perdeu mais uma vez, mesmo registrando votos a seu favor. A corte decidiu que o Congresso não tinha poderes para impedir a escravatura, mesmo naqueles Territórios incorporados à União. Por outro lado, o autor da ação, por ser negro, não tinha legitimidade ativa, pois não fazia parte do "povo dos Estados Unidos", não sendo, portanto, "cidadão" americano. Logo, não poderia exigir direitos.

A Emenda n. 13, que repete quase literalmente o art. 6º da *Ordinance* de 13 de julho de 1787, tem apenas duas seções:

"1. Não haverá nos Estados Unidos, ou em qualquer lugar sujeito à sua jurisdição, nem escravidão, nem trabalhos forçados, salvo como punição de um crime pelo qual o réu tenha sido devidamente condenado.

"2. O Congresso terá competência para fazer executar este artigo por meio das leis necessárias."

À evidência, a Emenda não necessitava de nenhuma regulamentação. Valia por si mesma, sobretudo se interpretada conjuntamente com as Emendas ns. 14 e 15. A Suprema Corte, ao longo dos anos, foi sendo forçada a interpretá-la extensivamente a fim de acabar com as *jim-crow laws*, com os *Black Codes*, um conglomerado de leis e costumes que proibia o negro de freqüentar determinadas tavernas, teatros, escolas, hospedarias, de adquirir livremente imóveis e de se utilizar de transportes reservados ao branco.

Em 1873, no Slaughter House Cases, a Suprema Corte decidiu: "Somente a escravidão do negro foi cogitada pelo Congresso, quando se propôs a Emenda 13, a qual veda qualquer outra espécie de escravidão, agora ou no futuro. Se a peonagem mexicana ou o sistema de trabalho do cule chinês degradar para a escravidão de mexicanos ou da raça chinesa dentro de nosso território, esta Emenda pode ser eficazmente invocada".

Nos Estados do sul, o negro continuava a sofrer toda sorte de discriminação. Há quase um século (1896), no famigerado Caso Plessy *vs.* Ferguson, a Suprema Corte sustentou a grotesca tese do "Separado, mas Igual" para chancelar judicialmente o que a sociedade de então exigia, mesmo fugindo ao espírito da Constituição e à letra das Emendas ns. 13, 14 e 15. No Estado sulino de Louisiana, havia sido feita uma lei que obrigava à separação de brancos e negros em vagões de estrada de ferro. Homer Plessy, um negro que ali residia, resolveu aceitar a briga. Adquiriu bilhete e entrou num vagão para brancos. Assentou-se. Minutos depois estava preso. Foi processado por violar lei estadual. Seus advogados argüiram a inconstitucionalidade da lei. A Suprema Corte, então, tendo como relator o *Justice* Henry B. Brown, rejeitou a pecha de inconstitucionalidade e firmou a famosa doutrina do *Separate But Equal*, que serviu de base para mais segregação, persistindo até a década de 1950. O sofisma do julgado constituiu em dizer que desde que os negros tivessem iguais acomodações, não se poderia falar em "discriminação", mas tão-só em "segregação". Se os negros não poderiam viajar em vagões de brancos, da mesma sorte era proibido ao branco entrar em vagão reservado ao negro. Notável foi o voto vencido do *Justice* John M. Harlan, que, na época, não teve maior repercussão. Enfatizou ele: "A separação arbitrária dos cidadãos, com base na raça, enquanto eles estão na estrada pública, é um estigma de servidão, inteiramente incoerente com a liberdade civil e a igualdade perante a lei estabelecidas na Constituição. O frágil disfarce de acomodações *iguais* para os passageiros nos carros ferroviários não enganará ninguém, nem corrige o erro cometido. Na visão da Constituição, aos olhos da lei, não existe neste país nenhuma classe governante de cidadãos (que seja) superior, dominante. Não há castas aqui. Nossa Constituição é daltônica, não toma conhecimento ou tolera classes entre os cidadãos". Em 1927, no Caso Gong Lum *vs.* Rice, a Corte manteve a mesma decisão para um chinês, que havia sido recusado na escola de brancos. Não havia discriminação, desde que ele fosse classificado com os negros. A partir de 1938 com o Caso Missouri ex rel. Gaines *vs.* Canada, a Suprema Corte começou a se afastar da doutrina de "Separado, mas Igual". Em 1950, no Caso Sweatt *vs.* Painter, provou-se judicialmente que a faculdade de direito do Texas, de brancos, era infinitamente melhor, em acomodações e no ensino, do que outra destinada a negros. Abriu-se uma brecha na jurisprudência anterior, ensejando ao autor da ação a possibilidade de matricular-se na faculdade de brancos.

O tiro de misericórdia na doutrina de "Separado, mas Igual" veio em 1954 com Brown *vs.* Board of Education, possivelmente a mais importante e acabada decisão da Suprema Corte neste século. A votação se fez por unanimidade, graças à habilidade de seu presidente, Earl Warren, que nas reuniões secretas das sextas-feiras expunha os casos em pauta de modo claro e objetivo. Linda Brown, uma menina de curso primário, não pôde matricular-se em escola pública por ser negra. Seu pai entrou com ação alegando que a segregação nas escolas públicas do Kansas era discriminatória. Warren convenceu seus pares de que no fundo a segregação desenvolvia nas crianças negras um sentimento de inferioridade, que as acompanharia pelo resto da vida. E ele perguntava: "Isso é justo?" Não era.

AS MEDIDAS ECONÔMICAS DE FEVEREIRO/95 E A CONSTITUIÇÃO

MONICA HERMAN SALEM CAGGIANO
Professora Associada da Faculdade de Direito da Universidade de S. Paulo

1. As recentes incursões do governo nos domínios da economia, introduzindo restrições ao crédito, no ensejo de respaldar o plano real e, conforme veiculado pela imprensa, evitar novos focos inflacionários, nos coloca, por mais uma vez, diante de paradoxal questão: será que os dirigentes, principalmente aqueles responsáveis pelos rumos econômicos da nação conhecem o teor do texto constitucional? E, se informados do documento promulgado em 1988, com os seus princípios e linhas mestras a nortear as políticas públicas, teriam eles ciência do seu efetivo e concreto valor?

Em verdade, do exame, ainda que perfunctório, do pacote lançado pelo Banco Central, por via de atos meramente administrativos — Circular e Resoluções — emerge para o analista mais atento elevado grau de perplexidade, impondo-lhe — em vão — uma verdadeira acrobacia jurídica para aclimatar aquelas determinações vedativas ao modelo econômico desenhado pelo Estatuto Fundamental.

Nesse panorama desponta, de imediato, a problemática a envolver o superior *status* constitucional, o seu conteúdo e a supremacia de seus preceitos — o porquê dessa postura soberana e a essencialidade de sua observância.

2. A idéia de Constituição, como hoje vem concebida, recebe o seu formato no século XVIII, sob a inspiração do pensamento liberal a dominar a época das luzes. Irrompe como instrumento de limitação do poder político, a engradar a atuação dos monarcas e, assim, a servir de mecanismo de tutela dos direitos individuais.

Fiéis à matriz iluminista, as primeiras Constituições assumem um perfil tipicamente político, cuidando, em especial, da proteção das franquias individuais e, por isso, direcionadas a assegurar uma determinada estrutura ao Estado, organizar o poder, enfim, dispor do arranjo institucional.

No início deste século, contudo, instala-se uma nova e nítida preocupação com o espectro econômico, consolidando-se essa tendência com a promulgação da Constituição mexicana de 1917 e a Constituição soviética de 1918.

A consagração veio a se definir com a Constituição de Weimar, editada um ano mais tarde, em 1919, texto a impactar o cenário jurídico com a inserção de um capítulo dedicado à "vida econômica'', e que inspirou as constituições contemporâneas, particularmente as editadas no período pós-guerra, quando se fez sentir de forma mais aguda a necessidade de regulação da esfera de relações econômicas para garantir o livre funcionamento do mercado (o princípio da autoregulação); mas também, ''para enunciar formas de heteroregulação necessárias ao seu equilíbrio'' (Antonio C. Santos, Maria Eduarda Gonçalves e Maria Manuel L. Marques, *Direito Econômico*, Coimbra, Almedina, 1991).

Pois bem, decorrente dessa nova perspectiva de disciplinamento do plano econômico, o conceito de Constituição Econômica firma-se com idêntica projeção de garantia, de arma oponível ao poder, idéia que já servia de superfície à concepção originária de Constituição política.

E mais, as questões econômicas e sociais, que antes se apresentavam como realidades extraconstitucionais, convertem-se em capítulos essenciais ou preponderantes das estruturas constitucionais. E mais ainda, esse espaço, reservado ao segmento econômico, a exemplo das demais normas de porte constitucional, tem a sua textura plasmada em um pacto entre as partes constituintes; isto porque, friza Vital Moreira ''é produto de uma decisão constitucional'' cuja finalidade é definir ''segundo princípios jurídicos unitários, a ordem de bens, forças e funções econômicas'' (*Economia e Constituição*, Coimbra Ed., 2ª ed., 1979), visando oferecer segurança e certeza à teia de relações que se processam nesse complexo, delicado e sofisticado campo de atuação social.

3. No panorama doméstico pode-se confirmar, hoje, uma experiência acumulada de cerca de cinqüenta anos de Constituição Econômica. De fato, a matéria estreou a nível constitucional com a promulgação da Carta Política de 1934, conquistando aprimoramento com o Estatuto promulgado em 1946 que introduziu a técnica da principiologia constitucional a balizar a ordem econômica e a lhe indigitar a finalidade.

A tônica desses documentos, convém lembrar, era de permissividade intervencionista; a Constituição de 1946 trazia regra expressa a esse respeito (art. 146) e a Constituição de 1967/69, a par da autorização interventiva inserida no seu art. 163, instituiu, ainda, a figura do decreto-lei a viabilizar tal prática.

O quadro mudou, no entanto, sob a égide da Constituição editada em 1988. Distanciando-se do tradicional tratamento doméstico — a albergar razoável suporte à atuação intervencionista do Estado — o texto atual insculpiu no seu bojo um modelo econômico descentralizado, procurando aderir a uma das mais puras versões da economia de mercado, ignorando as tendências, já enraizadas na mentalidade doméstica, de intervenção controladora do Estado.

É o que deflui do exame do art. 170 c/c o art. 174 da nossa Lei Fundamental. Nos novos moldes, a intervenção do Estado é autorizada com o escopo fiscalizatório, no sentido de ajustar os comportamentos econômicos, visando assegurar operacionalidade, de forma harmoniosa e engrenada aos elementos arrolados no art. 170 como a base da nossa economia. Uma economia pautada nos *princípios da livre iniciativa e da livre concorrência*, cuja concretização, porém, deve respeitar os demais fatores de balizamento do campo econômico, ali enumerados, tais como o consumidor, o meio ambiente, a função social da propriedade etc.

Ao Estado, nos exatos termos do preceito nuclear do art. 174 da CF, restou reservada uma atuação reguladora, consubstanciada em *vigilância* e eventual ingerência tão-só para um reordenamento do espectro econômico, visando reintroduzir o equilíbrio entre os princípios que lhe são norteadores; não se lhe autoriza, porém, o aniquilamento de qualquer um deles.

É de se registrar mais, no exercício dessa tarefa de vigilância, ao Estado é dado produzir ingerências, apenas, *em caráter excepcional e sempre por via de lei, a qual, de perfil extraordinário, autoriza interpretação restritiva, sem margem a quaisquer flexibilizações.*

4. As medidas econômicas de fevereiro último, portanto, investem contra tudo o que até aqui restou registrado. Confeccionadas sob o molde de meros atos administrativos e, portanto, formalizadas por intermédio de circular e de resolução, atos editados pelo Banco Central, ignoram, elas, por completo, os princípios econômicos a preordenar a atuação do Estado. Invocando a impositiva necessidade de preservar o plano governamental, nulificam figuras negociais que, hoje, avultam de inconfundível sucesso em razão, exatamente, da liberalização da economia e do tratamento privilegiado com que a Constituição contemplou o *standard* da livre iniciativa e o da livre concorrência.

4.1 Nessa linha, a Resolução n. 002142, de 22 de fevereiro de 1995, suspende "temporariamente, a contratação de operações de arrendamento mercantil, tendo por objeto automóveis, camionetas e utilitários". Em outras palavras, inutiliza o contrato de *leasing*, um instrumento da prática mercantil, que nos últimos anos conquistou a praça, ganhando novo espaço, notadamente, em terreno automobilístico. É certo que, para tanto, buscou o legislador (Banco Central) respaldo na lei e fez pautar a vedação estabelecida no art. 23 da Lei 6.099, de 12 de setembro de 1974, com a redação dada pelo art. 1º da Lei 7.132, de 26 de outubro de 1983, *in verbis*:

"Art. 23. Fica o Conselho Monetário autorizado a:

"a) expedir normas que visem a estabelecer mecanismos reguladores das atividades previstas nesta Lei, inclusive excluir modalidades de operações do tratamento nela previsto e limitar ou proibir sua prática por determinadas categorias de pessoas físicas ou jurídicas;

"b) enumerar restritivamente os bens que não poderão ser objeto de arrendamento mercantil, tendo em vista a política econômico-financeira do País."

É de se frisar, porém, que o texto a lhe servir de surperfície é anterior à promulgação da nova ordem constitucional e com essa conflitante no tocante à viabilização de restrições de porte a invalidar o *leasing*, expulsando-o, ainda que temporariamente, do mercado.

Ora, a suspensão da prática desse contrato exatamente no segmento de comercialização de veículos automotores, ou seja no campo em que esse tipo de contrato encontra sua melhor aceitação, implica, em verdade, em expurgar o instituto; e, para tanto o legislador, hoje, esbarra na limitação constitucional derivada do próprio modelo econômico acolhido e dos princípios que lhe servem de pilares de sustentação e que já não mais agasalham intervenções governamentais na ordem econômica de porte a liquidar figuras mercantis a servir de mecanismos de atuação da iniciativa privada no modelo do *free market*.

Daí a conclusão lógica da não ocorrência do *fenômeno da recepção* no que toca as alíneas *a* (segunda parte) e *b* do preceito legal acima transcrito. Caso contrário, estaríamos nos defrontando com a possibilidade de a legislação ordinária nulificar a matriz constitucional que enfatiza a livre iniciativa, o que nos parece absurdo.

Ainda, nesse diapasão, reparos merece a pretensa "temporariedade" conferida à medida de expurgo do *leasing* por parte do órgão governamental que se investiu na função de legislador. É que, deixou o agente legislador de fixar o período de vigência da referida medida, falha que desfigura a invocada "temporariedade". Sem data para terminar a suspensão imposta, resta desnaturada *a provisoriedade* de que deve se revestir a medida extraordinária, emergencial, contrariando, ainda sob esse aspecto, os requisitos constitucionais a suportar a atuação de interveniência do Estado no segmento das relações econômicas, exatamente em razão de sua excepcionalidade.

4.2 A interveniência do Banco Central na área econômica atingiu também *os grupos de consórcio*, outra das atividades de intensa prática na economia moderna, utilizada para a aceleração do ritmo de negócios no setor de comercialização de bens duráveis e dirigida à extensa camada da população menos aquinhoada, à qual viabilizou o acesso a produtos fora de alcance pelos mecanismos contratuais clássicos.

É a que veio a restrição formalizada por via da Circular n. 002543, de 22.2.95, reduzindo drasticamente a 6 (seis) meses a duração de cada grupo e, na ordem fática, invalidando a modalidade, excluindo a operação consórcio das práticas de mercado. Isto porque evidente é que o consumidor com potencialidade financeira para quitar um automóvel, uma geladeira, um equipamento de microondas ou um computador, em seis parcelas mensais, não irá recorrer ao grupo de consórcio, cuja característica maior reside na possibilidade de as pessoas se reunirem em grupos, grupos grandes, para, por intermédio de contribuições mensais de muitos, porém de reduzido valor, ao longo de um período de tempo razoável e suficiente para atender a todos, obterem bens de valor elevado e, por isso, inacessíveis por via do tradicional instrumento de compra e venda.

Mais uma vez, o agente administrativo — legislador — ampara-se em texto de lei. Invoca a Lei 8.177, de 1.3.91, cujo art. 33, porém, circunscreve seus efeitos ao mero transporte de competência autorizativa e fiscalizatória das operações de consórcio — originariamente do Ministério da Fazenda (arts. 7º e 8º, Lei 5.768, de 20.12.1971) — para o universo de atribuições do Banco Central.

A tarefa fiscalizatória que lhe foi cometida, não autoriza o Banco Central a modelar o formato dos consórcios de molde a aniquilar sua figura. Não há como, ainda diante dos princípios constitucionais, flexibilizar a interpretação da norma legal que preconiza para o ente administrativo a competência para autorização e fiscalização dessa atividade. A par de cuidar-se, *in casu*, de preceito de interpretação restritiva, por inserir no seu bojo a possibilidade de ingerência estatal nesse particular campo das práticas comerciais, expandir-se na interpretação do preceito, a ponto de fazê-lo albergar atuação inibidora quanto a operações de consórcio implicaria um confronto fatal e intolerável com os *standards* constitucionais.

Obstaculizar a formação ou a prática de consórcio, mesmo que sob o manto da temporariedade — por parte de agente incompetente, extrapolando das funções que lhe foram cometidas e em flagrante contradição com a norma de postura constitucional —, conduziria ao extremo de se questionar até mesmo o valor atual da Constituição e dos princípios ali proclamados; e isso em relação a uma Carta Política que vai completar ainda 7 (sete) anos de vida.

4.3 Por derradeiro, surpreende o analista a investida regulamentadora do Banco Central nos domínios da atividade conhecida por *factoring*, ação cujo escopo — conforme divulgado pela imprensa — é a de inibir a emissão de cheques pré-datados ou, em outras palavras, a utilização desse documento no papel de título de crédito.

Sob esse aspecto, tímida e inútil a interveniência do já referido agente, restringindo-se a "esclarecer"; com isso, contudo, rotulou de obscuros os textos legais e a regulamentação até aqui baixada. Pois bem, nessa função *esclarecedora*, registra a Resolução n. 002144, de 22 de fevereiro de 1995:

"Art. 1º. Esclarecer que qualquer operação praticada por empresa de fomento mercantil (*factoring*) que não se ajuste ao disposto no art. 28, § 1º., alínea *c. 4*, da Lei 8.981, de 10.1.95, e que caracterize operação privativa de instituição financeira, nos termos do art. 17, da Lei 4.595, de 31.12.64, constitui ilícito administrativo (Lei 4.595, de 31.12.64) e criminal (Lei 7.492, de 16.6.86)."

Nesse ponto, estarrecedora a interveniência do Banco Central: explanar algo que está na lei parece-nos função interpretativa e essa é privativa do Judiciário. De outra parte, esclarecer as entidades que operam no sistema de *factoring* do fato de que atuar à margem da lei ou em desconformidade com essa implica infração, sujeitando-as às sanções cabíveis, inclusive de ordem penal, é confirmar o óbvio. Salvo se aos olhos daquele órgão a lei se apresenta de extrema fragilidade ou nebulosidade; nessa última hipótese, porém, despiciendo o esforço, pois não terá qualquer efeito.

5. O Banco Central e o Conselho Monetário Nacional configuram elementos nevrálgicos e de extrema relevância na engrenagem governamental. Devem ser considerados, mesmo, pontos vitais do sistema financeiro, desenhado pela nossa Constituição. Da sua atuação e das providências adotadas depende, numa considerável escala, o sucesso ou insucesso das políticas públicas e, em especial, o equilíbrio que deve nortear as atividades financeiras do país.

Tais instituições, no entanto, não passam de meros agentes da Administração Pública, entes estatais que, a seu turno, devem se curvar perante a Constituição e manter sua atuação em sintonia com os princípios maiores estabelecidos pelo legislador constituinte, sob pena de, recorrendo à memorável — hoje clássica — lição do Chief Justice Marshall, entendermos que a lei ordinária e, mais que isso, o Executivo, poderá a qualquer tempo remodelar o preceito constitucional. Isto implicaria retirar-lhe a rigidez, desnaturando o documento constitucional, essencialmente, na sua mais nobre e prestigiada função, de mecanismo de limitação do poder. E, esse quadro distancia-se — e muito — do panorama de certeza e segurança que deve servir de base ao regular o adequado desenvolvimento das multifárias relações que se processam no campo econômico.

PRECEDENTES NO DIREITO BRASILEIRO

EDGARD SILVEIRA BUENO FILHO
Juiz do Tribunal Regional Federal da 3ª Região,
Mestre em Direito Constitucional pela Universidade Católica de S. Paulo

O Estado brasileiro — como todo o mundo ocidental — recebeu forte influência norte-americana, inclusive na área do Direito. O marco inicial desta influência localiza-se em nossa primeira Constituição editada em 1824 que, apesar de definir o Brasil como um Estado unitário, instituiu as províncias que mais tarde com a República se transformaram em unidades federativas. Nos mesmos moldes americanos adotou-se entre nós o esquema de separação das funções estatais entregando-se ao Poder Judiciário, autônomo e independente dos demais, a tarefa de controle da constitucionalidade das leis e atos normativos.

Tal influência não causaria qualquer estranheza não fosse o nosso Direito de origem tão diversa do Direito americano. Com efeito, este último é baseado no sistema do *common law* onde as decisões judiciais cumprem dois papéis, o de solucionar o litígio e o de criar um precedente válido para casos futuros. Enquanto o nosso, assim como a maioria dos sistema vigentes, é baseado na lei escrita, com pouca ou quase nenhuma influência dos precedentes.

Atualmente, porém, há no Brasil crescente valorização dos precedentes em matéria constitucional. Prova disto encontramos nos dispositivos que introduziram a Ação Direta de Constitucionalidade na Carta Magna. É que a Emenda Constitucional n. 3 de 17.3.93 atribui definitividade e força vinculante aos demais órgãos do Judiciário e ao Poder Executivo às decisões nela proferidas. Assim, além da definitividade decorrente da procedência da Ação Direta de inconstitucionalidade, agora também a Constituição dá força ao precedente na ação que declara constitucional ato normativo.

Sem entrar no mérito do acerto ou desacerto do constituinte, o resultado disto reflete na introdução do precedente vinculativo entre nós.

Não obstante, ainda é forte o preceito, para não dizer verdadeira ojeriza, em conferir força vinculante aos precedentes apesar da autoridade do órgão judicante que afirmou o Direito aplicável da forma definitiva.

A nossa falta de atenção às mudanças do panorama constitucional, no que tange aos precedentes, é com certeza um dos maiores fatores de atravancamento do Judiciário, em especial da Justiça Federal. Para conferir a veracidade desta afirmação basta ao leitor que assista a uma das sessões de julgamento de qualquer das Turmas do Tribunal Regional Federal da 3ª Região ou de qualquer outra Corte Regional. Só a título exemplificativo destaco que dos recursos julgados na sessão de 14 de dezembro de 1994 a 4ª Turma julgou 13% versando o Finsocial cuja inconstitucionalidade parcial já foi decidida pelo STF há anos, 18% versando o bloqueio dos cruzados novos na vigência do Plano Collor, 3,9% versando a inconstitucionalidade parcial do PIS, igualmente já resolvida de há muito pelo Supremo, 35,9% versando a devolução do empréstimo compulsório incidente sobre a aquisição de combustíveis ou veículos, num total de 70% dos casos.

Esses recursos que se multiplicam pela Justiça e contêm matéria cujas decisões já se encontram cristalizadas pela repetição impedem um trabalho mais produtivo na resolução de causas individualizadas e às vezes mais importantes. Além disso submetem os litigantes nos processos repetitivos ao aguardo do pronunciamento judicial em questões de há muito solucionadas, numa verdadeira *via crucis*, cujo desfecho já é de todos conhecido.

Há dois caminhos, a meu ver, capazes de obviar estes inconvenientes acima referidos. O primeiro, em nível legislativo, pela edição de norma jurídica impondo a observância obrigatória dos precedentes por parte das instâncias inferiores do Poder Judiciário e, em especial, vinculando o Poder Executivo. Deixo de lado este caminho, por enquanto, sem discutir o nível hierárquico exigível da nova espécie normativa, seus limites e condições de revisibilidade.

O outro em nível jurisdicional possível de ser adotado mediante a evolução do pensamento jurídico brasileiro sendo este o propósito do presente escrito.

Para melhor situar a matéria relembremos o conceito de precedente. Helen Gracie Northfleet, Juíza do Tribunal Regional Federal da 4ª Região, em nota à tradução de artigo de Edward D. Re, publicado na *Revista dos Tribunais* afirma:

"1. Pedra angular do sistema do *Common Law*, o poder vinculante dos precedentes judiciais ou *stare decisis*, como é usualmente referido, tem sido objeto de constante curiosidade entre nós. A aplicação da doutrina nas jurisdições anglo-americanas demonstra vantagens que podem ser resumidas em três aspectos. Ela permite que o juiz se beneficie da experiência de seus predecessores; uniformiza a aplicação do direito e, sobretudo, torna esse direito mais previsível, acrescentando ao ideal de segurança jurídica. Mas, pode, também, em contrapartida, introduzir um indesejável elemento de rigidez no ordenamento jurídico a propiciar o estabelecimento de cerebrinas e diáfanas distinções entre decisões semelhantes.

"A doutrina do *stare decisis* evoluiu e continua a evoluir através de uma intrincada rede de decisões vinculativas e não vinculativas. As últimas, embora sem força de precedente, podem ter efeito persuasivo sobre as futuras manifestações jurisdicionais. O peso específico das decisões (a hierarquia da corte de que promanam) bem como o peso relativo desses julgados (qualificação de seus prolatores, bem como o fato de derivarem de manifestações unânimes ou apenas, eventualmente majoritárias), faz do sistema um sutil jogo comparativo" (*RT* 702, 83, abr./94, p. 7).

Não se olvide, porém, a advertência de Roscoe Pound segundo a qual a estabilidade do direito possível de ser obtida pelo *stare decisis* não pode vir em prejuízo de mudanças comuns na vida em sociedade. Os dois ideais — estabilidade e mudança — precisam ser harmonizados e conciliados. A estabilidade é útil para permitir que as atividades sociais sejam conduzidas com razoável grau de certeza quanto às conseqüências jurídicas de seus atos. A mudança, necessária para haver progresso, consiste numa variação ou alteração daquilo que está fixo e estável. Este segundo ideal, ao meu ver, corresponde à garantia capaz de aplacar as preocupações dos que resistem em aceitar a utilização mais intensa dos precedentes, com o justo receio de tornar o direito estático.

O adágio latino *stare decisis et non quieta movere*, assim, não pode ser entendido de forma tão definitiva, eis que os precedentes podem e devem sofrer alterações para que haja progresso social. Sob esse prisma é que se propõe ao Poder Judiciário o prestígio dos precedentes.

De que modo pode o Judiciário contribuir para tanto? Vamos começar pelas instâncias superiores. No exercício do controle de constitucionalidade o Supremo Tribunal Federal já decidiu pela inconstitucionalidade parcial do Finsocial, do PIS e da Contribuição Social sobre o Lucro. No entanto, a Administração continua a agir como se nada tivesse ocorrido, ou seja, cobrando aquelas contribuições na forma considerada inconstitucional pela Suprema Corte. E o que é pior. São muitos os juízes que decidem as questões versando aquelas matérias contrariando as decisões da mais autorizada Corte do país. Tudo porque foram proferidas no exercício do controle difuso e não em Ação Direta e o Senado Federal deixou de cumprir com a sua tarefa de suspender a execução dos atos normativos declarados inválidos. Como resolver isto? Penso que o Supremo Tribunal poderá obviar esta situação declarando, quando a decisão proferida em causa que reclama a manifestação do Senado, o seu caráter definitivo de sorte a impedir que instâncias inferiores invoquem o caráter *intra partes* da sentença para deixar de aplicá-la à causa em julgamento.

Ilustrativa a respeito foi decisão tomada pela 4ª Turma do Tribunal Regional Federal da 3ª Região — depois transformada em emenda regimental —, quando do julgamento da AMS 42067/SP relatado pelo eminente Juiz Homar Cais, ocasião em que se decidiu pela liberação dos efeitos vinculantes a que estavam sujeitos os órgãos fracionários da Corte à do Plenário dando pela inconstitucionalidade da lei, pela sobrevinda de outra em sentido contrário da Suprema Corte.

Qual o fundamento jurídico capaz de autorizar esse raciocínio? Explícito não há, mas decorre da lógica do sistema jurídico que não pode conviver com tamanho desrespeito às decisões da mais autorizada Corte do país, justamente aquela encarregada pela Constituição a desenvolver a tarefa de controle da constitucionalidade.

Assim, cabe a nós magistrados conferir aos julgados dos Tribunais Superiores revestidos desse traço especial da definitividade o valor e a influência capazes de orientar a nossa atuação e não desrespeitar a autoridade que a Constituição lhes conferiu. Em outras palavras, para não levar o sistema jurídico a uma atitude suicida, as instâncias inferiores devem adaptar suas decisões às das Cortes Superiores — STF e STJ —, quando estas atuem como controladoras da constitucionalidade dos atos normativos, ainda que na via de exceção (art. 102, II) ou guardiã da validade e interpretação uniforme da lei federal (art. 105, III). A adoção da teoria do *stare decisis* traria, além da coerência do sistema, a estabilidade às ações sociais, em última análise viria a conferir segurança jurídica que é um dos fermentos para o desenvolvimento dos povos. Reparem que digo estabilidade e de modo proposital para que não se receie a criação do monstro do direito estático entre nós, o que é indesejável. Mas como então possibilitar que mudanças possam vir alterar precedentes vinculativos? Novamente, invoco Edward Re que, embora defensor da adoção dos precedentes, adverte para a circunstância de pontos importantes permanecerem obscuros porque ninguém se interessou em questioná-los, permitindo com isso que julgados errôneos possam permanecer e adquirir autoridade imerecida. Neste ponto, vale lembrar que como todas as regras e princípios de direito o *stare decisis* comporta exceções de tal sorte que não compromete o sistema deixar de aplicar um precedente tido como vinculativo quando se demonstrar que o direito foi malcompreendido ou mal-aplicado na decisão das Cortes Superiores. Desse modo, vislumbrada a possibilidade de revisão dos precedentes, o que certamente ocorrerá, toda vez que aqueles Tribunais a tanto forem chamados, fica aplacado o receio de formação de um jurisprudência estática. A revisão ou mudança dos precedentes pode e deve ocorrer não só nas hipóteses de má aplicação ou má compreensão do direito mas, também, quando novos argumentos ainda não enfrentados pela jurisprudência sejam suscitados.

Por outro lado, evidenciado o sepultamento da questão judicial pela firmeza do precedente caberá, por fim, a nós magistrados, ademais, a imposição dos ônus da litigância de má-fé às partes que continuem a não se submeter à jurisprudência vencedora, em especial, à Administração Pública que deve, por imposição constitucional, agir em observância do princípio da moralidade (art. 37 da CF).

Estas providências que demandam apenas alteração de postura intelectual dos julgadores, somadas a outras de cunho legislativo que certamente serão adotadas pelo Congresso no bojo da reforma constitucional, tornarão o nosso Poder Judiciário mais ágil, mais presente e muito mais respeitado pela comunidade.

DIREITOS POLÍTICOS — PERDA, SUSPENSÃO E CONTROLE JURISDICIONAL

TEORI ALBINO ZAVASCKI
Juiz do Tribunal Regional Federal da 4ª Região
e Professor de Processo Civil na Universidade Federal do Rio Grande do Sul

I — Conceituação. II — Perda dos direitos políticos: 1. Perda da nacionalidade; 2. Cancelamento da naturalização. *III — Suspensão dos direitos políticos*: 1. Recusa de cumprimento de obrigação; 2. Perda da capacidade civil; 3. Condenação criminal; 4. Improbidade administrativa. *IV — Direitos políticos e cargo público*: 1. Agentes Políticos; 2. Servidores Públicos. *V — Considerações finais.*

I — Conceituação

1. O capítulo da Constituição sobre "Direitos Políticos" (Capítulo IV do Título II) trata de temas como exercício da soberania popular pelo sufrágio e pelo voto, alistabilidade eleitoral, elegibilidade e impugnação de mandato eletivo. Essa variedade temática fornece os elementos para uma compreensão do que sejam os "Direitos Políticos" ou "Direitos de Cidadania": o conjunto dos direitos atribuídos ao cidadão que lhe permite, através do voto, do exercício de cargos públicos ou da utilização de outros instrumentos constitucionais e legais, ter efetiva participação e influência nas atividades de governo. Dir-se-á que esta conceituação abrangente envolve não apenas os direitos políticos propriamente ditos, mas também outros direitos dos quais os direitos políticos constituem simplesmente pressuposto. É verdade. Entretanto, a se tentar purificar o conceito, chegar-se-ia a uma definição restritíssima, segundo a qual direito político seria apenas o direito de ser eleitor. Com efeito, o próprio direito de ser candidato, ou seja, a elegibilidade já tem como pressuposto o "pleno exercício dos direitos políticos" (CF, art. 14, § 3º, II). Preferível, assim, e na esteira da boa doutrina, a conceituação em sentido amplo.[1]

1. Esta definição de direitos políticos em sentido amplo tem o aval abalizado dos nossos Constitucionalistas, como se pode ver em Pinto Ferreira, *Comentários à Constituição Brasileira*, Saraiva, 1989, 1º vol., p. 288: "Os direitos políticos são aquelas prerrogativas que permitem ao cidadão participar na formação e no comando do governo". Na definição clássica de Pimenta Bueno, os Direitos Políticos são "as prerrogativas, os atributos, faculdades ou poder de intervenção dos cidadãos ativos no governo do seu país, intervenção direta ou só indireta, mais ou menos ampla, segundo a intensidade de gozo desses direitos" (*Direito Público Brasileiro e Análise da Constituição do Im-*

2. Estar no gozo dos direitos políticos significa, pois, estar habilitado a alistar-se eleitoralmente, habilitar-se a candidaturas para cargos eletivos ou a nomeações para certos cargos públicos não eletivos (CF, arts. 87; 89, VII; 101; 131, § 1º), participar de sufrágios, votar em eleições, plebiscitos e referendos, apresentar projetos de lei pela via da iniciativa popular (CF, art. 61, § 2º., art. 29, XI), propor ação popular (CF art. 5º., inc. LXXIII). Quem não está no gozo dos direitos políticos não poderá filiar-se a partido político (Lei 5.682, de 21.7.71, art. 62), e nem investir-se em qualquer cargo público, mesmo não eletivo (Lei 8.112, de 11.12.90, art. 5º., II). Não pode, também, ser diretor ou redator-chefe de jornal ou periódico (Lei 5.250, de 9.2.67, art. 7º., § 1º) e nem exercer cargo em entidade sindical (CLT, art. 530, V).

3. Nem todas as pessoas gozam de direitos políticos plenamente. Há as que só estão habilitadas para algumas de suas faculdades e outras há que não se investem em qualquer delas. São pressupostos para aquisição da capacidade política *(a)* a capacidade civil e *(b)* nacionalidade. Por isso não têm direitos políticos os estrangeiros e os menores de 16 anos. Têm direitos políticos, porém não todos, os inelegíveis, tais como os menores de 18 anos e os analfabetos (CF, art. 14, § 4º). A inelegibilidade, ou seja, a restrição ao direito político de candidatar-se, decorre, ademais, de outras circunstâncias: da irreelegibilidade para certos cargos (CF, art. 14, § 5º), da inelegibilidade em razão de vínculos pessoais com titulares de certos cargos (§ 7º) e das demais hipóteses previstas na Lei Complementar n. 64 de 18.5.90, editada segundo a previsão do § 9º., do art. 14, da CF. Para certos cargos eletivos a elegibilidade está condicionada a limite mínimo de idade: 35 anos para Presidente, Vice-Presidente e Senador; 30, para Governador, Vice-Governador; 21 para Deputado, Prefeito e Vice-Prefeito (CF, art. 14, § 3º., VI). Assim, sob este aspecto, antes de atingir 35 anos de idade, ninguém, a rigor, pode se dizer na plenitude dos direitos políticos.[2]

4. Não se pode confundir "cidadania" com "nacionalidade". Ser cidadão é ter direitos políticos. Ter nacionalidade significa ser brasileiro, nato ou naturalizado (CF, art. 12). A nacionalidade é pressuposto da cidadania. Porém, nem todo o nacional é cidadão, porque nem todos têm direitos políticos, como se viu.[3]

II — Perda dos direitos políticos

5. A Constituição Federal veda a cassação dos direitos políticos, mas admite sua perda ou suspensão nas hipóteses previstas no art. 15, a saber: (I) cancelamento da naturalização, (II) incapacidade civil absoluta, (III) condenação criminal transitada em julgado, (IV) recusa de cumprimento de obrigação a todos imposta ou da prestação alternativa e (V) improbidade administrativa. Inobstante rezar o dispositivo constitucional que a perda ou suspensão dos direitos políticos "só se dará nos casos..." elencados no art. 15, é certo que pelo menos um caso não está ali compreendido: o de perda de nacionalidade, de que trata o

pério, Rio de Janeiro, Ministério da Justiça, Serviço de Documentação, 1958, p. 458, citado por Pinto Ferreira, ob. cit.). Pontes de Miranda sintetiza: "Direito político é o direito de participar da organização e funcionamento do Estado" (*Comentários à Constituição de 1967*, Rio de Janeiro, Forense, 1987, vol. 4, p. 573).

2. É por isso que se diz que, no Direito brasileiro, a cidadania tem graduação mínima, média e máxima, conforme a maior ou menor gama de direitos políticos atribuídos ao cidadão (Manoel Gonçalves Ferreira Filho, *Curso de Direito Constitucional*, Saraiva, 5ª ed., 1975, p. 260).

3. Ver a propósito Manoel Gonçalves Ferreira Filho, ob. cit., p. 259.

art. 12, § 4º, II, da Constituição. O cidadão brasileiro que adquirir outra nacionalidade por naturalização voluntária perderá a nacionalidade brasileira e, conseqüentemente, seus direitos de cidadania.[4]

6. A rigor, são apenas duas as hipóteses de perda dos direitos políticos: o cancelamento da naturalização e a perda da nacionalidade brasileira. Todas as demais são hipóteses de suspensão, pois que de efeitos temporários: perdura enquanto perdurar a causa determinante, nos casos de incapacidade civil absoluta, de condenação criminal e de recusa de cumprir obrigação a todos imposta ou prestação alternativa;[5] no caso de improbidade administrativa, o tempo de suspensão dos direitos políticos é o estabelecido na lei regulamentadora do art. 37, § 4º, da CF, ou seja, a Lei 8.429, de 2 de junho de 1992.

1. Perda da nacionalidade

7. Em casos de aquisição, por cidadão brasileiro, de outra nacionalidade, por naturalização voluntária, a perda dos direitos políticos decorrerá, *ipso iure*, do ato que declarar a perda da nacionalidade (art. 12, § 4º, da CF), independentemente de qualquer outro ato administrativo ou sentença. É que a nacionalidade é pressuposto essencial da cidadania: sem aquela impossível esta.

2. Cancelamento da naturalização

8. A perda dos direitos políticos por cancelamento de naturalização decorre, também *ipso iure*, do trânsito em julgado da sentença que decretar o cancelamento. É o que dispõe de modo expresso, o inc. I, do art. 15 da CF. Ou seja, independentemente de qualquer específica menção na sentença à perda dos direitos políticos, esta se operará automaticamente ante o cancelamento do seu pressuposto essencial, a nacionalidade. Exige-se, no entanto, que o cancelamento decorra de sentença, ou seja, de ato do Poder Judiciário. Não está recepcionado pela nova Constituição, destarte, o § 3º, do art. 112, da Lei 6.815, de 19.8.80, que prevê hipótese de declaração de nulidade do ato de naturalização mediante processo administrativo no Ministério da Justiça.

9. São da competência da Justiça Federal "... as causas referentes à nacionalidade, inclusive a respectiva opção, e à naturalização", conforme dispõe o inc. X, do art. 109 da CF.

III — Suspensão dos direitos políticos

1. Recusa de cumprimento de obrigação

10. Em regimes constitucionais anteriores a 1988, a recusa de cumprimento de obrigação a todos imposta acarretava a perda dos direitos políticos.[6] Não foi por outra razão que o Código de Processo Penal estabeleceu, em seu art. 435, que "a recusa do serviço do júri, motivada por convicção religiosa, filosófica ou política, importará a perda dos direitos políticos (Constituição, art. 119, letra *b)*". A Constituição de 1988 não distinguiu expressamente os casos de perda

4. Anoto opinião em outro sentido de José Afonso da Silva, que dá a entender que a perda da nacionalidade, hoje, não importa perda dos direitos políticos (*Curso de Direito Constitucional Positivo*, Ed. RT, 7ª ed., p. 331).

5. O cumprimento de prestação alternativa ao serviço militar obrigatório está disciplinado na Lei 8.239, de 4.10.91, que, no art. 4º, § 2º, refere-se à suspensão dos direitos políticos decorrente da recusa.

6. Constituição de 1969, art. 149, § 1º, *b*; Constituição de 1946, art. 135, § 2º, II; Constituição de 1937, art. 119, *b*.

dos de suspensão. Porém, ao regulamentar "a prestação de Serviço Alternativo ao Serviço Militar Obrigatório", como manda o art. 143, §§ 1º e 2º da atual Constituição, a Lei 8.239 de 4.10.91 estabeleceu que a recusa ao atendimento de serviços nela previstos importará suspensão dos direitos políticos (art. 4º, § 2º). Realmente, a sanção política de perda dos direitos, pela sua perpetuidade, não parece adequada à natureza da falta, sempre passível de "regularização", como reconhece a citada Lei 8.239, de 1991 (§ 2º, do art. 4º). A suspensão dos direitos políticos, nestes casos, não poderá dispensar o devido processo legal, a teor do que dispõe o art. 5º, LIV e LV da CF/88, assegurados ao acusado os mais amplos meios de defesa.

2. Perda da capacidade civil

11. A capacidade civil é condição para aquisição e manutenção da capacidade política. Verificando-se hipótese de incapacidade civil absoluta dentre as previstas na lei civil,[7] suspensa ficará a cidadania enquanto perdurar aquela. A suspensão dos direitos políticos é efeito natural do trânsito em julgado da sentença que decretar a interdição e a sua reaquisição se dará, também automaticamente, pelo ato que determinar a retomada da capacidade civil.

3. Condenação criminal

12. Suspendem-se os direitos políticos por "condenação criminal transitada em julgado, enquanto durarem seus efeitos", diz o inc. III, do art. 15 da CF. A Constituição anterior tinha dispositivo semelhante no § 2º, letra *c*, do art. 149, cuja aplicabilidade a jurisprudência e a doutrina condicionaram à edição da Lei Complementar referida no § 3º daquele artigo, a saber: "Lei Complementar disporá sobre a especificação dos direitos políticos, o gozo, o exercício, a perda ou suspensão de todos ou de qualquer deles e os casos e as condições de sua reaquisição".[8] Dita Lei jamais chegou a ser editada. A Constituição de 1988, no entanto, não refere exigência de norma regulamentadora. A eficácia plena e a aplicabilidade imediata do seu inc. III, do art. 15, é, destarte, inquestionável, e assim pensa a doutrina e decidem os Tribunais.[9]

13. A suspensão dos direitos políticos não é pena acessória, e sim conseqüência da condenação criminal: opera-se automaticamente, independentemente de qualquer referência na sentença.

14. O art. 1º, I, *e*, da Lei da Inelegibilidade (Lei Complementar n. 64, de 18 de maio de 1990) deu ensejo a pensar-se que a suspensão dos direitos políticos não se daria em todos os casos de condenação, mas apenas e tão-somente nos ali elencados. Não é correto o entendimento. O que o dispositivo da Lei Complementar disciplina é hipótese de inelegibilidade, "pelo prazo de três anos após o cumprimento da pena", em relação aos que "forem condenados criminalmente, com sentença transitada em julgado, pela prática de crimes contra a economia popular, a fé pública, a administração pública, o patrimônio público, o mercado financeiro, pelo tráfico de entorpecentes

7. Código Civil, art. 5º; Decreto n. 24.559, de 3.7.34, art. 26.

8. Na ação penal n. 225-RJ, Rel. Min. Xavier de Albuquerque, julgada em 18.7.77, o STF decidiu, por unanimidade, "declarar que a presente condenação, por isso que suspensa a execução de pena privativa da liberdade, não importa na suspensão dos direitos políticos, face à inexistência da Lei Complementar a que se refere o art. 149, § 3º, da Constituição" (*RTJ* 82/647).

9. "A norma do artigo 15, III, da Constituição Federal é auto-aplicável", diz o prejulgado n. 1, de 1992, do Tribunal Regional Eleitoral do Rio Grande do Sul.

e por crimes eleitorais".[10] Vale dizer: em tais casos, ainda que retomados os demais direitos políticos por exauridos os efeitos da condenação, persistirá a inelegibilidade enquanto não transcorrido o prazo de três anos. A elegibilidade, como já se acentuou, constitui apenas um dos direitos políticos ou uma das prerrogativas inerentes aos direitos políticos e com estes, portanto, não se confunde.

15. O Constituinte não fez exceção alguma: em qualquer hipótese de condenação criminal haverá suspensão dos direitos políticos enquanto durarem os efeitos da sentença. Trata-se de preceito extremamente rigoroso, porque não distingue crimes dolosos dos culposos, nem condenações a penas privativas de liberdade de condenações a simples penas pecuniárias. Também não distingue crimes de maior ou menor potencial ofensivo ou danoso. A condenação por contravenção, que também é crime, acarreta, assim, o efeito constitucional.[11]

16. A suspensão dos direitos políticos perdura enquanto perdurarem os efeitos da condenação. Duas correntes se formaram a respeito do que se há de entender por "duração dos efeitos". Uma, partindo do pressuposto de que, por "efeitos da condenação" devem ser entendidos os previstos na Lei Penal, neles incluídos, portanto, também os efeitos secundários, como o de "tornar certa a obrigação de indenizar o dano causado à vítima", previsto no art. 91, I, do Código Penal. Vale dizer: enquanto não atendida esta obrigação, perdurará o efeito da condenação e, portanto, a suspensão dos direitos políticos. Outra orientação, mais restrita, é no sentido de que os efeitos da condenação se esgotam com o cumprimento da pena imposta pela sentença condenatória, ainda que persistam os efeitos secundários de que trata a Lei Penal. O sentido ético que inspira e subjaz à sanção política prevista no art. 15, III, da Constituição[12] dá abono à primeira interpretação, aliás adotada pelo Tribunal Regional Eleitoral do Rio Grande do Sul.[13] É a segunda, no entanto, a que tem o aval do Tribunal Superior Eleitoral.[14] Qualquer que seja o entendimento, é certo que durante o prazo do *sursis* a sanção política persistirá, porque ainda persistem os efeitos da condenação.

17. Por outro lado, sejam quais sejam os efeitos a que se refere o Constituinte, não há dúvida que, uma vez esgotados, opera-se a reaquisição dos direitos políticos, independentemente da reabilitação criminal. Exigir-se, para tal fim, a conclusão do processo formal de reabilitação seria prolongar o tempo de suspensão da cidadania e sujeitá-la a imposições não previstas na Constituição. Com efeito, a reabilitação, que tem efeito meramente declaratório, só pode ser requerida após dois anos "do dia que for extinta, de qualquer modo, a pena ou terminar a execução..." e desde que aten-

10. Com razão se questiona a higidez constitucional da letra *e*, do inc. I, do art. 1º, da LC n. 64/90. A autorização constitucional para criação, por Lei Complementar, de novas hipóteses de inelegibilidade, só poderia ser utilizada com o "fim de proteger a normalidade e a legitimidade das eleições contra a influência do poder econômico ou o abuso do exercício de função, cargo ou emprego na administração direta ou indireta" (CF, art. 14, § 9º). Ora, é questionável a compatibilidade do disposto na letra *e*, referida, com a finalidade expressa na Constituição, como bem observou Antonio Carlos Mendes, in "Fascículos de Ciências Penais", v.s., n. 2, p. 38, abr./jun. 1992.

11. Anoto opinião em sentido contrário de Antonio Carlos Mendes, ob. cit., que admite a possibilidade de "concluir-se que os crimes culposos são insuscetíveis de suspensão dos direitos políticos".

12. "No tocante ao fundamento da medida, diz Pontes de Miranda ser ético, já que o criminoso não é idôneo para participar dos negócios públicos" (Celso Ribeiro Bastos, *Comentários à Constituição do Brasil*, Saraiva, 1989, 2º vol., p. 595).

13. Acórdão n. 50/92, de 25.3.92, Rel. Juiz Armindo José Lima da Rosa, entre outros.

14. Acórdão n. 12.931, de 1.10.92, Rel. Min. Torquato Jardim, entre outros.

didos outros requisitos elencados no art. 94 do Código Penal. Exigir-se a reabilitação significaria prolongar a suspensão por mais dois anos além do prazo previsto pelo Constituinte.

4. Improbidade administrativa

18. A suspensão dos direitos políticos por motivo de improbidade administrativa é hipótese nova no Direito brasileiro, introduzida pela CF/88. À improbidade, tradicionalmente, cominavam-se sanções de natureza penal, ainda que com efeitos políticos. Mas, sempre em ação penal. Agora, a sanção não é penal. É civil ou, melhor dizendo, político-civil. Leia-se, com efeito, a CF, no § 4º do art. 37: "Os atos de improbidade administrativa importarão a suspensão dos direitos políticos, a perda da função pública, a indisponibilidade de bens e o ressarcimento ao erário, na forma e na gradação previstas em lei, sem prejuízo da ação penal cabível". Ora, essa circunstância — natureza não criminal da sanção — inova substancialmente na ordem jurídica, o que fica evidenciado no exame da Lei 8.429, de 2.6.92, que, regulamentando o texto constitucional, dispôs sobre "as sanções aplicáveis dos agentes públicos nos casos de enriquecimento ilícito no exercício de mandato, cargo, emprego ou função na administração pública direta, indireta ou fundacional".

19. Autor e lesado por improbidade têm conceito amplíssimo na lei, conforme se vê nos seus arts. 1º e 2º. Agente público, eventual sujeito ativo do ilícito, é considerado "todo aquele que exerce, ainda que transitoriamente ou sem remuneração, por eleição, nomeação, designação, contratação ou qualquer outra forma de investidura ou vínculo, mandato, cargo, emprego ou função nas entidades mencionadas no artigo anterior" (art. 2º). Como vítimas figuram, além das entidades da administração direta, indireta, e fundacional, as empresas incorporadas ao patrimônio público ou aquelas entidades para cuja criação ou custeio o erário haja concorrido ou concorra com parcela superior a cinqüenta por cento do patrimônio ou da receita (art. 1º) e, ainda as entidades que recebem subvenção, benefício ou incentivo, fiscal ou creditício, de órgãos públicos (parágrafo único do art. 1º).

20. Os atos de improbidade foram divididos em três grandes grupos: os "que importam enriquecimento ilícito" (art. 9º) os "que causam prejuízos ao erário" (art. 10) e "os que atentam contra os princípios da administração pública" (art. 11). No que diz respeito à cominação de suspensão dos direitos políticos ora em estudo — que é aplicável cumulativamente com outras previstas na lei, como a perda do cargo público, o ressarcimento dos danos, a perda dos acréscimos patrimoniais ilicitamente obtidos etc. — fixou a lei, no art. 12, a seguinte gradação: suspensão dos direitos políticos de oito a dez anos, para os atos da improbidade do primeiro grupo (art. 9º); de cinco a oito anos, para os atos do segundo grupo (art. 10); e de três a cinco anos, para os demais (art. 11). "Na fixação das penas", diz a lei, "... o juiz levará em conta a extensão do dano causado, assim como o proveito patrimonial obtido pelo agente" (art. 12, parágrafo único).

21. Muito embora a penalidade seja a suspensão dos direitos políticos e a perda do cargo eletivo, se for o caso, a ação não é da competência da Justiça Eleitoral, já que a matéria não tem natureza eleitoral. Em voto no TRE/RS sustentamos que "o controle dos direitos políticos dos cidadãos, em princípio, refoge à competência eleitoral. Só o será se, no curso do processo eleitoral e em função dele, houver necessidade de, incidentalmente, conhecer de matéria relacionada com inelegibilidade. É o que ocorre quando do pedido de registro de candidaturas ou de diplomação de eleitos, onde a elegibilidade (e, portanto, se for o caso, a existência dos direitos políticos) deve ser examinada. Nesses casos, porém, a existência dos direitos políticos é fundamento para a decisão, jamais seu objeto. É que a elegibilidade, ou seja, a aptidão para ser votado, é apenas um dos atributos dos direitos políticos, já que, a este, outros atributos e faculdades são inerentes, e não apenas os relacionados com eleição (direito de votar e ser votado) e sim os que dizem respeito ao *status civitatis* no seu mais amplo sentido. Portanto, a perda ou suspensão dos direitos políticos traz aos cidadãos atingidos conseqüências muito mais abrangentes que as relacionadas com eventual e episódica participação em determinado pleito eleitoral''.[15] Portanto, a ação de que trata a Lei 8.428/92 será processada e julgada perante a justiça comum. Se a lesão afetar direito ou interesse da União, entidade autárquica ou empresa pública federal, a competência será da justiça comum federal, já que, nestes casos, figurando a lesada no pólo ativo da relação processual, ou como autora (art. 17) ou como litisconsorte (art. 17, § 3º), aplica-se a regra de competência do art. 109, I, da Constituição. Nos demais casos, a competência será da justiça comum dos Estados.

22. Por outro lado, não se tratando de ação penal, não se aplicam, à hipótese, as regras que estabelecem foro especial por prerrogativa de função, tais como as dos arts. 29, VIII, 102, I, *b* e *c*, 105, I, *a*, e 108, I, *a* da Constituição. Independentemente do grau hierárquico do agente público que tenha praticado o ato de improbidade, a ação será proposta perante o juízo de primeira instância, como aliás ocorre quando se trata de ação popular. Saliente-se que, a teor do art. 20, da Lei em comento, a suspensão dos direitos políticos somente se efetivará com o trânsito em julgado da sentença, o que importa dizer que todos os recursos que vierem a ser interpostos terão efeito suspensivo.

IV — Direitos políticos e cargo público

23. Questão importante é a de saber se a perda ou suspensão dos direitos políticos acarreta a perda do cargo público. Para respondê-la é de mister distinguir-se e precisar-se a condição daquele que exerce cargo de Governo (o ''agente político'') e daquele que exerce cargo de Administração (o ''servidor público'', propriamente dito). ''Governo'', diz Hely Lopes Meirelles, ''é atividade política e discricionária; administração é atividade neutra, normalmente vinculada à lei ou à norma técnica. Governo é conduta independente; administração é conduta hierarquizada. O Governo comanda com responsabilidade constitucional e política, mas sem responsabilidade profissional pela execução; a Administração executa sem responsabilidade constitucional ou política, mas com responsabilidade técnica e legal pela execução. A Administração é o instrumental de que dispõe o Estado para pôr em prática as opções políticas do Governo. Isto não quer dizer que a Administração não tenha poder de decisão. Tem. Mas o tem somente na área de suas atribuições e nos limites legais de sua competência executiva, só podendo opinar e decidir sobre assuntos jurídicos, técnicos, financeiros, ou de conveniência e oportunidade administrativas, sem qualquer faculdade de opção política sobre a matéria''.[16] Daí a

15. Processo Classe XVII, Acórdão n. 179/93, de 4.8.93, votação unânime, com a seguinte ementa: ''Representação: suspensão de direitos políticos por improbidade administrativa. Matéria que refoge à competência da Justiça Eleitoral. Declinação de competência e remessa dos autos ao juízo de direito da comarca de origem do feito''.

16. *Direito Administrativo Brasileiro*, Ed. RT, 14ª ed., p. 56.

fundamental distinção antes referida entre os agentes políticos, ocupantes de cargos de Governo, dos "servidores públicos", ocupantes de cargos de administração. Lê-se na doutrina de Celso Antônio Bandeira de Mello que "agentes políticos são os titulares dos cargos estruturais à organização política do País, ou seja, ocupantes dos que integram o arcabouço constitucional do Estado, o esquema fundamental do Poder. Daí que se constituem nos formadores da vontade superior do Estado", enquanto que "a designação de servidores públicos abarca todos aqueles que entretêm com o Estado e entidades de sua administração indireta ou fundacional relação de trabalho de natureza profissional e caráter não eventual sob vínculo de dependência".[17]

1. Agentes políticos

24. O gozo dos direitos políticos é condição indispensável à elegibilidade, como faz expresso o art. 14, § 3º, II, da CF. É igualmente requisito para o exercício de cargos não eletivos de natureza política, tais como os de Ministros de Estado, Secretários Estaduais e Municipais (CF, art. 87). Não teria sentido, que a estes agentes políticos — "titulares dos cargos estruturais à organização política do País, ... ocupantes dos que integram o arcabouço constitucional do Estado, o esquema fundamental do Poder", encarregados de formar a vontade superior da sociedade política — fosse dado exercer o cargo mesmo quando privados dos direitos de cidadania. Seria um verdadeiro contra-senso, já que "o vínculo que tais agentes entretêm com o Estado não é de natureza profissional, mas de natureza política. Exercem um *munus* público. Vale dizer, o que os qualifica para o exercício das correspondentes funções não é a habilitação profissional, a aptidão técnica, mas a qualidade de cidadãos, membros da *civitas* e por isto candidatos possíveis à condução dos destinos da Sociedade."[18] Aos agentes políticos — titulares de cargos eletivos ou não — exige-se, portanto, o pleno gozo dos direitos políticos, não apenas para habilitar-se ou investir-se no cargo, mas, igualmente, para nele permanecer. Assim, a superveniente perda ou suspensão dos direitos de cidadania implicará, automaticamente, a perda do cargo. Há, porém, uma exceção: a do parlamentar que sofrer condenação criminal. O trânsito em julgado da condenação acarreta, como já se viu, a suspensão, *ipso iure*, dos direitos políticos (CF, art. 15, III), mas não extingue, necessariamente, o mandato eletivo. Ao contrário das demais hipóteses de perda ou suspensão dos direitos políticos, que geram automática perda do mandato (art. 55, IV, da CF), perda que "será *declarada* pela Mesa da Casa respectiva..." (art. 55, § 3º), em caso de condenação criminal a perda do mandato (art. 55, VI) "...será *decidida* pela Câmara dos Deputados ou pelo Senado Federal, por voto secreto e maioria absoluta..." (CF, art. 55, § 2º). Ou seja: não havendo cassação do mandato pela Casa a que pertencer o parlamentar, haverá aí hipótese de exercício do mandato eletivo por quem não está no gozo dos direitos de cidadania. Esta estranha exceção poderá representar, quem sabe, um mecanismo de defesa contra o exacerbado rigor do art. 15, III, do Texto Constitucional, mas é curioso que assim seja, dado que a condenação do parlamentar só se tornou viável ante a prévia licença dos seus pares para a instauração da ação penal (CF, art. 53, § 1º).

25. A essa altura cumpre referir o art. 92, I, do Código Penal, que prevê

17. *Curso de Direito Administrativo*, Malheiros Editores, 4ª ed., 1993, p. 123.

18. Celso Antônio Bandeira de Mello, ob. e loc. cits.

como "efeitos da condenação: I — a perda do cargo, função pública ou mandato eletivo, nos crimes praticados com abuso de poder ou violação de dever para com a Administração Pública quando a pena aplicada for superior a quatro anos...". À luz da Constituição passada entendia-se que não era legítimo o dispositivo no que se referia a mandato eletivo, já que, implicando suspensão de direito político, a pena não poderia ser criada senão em lei complementar, como exigia o § 3º, do art. 149, da CF/69.[19] Pois bem, no regime constitucional vigente, com mais razão a disposição é inaplicável: o mandato eletivo ou se extingue automaticamente pela suspensão dos direitos políticos acarretada pela sentença penal condenatória transitada em julgado, ou, no caso de mandato parlamentar, dependerá de decisão da respectiva Casa Legislativa, como antes se viu.

2. Servidores públicos

26. No que se refere aos servidores públicos, o tratamento é diferente. É certo que a Lei exige o gozo dos direitos políticos como requisito para investidura em cargo público (Lei 8.112/90, art. 5º, II). Porém, dada a natureza profissional, e não política, do cargo que exercem, e o caráter permanente, e não transitório, do seu exercício, só a perda dos direitos políticos é que poderá atingi-lo. E atingi-lo-á, não pela perda dos direitos políticos em si, mas pela perda da nacionalidade, causa da perda daqueles direitos. Em casos de suspensão, que é sempre temporária, dos direitos de cidadania a perda do cargo não será, pois, decorrência necessária, mas dependerá de cominação aplicada autonomamente, mediante o devido processo legal, nos casos que a lei estabelecer. Em outras palavras: o exercício de cargo público de natureza profissional, diferentemente do que ocorre com os cargos de natureza política, não se interrompe por suspensão dos direitos políticos. Perda do cargo poderá haver se o fato determinante da suspensão dos direitos políticos constituir também infração sancionável com dita penalidade, o que se verificará, se for o caso, em processo próprio, administrativo-disciplinar (Lei 8.112/90, art. III e V), jurisdicional-civil (Lei 8.429, de 1992, art. 12) ou jurisdicional-penal (Código Penal, art. 92, I).

V — Considerações finais

27. Parece certo concluir-se, destas observações, que o controle dos direitos políticos resultou superlativamente valorizado pela Constituição de 1988, notadamente por dois aspectos: primeiro, pela auto-aplicabilidade do dispositivo que prevê a suspensão dos direitos políticos em caso de condenação criminal transitada em julgado, o que importa valorização dos padrões éticos da cidadania; segundo, pela criação da pena política para as hipóteses de improbidade administrativa, o que representa instrumento importante — hoje inteiramente regulamentado e apto a ser utilizado — para a moralização da atividade pública e dos seus serviços, exigência impostergável de uma sociedade que, impaciente e esperançosa, anseia ver afastados da vida pública os que, por improbos, não merecem os direitos de cidadania.

19. A propósito: Celso Delmanto, *Código Penal Comentado*, Renovar, 2ª ed., p. 155.

DESCUMPRIMENTO DE ORDEM JUDICIAL POR FUNCIONÁRIO PÚBLICO

IVAN LIRA DE CARVALHO
Professor da Faculdade de Direito da Universidade Federal do Rio Grande do Norte

I — Explicação inicial. II — Descumprimento de ordem judicial. III — O princípio da legalidade e a tipicidade. IV — Sobre a desobediência. V — Delito de resistência? VI — A prevaricação. VII — Abuso de autoridade. VIII — Algumas conclusões e sugestões.

I — Explicação inicial

A curiosa e preocupante obstinação de determinados setores da administração pública brasileira em burlar os ditames da Constituição e da legislação infraconstitucional, em desfavor do cidadão comum, fez com que a população se armasse do mais forte instrumento existente nas sociedades democráticas e pelo menos teoricamente tuteladas pelo Estado de Direito: *a ação judicial*.

Assim, quando da formulação de planos econômicos que malferiram o direito de propriedade detido sobre os ativos financeiros, foi ao Judiciário que o particular recorreu, mirando o desembargo das suas reservas pecuniárias. Quando a Previdência Social quedou-se omissa em pagar os benefícios da sua alçada, na integralidade de pelo menos um salário mínimo, foi na Justiça Federal que os beneficiários foram depositar a querela, objetivando o respeito do que dita a Constituição Federal, art. 201, § 5º. Igualmente foi ao Poder Judiciário que os servidores públicos recorreram quando sentiram que os seus vencimentos estavam sendo pagos em descompasso com o crescimento inflacionário experimentado pela economia nacional.

Os poucos exemplos acima destacados, hauridos de um universo de largas dimensões, dão mostra de como tem sido volumosa a atuação da Justiça em socorro dos que a ela pedem proteção contra as iniqüidades do Estado. E em conseqüência, é possível aferir-se os dissabores que são enfrentados pelos magistrados, nos mais distintos graus, quando defrontados com a recusa dos agentes públicos em dar cumprimento às determinações judiciais. Se cerca de 83% da população brasileira não crê na Justiça, consoante pesquisa divulgada em 1993 por grande revista de circulação nacional, exatamente por conta da morosidade desta e pela ineficácia das suas decisões, mais agravado ainda fica o quadro, quando a prestação da tutela jurisdicional é providenciada em lapso temporal relativamente curto, mas deixa de ter efetividade por recusa da administração pública em a ela dar cumprimento. Qual a posição que deve ser adotada pelo Judiciário quando encarar tal situação?

Em busca de uma resposta para a indagação acima formulada é que se procura dar forma de ensaio às presentes idéias. Se delas não exsurge uma solução, decerto aflora pelo menos uma contribuição, útil tanto aos Juízes como aos particulares, e até mesmo à administração pública, que disporá de elementos para pautar a sua conduta vindoura, evitando transtornos àqueles que verdadeiramente estipendiam o seu funcionamento.

II — Descumprimento de ordem judicial

O questionamento primário, sobre o qual deve ser debruçada a presente análise, diz respeito à natureza do comportamento configurador do descumprimento de ordem emanada judicialmente, por parte de funcionário público ou de quem a este for equiparado para os excogitados fins. Será uma mera desatenção processual, punível de acordo com as regras da codificação de ritos? Ou configurará um ilícito administrativo, sujeito às sanções destinadas à repreensão de tais ocorrências? Ou será, deveras, uma infração penal?

Decerto encontraremos encaixe para a desídia do funcionário público em todas as searas acima listadas. Procurarei, nos limites dos meus conhecimentos e da minha parca experiência de magistrado, analisar a questão sob a ótica penal, procurando enxergar onde melhor estará agasalhada a ação (ou a inação) do servidor.

III — O princípio da legalidade e a tipicidade

Quando um magistrado expede uma ordem, a partir do que decidiu em um processo judicial, almeja que esta seja imediatamente cumprida, pois só assim ocorrerá a efetividade da tutela conferida. Ao instante em que o destinatário do mandado opõe recusa para atender ao que lhe foi ordenado, a primeira idéia que se tem é a de que aquele agente público malferiu uma parcela da soberania do Estado, e por isso merece ser punido. Como a aparente insolência exala gravidade, é buscada uma reprimenda igualmente forte, geralmente com a retribuição de uma penalidade, quiçá deambulatória. Esbarra esse *animus puniendi* na perquirição da *tipicidade*, presente na Constituição Federal (art. 5º, XXXIX) e no Código Penal, art. 1º, conforme será visto adiante.

IV — Sobre a desobediência

A primeira figura delitiva à qual se procura subsumir o agir do funcionário público que recusa cumprimento a ordem judicial é a da *desobediência*, antevista no art. 330 do Código Penal. Não são poucas as manifestações pretorianas assim estampadas: "Desobediência — Ordem Judicial — HC denegado. A desobediência à uma ordem judicial, provinda de autoridade competente, configura crime, não permitindo, por isso mesmo, valer-se o infrator do *habeas corpus* para eximir-se ao seu cumprimento, por prefalada existência de coação ilegal ou abuso de poder" (STJ, Ac. unân. da 5ª T., publ. em 29.6.92, HC 1.162-0-GO, Rel. Min. Flaquer Scartezinni, in *Jurisprudência ADV/COAD*, 1992, p. 744, verbete 60.317).

Igualmente do STJ é o aresto que tem a seguinte ementa: "Desobediência — Recusa ao cumprimento de ordem judicial. Aos Juízes e Tribunais é conferido o direito-dever de assegurar o cumprimento de suas decisões. Não fora assim, quedaria inerte a Justiça diante da vontade dos que se opusessem às suas decisões, que resultariam inócuas em prejuízo da sociedade. E já não adiantaria ao indivíduo recorrer ao Judiciário para garantia de seus direitos. Por isso mesmo, entende-se não configurar violação do *jus libertatis* a exigência de cumprimento de decisão judicial validamente exarada nos autos de processo. E a recusa em acatar a decisão judicial caracteriza, em tese, o crime de desobediência." (STJ, Ac. unân. da 5ª T., publ. em 21.10.91, RHC 1.373-SP, Rel. Min. Costa Lima, in *Jurisprudência ADV/COAD*, 1992, p. 232, verbete 58.038).

Ainda que de forma incidental, posto que decidindo matéria eminentemente processual penal, entendeu o Tribunal Regional Federal da 5ª Região, por sua 2ª Turma, à unanimidade, que, se configurada a desobediência ao cumprimento de ordem judicial, em crime permanente, deve ser formalizada a prisão em flagrante enquanto durar a estabilidade delituosa (CPP, art. 203). Entretanto, se à prisão foi oferecido *caráter intimidativo*, com a fixação de prazo para cumprimento da ordem, "sob pena de prisão", fica descaracterizada a prisão em flagrante.[1]

Com a vênia merecida, os julgados acima citados, ao que parece, não tomaram em conta que a *desobediência* está encartada no Código Penal como um delito daqueles "praticados por particular contra a administração pública", já que integrante da Parte Especial, Título XI, Capítulo II. E sendo crime que só pode ser praticado pelo particular, não se pode afirmar seja ele perpetrado por funcionário público, *a menos que o agente estatal esteja despido dessa condição*, agindo pois como um homem comum,[2] como por exemplo quando não detém poderes ou competência administrativa para praticar ou deixar de praticar o ato reportado na decisão judicial.

Importante frisar que mesmo aqueles que entendem ser possível o cometimento da desobediência por funcionário público, destacam que *a prisão*, por desatenção à ordem judicial, não está prevista na legislação nacional *com força executiva*, como ocorre aos inadimplentes de pensão alimentícia e aos depositários infiéis. Segundo tal corrente, se o funcionário público não dá cumprimento à ordem judicial, contra ele deverá ser lavrado o flagrante por crime de desobediência ou prevaricação ou, por igual razão, serem remetidas as peças informativas ao Ministério Público, para que este titularize a respectiva ação penal.[3]

Na mesma linha, e destacando a imprestabilidade do encarceramento ordenado por juiz do cível, decidiu o Superior Tribunal de Justiça que a prisão determinada "por Juiz Federal no exercício da jurisdição cível em precatória extraída de autos de ação de medida cautelar inominada para conversão de cruzados novos em cruzeiros" não prospera, já que falece "competência ao juízo cível para ordenar prisão por desobediência, na ausência de previsão legal. Hipótese que não se identifica com prisão por dívida alimentícia ou depositário infiel. Por outro lado, eventual prisão em flagrante, por crime de desobediência, admite a prestação de fiança, constituindo ilegalidade a negativa desta, em face do que dispõem a CF, art. 5º, LXVI, e o CPP, arts. 322 e ss."[4]

1. HC 172/92-AL, publicado em 3.7.92, Rel. Juiz Petrúcio Ferreira, in *Jurisprudência ADV/COAD*, 1992, p. 615, verbete 59.763.

2. Conferir Julio F. Mirabete, *Manual de Direito Penal*, 2ª ed., vol. 3, São Paulo. Atlas, 1991, pp. 349 e ss; Paulo José da Costa Jr., *Curso de Direito Penal*, 2ª ed., vol. 3, São Paulo, Saraiva, 1993, pp. 214 e ss.

3. TRF da 4ª Região, Ac. unân. da 1ª T., publ. em 15.4.92, HC 92.04.05839-0-RS, Rel. Juiz Vladimir Freitas, in *Jurisprudência ADV/COAD*, 1992, p. 375, verbete 58.732.

4. Acórdão unânime da 5ª T., publ. em 17.8.92, REsp 20.021-9-GO. Rel. Min. Assis Toledo, in *Jurisprudência ADV/COAD*, 1992, p. 760, verbete 60.390.

Também concluindo não ser cometido ao próprio juiz que emite a ordem desatendida prender o possível desobediente, entendeu o Tribunal Regional Federal da 5ª Região que o magistrado "prolator da decisão, cujo descumprimento constituiria a conduta criminosa, não é a autoridade competente para presidir um auto de prisão em flagrante, e muito menos para determinar essa prisão. (... A consumação da prisão, antes que haja uma decisão, no caso concreto, sobre a legalidade da ordem descumprida, é uma violência que não se pode admitir".[5]

Interessante julgado do TRF da 4ª Região sinalizou a existência de uma espécie de "choque competencial" entre juízes que conheceram, cada qual na sua seara, da matéria atinente à pretensa desobediência em estudo, pois se "o juiz criminal competente rejeita a denúncia pelo crime de desobediência, é desarrazoado que o juiz do cível, aquele que emitiu a ordem descumprida, determine a prisão do insubmisso, porque inconciliáveis as idéias de que o juiz natural declare a inexistência do crime e de que outro reconheça sua prática em flagrante., Prevalência do ato judicial exarado no âmbito da competência própria. *Habeas Corpus* deferido."[6]

Penso, conforme já adiantei linhas acima, que o funcionário público (sendo a expressão compreendida na lata dimensão do art. 327 do C. Penal) não comete o delito de *desobediência*, já que este é reservado para ter como sujeito ativo o particular. Trago, em abono ao meu entendimento, o apoio de respeitável corrente do Superior Tribunal de Justiça, capitaneada pelo Ministro Vicente Cernichiaro, emblematizada no julgamento do *habeas corpus* n. 1.351-6-DF, por ele relatado e assim ementado: "HC — Constitucional — Penal— Desobediência — Sujeito ativo — Conduta — Omissão — O conceito de funcionário público — para os efeitos penais — é definido no art. 327, do Código Penal. O INSS é autarquia federal. O delito — desobediência — tem o particular como sujeito ativo. O funcionário somente pratica esse delito caso a ordem desrespeitada não seja referente às suas funções. A omissão, ademais, só se caracteriza quando a pessoa não cumpre obrigação jurídica".[7]

O TRF da 5ª Região, por sua Segunda Turma, reiteradamente entendeu que em sede de procedimento cível, partindo *de dirigente da própria parte* a recalcitrância no atender à ordem judicial, contra aquela deveriam ser adotadas as próprias medidas punitivas antevistas no Código de Processo Civil, posto que cominando-se "a uma das partes do processo, pelo não cumprimento de uma ordem judicial, uma pena processual — não falar nos autos (art. 601 do CPC) e, não havendo cumulação entre esta sanção processual e a sanção penal, não há como falar-se na hipótese na perfeição do crime de desobediência. (...) Identificada no ato judicial atacado, coação ilegal — cumprimento do mandado citatório sob pena de prisão — concede-se a ordem para confirmar-se a liminar já deferida e por força da qual se expediu o competente salvo conduto".[8]

Em outro *decisum*, sobre o mesmo tema, igual foi o entendimento do préfalado Regional: "Não constando, diversamente do que ocorre no texto do arti-

5. HC n. 235/92-PE, julgado em 1.10.92, m.v., Rel. Juiz Ridalvo Costa e Rel. para o acórdão Juiz Hugo Machado, *Repertório de Jurisprudência do TRF 5ª Região — Direito penal e Processual Penal*, ano 2, n. 1, t. 2, 1994, p. 497.

6. Acórdão unânime, 1ª t., publ. em 20.5.92, Rel. Juiz Ari Pargendler, in *Jurisprudência ADV/COAD*, 1992, p. 584, verbete 59.626.

7. Acórdão da 6ª Turma, unânime, julgado em 4.8.92, JSTJ e TRF, *Lex*, vol. 39, p. 298.

8. "Habeas corpus" n. 277/93-PB, julgado em 20.4.93, v. unân., Rel. Juiz Petrúcio Ferreira, *Repertório de Jurisprudência do TRF da 5ª Região, Direito Penal e Processual Penal*, ano 2, n. 1, t. 1, Recife, 1994, p. 193.

go 362 do CPC, ressalva de cumulação com a sanção penal, não se cobra da parte no processo civil, responsabilidade por crime de desobediência, quando a mesma, mesmo imotivada ou ilegalmente se recusar a efetuar a exibição que lhe foi determinada judicialmente aplicando-se-lhe, na hipótese, tão-só — se o caso — a pena processual civil de que cuida o art. 359 do CPC (terem-se como verdadeiros os fatos que por meio de documento ou da coisa, a parte pretendia provar). Constitui-se, pois, em coação ilegal, a ordem judicial que determine a parte exibir em juízo, documento ou coisa, sob pena de prisão, pelo crime tipificado no art. 330 do Código Penal — desobediência''.[9]

Abrandando os rigores da lei penal, assentou o TRF da 5ª Região, em *habeas corpus*, que se o paciente ''cumpriu a determinação judicial, em prazo razoável, não há porque se determinar a abertura de inquérito policial para apuração de crime de desobediência'', uma vez que ''a falta de comprovação material da ocorrência presumível do delito e indícios da sua autoria, constitui coação ilegal sanável via *habeas corpus*''.[10]

V — Delito de resistência?

Já foi cogitado de que o agente público, ao deixar de dar cumprimento a ordem judicial, estaria cometendo o ilícito previsto no art. 329 do Código Penal. Acenam os defensores de tal subsunção com duas justificativas: o sujeito ativo é funcionário público e externa oposição ao cumprimento de ordem legalmente emanada.

Na minha singela opinião, não medra tal entendimento, por entender impossível — conforme já alertei acima — que um delito previsto para ser praticado ''por particular contra a administração pública em geral'' (CP, arts. 328 e 337), tenha como sujeito ativo um funcionário público.

Não é demais lembrar, por uma questão de razoabilidade, que dificilmente um funcionário público ocupante de cargo ou função que lhe permita cumprir ou ordenar o cumprimento de uma ordem judicial, atuará com violência ou ameaça dirigidas ao oficial de justiça que portará a ordem emanada do magistrado. E se tais circunstâncias não timbram o agir do pretenso delinqüente, desaparece a tipicidade da resistência, conforme entendeu o Tribunal Regional Federal da 5ª Região.[11]

VI — A prevaricação

Ao estudar o delito de *desobediência*, mormente pela sua angularização ativa, reclama Julio Fabbrini Mirabete,[12] com absoluta razão, seja este praticado *por particular*, sob pena de atipicidade da ocorrência. E diz: ''Não se configura o citado ilícito se tanto o autor da ordem como o agente se achavam no exercício da função quando da sua ocorrência (*RT* 395/315, 487/289; *RF* 276/249; *JTACrSP* 12/96). Neste caso, o fato poderá caracterizar, eventualmente, o crime de prevaricação (art. 319)''.

Pois é olhando a sugestão de Mirabete que será desenvolvido o presente tópico do estudo.

É a *prevaricação* um delito atribuído ao agente público, quando este retarda ou deixa de praticar, indevidamente, ato de ofício, ou mesmo vem a praticá-lo

9. ''Habeas corpus'' n. 62/90-RN, 2ª T., julgado em 7.8.90, v. unân., Rel. Juiz Petrúcio Ferreira, *Repertório*..., cit. p. 195.

10. ''Habeas corpus'' n. 75/90-AL, 2ª T., julgado em 4.9.90, por unan., Rel. Juiz José Delgado, *Repertório*..., cit. p. 196.

11. Apelação Criminal n. 576/92-RN, 1ª T., por unan., Rel. Juiz Hugo Machado, *Repertório*..., cit., ano 1, n. 1, t. 1, p. 192.

12. Ob. cit., p. 350.

contra a expressa disposição legal, para satisfazer interesse ou sentimento pessoal (CP, art. 319).

Resta a pergunta: quando um funcionário público (CP, art. 327 e § 1º) descumpre uma determinação judicial, pratica prevaricação?

O que primeiro deve ser sindicado é se o pretenso sujeito ativo (o funcionário) tinha atribuições e poderes para dar seguimento à ordem judicial. Ou seja, deve ser aferido se o ato praticado, omitido ou retardado está na esfera funcional do servidor. Em sendo positiva a resposta, deve prosseguir a análise da configuração dos demais componentes do *standard* delituoso em baila.

De relevância é também, para o delineamento da prevaricação, que o comportamento (comissivo ou omissivo) do funcionário público *seja indevido*. Assim, deverá o servidor público ter agido de forma ilegal, injusta ou injustificada, conforme leciona Mirabete.[13]

Para mim, o aspecto mais importante a ser enxergado na tipificação da prevaricação voltada contra ordem judicial, diz respeito ao *elemento subjetivo* do delito, que, no dizer das escolas vetustas, é o *dolo específico*, marcado pelo intuito de *satisfazer interesse ou sentimento pessoal*.

É verdade que ao instante em que o funcionário federal deixa de atender a uma determinação judicial, está ele, de plano, afrontando a Lei 8.112,[14] que em seu art. 116, inciso IV, lista entre os deveres do servidor "cumprir as ordens superiores, exceto quando manifestamente ilegais", proibindo-o também de "opor resistência injustificada ao andamento de documento e processo ou execução de serviço" (art. 117, IV). Não menos verdadeiro é, também, que, para violar a regra do art. 319 do CP, é imperioso que a desatenção tenha ocorrido visando à satisfação de interesse ou sentimento particular.

Busco em Mirabete a explicação para ditos elementos subjetivos: "*Interesse pessoal* é a relação de reciprocidade entre um indivíduo e o objeto que corresponde a determinada necessidade daquele; é um estado anímico em relação a qualquer fato ou objeto, seja patrimonial, material ou moral. (...) *Sentimento* é um estado afetivo ou emocional, decorrente, pois, de uma paixão ou emoção (amor, ódio, piedade, avareza, cupidez, despeito, desejo de vingança, subserviência, animosidade, simpatia, benevolência, caridade etc.)".[15] E exemplifica o renomado penalista, como espécie de prevaricação por sentimento, a praticada por "delegado de polícia que deixa de cumprir ordem judicial com relação a recolhimento em cela especial, permitindo que investigador a ele submetido tivesse livre trânsito pelas dependências da delegacia, facilitando-lhe com isso a fuga (*RT* 445/348)".

Na análise da caracterização da prevaricação que se estuda, deve o juiz apurar cada vez mais o seu equilíbrio, no intuito de aferir se realmente o funcionário agiu objetivando a satisfação de interesse ou sentimento pessoal. Dos dois requisitos subjetivos, o primeiro oferece melhores condições de constatação, como ocorre, por exemplo, no caso de dirigente de repartição pública que retarda o cumprimento de ordem judicial que suspende a integração de vantagem financeira aos vencimentos dos funcionários sob o seu comando — quiçá dos seus próprios ganhos.

Já com referência ao *sentimento pessoal*, parece acontecer, na maioria dos

13. Cit., p. 318.

14. Em se tratando de servidor público municipal ou estadual, é de ser considerado como parâmetro do seu comportamento o disposto nos estatutos funcionais dos respectivos níveis administrativos.

15. Ob. cit., p. 319.

casos, uma subserviência intolerável dos funcionários para com os seus superiores, em muito transcendendo o respeito à hierarquia recomendado pelo pré-citado art. 116, IV, da Lei 8.112/90. Noutros casos, são constadas manifestações explícitas de prepotência, do tipo "quem manda aqui sou eu!", exigindo uma reprimenda eficaz ao restabelecimento da primazia do interesse público no trato da matéria administrativa.

Não é demais relembrar que a ação (ou a inação) do possível prevaricador deve ser evidentemente gizada de interesse ou sentimento pessoal, sendo "inépta (*sic*) a denúncia que não especifica o sentimento pessoal do autor" conforme entendimento do TRF da 4ª Região[16] e do Supremo Tribunal Federal.[17]

O tão festejado Mirabete ressalta a abrangência do art. 319 do CP, ao explicar que este "inclui o ato administrativo, o legislativo e o judicial",[18] tendo nessa linha entendido o Tribunal de Justiça de Santa Catarina que a recusa "ao cumprimento de ordem judicial constitui fato do qual emerge a dedução necessária de que o agente assim procede para satisfazer interesse ou sentimento pessoal, pois não há, em princípio, outra explicação para esse comportamento. Não pode estar isento de dolo aquele que não cumprir a ordem do magistrado".[19]

VII — Abuso de autoridade

Há quem pense, com certa lógica, que ao instante em que deixa de atender ao que ordenado por um juiz, o funcionário público labora com *abuso de autoridade* ou *abuso de poder*,[20] posto que pratica ato lesivo da honra ou do patrimônio da pessoa física ou jurídica beneficiária da decisão judicial, a teor do disposto no art. 4º, *h*, da Lei 4.898/65.

Por si só, não vejo como possa subsumir a recalcitrância do servidor ao tipo legal acima invocado. Acho-o muito genérico para os fins de encaixar o comportamento do insurreto. Em atenção ao *princípio da legalidade* e aos ensinamentos acerca da *tipicidade penal*, não entendo — pura e simplesmente — como abusador da autoridade ou do poder, aquele que recusa dar cumprimento a uma ordem judicial.

Ademais, não se pode olvidar que a *mens legis* da Lei 4.898/65 foi a de armar *o cidadão* contra os desmandos dos ocupantes do poder, reproduzindo, inclusive, nos seus arts. 3º e 4º, direitos já asseverados *ao homem* nas diversas declarações políticas, tais como a Declaração de Direitos do Estado de Virgínia (1776), a Declaração de Direitos do Homem e do Cidadão (França, 1789) e a Declaração Universal dos Direitos do Homem (ONU, 1948). Na opinião de Gilberto Passos de Freitas e Vladimir Passos de Freitas, "todos os princípios estabelecidos em tais Declarações e que hoje fazem parte de quase todas as Constituições existentes nos mais diversos países, são reproduzidos na Lei de Abuso

16. Ac. unân. da 3ª T., publ. em 2.9.91, Rec. Crim. 90.04.23171-4-PR, Rel. Juiz Silvio Dobrowolski, *Jurisprudência ADV/COAD*, 1992, p. 151, verbete 57.585.

17. *RTJ* 111/288.

18. Ob. cit., p. 318.

19. Rel. Des. May Filho, in *RT*, vol. 527, p. 408.

20. A terminologia, entre nós, é bastante questionada. Para uns, é certo dizer *abuso de poder*; para outros, o correto é *abuso de autoridade*. Tem a palavra Damásio E. de Jesus: "De ver-se que, sob o ponto de vista jurídico-penal, os crimes definidos na Lei 4.898/65 não receberam *nomem juris* apropriado. Não se trata de abuso de autoridade, mas de abuso de poder. Em face de nossa legislação penal, não se confunde o abuso de poder com o de autoridade. O abuso de poder é o uso fora dos limites correspondentes a todo poder ou autoridade, o seu exercício excessivo e ilegítimo. Na hipótese de abuso de autoridade, cuida-se de seu uso ilegítimo no âmbito das *relações privadas*; na de abuso de poder, o agente deve possuir cargo ou ofício *público*" (*Direito Penal*, 4º vol., 4ª ed., São Paulo, Saraiva, 1993, p. 283).

de Autoridade. Isso significa que os tipos estabelecidos nesta lei especial são, pura e simplesmente, a repetição das declarações de direitos do homem. É bem por isso que ela protege a liberdade de locomoção, o sigilo de correspondência, a inviolabilidade de domicílio, a incolumidade física e outros tantos valores consagrados internacionalmente. (...) Verifica-se, pois, que a Lei 4.898, de 1965, tem a finalidade de prevenir os abusos de autoridade, dando a quem quer que seja o meio necessário para fazer valer os direitos e garantias previstos na Constituição, sendo um instrumento da mais alta importância na defesa dos direitos do homem''.[21]

Não se desconhece que muitos doutrinadores, nacionais[22] e estrangeiros,[23] atribuem a sujeição passiva do *abuso oficial*, bipartidamente, ao próprio Estado e ao particular que sofre os reflexos do ato. Entretanto, insisto na idéia de que a tutela imediata objetivada pela Lei 4.898 é a dos intereses e direitos do particular, protegendo mediatamente os direitos e interesses da Administração Pública. Daí não reconhecer — pelo menos em tese — a pretendida utilidade da figura criminosa do abuso de poder ou de autoridade, para através dela combater a resistência de funcionário público ao cumprimento de ordem judicial.

Sem qualquer embargo da posição acima esgrimida, entendo que comete o ilícito de abuso de autoridade, o agente público que pratica, *sponte sua*, quaisquer das ações elencadas na Lei 4.898, art. 4º. Evidentemente, tais ações podem ser cometidas pelo agente público, sem que para tanto tenha sido provocado ou recebido ordens de autoridade judiciária competente. Portanto, o delito terá como sujeito passivo *o cidadão*, e não a autoridade judiciária.

VIII — Algumas conclusões e sugestões

1. O presente estudo tem como objetivo principal ofertar uma contribuição, útil tanto aos Juízes como aos particulares, e até mesmo à administração pública, que disporá de elementos para pautar a sua conduta vindoura, evitando transtornos àqueles que verdadeiramente estipendiam o seu funcionamento.

2. A desídia do funcionário público, em dar cumprimento às determinações judiciais, foi aqui analisada apenas sob a ótica do Direito Penal, sendo certo que tal comportamento poderá sofrer estudo mais apurado em outros campos da ciência jurídica, principalmente no Direito Processual, no Direito Civil e no Direito Administrativo.

3. Para a configuração criminal do comportamento do servidor público omisso em cumprir ordem judicial, deve ser tomado em conta, basilarmente, o *princípio da legalidade*, insculpido na CF, art. 5º, XXXIX e no CP, art. 1º.

4. Existe uma inescondível preferência em caracterizar o comportamento do funcionário que deixa de cumprir ordem judicial como *desobediência*. Entretanto, não se pode descurar que a desobediência está encartada no Código Penal como um delito daqueles ''praticados por particular contra a administração pública'', já que integrante da Parte Especial, Título XI, Capítulo II. E sendo crime que só pode ser praticado pelo particular, não se pode afirmar seja ele perpetrado por funcionário público, a menos que o agente estatal esteja despido dessa condição.

5. Afirma, preocupado, Fábio Bittencourt da Rosa: ''Se a desobediência

21. *Abuso de Autoridade*, 4ª ed., São Paulo, Ed. RT, 1991, pp. 13, 14 e 16.

22. *V.g.* Damásio E. de Jesus, ob. cit., p. 285.

23. Manzini (*Trattato di Diritto Penale Italiano*, vol. V., Unione Tipografico, Editrice Torinense, Torino, Itália, 1950, p. 231) e Soler (*Derecho Penal Argentino*, t. V, Tipografia Ed. Argentina, Buenos Aires, Argentina, 1951, p. 154).

a ordem judicial não tipifica o crime do artigo 330 do Código Penal, quando praticado por servidor público, outra solução tem que ser estabelecida em nível legislativo''.[24] E tem razão o juiz gaúcho em clamar por um remédio que sirva a coartar procedimentos como o acima referido, já que a prisão por desatenção a ordem judicial não está prevista na legislação nacional *com força executiva*, como ocorre aos inadimplentes de pensão alimentícia e aos depositários infiéis.

6. O agente público, ao deixar de cumprir uma determinação judicial, não comete o delito de *resistência* (CP, art. 329), já que — consoante já afirmado supra — é impossível que um delito previsto para ser praticado ''por particular contra a administração pública em geral'' (CP, arts. 328 a 337), tenha como sujeito ativo um funcionário público. Ademais, não é razoável que um funcionário público, ocupante de cargo ou função que lhe permita cumprir ou ordenar o cumprimento de uma ordem judicial, atue com violência ou ameaça contra o oficial de justiça que portará a ordem emanada do magistrado. E sem *violência* ou *ameaça*, não há que falar-se em resistência.

7. A *prevaricação* é delito atribuído ao agente público, quando este retarda ou deixa de praticar, indevidamente, ato de ofício, ou mesmo vem a praticá-lo contra expressa disposição legal, para satisfazer interesse ou sentimento pessoal (CP, art. 319). No perquirir da configuração de tal delito, deve o juiz analisar, com profundidade, se realmente o funcionário agiu objetivando a satisfação de interesse ou sentimento pessoal. Se ausentes quaisquer destas motivações, ausente está também a prevaricação.

8. Não pratica *abuso de autoridade* (ou *abuso de poder*), o servidor público que recusa cumprimento a uma ordem judicial. Pode, entretanto, cometer o delito previsto na Lei 4.898/65, se pratica quaisquer das ações previstas no art. 4º do mencionado diploma, tendo como sujeito passivo o *próprio cidadão* atingido pelo incorreto comportamento do agente do Estado; não figurará no pólo passivo *o Estado*, por sua atividade jurisdicional.

24. ''Judiciário: Diagnóstico da Crise'', in *Anais do Encontro Nacional de Magistrados da JF*, promovido pelo Centro de Estudos Judiciários do Conselho da Justiça Federal, Brasília, 1993.

RESPONSABILIDADE CIVIL DO ESTADO E DENUNCIAÇÃO DA LIDE

EDILSON PEREIRA NOBRE JÚNIOR
Juiz Federal no Rio Grande do Norte

1. Introdução. 2. Definição do instituto. 3. Eficácia. 4. Obrigatoriedade da denunciação. 5. A denunciação da lide e a responsabilização patrimonial dos entes públicos. 6. Conclusões.

1. Introdução

O art. 37, § 6º, da Lei Fundamental vigente, mantendo a tradição instaurada com o art. 194 da Constituição de 1946, prevê a responsabilidade da Administração, de cunho objetivo, pelos danos que a atividade de seus agentes, nessa qualidade, provocar a terceiros, assegurado o direito de regresso contra o responsável nos casos de dolo ou culpa.

Assim, ocorrido o dano, sem que o Poder Público, voluntariamente, implemente o ressarcimento, resta ao particular ocorrer ao Estado-juiz, buscando-o.

Pergunta-se: demandando o particular o Estado, este, ao defender-se, poderá denunciar à lide o servidor que praticou o ato danoso?

A resposta à indagação acima expressa o objeto deste singelo estudo, cuja aplicação será sobremodo útil aos misteres judicantes desenvolvidos na Justiça Federal (e nas varas de Fazenda Pública das Justiças dos Estados), em virtude da competência insculpida no art. 109, I, do Estatuto Básico.

Para tanto, faz-se necessário, antes da abordagem central, o descortino de alguns aspectos da denunciação da lide, como o seu conceito, os casos em que ocorre, seus efeitos e sua obrigatoriedade para o denunciante.

2. Definição do instituto

A denunciação da lide, utilizável tanto pelo autor como pelo réu, constitui uma forma de intervenção de terceiros, prevista no Código de Processo Civil, segundo a qual alguém, que não é parte, é trazido ao processo, a fim de eliminar a propositura de ação regressiva, em que, certamente, ocuparia o pólo passivo.

Não é um mero incidente. Trata-se de outra ação, ajuizada no mesmo processo onde se desenvolve a demanda principal, na qual o denunciante deduz contra o terceiro (litisdenunciado) pretensão ressarcitória de reembolso, caso venha a se tornar sucumbente.

Tem-se, com a denunciação, duas ações distintas num único feito: a primeira delas, dita principal, envolvendo autor e réu, enquanto a segunda, acessória, entre o litisdenunciante e o litisdenunciado.

Cabe em três situações delineadas exaustivamente no art. 70, I a III, do Código de Ritos. São elas: *a*) o chamamento do alienante, a fim de que o adquirente possa exercer os direitos resultantes da evicção; *b*) a do possuidor indireto ou proprietário quando, no litígio, for citado o possuidor direto; *c*) àquele que, em virtude de lei ou contrato, estiver obrigado a, regressivamente, indenizar o perdedor da disputa judicial.

3. *Eficácia*

Permite a denunciação da lide, através de *simultaneus processus*, o acertamento de ambas pretensões, a principal e a regressiva. É o que se depreende do texto do art. 76 do CPC: "A sentença, que julgar procedente a ação, declarará, conforme o caso, o direito do evicto, ou a responsabilidade por perdas e danos, valendo como título executivo".

Dispensa-se, na hipótese de vencido o denunciante, a propositura, por parte deste, de ação autônoma de regresso contra o denunciado, uma vez a sentença proferida na ação principal já haver solucionado tal responsabilidade.

Sintetizando o componente eficacial da figura sob comento, expõe Humberto Theodoro Júnior:[1] "Num só ato judicial, duas condenações serão proferidas: uma contra o denunciante e em favor do outro demandante; e outra contra o denunciado, em favor do denunciante, desde que este tenha saído vencido na ação principal e que tenha ficado provada a responsabilidade do primeiro."

Homenageia-se — lembra Márcia Maria Bianchi Prates[2] — o princípio da economia processual, a recomendar a obtenção de um máximo de resultados com o mínimo possível de dispêndio de atos processuais e tempo.

4. *Obrigatoriedade da denunciação*

O art. 70, *caput*, da lei instrumental codificada, afirma, antes de enunciar os casos de admissibilidade da denunciação, que esta é obrigatória.

Pode-se, com isso, pensar que, não exercitada a denunciação em tempo, perece o direito de regresso.

A dição legal deve ser entendida com reservas, como mostra a *opnio doctorum*.

Aroldo Plínio Gonçalves, lente da UFMG, citado por Athos Gusmão Carneiro[3] analisa o tema, distinguindo entre garantia própria, relacionada com a transmissão de direitos, e garantia imprópria, pertinente à responsabilidade civil, para rematar pela perda do direito regressivo na primeira hipótese. Por essa diretriz, haveria obrigatoriedade da denunciação nos casos do art. 70, I e II, do CPC, ficando exonerada a do inc. III do referido dispositivo.

Noutra ótica, Arruda Alvim[4] defende que a obrigatoriedade deflui da legislação civil, a qual pode condicionar a perda do regresso à não denunciação. É o que sucede quanto ao art. 70, I, do CPC, relacionado com a evicção, posto

1. *Curso de Direito Processual Civil*, p. 141, vol. I, 4ª ed., Forense.

2. "Notas a Respeito da Denunciação da Lide, Denunciação da Lide", *Repertório de Jurisprudência e Doutrina*, Ed. RT, 1988, p. 9.

3. *Intervenção de Terceiros*, Saraiva, 2ª ed., 1983, p. 64.

4. *Manual de Direito Processual Civil*, vol. II, "Processo de Conhecimento", 2ª ed., p. 103.

que o art. 1.116 do Código Civil[5] comina expressa sanção ao evicto.

Igualmente, remetendo a imperatividade da denunciação ao direito material, Humberto Theodoro Júnior[6], louvado em abalizada lição de Pedro Soares Muñoz.

No nosso entender, afigura-se mais correto o ponto de vista de que a força vinculativa da denunciação depende da lei material. A uma, porque é nesta que se encontra a fonte da postulação regressiva; a outra, em face de omissão, nas normas procedimentais, de penalidade a esse respeito.

5. *A denunciação da lide e a responsabilização patrimonial dos entes públicos*

Alfim dos comentários retro, aporta-se no *punctum saliens* deste estudo, ou seja, se é possível ao Estado denunciar à lide o seu funcionário no bojo de súplica indenizatória manifestada pelo cidadão.

O assunto ora proposto, no particular de sua admissibilidade, gerou demasiada polêmica na doutrina patrial, sede onde se formaram várias correntes.

A primeira delas, encontrou oráculo em Hely Lopes Meirelles.[7] Este doutrinador era categórico em negar tal possibilidade ao Poder Público. Advogava a tese de que os fundamentos das pretensões do particular frente ao Estado, e deste com relação ao agente causador do dano, são diversos, pois enquanto o primeiro deles repousa na responsabilidade objetiva, o segundo centra-se na existência de culpa *latu sensu*. Essa opinião, ao depois de recalcitrância inicial,[8] granjeou o plácito de Celso Antônio Bandeira de Mello,[9] escudado em escólio de Weida Zancaner.

Tal idéia, todavia, capitula ante a circunstância de a jurisprudência,[10] a exemplo do próprio Celso Antônio Bandeira de Mello,[11] continuar admitindo a possibilidade de o cidadão demandar, ao mesmo tempo, contra o Estado e o agente, em autêntico litisconsórcio passivo, hipótese em que inelutável a mistura entre os temas das responsabilidades objetiva e com culpa.

O segundo ponto de vista, de que é exemplo o pensar originário de Celso Antônio Bandeira de Mello,[12] embasado em pontificação do mestre Oswaldo Aranha Bandeira de Mello, é pelo cabimento irrestrito da denunciação. Mencionava o respeitado autor que a ação regressiva fora instituída em favor do Poder Público, ficando com este a opção soberana de suprimi-la pela denunciação, de modo a abreviar a fixação da responsabilidade do seu servidor pelo que pagou ao indivíduo.

5. O dispositivo da lei civil possui a seguinte redação: "Para poder exercitar o direito, que da evicção lhe resulta, o adquirente notificará do litígio o alienante, quando e como lho determinarem as leis do processo".

6. *Curso de Direito Processual Civil*, vol. I, "Teoria Geral do Direito Processual Civil e Processo de Conhecimento", 4ª ed., Forense, 1988, p. 138.

7. *Direito Administrativo Brasileiro*, 14ª ed., Ed. RT, São Paulo, 1989, p. 558.

8. *Elementos de Direito Administrativo*, Ed. RT, 2ª ed., 1991, p. 368.

9. *Curso de Direito Administrativo*, Malheiros Editores, 4ª ed., p. 466.

10. STF, *RT* 544/260, *RDA* 142/93 e 162/236.

11. *Loc. cit.*, p. 466.

12. *Elementos de Direito Administrativo*, p. 368. Foram, na oportunidade, as suas palavras: "Então, parece-nos incensurável o ensinamento de Oswaldo Aranha Bandeira de Mello, manifestado antes mesmo do novo Código de Processo Civil, segundo quem a vítima pode propor ação de indenização contra o agente, contra o Estado, ou contra ambos, como responsáveis solidários nos casos de dolo ou culpa. A Fazenda Pública (como também as pessoas de direito privado prestadoras de serviço público), por seu lado, quando acionada pelo lesado, pode chamar o agente público à solidariedade passiva, em se configurando dolo ou culpa deste".

No mesmo sentido, predica Carlos Mário da Silva Velloso: "O Código de Processo Civil, art. 70, III, dispõe que a denunciação da lide é obrigatória àquele que estiver obrigado, pela lei ou pelo contrato, a indenizar, em ação regressiva, o prejuízo do que perder a demanda. Entendo que, ajuizada a ação de indenização, por responsabilidade civil, contra o Poder Público, deve este denunciar a lide ao preposto causador do dano. Feita a denunciação, prosseguem as duas demandas: a principal, entre o autor e a pessoa pública, e a acessória, entre a pessoa pública e o seu preposto, certo que a sentença que julgar procedente a ação declarará, conforme o caso, o direito do evicto, ou a responsabilidade por perdas e danos, valendo como título executivo, estabelece o art. 76 do mesmo estatuto processual. A um só tempo, pois, teríamos resolvido o problema, sem prejuízo para o autor da demanda principal".[13]

Também assim entende Humberto Theodoro Júnior,[14] ao dizer que sem embargo de não obrigatória, a denunciação, uma vez exercitada, não pode ser recusada pelo julgador.[15]

13. *Temas de Direito Público*, p. 470, Del Rey, 1994.

14. *Loc. cit.*, p. 14.

15. Sintonizada com essa orientação, há decisão do extinto Tribunal Federal de Recursos no AI 41.310: "Nada impede promova a Fazenda demandada a denunciação da lide no servidor público, por ato ilícito a que deu causa. Não há, no caso, prejuízo ao direito do autor, mas benefício ao evicto, que não necessitará, se for condenado, de ação regressiva contra o denunciado" (2ª T., Ac. un., Rel. Min. Evandro Gueiros, *RDA* 147/203). Após o irromper da nova ossatura magna, o Superior Tribunal de Justiça, no desempenho de sua missão uniformizadora do direito federal, concebeu elogiável, como medida de celeridade, o intento da Administração em, de logo, denunciar à lide o preposto causador do dano. Eis a ementa do REsp 594-RS: "Processual Civil. Denunciação à Lide. Agente público causador do dano. É de todo recomendável pelos danos causados a terceiros integre desde logo a lide, apresente sua resposta, produza prova e acompanhe toda a tramitação do processo. Inexistência de violação à lei federal. Recurso conhecido pela letra *c* e improvido". (STJ, 1ª T., v. u., Rel. Min. Garcia Vieira, *DJU* de 3.12.90).

Conspira contra essa posição a circunstância de permitir a adoção indiscriminada da denunciação, sequer sem o prévio exame da culpa funcional, podendo provocar embaraços perniciosos ao particular na busca da recomposição do seu patrimônio.

Outra posição, que podemos chamar de mista ou eclética, é a perfilhada pelo em. Yussef Said Cahali,[16] o qual admite a denunciação da lide desde que o particular, ao ingressar em juízo contra a Administração, tenha imputado comportamento culposo a agente desta.

Essa posição é seguida por Arruda Alvim,[17] e Maria Sylvia Zanella Di Pietro.[18]

Desse modo, tendo o particular, no feito originário, se limitado a imputar ao réu a existência do nexo de causalidade

16. *Responsabilidade Civil do Estado*, Ed. RT, 1982, pp. 99-104.

17. *Loc. cit.*, p. 107. Na ocasião, o emérito professor anotou, em rodapé, a existência de julgado da 3ª Câm. Civ. do TJRJ, v. u., Rel. Des. Goulart Pires, não aceitando a denunciação da lide sob a alegativa, assaz frágil, de que o funcionário não pode ser acionado diretamente. *Concesso venia*, tal deliberação distou do entendimento reinante de que, não obstante a responsabilidade objetiva, consagrada no plano constitucional, não existe proibição de o particular demandar o servidor de pronto, desde que, é óbvio, com base na prova de culpa em sentido amplo. Decidiu o Pretório Excelso: "Dano, puramente moral, indenizável. Direito de opção, pelo lesado, entre a ação contra o Estado e a ação direta, proposta ao servidor (Constituição, art. 107). Precedentes do Supremo Tribunal Federal. Recurso Extraordinário de que não se conhece" (RE n. 105.157-SP, 1ª T., Rel. Min. Octávio Gallotti, *RTJ* 115/1.383).

18. *Direito Administrativo*, 3ª ed., São Paulo, Atlas, 1992, p. 367. A Profª Sylvia Zanella Di Pietro, ao final de suas considerações, opina haver o art. 122, § 2º, da Lei 8.112/90, eliminado a possibilidade de denunciação, nos moldes alvitrados por Yussef Said Cahali e Arruda Alvim. Discordo de tal assertiva. O aludido preceptivo apenas prevê a possibilidade de ação regressiva, como o faz o Constituinte. Longe vai ao ponto de, só por só, impedir que tal aconteça.

entre sua ação e o dano, pressuposto da teoria do risco administrativo, descabida a denunciação, porquanto tal atitude implicará na confissão, sem autorização legal, pelo representante judicial da entidade pública, da obrigação desta de indenizar, através do reconhecimento expresso da culpa do servidor, postura defesa em face da indisponibilidade conatural aos interesses públicos, conquanto patrimoniais.

Ademais, traria o inconveniente de inovar, com o afloramento da discussão da culpabilidade do agente, a *causa petendi*, gizando os contornos de lide outra, o que é inadmissível.[19]

Contrariamente, já havendo o particular *ab initio*, aduzido a culpa ou dolo do servidor, cabível será a denunciação à lide deste.

Esse pensamento, de índole conciliatória, afasta a denunciação quando houver adição de fundamento jurídico novo, ou possibilidade de confissão da responsabilidade do Estado, propiciando, nos demais casos, que o ideal de celeridade e economia processual, contido no art. 70 do CPC, seja alcançado a contento. Essa seria a aspiração do *ordo juris*.

Vê-se, sem dúvidas, que se está, no plano dogmático, diante da melhor das soluções entre as até agora propostas.

A despeito disso, sou pelo não cabimento da medida. O art. 37, § 6º, da Lei Maior, a exemplo das Constituições anteriores, visou, com a adoção da teoria objetiva do risco, à mais pronta e completa reparação patrimonial do cidadão pelos prejuízos infligidos pela ação, lícita ou ilícita, do Poder Público, que ficaria seriamente comprometida no tempo com a denunciação.

Abstraindo-se as filigranas de foro doutrinário, principalmente o discrimen urdido pela corrente mista, tenho, para mim, um fator, de ordem prática, demasiado ponderável, consoante o qual o trâmite da denunciação da lide poderá protrair no tempo a satisfação do pretenso direito do administrado, razão ensejadora do ingresso em juízo.

A não permissão de denunciação da lide servirá, ainda, como meio de se amenizar, em prol do justiçável, a incidência das prerrogativas processuais titularizadas pelos entes da Administração Pública, excetuados os portadores de personalidade de direito privado (empresas públicas e sociedades de economia mista prestadoras de serviço público), como, *verbi gratia*, os prazos dilatados, o duplo grau de jurisdição, a execução via precatório etc.

Assim se posicionam Celso Antônio Bandeira de Mello[20] e Lúcia Valle Figueiredo,[21] esta última argumentando, com espeque em Vicente Greco Filho,

19. Embora prepondere na denunciação o anelo de rapidez na solução dos conflitos intersubjetivos de interesses, observa, com argúcia, Theotônio Negrão (*Código de Processo Civil e Legislação Processual em Vigor*, 24ª ed., Malheiros Editores, 1993), ser vedado ao denunciante acrescer fundamentação não contida no pedido do autor, indigitando na nota 11a, do art. 70 do CPC, que: "A denunciação da lide só deve ser admitida quando o denunciado está obrigado, por força de lei ou do contrato, a garantir o resultado da demanda, caso o denunciante resulte vencido, vedada a intromissão de fundamento novo não constante da ação originária" (STJ-4ª T., REsp 2.967-RJ, Rel. Min. Barros Monteiro, j. 23.10.90, deram provimento, v. u., *DJU* 18.2.91, p. 1.042, 2ª col., em.). Neste sentido: *RT* 492/159, *JTA* 98/122. "Na denunciação da lide, ação incidental, os fundamentos da demanda devem ser os mesmos. Cumpre, porém, atender à finalidade do instituto, isto é, à celeridade processual (*RSTJ* 14/440). Assim, há de ser, pela óbvia razão de que não é possível introduzir nos autos uma nova demanda, com produção de prova pericial e testemunhal, entre denunciante e denunciado (*STF-RT* 631/255; *RT* 593/144, 603/161, 609/117, 610/87, 624/65, 626/165, *RJTJESP* 80/134, 97/309, 98/160, 100/305, 110/293, 111/331, *JTA* 103/205, *Bol. AASP* 1.535/117)".

20. Loc. cit., p. 466, *in fine*.

21. *Curso de Direito Administrativo*, Malheiros Editores, 1994, p. 177.

que a denunciação da lide, com fulcro no art. 70, III, do CPC, é restrita àquele ostentador da condição de garante, não podendo confundir-se com o agente público, cuja responsabilidade ainda será posteriormente aferida.[22]

Outro ponto a esclarecer é o seguinte: ainda que a ação do particular se esteie em culpa do funcionário, a irresignação da Administração Pública contra suposta decisão indeferitória da denunciação à lide não terá o condão de provocar a nulidade do processo. É que o nosso sistema processual, guiado pelo aforismo *pas de nulité sans grief* (art. 249, §§ 1º e 2º, do CPC), é infenso à declaração de nulidade sem que o ato tenha prejudicado qualquer das partes. É justamente o que se verifica na situação descrita, dado o predomínio, na atualidade, do sentimento doutrinal[23] e pretoriano[24] de a denunciação da lide, fundada no art. 70, III, do CPC, não mais ser obrigatória, de sorte a nenhum prejuízo trazer ao Estado, vez que este não tem suprimido o direito à ação regressiva.

6. Conclusões

Ao cabo de tudo quanto foi exposto, forçoso elaborar alguns remates, tais como:

a) a denunciação da lide configura uma verdadeira ação, proposta, no bojo

22. Esse também o motivo por que o pretório excelso sufragou, ainda quando no exercício do *munus* de *custode* da lei federal, abonou ser inconcebível a denunciação à lide do servidor, ressaltando, igualmente, a inexistência de liame entre o art. 107, parágrafo único, do Diploma Básico pretérito, com o art. 70, III, do CPC. De imperiosa transcrição passagem do brilhante voto do Min. Décio Miranda no RE 93.880-0-RJ: "Quanto ao art. 70, III, do CPC, a dizer que 'a denunciação da lide é obrigatória (...) àquele que estiver obrigado, pela lei ou pelo contrato, a indenizar, em ação regressiva, o prejuízo do que perder a demanda', não parece aplicável à hipótese de que ora se cuida. A responsabilidade do Estado é objetiva. Independe de prova da culpa. Esta, porém, será o fundamento da responsabilidade do funcionário a quem se denuncia a lide. Denunciar a lide ao funcionário, para que a conteste apenas alegando a inexistência do dano, ou negando a falha do serviço público que o tenha acarretado, será exigir-lhe tarefa superior a suas possibilidades. Fazê-lo, para que se defenda com a ausência de culpa, será embaraçar inutilmente a pretensão do autor, que para o êxito do pedido independe da prova de culpa do funcionário, bastando a culpa impessoal do serviço público. Diversos os fundamentos da responsabilidade, num caso, do Estado em relação ao particular, a simples causação do dano; no outro caso, do funcionário em relação ao Estado, a culpa subjetiva, trata-se de duas atuações processuais distintas, que se atropelam reciprocamente, não devendo conviver no mesmo processo, sob pena de contrariar-se a finalidade específica da denunciação da lide, que é a de encurtar caminho à solução global das relações litigiosas interdependentes. Aqui não há essa dependência, senão quanto à prova do dano em que incorreu o autor. Somente para ficar jungido a ela, mas não à responsabilidade, que na primeira ação é objetiva, e na segunda depende de prova da culpa, não é de admitir que se faça obrigatória a presença do funcionário na ação movida contra o Estado. No RE 91.271 (*RTJ* 92/436), esta Turma deu-me a honra de acompanhar meu voto, no qual afirmei que 'o princípio do regresso contra o funcionário, do art. 107 da Constituição, não fornece padrão para as ações entre particulares, em que a denunciação da lide é obrigatória àquele que deva responder em ação regressiva'. Assim, implicitamente, considerou-se que, na ação contra o Estado, não há obrigatória denunciação da lide ao funcionário que em ação regressiva deva responder pelo dano. No RE 90.071 (*RTJ* 96/237), admitiu-se que o funcionário possa ser acionado conjuntamente com o Estado, mas por iniciativa do autor, com a divergência do eminente Ministro Soares Muñoz, que nem isso consentia, reservando exclusivamente para subseqüente ação regressiva a satisfação da responsabilidade do agente da Administração. Em resumo, não vejo precedentes jurisprudenciais favoráveis à tese do Estado ora recorrente, no sentido de aplicar-se também as ações de responsabilidade civil do Estado o princípio da obrigatória denunciação da lide ao funcionário indigitado causador do dano. O preceito constitucional do art. 107, parágrafo único, não está jungido, na sua aplicação, à regra do art. 70, III, do CPC, que submeteria o autor, para a constituição adstrito apenas a provar a ocorrência do dano, à contingência de assistir à prova tormentosa da culpa" (*LEX JSTF*-40/187).

23. Ver tópico IV deste trabalho.

24. *LEX JSTF* 40/184; *RTJ* 106/1.054; STJ, 4ª T., REsp. 2.545-SP, ac. un., Min. Sálvio de Figueiredo, *DJU* 6.8.90, p. 7.341; e *Em. Jur. do TFR* 89/55.

do processo pelo qual tramita a ação principal, onde o denunciante deduz contra terceiro pretensão de regresso, caso venha a sucumbir, ressarcindo-se dos valores a que for condenado a prestar, sem necessidade da propositura de ação própria;

b) tem pertinência nas hipóteses taxativamente previstas no art. 70, I a III, do CPC;

c) possui o efeito de permitir a fixação, na mesma decisão, das responsabilidades do denunciante e do denunciado;

d) a obrigatoriedade da sua realização, pena de perda do direito de regresso, deflui de previsão expressa da lei substantiva, sendo restrita à hipótese do art. 70, I, do CPC, relativa à evicção, em face do conteúdo do art. 1.116 do Código Civil;

e) não enfrenta óbices de color doutrinário a opinião que concebe possível a denunciação à lide do servidor pelo Estado quando, na ação indenizatória, o autor imputar àquele culpa em sentido lato;

f) a despeito disso, ponderação pragmática, construída a partir da pressuposição de o art. 37, § 6º., da Norma Ápice, recomendar ampla e expedita reparação ao prejudicado pelo comportamento, jurídico ou não, da potestade estatal, torna inconciliável a denunciação à lide em casos que tais, pena de se delongar a satisfação do direito do cidadão, preocupação-mor do Constituinte.

Referências Bibliográficas

ALVIM, Arruda. *Manual de Direito Processual Civil*, vol. II, "Processo de Conhecimento", 2ª ed., São Paulo, Ed. RT, 1982.

BANDEIRA DE MELLO, Celso Antônio. *Curso de Direito Administrativo*, 4ª ed., Malheiros Editores; *Elementos de Direito Administrativo*, 2ª ed., Ed. RT.

BIANCHI PRATES, Márcia Maria. "Notas a Respeito da Denunciação da Lide", *Repertório de Jurisprudência e Doutrina*, Ed. RT, 1988.

CAHALI, Yussef Said. *Responsabilidade Civil do Estado*, Ed. RT, 1982.

CARNEIRO, Athos Gusmão. *Intervenção de Terceiros*, 2ª ed., Saraiva, 1983.

DI PIETRO, Maria Sylvia Zanella. *Direito Administrativo*, 3ª ed., São Paulo, Atlas, 1992.

FIGUEIREDO, Lúcia Valle. *Curso de Direito Administrativo*, Malheiros Editores, 1994.

MEIRELLES, Hely Lopes. *Direito Administrativo Brasileiro*, 14ª ed., São Paulo, Ed. RT, 1989.

NEGRÃO, Theotônio. *Código de Processo Civil e Legislação Processual Em Vigor*, 24ª ed., Malheiros Editores, 1993.

THEODORO JÚNIOR, Humberto. *Curso de Direito Processual Civil*, vol. I, 4ª ed., Forense, 1988.

VELLOSO, Carlos Mário Da Silva. *Temas de Direito Público*, Del Rey, 1994.

ESTUDOS & COMENTÁRIOS

EMPRESAS PÚBLICAS E SOCIEDADES DE ECONOMIA MISTA EM FACE DO ART. 173 DA CONSTITUIÇÃO

HERALDO GARCIA VITTA
Juiz Federal no Paraná

1. Introdução. 2. Organização do Estado. 3. Serviço público — Conceito. 4. Empresas públicas e sociedades de economia mista. Prestadoras de serviços públicos e exploradoras de atividade econômica. 5. A Súmula 237, do ex-TFR. 6. Conclusões.

1. Introdução

Após o advento da Constituição da República de 1988, muito se tem discutido acerca do regime jurídico das empresas públicas e sociedades de economia mista, quando se questiona o discurso estabelecido no art. 173, da Lei Maior, por meio do qual o Poder Constituinte, em harmonia com o princípio encartado no art. 170, IV, erigiu a exploração direta de atividade econômica pelo Estado à exceção na ordem econômica, e condicionou-a ao preenchimento de determinados requisitos, ou seja, imperativos de segurança nacional ou relevante interesse coletivo, conforme definidos em lei, bem como proibiu a concessão de privilégios não extensivos às do setor privado. Para alguns doutrinadores, inexiste discrimen: todas as entidades paraestatais estão sujeitas ao regime jurídico das empresas privadas e não podem obter privilégios além daqueles concedidos ao setor privado. Entretanto, segundo o entendimento de doutrinadores de escol, como Celso Antônio Bandeira de Mello e Geraldo Ataliba, há necessidade de diferenciar as entidades prestadoras de serviços públicos das exploradoras de atividade econômica. Logo, conforme a atividade do ente personalizado — observada a Constituição da República e a lei que outorgou o serviço — os regimes jurídicos deverão ser distintos.

2. Organização do Estado

A organização do Estado brasileiro está delineada nos arts. 1º e 2º da Constituição Federal. De acordo com o primeiro dispositivo, a República Federativa do Brasil é formada pelos Estados, Municípios e Distrito Federal. De conformidade com o artigo seguinte, os Poderes da República são o Legislativo, o Executivo e o Judiciário.

Urge, inicialmente, diferenciar os entes estatais, com autonomia política (art. 1º), das autarquias e paraestatais, as quais possuem somente autonomia administrativa.

As entidades estatais são pessoas jurídicas de direito público, têm poderes políticos e administrativos. São a União Federal — que possui soberania —, os Estados-membros, os Municípios e o Distrito Federal, detentores de autonomia.

As autarquias caracterizam-se como pessoas jurídicas de direito público, de natureza administrativa, criadas por lei específica, podendo desempenhar atividades econômicas, educacionais, previdenciárias etc. Na verdade, realizam atividade típica da Administração Pública.

As fundações públicas, de acordo com a Constituição de 1988, são pessoas jurídicas de direito público (embora existam vozes discordantes), assemelhadas às autarquias, consoante entendimento sufragado pelo Egrégio Supremo Tribunal Federal.

Ao lado dessas entidades, há as paraestatais, pessoas jurídicas de direito privado, criadas por lei específica, para a realização de obras, serviços ou atividades de interesse coletivo. São as empresas públicas, as sociedades de economia mista e os serviços sociais autônomos (SESI, SENAC, SENAI).

Em suma, existem os entes estatais, componentes da Administração Pública Direta — a União, os Estados-membros, os Municípios e o Distrito Federal — e os entes administrativos, personalizados, criados por lei, vinculados a um Ministério, prestadores de serviços públicos ou de interesse público, formadores da Administração Pública Indireta, as autarquias, as fundações públicas, as empresas públicas federais, as sociedades de economia mista e os serviços sociais autônomos.

Em linhas gerais, essas são as características da organização do Estado brasileiro, relatadas pelo saudoso administrativista Hely Lopes Meirelles (*Direito Administrativo Brasileiro*, Ed. RT, pp. 57 e 627).

3. *Serviço público — Conceito*

Ainda segundo as palavras do saudoso Professor, "serviço público é todo aquele prestado pela Administração ou por seus delegados, sob normas e controles estatais, para satisfazer necessidades essenciais ou secundárias da coletividade, ou simples conveniências do Estado" (ob. cit., p. 290).

De acordo com o ensinamento de Celso Antônio Bandeira de Mello, "é toda atividade de oferecimento de utilidade ou comodidade material fruível diretamente pelos administrados, prestada pelo Estado ou por quem lhe faça as vezes, sob um regime de direito público" (*Prestação de Serviços Públicos e Administração Indireta*, Ed. RT, p. 1).

Para Cirne Lima, "serviço público é todo o serviço existencial, relativamente à sociedade, ou pelos menos assim havido num momento dado, que, por isso mesmo, tem de ser prestado aos componentes daquela, direta ou indiretamente, pelo Estado ou outra pessoa administrativa" (*Princípios de Direito Administrativo*, Ed. RT, p. 82).

Depois de analisar a noção de serviço público, o ilustre Professor da Faculdade de Direito da Universidade de São Paulo, Geraldo Ataliba, acentua o caráter contingencial da expressão: "A noção de serviço público é imprescindível, porque dela depende a fixação dos regimes jurídicos das empresas estatais. Muitas atividades outrora consideradas privadas foram gradativamente sendo entendidas como serviço público (...). Daí a colocação do STF, pelo voto do Min. Themistocles Cavalcanti (RE 63.836-RS, de 7.5.68), como relator: 'Quanto a saber se é um serviço público (a referência era ao abastecimento de carne), tem a doutrina se firmado no sentido de fixar o conceito do serviço público em função do momento, das circunstâncias e da política geral da entidade pública. O leite no Brasil já foi elevado à categoria de serviço público e, não raro, a extensão desse conceito se estende a outros serviços como o funerário, de transportes etc.' (*RDP* 68/114 e 115)'' (*RDP* 4/60 e 61).

Seguindo essa linha de entendimento, esclarece o nobre Professor: ''A idéia de serviço público casa-se com a dos fins do Estado para realizar o bem comum, que significa a satisfação concreta e justa das necessidades coletivas. Sua medida, variável no tempo e no espaço, acompanha o tamanho do Estado, mensurado pelo 'intervencionismo' (...)'' (ob. cit., p. 61).

A necessidade de atualizar a interpretação das palavras contidas em textos legais vem ao encontro do desenvolvimento da sociedade, do grau de cultura da comunidade, da alteração dos valores através dos tempos.

Realmente, não se pode conceituar serviço público de maneira estanque. Cabe à doutrina e à jurisprudência atualizar o conceito, conforme as necessidades sociais.

Isto porque a interpretação deverá ter um caráter dinâmico, atualizado — e não voltado para o passado —, na medida em que o próprio Direito é dinâmico, para a sua própria sobrevivência. Compete à jurisprudência e aos juristas aplicarem os dispositivos legais segundo o interesse social (art. 5º, da Lei de Introdução ao Código Civil Brasileiro), atualizando-os.

Corroborando essa exposição, assevera Christiano José de Andrade: ''Temos portanto (o autor refere-se ao art. 5º, da LICCB) uma diretriz de cúpula com função metanormativa, que consagra o evolucionismo teleológico, o qual abrange o elemento teleológico e o evolutivo ou sociológico, mediante referência ao bem comum. Este deve ser entendido temporalmente. A finalidade da lei e o bem comum têm conexão com a realidade social do momento da sua aplicação. Ambos, o bem comum e a finalidade da lei têm que ser avaliados evolutivamente. O elemento teleológico implica o sociológico. O significado normativo deve estar ajustado aos valores admitidos pela sociedade, para que seja aceitável, por ser razoável ou equitativo. A vida social é fonte dos conceitos jurídicos e não campo passivo da aplicação deste'' (*O Problema dos Métodos da Interpretação Jurídica*, p. 132).

E prossegue, mais adiante: ''É aceito hoje que o direito pode concorrer para mudar a sociedade, mas essa possibilidade de introduzir mudanças tem limites. A sociedade atual é uma sociedade em transformação, todavia submetida à institucionalização, de modo que há uma juridicização da mudança social. Por isso o direito, para adequar-se às sociedades modernas, há de ser um direito também em transformação (...)'' (ob. cit., p. 139).

A ressalva não implica, por evidência, na efetivação do direito alternativo. Antes, baseados nas normas legais e constitucionais, os juristas podem e devem atualizar os conceitos emanados de leis editadas pelo Poder Legislativo, pois os termos contidos em textos legais são ''abertos'', passíveis de interpretações diversas ao longo do tempo.

Entretanto, apesar dessa mobilidade atribuída aos juristas e à jurisprudência de modo especial, é possível que a própria lei — agora de maneira categórica — estabeleça ser determinada atividade serviço público. Sem prejuízo da interpretação evolutiva que se expôs, a norma legal pode balizar o entendimento do intérprete, dizendo que esta ou aquela atividade corresponde a serviço público — e somente o Estado poderá realizá-la, diretamente, ou então, através de entes estatais criados com tal finalidade, ou ainda, por meio de concessionários, permissionários ou autorizatários.

Ocorre que o Legislativo deverá observar a Constituição da República, os limites constitucionais, pois sendo a Carta Magna o vértice do sistema jurídico de um dado país, nenhuma lei poderá contrariá-la. Assim, se a Constituição da República relaciona diversas atividades considerando-as serviços públicos, não compete ao Estado, através de lei ordinária, ir de encontro ao Texto Constitucional. De outro lado, como a atividade econômica, de regra, compete à iniciativa privada, ao Estado incumbe realizá-la somente quando presentes os requisitos constitucionais, estabelecidos no art. 173.

Em face do que se expôs, a conceituação de serviço público, embora variável no tempo e no espaço, sujeita à interpretação evolucionista e atual, condiciona-se à Constituição Federal e às leis editadas com base nela.

4. Empresas públicas e sociedades de economia mista. Prestadoras de serviços públicos e exploradoras de atividade econômica

Conforme se frisou, essas entidades, atuando ao lado do Estado, são criadas por lei e pelo mesmo meio deverão ser extintas. Possuem autonomia administrativa e financeira, mas não política. Respondem perante o Ministério a que estiverem vinculadas. Algumas prestam verdadeiros serviços públicos, enquanto outras, ao contrário, visam ao lucro, como as demais empresas mercantis.

Com efeito, dispõe o art. 173, da Constituição da República:

"Art. 173. Ressalvados os casos previstos nesta Constituição, a exploração direta de atividade econômica pelo Estado só será permitida quando necessária aos imperativos da segurança nacional ou a relevante interesse coletivo, conforme definidos em lei.

"Parágrafo 1º. A empresa pública, a sociedade de economia mista e outras entidades que explorem atividade econômica sujeitam-se ao regime jurídico próprio das empresas privadas, inclusive quanto às obrigações trabalhistas e tributárias.

"Parágrafo 2º. As empresas públicas e as sociedades de economia mista não poderão gozar de privilégios fiscais não extensivos às do setor privado.

"(...)"

Em que pesem os princípios estabelecidos na Carta Magna (art. 1º, IV — livre iniciativa; art. 170, IV — livre concorrência), urge destacar outros dispositivos, igualmente encartados na Constituição da República, reforçando o entendimento sufragado pela doutrina.

A lição de Celso Antônio Bandeira de Mello, ao comentar o art. 173 e seus parágrafos, é segura: "A suposta contradição, todavia, é apenas aparente. Poderia iludir tão-somente intérpretes desatentos, que houvessem feito leitura apressada do Texto Constitucional e que, demais disso, afrontando todos os princípios hermenêuticos, tomassem dado versículo residente em um certo diploma como se fosse único, desconsiderando que integra um sistema, que é parte de um todo e que seu sentido e extensão têm que ser compreendido dentro do universo em que se encarta, como parte que é, a ser entrosado harmonicamente com os demais dispositivos existentes, os quais servem para delimitar-lhe a abrangência e significado.

"(...)

"Deveras, é a própria Constituição que, de logo, trata de assinalar, em inúmeros preceptivos, a diferenciação nítida entre sociedades de economia mista e empresas públicas (*seja de que tipo forem*) e demais pessoas de direito privado." (*RDP* 97/33).

Em seguida, o ilustre Professor elenca, para reforçar a sua tese, diversos dispositivos da Carta Magna, dentre os quais, os arts. 37, 49, 52, 54 e 70.

Portanto, a própria Constituição da República diferencia, distingue as empresas públicas e sociedades de economia mista das demais pessoas jurídicas de direito privado, embora a livre iniciativa e a livre concorrência sejam princípios norteadores do sistema. Como, então, conciliar estes princípios das demais regras inseridas no texto Constitucional?

A Constituição da República destaca algumas atividades consideradas essenciais para a comunidade. Por exemplo, o art. 21, inc. X, da CF/88, elenca, como competência da União, a mantença do serviço postal e do correio aéreo nacional, cabendo-lhe, também, legislar a respeito do primeiro (art. 22, V). Para o Poder Constituinte, o serviço postal é de suma relevância à coletividade, e o ente personalizado que o realizar prestará serviço público, na medida em que assim está estabelecido na Constituição Federal.

O exemplo do Correio, como serviço público federal descentralizado, é lembrado por Geraldo Ataliba: "A União tem o poder-dever ou o dever-poder de exercer os serviços de correios, que interessam a toda a comunidade (...).

"Portanto, ela (refere-se à Empresa Brasileira de Correios e Telégrafos) recebeu uma delegação de serviço público, que a lei lhe fez, e, ao mesmo tempo, ao invés de se estabelecer uma vasta e minuciosa legislação dizendo como essa empresa ia operar, dispôs-se, na lei, que *essa entidade vai obedecer parcialmente, no juridicamente possível, ao regime de empresa.*" (ob. cit., p. 62).

Ao comentar sobre a competência da União na área de prestação de serviços, José Afonso da Silva assevera: "Além da exploração e execução de serviços públicos decorrentes de sua natureza de entidade estatal, a Constituição conferiu à União, em caráter exclusivo, a competência para explorar determinados serviços que reputou públicos, tais como: a) manter o serviço postal e o correio aéreo nacional (...)" (*Curso de Direito Constitucional Positivo*, p. 429, Ed. RT).

Na verdade, a prestação de serviços públicos pode ser feita pela União Federal, diretamente, ou por meio de entidades criadas pelo próprio ente estatal (delegação de serviço público), ou, ainda, por intermédio de autorizatárias, permissionárias ou concessionárias.

Enquanto a ECT atua por *delegação* da União Federal, as entidades criadas pelos Estados-membros para a prestação dos serviços de energia elétrica atuam por *concessão* de serviço público federal (art. 21, incs. X e XII, letra *b*), sujeitas à licitação (art. 175, CF), no último caso.

Entretanto, a função estatal não se esgota aí. Existem empresas públicas e sociedades de economia mista que atuam na atividade econômica e, por conseguinte, pelos princípios da livre iniciativa e da livre concorrência, devem estar no mesmo pólo de atuação das demais pessoas jurídicas de direito privado, sem qualquer distinção. Aplica-se, aqui, a regra inserida no § 2º do art. 173, da CF/88.

Somente as entidades exploradoras de atividade econômica têm os limites estancados no artigo 173, da Constituição Federal, pois há necessidade de distingui-las dos mesmos entes que prestam serviços públicos, cujos princípios diferem-se substancialmente, refletindo-se na elaboração da legislação ordinária, uma vez que o discrimen tem sede constitucional.

Esclarece José Afonso da Silva: "O tema de atuação do Estado no domínio econômico exige prévia distinção entre serviços públicos, especialmente os de conteúdo econômico e social, e atividades econômicas, distinção que tem fundamento na própria Constituição, respectivamente, art. 21, XI e XII, e arts. 173 e 174.

"(...)

"O serviço público, por natureza, é estatal. Tem como titular uma entidade pública. Por conseguinte, fica sempre sob o regime jurídico de direito público...

"Tenha-se presente estas distinções para a compreensão da natureza e limites das empresas estatais; pois sob o ponto de vista de sua função diferenciam-se em dois tipos: as prestadoras ou exploradoras de serviços públicos (...) e as exploradoras de atividades econômicas (...)

"Cumpre observar que a exploração de serviços públicos, conforme indicado acima, por empresa estatal, não se subordina às limitações do art. 173, que nada tem com eles. Efetivamente, não tem cabimento falar em excepcionalidade ou subsidiariedade, em relação à prestação de serviços públicos por entidades estatais ou por seus delegados..." (ob. cit., pp. 672/4).

Não é outro o ensinamento de Celso Antônio Bandeira de Mello: "...de fora parte o fato de que os referidos parágrafos 1º e 2º concernem, como ali se diz, *única e exclusivamente* às empresas públicas e sociedades de economia mista *exploradoras de atividade econômica* e não às *prestadoras de serviço público*, o certo é que o próprio Texto Constitucional brasileiro, inúmeras e reiteradas vezes, desmente a literalidade da dicção do parágrafo 1º., do art. 173, com o que, inequivocamente, limita e restringe de modo acentuado seu âmbito significativo. Destarte, giza sua esfera de aplicação, propiciando entender que o propósito vazado na imperfeita dicção do parágrafo em causa foi, sobretudo, o de impedir que as empresas estatais pudessem dispor de situação privilegiada quando concebidas para operar no setor econômico, que é esfera reservada aos particulares e na qual a intervenção estatal personalizada é excepcional e só possível em hipóteses muito estritas" (*RDP* 97/33).

Geraldo Ataliba fornece-nos a seguinte lição: "A maioria das empresas estatais é prestadora de serviço público. Desempenham, como delegados da União, dos Estados e dos Municípios, atividades próprias destes: instrumentação e suporte de sua atividade administrativa. Não é difícil a demonstração de que essa atividade configura serviço público (sempre que não configure 'exploração de atividade econômica').

"(...)

"Atuando na ordem econômica, por criaturas legais delegadas suas, o Estado age despido de suas prerrogativas de supremacia, sujeito às mesmas injunções a que se submete a iniciativa privada e *sob regime de Direito Privado* (art. 173)..." (ob. cit., p. 59).

Com lapidar precisão, Celso Antônio Bandeira de Mello distingue as espécies de paraestatais que estamos estudando: "Com efeito, é preciso distinguir as sociedades de economia mista e empresas públicas em duas distintas espécies, a saber: *prestadoras de serviços públicos* e *exploradoras* de atividade econômica, pois o regime de umas e outras não é idêntico. Ambas, pelas razões já expostas, inobstante sejam constituídas sob forma de direito privado, sofrem o impacto de regras de direito público. As primeiras, entretanto, são alcançadas por estes preceitos com uma carga mais intensa do que ocorre com as segundas, o que é perfeitamente compreensível.

"Deveras, as prestadoras de serviço público desenvolvem atividade em tudo e por tudo equivalente aos misteres típicos do Estado e dos quais este é o senhor exclusivo. Operam, portanto, numa seara estatal por excelência, afeiçoada aos seus cometimentos tradicionais e que demandará, bastas vezes, o recurso a meios publicisticos de atuação (como sucede, aliás, inevitavelmente, com particulares concessionários de serviço público), de par com o rigor dos controles a que se têm de submeter, seja por se alimentarem de recurso captados da coletividade através de instrumentos de direito público (tarifa), seja pela supina relevância do bem jurídico de que se ocupam: o serviço público, isto é, 'serviço existencial, relativamente à sociedade, ou pelo menos, assim havido num momento dado...', no dizer de Cirne Lima (*Princípios de Direito Administrativo Brasileiro*, 3ª ed., Sulina, 1954, p. 84)" (*RDP* 97/30).

Da conceituação legal de empresa pública e sociedade de economia mista (Decreto-lei 200/67, art. 5º), tira-se a conclusão de que esses entes administrativos, ao menos no que se refere à União Federal, exploram, sempre, a atividade econômica. No entanto, há dois empecilhos importantes. O primeiro repousa na Constituição da República, a qual estabelece, expressamente, algumas atividades de interesse da comunidade. O segundo ponto a ser questionado relaciona-se ao princípio da legalidade. Realmente, se o legislador entender que uma certa atividade é serviço público, não há como o administrador fugir desse conceito, exceto se o texto legal ofender a Constituição Federal, como se frisou antes. Assim sendo, é de indagar-se como fica a situação jurídica dessas entidades administrativas quando realizarem serviço público (e não atividade econômica). A resposta nos fornece o citado mestre paulista, embora à luz do Texto Constitucional anterior, aplicável à hipótese: "A circunstância mesma de outorgar o serviço em concessão a uma pessoa mista revela (o autor refere-se à concessão de serviço público federal à sociedade de economia mista), só por si, a opção pelo esquema de direito privado; o regime dela, da mesma forma; contudo, o *serviço em si mesmo* beneficiar-se-á de proteção especial e prerrogativas peculiares, inerente ao 'regime de direito público'". (*Prestação de Serviços Públicos e Administração Indireta*, Celso Antônio Bandeira de Mello, 1987, p. 96).

5. *A Súmula 237, do ex-TFR*

Questão correlata que se coloca é a de saber se a Súmula 237, do extinto Tribunal Federal de Recursos, ainda prevalece em face da Constituição da República de 1988.

Dispõe o preceito sumular: "As empresas concessionárias de transporte coletivo urbano são obrigadas a conceder passe livre aos distribuidores de correspondência postal e telegráfica quando em serviço".

Trata-se de Incidente de Uniformização de Jurisprudência na AMS 105.506-RJ, Primeira Seção, em 22.10.86, *DJU* 21.5.87, cuja decisão se pautou, notadamente, no Decreto-lei 3.326/41, art. 9º, parágrafo único (Súmulas dos Tribunais Regionais Federais e do Extinto Tribunal Federal de Recursos-TRF 1ª Região, Brasília, mar./93, p. 321).

Sob o prisma da divisão que se fez das atividades desenvolvidas pelas empresas públicas e sociedades de economia mista, prestadoras de serviços públicos e exploradoras de atividade econômica, a regra advinda daquele antigo A. Tribunal merece total aplicação. Isto porque, de acordo com o Texto Constitucional, o serviço postal é serviço público, de suma relevância à comunidade, como se anotou antes, podendo, assim, a legislação ordinária conceder determinados privilégios às entidades administrativas, mesmo que não extensivos às empresas do setor privado.

Num primeiro momento, pode-se sustentar a incompatibilidade da súmula frente ao art. 30, incs. I e V, da Carta Política. Conforme os dispositivos invocados, compete aos Municípios legislar sobre assuntos de interesse local, e também organizar e prestar, diretamente ou sob regime de concessão ou permissão, os serviços públicos de interesse local, incluído o de transporte coletivo, de caráter essencial.

Assinala José Afonso da Silva:

"A característica básica de qualquer Federação está em que o poder governamental se distribui por unidades regionais. Na maioria delas, essa distribuição é dual, formando-se duas órbitas de governo: a central e as regionais (União e Estados federados) sobre o mesmo território e o mesmo povo. Mas, no Brasil, o sistema constitucional eleva os Municípios à categoria de entidades autonômas, isto é, entidades dotadas de organização e governo próprios e competências exclusivas. Com isso, a Federação brasileira adquire peculiaridade, configurando-se, nela, realmente, três esferas governamentais: a da *União* (governo federal), a dos *Estados Federados* (governos estaduais) e a dos *Municípios* (governos municipais) além do *Distrito Federal* e a que a Constituição agora conferiu autonomia. E os Municípios transformaram-se mesmo em unidades federadas? A Constituição não o diz. Ao contrário, existem onze ocorrências das expressões *unidade federada* e *unidade da Federação* (no singular ou no plural), referindo-se apenas aos Estados e Distrito Federal, nunca envolvendo os Municípios" (ob. cit., p. 538).

De acordo com o ilustre constitucionalista, a autonomia municipal assenta-se em quatro capacidades: auto-organização (elaboração de lei orgânica própria); autogoverno (eleição de Prefeito e Vereadores); normativa (elaboração de leis municipais sobre áreas que são reservas à sua competência exclusiva e suplementar); e auto-administração (manter e prestar os serviços de interesse local) (ob. cit., pp. 538/9).

No entanto, prevalece a regra do Decreto-lei 3.326/41, pois a gratuidade concedida aos carteiros no transporte coletivo urbano, durante a realização de seu serviço, tem em mira a boa prestação do serviço público federal, isto é, visa a interesse público protegido constitucionalmente, em virtude do art. 21, inc. X, da Carta Política, em que se atribuiu à União a competência para manter o serviço postal, e também conferiu-lhe a via por intermédio do qual a atividade pública será passível de se efetivar, ou seja, atribuiu-lhe a competência de legislar sobre serviço postal (art. 22, V, CF/88). Por conseguinte, o Texto Constitucional excluiu dessa atividade a ingerência de qualquer entidade política, afora a União Federal.

Além do mais, o privilégio permite custo menor aos usuários do serviço postal-beneficiando grande parcela da comunidade, enquanto as empresas permissionárias de transporte coletivo, a par de não receberem o preço pelo transporte dos carteiros, têm a sua receita proveniente das tarifas pagas pelos demais usuários, pois o serviço postal, considerado serviço público de competência da União, não concorre com as empresas do setor privado, inaplicando-se, no caso, o art. 173, § 2º., da Constituição Federal.

Também não serve como fundamento à não-recepção da lei que concedeu o privilégio o disposto no art. 150, § 6º. da Lei Maior, segundo o qual "qualquer subsídio ou isenção, redução de base de cálculo, concessão de crédito presumido, anistia ou remissão, relativos a impostos, taxas ou contribuições, só poderá ser concedido mediante lei específica, federal, estadual ou municipal, que regule exclusivamente as matérias acima enumeradas ou o correspondente tributo ou contribuição, sem prejuízo do disposto no art. 155, § 2º., XII, *g*". Com efeito, normalmente as empresas permissionárias de serviços públicos cobram "preço público" dos usuários do transporte coletivo urbano. Taxa e preço público não se confundem, como explicitado na Súmula 545, da Suprema Corte. Acresce-se o fato de o art. 175, no seu parágrafo único, estabelecer, dentre outros requisitos a serem observados pela lei que regulará o regime de concessão ou permissão, a "política tarifária" (inc. II) — regulando o preço público a ser cobrado dos usuários. Donde a conclusão: a contraprestação pelo serviço realizado corresponde a preço público, e não a tributo.

6. Conclusões

1. O Estado modernizou-se em decorrência das novas exigências da sociedade. Assim, foram criadas entidades personalizadas, criaturas legais, as quais têm em mira o bem-estar social, realizando serviços públicos ou explorando a atividade econômica;

2. Sob essa ótica, há necessidade de diferenciar os entes que prestam serviços públicos dos exploradores de atividade econômica, por possuírem princípios diversos, estabelecidos no próprio Texto Constitucional;

3. A conceituação de serviço público varia no tempo e no espaço, dependendo de diversos fatores, inclusive culturais, e a sua interpretação deve ser evolutiva, atual. Mesmo assim, a Constituição Federal traz algumas balizas, que não podem ser olvidadas pelo legislador ordinário (ao determinar que certa atividade seja serviço público) e nem pelo exegeta (ao conceituar o serviço público em vista das circunstâncias do caso concreto);

4. O art. 173, da Constituição Federal não deve ser analisado isoladamente do ordenamento, porquanto as normas constitucionais não são incongruentes, mas se completam; logo, a distinção da atividade desenvolvida pelos entes administrativos (serviços públicos e atividade econômica) tem respaldo na Carta Política;

5. Por conseguinte, as empresas públicas e sociedades de economia mista prestadoras de serviços públicos podem obter privilégios, ainda que não extensivos ao setor privado; de outro lado, se estas paraestatais explorarem atividade econômica, deverão concorrer em igualdade de condições com o setor privado, aplicando-se o art. 173, § 2º., da Constituição Federal;

6. A Súmula 237, do ex-TFR — e as normas legais que a embasaram — têm ressonância no novo Texto Constitucional: a autonomia municipal, apesar de ser considerada na Constituição da República de 1988, está compatibilizada à competência da União para legislar sobre o serviço postal; e a vedação da União para conceder isenção de tributo de competência do município (art. 150, § 6º., CF/88) não se aplica à hipótese, porque o pagamento feito pelos usuários de transporte coletivo urbano — sendo um serviço público permissionário, de regra — corresponde a preço público (tarifa), que não se confunde com taxas (espécie de tributo), aplicando-se, assim, os princípios da Súmula 545, do STF.

Janeiro/95

ESTUDOS & COMENTÁRIOS

AÇÕES SOBRE O SISTEMA FINANCEIRO DA HABITAÇÃO — COMPETÊNCIA E LITISCONSÓRCIO

João Pedro Gebran Neto
Juiz Federal do Paraná

"Ementa: Recurso Especial. Litisconsórcio necessário. Cláusula "Rebus sic stantibus".

"Ocorre litisconsórcio necessário quando o Juiz, por disposição de lei ou pela natureza da relação jurídica, tiver de decidir a lide de modo uniforme para todas as partes. Embora o BNH expedisse normas-padrão para o sistema financeiro da habitação, a sentença do processo entre o agente e o mutuário terá eficácia apenas entre eles, quando se discute o valor das prestações acordadas no contrato. O litisconsórcio não se confunde com a assistência. A cláusula "rebus sic stantibus" não afronta nenhuma lei. Ajusta as normas jurídicas ao sentido social dos fatos. Busca impedir o enriquecimento sem justa causa e amolda a expressão substancial do fenômeno ao sentido formal. Não enseja, por si só, a via do recurso especial" (RE 371-CE, Rel. Min. Vicente Cernicchiaro, publicado no* DJU *4.6.90, in* Rev. LEX *17/89).

1. Introdução

As questões atinentes ao Sistema Financeiro da Habitação têm gerado muitas dúvidas e discussões, especialmente quanto à preliminar de *legitimatio ad causam*.

E isto tem um significado relevantíssimo para a demanda, porque importará na fixação da competência, que é absoluta, bem como na ocorrência, ou não, de litisconsórcio necessário.

Conforme seja o entendimento adotado, principalmente pelos Tribunais Superiores, resultará em nulidade do feito se julgado por juízo absolutamente incompetente, ou, ainda, se não integrar a lide litisconsorte necessário.

Para agravar a situação, constata-se que a orientação jurisprudencial sobre a matéria não é uniforme, acarretando em séria e fundada insegurança jurídica para as partes.

Por isso que oscilação, nas ações que versam sobre o Sistema Financeiro da Habitação, as pessoas que figuram no pólo passivo da relação jurídica processual. Uns dirigem seus pedidos contra os agentes financeiros. Outros contra os agentes e a Caixa Econômica Federal. Outra, ainda, contra a União Federal.

Por fim, existem aqueles que dirigem suas pretensões contra o Banco Central do Brasil.

Destas pessoas supra-referidas, pode, ainda, resultar as mais diversas combinações de litisconsórcio passivo.

Para evitar nulidades, e como medida de ordem prática, observa-se que muitas vezes têm optado (partes e os próprios juízes) pela adoção do mais amplo litisconsórcio, visando possibilitar a integração da lide dos agentes financeiros, da União Federal, da Caixa Econômica Federal e do Banco Central do Brasil.

Contudo, esta não parece que seja a melhor solução, porque, além de não enfrentar diretamente o problema, importa em verdadeiro tumulto processual.

Porém, perfeitamente desculpável este posicionamento, porque as sucessivas alterações legislativas e as divergências jurisprudenciais praticamente não permite a adoção de critério único e seguro.

Nem mesmo os próprios demandados estão certos das conseqüências que podem decorrer da decisão, posto que eles mesmo suscitam a ocorrência de litisconsórcio necessário e de ilegitimidade passiva *ad causam*.

Em termos claros, é uma verdadeira confusão.

2. Dos contratos

Por estas razões, busca-se, neste trabalho, colaborar com a solução do problema. Suscitar o debate para que, em breve, sejam adotadas posições uniformes sobre a matéria, permitindo que os jurisdicionados dirijam suas pretensões de modo direto e seguro, não ficando à mercê de futuras declarações de nulidades do feito por questões meramente processuais.

A grande maioria dos feitos versam sobre questões atinentes ao reajustamento das prestações do contrato de financiamento vinculado ao Sistema Financeiro da Habitação. Alegam os mutuários que não vêm sendo corretamente aplicados os índices de reajustamento das prestações, ou, ainda, que as correções destas tem importado em comprometimento da renda familiar superior àquele estabelecido *ad initio* pelo contrato.

Dirigem-se as ações, como já se disse, contra as mais diversas pessoas. E aqui começam as dúvidas.

Entendo que o primeiro ponto a ser considerado, para estabilização da lide, inclusive quanto à competência, é quanto ao pagamento do eventual residual do saldo devedor, se este pagamento recai sobre o mutuário (como é o caso dos contratos mais recentes e valores de financiamento maiores) ou se recai sobre o Fundo de Compensação das Variações Salariais (FCVS).

E isto vem expresso no próprio contrato de financiamento e é constatável através da leitura de suas cláusulas contratuais e dos termos específicos da avença (quase sempre nos quadros constantes nas pp. 1 e 2 dos contratos).

Iniciando a análise, tome-se por modelo um contrato onde o Fundo de Compensação das Variações Salariais não é o responsável pelo pagamento de eventual residual.

3. Dos contratos sem cobertura pelo FCVS

Muito se questiona sobre a existência de litisconsórcio passivo necessário da União Federal, da Caixa Econômica Federal (quando não está na condição de agente) e do Banco Central do Brasil com os agentes financeiros.

Entendemos que ele inexiste. A ementa transcrita em epígrafe demonstra, com lucidez e clareza, os motivos que nos levaram a tal convencimento, somando-se, à fundamentação expendida no referido acórdão, as seguintes.

Os contratos do SFH, cuja correta aplicação das cláusulas se pretende dar, são firmados apenas pelos agentes financeiros, não figurando os outros litisconsortes na avença. Não existindo, também, outras razões de fato ou de direito para a inclusão nem do Banco Central do Brasil, nem da Caixa Econômica Federal, nem do Conselho Monetário Nacional, porque não podem ser chamados a responderem pela correta aplicação das cláusulas de um contrato de que não participaram.

O art. 46, I, do Código de Processo Civil, prevê a possibilidade da formação do litisconsórcio, quando haja, entre as pessoas, *comunhão de direitos ou de obrigações relativamente à lide*. Ora, nem o Banco Central do Brasil, nem o Conselho Monetário Nacional (diga-se União Federal) estão ligados ao agente financeiro por uma comunhão de direitos ou de obrigações em razão de eventual descumprimento do contrato de mútuo.

É verdade que o Decreto-lei n. 2.291, de 21.11.86, ao extinguir o Banco Nacional de Habitação, atribuiu ao Conselho Monetário Nacional a função de orientar, disciplinar e controlar o Sistema Financeiro da Habitação; é certo que o art. 8º desse mesmo decreto lei cometeu ao Banco Central do Brasil a atribuição de fiscalizar as entidades integrantes do Sistema Financeiro da Habitação e aplicar as penalidades previstas; é sabido que o art. 24 da Lei 8.004, de 14.3.90, e o art. 4º da Lei 8.100, de 5.12.90, reservaram ao Banco Central do Brasil a competência para expedir instruções necessárias à aplicação das normas do Sistema Financeiro da Habitação previstas naquelas leis, inclusive aquelas relativas ao reajuste de prestações dos financiamentos.

Todavia, o exercício dessas funções, atribuições e competências pelo Conselho Monetário Nacional e pelo Banco Central do Brasil não os tornam comunheiros nos direitos e obrigações que os agentes financeiros venham a adquirir ou contrair nos contratos de financiamento firmados no âmbito do SFH com os adquirentes de casa própria, não se justificando a sua integração à lide como litisconsortes passivos. São eles meros responsáveis pela expedição de normas e regulamentos destinados a reger questões administrativas do Sistema Financeiro da Habitação, sem que para tanto haja qualquer conseqüência direta nos contratos já celebrados. Tanto é assim que eventuais orientações, resoluções ou quaisquer outros tipos de instruções destes órgãos não pode alterar a situação contratualmente previstas entre mutuante e mutuário.

Vale considerar que os recursos que compõem o Sistema Financeiro da Habitação não pertencem ao Conselho Monetário Nacional ou ao Banco Central do Brasil. São recursos captados pelos próprios agentes financeiros que, por lei e por normas dessas entidades, devem ser obrigatoriamente direcionados a programas pre-estabelecidos, como, p. ex., estabelece a Resolução n. 1.446, de 5.1.88, do BACEN. A atuação do Conselho Monetário Nacional e do Banco Central do Brasil é apenas normativa, de orientação, controle e fiscalização, não podendo o mutuário responsabilizá-los pelo descumprimento pelo agente financeiro, quer das cláusulas contratuais, quer das normas que deveriam ter sido observadas.

O art. 47 do CPC, de igual modo, é inaplicável à espécie. Com efeito, *a necessidade de uma decisão uniforme para todas as partes, quando não decorre de disposição de lei, deve decorrer da natureza da relação jurídica*. Ora, não existe disposição de lei. Por outro lado, não há que se perquirir da natureza da relação jurídica, porque esta também inexiste. Desnecessário considerar, por evidente, que, do descumprimento de um contrato de mútuo não nasce nenhuma relação jurídica entre as multicitadas entidades federais e o agente financeiro ou o mutuário. A verdade é que elas não são partes na lide que deva merecer decisão uniforme do juiz.

Inexistindo relação jurídica, não se pode cogitar, nem mesmo, da intervenção daquelas entidades como assistentes litisconsorciais (art. 54 do CPC). Também por isso, não existe interesse jurídico dessas pessoas na solução da lide, não sendo possível admitir-se a assistência voluntária do art. 50 do CPC.

Na decisão do STJ, cuja ementa se transcreveu ao início, ponderou o eminente relator:

"O contrato de mútuo constante dos autos é de natureza privada. Dado o sentido social, para facilitar a aquisição da casa própria, a atribuição de policiamento das respectivas relações jurídicas, com a extinção do BNH, passou para a União Federal, especificamente, ao Conselho Monetário Nacional.

"Apesar disso, o Banco, como a União Federal, não integram o processo. *Data venia*, não é caso de litisconsórcio necessário. Nem um, nem outra integram a relação jurídica litigiosa. Não há, qualquer que seja o julgamento, reflexo para essas pessoas jurídicas" (ob. loc. cits., p. 91).

Finalmente, cabe ponderar, ainda, que nem se pode vislumbrar a hipótese de denunciação da lide, uma vez que, nem o Banco Central do Brasil, nem o Conselho Monetário Nacional, estão obrigados, por lei ou por contrato, a indenizar o prejuízo do agente financeiro, se perder a demanda.

Por tudo isso, convenço-me da absoluta impossibilidade de virem, quer o Banco Central do Brasil, quer a União Federal, como representante do Conselho Monetário Nacional, quer, ainda, da Caixa Econômica Federal integrar a presente relação processual.

Como, nos contratos em questão, sequer o saldo residual será arcado pelo Fundo de Compensação das Variações Salariais, porque expressamente excluída a responsabilidade deste Fundo pelo saldo residual, nem mesmo por este fundamento teria razão a inclusão da União Federal na lide como gestora do Fundo (Lei 7.739/89), através do Ministério da Economia, Fazenda e Planejamento.

Ainda quanto a este Fundo, cumpre esclarecer que à Caixa Econômica Federal somente compete sua administração operacional, nos termos do art. 6º., do Regulamento do FCVS, anexo à Portaria n. 271, de 25 de abril de 1991, do Ministério supra-referido.

Por derradeiro, os contratos firmados com base na recente Lei 8.692, de 28 de julho de 1993, que instituiu o Plano de Comprometimento da Renda, não mais possuem saldo residual coberto pelo Fundo de Compensação das Variações Salariais, a teor do seu art. 29.

4. Dos contratos com cobertura pelo FCVS

Nos contratos mais antigos de financiamento pelas regras do Sistema Financeiro da Habitação, também em alguns cujo valor do financiamento ou da garantia não excedam ao limite máximo previsto para sua cobertura, eventual saldo residual é pago pelo Fundo de Compensação das Variações Salariais.

Assim, nos contratos cobertos pelo FCVS, tendo o mutuário pago todas as prestações, o agente financeiro é obrigado a lhe dar quitação da dívida e desonerá-lo da hipoteca que pende sobre o imóvel.

Referido fundo foi instituído visando, na sua origem, garantir a todos os mutuários a quitação da dívida ao término do contrato. Posteriormente, foi alterado para garantir tal quitação somente para determinadas categorias de mutuários, ou seja, aquelas que financiaram imóveis de valor inferior ao teto previsto pelas regras de captação de recursos e financiamento.

Assim, p.ex., contratos com valor inferior a 2.500 OTN, nos termos da Resolução 1.446, de 5.1.88, do Banco Central do Brasil, teriam seus saldos devedores cobertos pelo FCVS, sendo os seus mutuários obrigados a contribuir para tal fundo.

Os recursos do FCVS são compostos, segundo a Resolução n. 9, de 17 de outubro de 1991, dos seguintes recursos: *a*) contribuição mensal dos adquirentes; *b*) contribuição trimestral dos agentes financeiros; *c*) contribuições a vista feitas pelos mutuários (em contratos assinados até 31.10.84) ou pelos agentes financeiros do SFH, em caso de sub-rogação da dívida por terceiros; *d*) eventuais participações credoras do próprio FCVS; *e*) retorno de aplicações, disponibilidades e novas receitas do Fundo de Assistência Habitacional; *f*) recursos do sistema securitário; *g*) eventual dotação orçamentária da União Federal; *h*) outras receitas.

Da composição de recursos do referido fundo constata-se que sua natureza é eminentemente privada, vez que a origem de seus recursos, na sua grande maioria, é de dinheiro aportado pelos próprios mutuários (3% do valor de cada prestação) ou pelos agentes financeiros (0,025% sobre o saldo dos financiamentos, concedidos nas condições do SFH). Nem mesmo a existência de *eventual dotação orçamentária da União Federal* teria o condão de alterar-lhe sua natureza, porque seria ocasional e não compulsória.

Porém, muito embora o FCVS tenha natureza de direito privado, nos contratos em que o saldo residual será por ele arcado deve ser incluída na lide a União Federal.

É que referido fundo, possuindo interesse na lide, mas sendo destituído de personalidade jurídica, deve ingressar na lide através de seu órgão gestor, ou seja, União Federal, que é gestora do Fundo (Lei 7.739/89), através do Ministério da Economia, Fazenda e Planejamento.

Na qualidade de gestora, possui a União interesse no total do débito pago pelo mutuário, vez que o remanescente será de sua responsabilidade.

Veja-se que, quanto maior a prestação, menor será o saldo devedor, e, menor ainda, será o resíduo final arcado pelo FCVS, consoante os termos do contrato.

Assim, o correto cálculo da prestação e suas variações, em casos tais, é de interesse do FCVS, cuja gestão cabe ao Ministério da Economia, Fazenda e Planejamento, nos termos da legislação referida.

Assim, só cabe a intervenção da União Federal nos casos em que o FCVS arque com o pagamento de eventual saldo residual, como decidiram os Tribunais Regionais Federal da 4ª e 1ª Região, respectivamente:

"Sistema Financeiro da Habitação. Contratos sem cobertura do FCVS. Lide que deve ser resolvida sem a participação da União Federal e do Banco Central do Brasil.

"Nos contratos de mútuo hipotecário, inclusive os vinculados ao Sistema Financeiro da Habitação, em que o mutuário responde pelo pagamento de eventual saldo devedor residual, a relação jurídica se esgota entre as respectivas partes, não havendo litisconsórcio necessário entre o mutuante e a União Federal ou o Banco Central do Brasil. Hipótese em que os contratos são expressos no sentido de que o financiamento não tem cobertura do Fundo de Compensação das Variações Salariais — FCVS. Agravo Improvido" (AI n. 94.04.16045-/PR, Rel. Juiz Ari Pargendler, v.u., publicado no *DJU* 137, em 20.7.94, p. 38.537).

"A União Federal foi admitida pelo juiz como 'assistente' do Econômico S/A—Crédito Imobiliário Casaforte. É certo que o simples fato de o CMN fiscalizar o SFH ou fixar índice de reajuste não dá à União, só por isso, a condição de ré. Sua legitimação passiva advém de caber ao Ministério da Habitação, Urbanismo e Meio Ambiente a gestão dos recursos do FCVS (Fundo de Compensação das Variações Salariais) ..." (AC n. 114586-BA, Rel. Juiz Ademar Maciel, v.u., publicado no *DJU*, em 25.6.92, p. 18.818).

5. *Conclusão*

Das considerações tecidas, conclui-se que nas ações que versem apenas sobre interpretação e aplicação das regras contratuais devem integrar a lide somente o agente financeiro, competindo à Justiça Estadual processá-las e julgá-las, inexistindo qualquer motivo para a ocorrência de litisconsórcio necessário da União Federal, da Caixa Econômica Federal e do Banco Central do Brasil.

Nas hipóteses em que houver saldo devedor residual a ser arcado pelo Fundo de Compensação das Variações Salariais, então deve integrar figurar como litisconsorte necessário à União Federal, vez que é gestora do referido fundo. Conseqüentemente, desloca-se a competência para a Justiça Federal, a teor do art. 109, I, da Constituição Federal.

Londrina, 28 de novembro de 1994

EMENDA CONSTITUCIONAL N. 3/93
(altera a redação do art. 150, para acrescentar-lhe um § 7º)

LENA BARCESSAT
Mestranda em Direito da Universidade Católica de S. Paulo

As recentes manifestações do Poder Constituinte Derivado, através das quatro Emendas Constitucionais, trouxeram à baila amplas e frutíferas discussões acerca das limitações ao poder de emendar a Constituição.

Assim, verificou-se que o tema não é de relevância puramente acadêmica, mas também prática. Encontramo-nos hoje diante de um quadro de profunda incerteza, surpreendidos que somos pela "inflação" não apenas legislativa, mas também constitucional.

A expressão "inflação legislativa" é atribuída à Carnelutti, que a ela se referiu ao tratar da crise da lei, oriunda da multiplicação da atividade legislativa, que corrompe a presunção de que todos conhecem a lei, isto sem falar no princípio de segurança jurídica, que foi uma das bandeiras da Revolução Francesa.

Assim, tomamos emprestada a expressão "inflação" e a trazemos para o direito constitucional, onde verificamos a ocorrência da "inflação constituinte". É um fenômeno bastante arraigado no espírito brasileiro essa tendência de se alterar as regras do jogo de acordo com interesses momentâneos, casuísticos, e geralmente de ordem econômica, que fazem cair por terra a segurança jurídica.

Isto posto, é de se ressaltar que a cada mudança do Texto Constitucional há que se ter o cuidado de obedecer às limitações materiais constantes do art. 60, § 40, sob pena de uma ruptura do sistema, e o que é pior, via poder constituído. É como se a criatura pudesse destruir o seu criador.

Das limitações estatuídas no § 4º do art. 60, ou seja, das cláusulas pétreas, resulta a rigidez constitucional. É certo que rígida não quer dizer imutável, mas dela resulta que não será nem mesmo objeto de deliberação a proposta de emenda tendente a abolir: I — a forma federativa de Estado; II — o voto direto, secreto, universal e periódico; III — a separação dos Poderes; e IV — os direitos e garantias individuais.

Assim, o poder constituído, ao emendar a Constituição, há que respeitar os princípios federativo, republicano, o da separação dos Poderes, e os princípios expressos e implícitos referentes aos direitos e garantias individuais, dentre os quais se encontram as limitações ao poder de tributar.

A despeito de toda a rigidez constitucional, do Princípio da Supremacia da Constituição e dos mecanismos de controle de constitucionalidade (preventivo e repressivo), foram introduzidos no ordenamento jurídico pátrio, via Emenda Constitucional n. 3/93, institutos como a ação declaratória de constitucionalidade (art. 102, I, *a*), um imposto sobre movimentações ou transmissões financeiras (art. 2º da Emenda n. 3/93) e a responsabilidade por fato futuro (§ 7º do art. 150), todos reputados inconstitucionais pela mais respeitável doutrina. Infelizmente o Supremo Tribunal Federal, nossa Corte Constitucional, não entendeu asssim.

Portanto, não obstante a sua flagrante inconstitucionalidade, a emenda "tendente" a abolir os princípios consagrados nas cláusulas pétreas não só foi votada, como promulgada e, após, submetida ao "crivo" de nossa Corte Constitucional, hoje integra o corpo da Constituição.

Assim, aquele "monstrengo", no dizer do Prof. Geraldo Ataliba, que havia de ser expurgado do sistema, ingressou no ordenamento jurídico pátrio.

Encontramo-nos diante de uma *vexata quaestio*, uma vez que nos é submetida à apreciação questão relativa à inclusão, por meio da Emenda Constitucional n. 3/93, de um § 7º ao art. 150, da Constituição, justamente onde estão elencadas as limitações ao poder de tributar.

A referida disposição suscita uma série de desdobramentos, sobre os quais passaremos a discorrer, com o escopo de, à luz dos princípios e normas constitucionais, delimitar o tema.

O princípio da unidade da Constituição

De acordo com o magistério de Canotilho, o princípio da unidade da Constituição é o de unidade hierárquico-normativa, ou seja, todas as disposições contidas numa Constituição formal têm igual dignidade. Em assim sendo, há que se concluir pela rejeição de duas teses correntes na doutrina do direito constitucional: *a*) a tese das antinomias normativas e *b*) a tese das normas constitucionais inconstitucionais.

Isto posto, o princípio da unidade é um princípio de interpretação que exige tarefa de concordância prática entre normas aparentemente em conflito ou tensão e exige ainda a tarefa de interpretação conforme a constituição, das leis que aplicam ou concretizam as normas constitucionais.

Mas, em assim sendo, como compatibilizar o § 7º do art. 150 com a Constituição se não conseguimos nem ao menos compatibilizá-lo com o *caput* onde se acha inserido?

É de se observar que o art. 5º, *caput*, da Constituição agasalha, como princípios, os direitos à vida, à igualdade, à segurança e à propriedade. Esses valores, prestigiados pelo Constituinte Originário, se irradiam por todos os incisos do art. 5º e por toda a Constituição, servindo como vetores interpretativos da inteligência de todas as normas constitucionais, inclusive e principalmente as que versam sobre tributação.

A tributação e o Estado de Direito

Verifica-se, ao compulsar a história, que foi justamente uma questão tributária, durante o reinado de João Sem Terra, que ensejou a promulgação, em 1215, da Magna Carta, que tornou-se a base e fundamento das liberdades inglesas. Ali surgiu a primeira noção de Estado de Direito, no qual vigora o princípio da legalidade.

Nos países de Constituição rígida e direito escrito, a atividade legislativa é tida como instrumento primário do direito. Assim, é exigência do Estado de Direito a supremacia da lei, visando ao atendimento de maior certeza e segurança para as relações jurídicas.

Assim, o Estado de Direito garante aos administrados que ninguém sofrerá restrição em sua liberdade e propriedade, a não ser em hipóteses previamente estabelecidas em lei geral e abstrata.

O Direito Constitucional brasileiro muito tem lutado para consagrar o princípio do Estado de Direito entre nós, do qual decorre o princípio da isonomia e legalidade.

Tal foi a preocupação que, no campo do direito tributário, quase tudo traçado pelo Constituinte originário, que deixou pouca margem ao legislador infraconstitucional para "plasmá-lo", no dizer do Prof. Geraldo Ataliba.

Disto resulta que o sistema constitucional tributário brasileiro é o mais rígido de quantos se tem notícia, além de exaustivo. Tudo isso em virtude da preocupação do Constituinte originário em proteger a autonomia individual em face do poder.

Assim, constitucionalizou-se quase toda a matéria tributária, visando a torná-la rígida e conter, desse modo, os rompantes administrativos, que tendem a invadir a esfera do patrimônio individual de maneira insensata.

Assim, o Estado de Direito é aquele que se submete à Lei e à Jurisdição. Postula, portanto, a separação de Poderes. Assim, o órgão incumbido de criar o tributo não é o mesmo que vai cobrá-lo, e, por sua vez, o órgão que julgará a lide tributária, em caráter definitivo, também é diverso daquele que constitui e daquele que arrecada a exação.

O princípio da separação de Poderes foi introduzido, no ordenamento jurídico nacional, no bojo da primeira Constituição Republicana (1891).

Do princípio Republicano, conforme nos ensina o Prof. Geraldo Ataliba, deflui o princípio da igualdade. Da igualdade, por sua vez, resulta o princípio da legalidade, que é o seu instrumento de realização. Assim, abordaremos o princípio da igualdade e sua repercussão no sistema constitucional tributário.

O princípio da igualdade e o sistema tributário nacional

De tudo quanto foi exposto, infere-se que o princípio da igualdade é o princípio fundante do nosso sistema constitucional, mormente do sistema constitucional tributário. É, sem sombra de dúvida, o princípio mais importante da Constituição, irradiando-se por todo o seu corpo e gerando os seguintes reflexos:

Da igualdade resulta a classificação jurídica dos tributos, o regime legal de cada tributo e o princípio da capacidade contributiva, isto sem falar no princípio da isonomia entre as pessoas políticas.

Assim, a capacidade contributiva é expressa no art. 145, § 1º., que dispõe terem os impostos caráter pessoal, sofrendo graduação segundo a "capacidade econômica do contribuinte".

O art. 150 é todo dedicado a prestigiar a igualdade. É um reflexo direto do art. 5º. e seus incisos, conforme passaremos a demonstrar.

O art. 150, I, por exemplo, é mera repercussão do princípio da legalidade, previsto no art. 5º., II, trazido para o campo tributário. É a "legalitariedade", a que se referiu Pontes de Miranda.

Uma vez que a tributação refere-se diretamente com a tutela de valores como a liberdade e propriedade, verificou-se a necessidade da explicitação desse princípio, no sistema tributário, com o escopo de se espancar quaisquer tentativas de arbitrariedades.

Isto posto, no Brasil só pode haver tributação mediante legislação, ou seja, somente a lei tributária oriunda do Poder Legislativo, órgão de representação da vontade do povo, é apta a instituir tributos.

Como decorrência do princípio da legalidade, surge o princípio da tipicidade, do qual resulta que a lei que veicular norma tributária deve fazê-lo de maneira expressa, ou seja, há que descrever os cinco elementos da regra matriz de incidência (ou norma jurídica tributária), compreendendo, assim, tanto o antecedente como o conseqüente normativo.

É de se observar que em outras áreas do direito, como por exemplo, as leis civis ou comerciais, exige-se tão-somente o seu respeito (tipicidade) relativamente ao antecedente normativo, ou seja, à descrição objetiva do fato juridicamente relevante. No direito tributário e penal, ao contrário, é o conseqüente que vai determinar os efeitos a serem produzidos pela incidência da norma.

No conseqüente da regra matriz tributária, de acordo com a classificação do Prof. Paulo de Barros Carvalho, encontram-se os critérios necessários para que se configure a relação jurídica tributária, que nasce com a ocorrência do fato descrito abstratamente no antecedente. Assim, é através do critério pessoal que se determinará o sujeito ativo e passivo da relação jurídica tributária. Por sua vez, é através do critério quantitativo que se permite conhecer o conteúdo do dever jurídico imposto, ou seja, a base de cálculo e a alíquota.

Isto posto, pelo princípio da tipicidade, não há, no nosso sistema constitucional, nenhuma hipótese de existir norma aberta de tributação. Infere-se daí que o Executivo não pode "completar" a regra matriz de incidência tributária, nem mesmo "presumir" a prática de certos atos, para considerar ocorrido o fato imponível.

Pois bem, o § 7º, do art. 150, inserto na Constituição por meio da Emenda n. 3/93, autoriza a lei a instituir imposto ou contribuição sobre fato futuro, ou seja, que pode acontecer ou não, através de um mecanismo de "presunção", prevendo a devolução do indébito caso o fato "presumido" não ocorra.

O referido dispositivo, inserto exatamente na Seção que trata das limitações de tributar, chega mesmo a agredir, de tão absurdo. Fere não só o princípio da tipicidade, como também o da capacidade contributiva e faz cair por terra todo um trabalho de evolução do sistema constitucional tributário brasileiro.

Ora, em matéria tributária, assim como em matéria penal, a Constituição veda que se estabeleçam ficções e presunções. Esse entendimento decorre da inteligência do art. 5º, que é uma limitação material constante das cláusulas pétreas (§ 4º, do art. 60, da CF).

Quanto ao princípio da capacidade contributiva, é de se observar que o art. 145, da Constituição, o estabelece como critério para prestigiar o princípio da igualdade. Assim, as pessoas são tributadas na medida da capacidade econômica que demonstram. A capacidade econômica realiza-se pela exigência de que todo fato tributável tenha conteúdo mensurável economicamente, para que possa incidir o prescritor da norma jurídica tributária.

Em sendo assim, o fato há que ter ocorrido, não pode jamais ser presumido, assim como não se pune ninguém por crime que não cometeu. Uma vez que a capacidade econômica é um dos princípios basilares da tributação, através da qual se realiza a igualdade, não pode ser violada, sob pena de fazer cair por terra as estruturas do sistema, cuja chave de abóbada é o princípio da igualdade.

Isto posto, e por entender que o que a Constituição dá com uma mão não pode tirar com a outra, e por termos erigido um sistema constitucional tributário todo ele com base no princípio da igualdade, é de se concluir pela inconstitucionalidade da Emenda e acabar aderindo à tese das normas constitucionais inconstitucionais. Ao nosso ver o § 7º é um corpo estranho que, ainda que não tenha sido expurgado, também não há que ser absorvido pelo sistema.

(julho, 1994).

ESTUDOS & COMENTÁRIOS

OMISSÕES INCONSTITUCIONAIS E SUAS IMPLICAÇÕES NO REGIME FEDERATIVO BRASILEIRO

DERLY BARRETO E SILVA FILHO
Procurador do Estado de São Paulo

I — Supremacia da Constituição. A rigidez e a supralegalidade constitucional. II — Inseparabilidade dos poderes constituídos no cumprimento das prescrições constitucionais. III — Noção de controle de constitucionalidade. Noção de inconstitucionalidade. IV — Noção e caracterização da omissão inconstitucional na doutrina. V — Causação das omissões inconstitucionais. VI — Forma do Estado brasileiro. VII — As omissões inconstitucionais e suas implicações no regime federativo brasileiro. VIII — A omissão inconstitucional no Direito Constitucional Brasileiro. A inconstitucionalidade por omissão e o mandado de injunção. IX — O Supremo Tribunal Federal diante da inconstitucionalidade por omissão e do mandado de injunção. X — Conclusão.

I — Supremacia da Constituição. A rigidez e a supralegalidade constitucional

Estatuto fundamental que é, a Constituição, obra do Poder Constituinte Originário, goza de *status* hierárquico superior às demais espécies normativas do ordenamento jurídico, emanadas dos Poderes Constituídos.

Sem adentar em perquirições metajurídicas, isto se explica por ser a Constituição o estuário das decisões políticas conformadoras da sociedade, repositório das regras estruturantes e organizatórias do Estado e definidoras dos direitos fundamentais dos cidadãos. Neste prisma, a Constituição é a lei das leis, o fundamento de validade de todo o sistema normativo.

Conseqüência lógica disso é a relação de subordinação entre as normas constitucionais e infraconstitucionais, de modo que estas devem adequar-se às prescrições daquelas. Da inadequação das normas infraconstitucionais às normas constitucionais surge o conflito normativo denominado de inconstitucionalidade, o qual se resolve em favor das últimas, pela sua proeminência dentro do ordenamento jurídico.

A supralegalidade das normas constitucionais — é previdente salientar — surge nos países que adotam Constituições rígidas, como o Brasil. O processo extraordinário nelas estabelecido para sua alteração confere-lhes estabilidade maior do que aquela de que desfrutam as leis ordinárias, implicando a superidade das normas constitucionais em relação às infraconstitucionais.

Nos países de Constituição flexível, como a Inglaterra, não há, propriamente, supralegalidade constitucional, porque a lei fundamental não é hierarquicamente superior às leis ordinárias, podendo ser modificada a qualquer tempo pelo legislador comum.

Há, ainda, um terceiro tipo de Constituição, chamado de semi-rígida, em que nem todas as normas gozam de superioridade.[1]

Para os Estados de forma federativa, como o brasileiro, a supremacia constitucional adquire enorme relevância, na medida em que a Constituição apresenta-se como o único fundamento do regime federal, definindo o estatuto jurídico dos Estados-membros.[2]

Decorrem da supremacia da Constituição a reforma constitucional e o controle de constitucionalidade.[3] A reforma constitucional é conseqüência da imperiosa necessidade de adequação da ordem jurídica à realidade social, cambiante por natureza. Afinal, as Constituições, como obras humanas que são, não podem ser consideradas perfeitas e acabadas. Não podem permanecer imutáveis, pretendendo-se perenes, impondo-se ao tempo e à razão. Precisam estar de acordo com as condições políticas, econômicas, sociais e culturais da época.[4] O controle de constitucionalidade, por sua vez, representa uma garantia da Constituição. Visa assegurar a sua supremacia, expungindo do sistema jurídico leis ou atos normativos contrários, formal e/ou materialmente, às suas prescrições.[5]

1. Bem explica Oswaldo Aranha Bandeira de Mello: "Além dos tipos de Constituições flexíveis e Constituições rígidas, existe um terceiro, que se encontra em uma situação intermédia, produto eclético desses dois, ao qual poderemos chamar misto. As Constituições classificadas nesta categoria consideram propriamente constitucionais apenas alguns dos seus preceitos, reformáveis somente pelos poderes constituintes; os demais não entram nesta esfera, cabendo a modificação deles ao legislativo, de forma ordinária, como para qualquer outro dispositivol legal.

"Doutrina essa acolhida pela Constituição do Império do Brasil, que só considerava constitucional o que dizia respeito aos limites, atribuições respectivas dos poderes públicos e os direitos políticos e individuais dos cidadãos" (*A Teoria das Constituições Rígidas*, 2ª ed. São Paulo, José Bushatsky Editor, 1980, p. 55)

Dizia o art. 178 da Constituição do Império, de 25 de março de 1824: "É só constitucional o que diz respeito aos limites e atribuições respectivas dos Poderes Políticos, e aos Direitos Políticos e individuais dos cidadãos; tudo o que não é constitucional pode ser alterado, sem as formalidades referidas pelas Legislaturas ordinárias".

2. Apud Ferraz, Anna Cândida da Cunha, *Poder Constituinte dos Estados-Membros*. São Paulo, Ed. RT, 1979, p. 38.

3. Apud Diniz, Maria Helena, *Norma Constitucional e seus Efeitos*. São Paulo, Saraiva, 1989, p. 15.

4. Veja-se, a propósito, artigo de nossa lavra, publicado no *Boletim da Procuradoria Geral do Estado de São Paulo*, vol. 17, n. 10, out. 1993, pp. d59/d62, sob o título "Revisão Constitucional".

5. Na célebre decisão de John Marshall, juiz presidente da Suprema Corte dos Estados Unidos da América do Norte, proferida no caso William Marbury *versus*. James Madison, em 1903, restou consolidado o sistema judicial de controle de constitucionalidade. Neste julgamento releva o caráter supremo da Constituições rígidas, *in verbis*:

"A Constituição ou é uma lei superior e predominante, e lei imutável pelas formas ordinárias; ou está ao mesmo nível conjuntamente com as resoluções ordinárias da legislatura e, como as outras resoluções, é mutável quando a legislatura houver por bem modificá-la.

"Se é verdadeira a primeira parte do dilema, então não é lei a resolução legislativa incompatível com a Constituição; se a segunda parte é verdadeira, então as constituições escritas são absurdas tentativas da parte do povo para delimitar um poder por sua natureza ilimitável.

"Certamente, todos quantos fabricaram constituições escritas consideraram tais instrumentos como a lei fundamental e predominante da nação e, conseguintemente, a teoria de todo o governo, organizado por uma constituição escrita, deve ser que é nula a resolução legislativa com ela incompatível" (*Decisões Constitucionais de Marshall*,

II — Inseparabilidade dos poderes constituídos no cumprimento das prescrições constitucionais

Consiste um axioma de Direito Constitucional a afirmação de que a Constituição existe para ser aplicada. Não se exaurindo com a mera promulgação, ela impede ser efetivada, realizada, concretizada.

Diz Celso Antônio Bandeira de Mello:

"A Constituição não é um simples ideário. Não é apenas uma expressão de anseios, de aspirações, de propósitos. É a transformação de um ideário, é a conversão de anseios e aspirações em regras impositivas. Em comandos. Em preceitos obrigatórios para todos: órgãos do Poder e cidadãos. Como se sabe as normas jurídicas não são conselhos, opinamentos, sugestões. São determinações. O traço característico do Direito é precisamente o de ser disciplina obrigatória de condutas. Daí que, por meio das regras jurídicas, não se pede, não se exorta, não se alvitra. A feição específica da prescrição jurídica é a imposição, a exigência."[6]

Desse caráter impositivo e supremo das normas jurídicas constitucionais deriva a vinculação dos Poderes Públicos aos mandamentos da Lei Fundmental, o que significa dizer que o Legislativo, o Executivo e o Judiciário, através de seus órgãos e seus agentes, devem estrita observância e cumprimento às normas constitucionais, efetivando, no mundo fático, as suas prescrições. A todos, inseparavelmente, incumbe este dever, cada qual atuando dentro de sua esfera de competência, com vistas à realização constitucional.

Em suma, cabe aos Poderes Constituídos vivificar a Constituição, com a emanação de atos e normas a fim de dar eficácia — isto é, a possibilidade de produção de efeitos concretos — aos seus comandos, sem o que ela permanecerá inânime, valendo pouco mais do que enunciações de palavras vãs ou promessas literárias.

III — Noção de controle de constitucionalidade. Noção de inconstitucionalidade

Já se disse que o controle de constitucionalidade é o mecanismo assecuratório da supremacia constitucional. É através dele que se procede à verificação de adequação formal e material das leis e atos normativos à Constituição. Da inadequação das normas infraconstitucionais às normas constitucionais surge o conflito normativo denominado de inconstitucionalidade. Segundo a clássica lição de Alfredo Buzaid, "uma lei é inconstitucional quando ela, no todo ou em parte, ofende a Constituição".[7]

Contudo, modernamente, uma norma jurídica constitucional pode ser infringida não só quando se faz aquilo que ela proíbe, mas também quando não se faz aquilo que ela obriga. Ou seja, como dizem J. J. Gomes Canotilho e Vital Moreira, "tanto se viola a Lei fundamental quando as acções estaduais não estão em conformidade com as suas normas e princípios, como quando os preceitos constitucionais não são "actuados", dinamizados ou concretizados pelos órgãos que constitucionalmente estão vinculados a fornecerem-lhe operatividade prática".[8] "A Constituição não é somente um conjunto de normas proibitivas e de

Presidente do Supremo Tribunal dos Estados Unidos da América do Norte, traduzidas por Américo Lobo. Rio de Janeiro, Imprensa Nacional, 1903, p. 25).

6. "Eficácia das Normas Constitucionais sobre Justiça Social". *RDP* ns. 57-58, pp. 236 e 237.

7. *Da Ação Direta de Declaração de Inconstitucionalidade no Direito Brasileiro*. São Paulo, Saraiva, 1958, p. 43.

8. *Fundamentos da Constituição*. Coimbra Editora, 1991, p. 46.

normas de organização e competência (limite negativo da actividade do Estado): é também um conjunto de normas positivas que exigem do Estado e dos seus órgãos uma actividade, uma acção (limite positivo da actividade do Estado). O incumprimento dessas normas, por inércia do Estado, ou seja, por falta total de medidas (legislativas ou outras) ou pela sua insuficiência, deficiência ou inadequação, traduz-se igualmente numa infração da Constituição: inconstitucionalidade por omissão''.[9]

Isto posto, a noção de inconstitucionalidade abarca tanto ações quanto omissões contrárias às prescrições constitucionais. Mas convém advertir que nem toda desconformidade com a Carta Política deve ser considerada uma inconstitucionalidade. Um conceito assim demasiadamente abrangente acabaria por ser inútil.

Daí se excluírem certas contradições com a Constituição, que terão as suas formas pertinentes de invalidação, sem, contudo, ser preciso recorrer ao conceito de inconstitucionalidade. Assim, não é constitucionalmente relevante o comportamento de particulares no seu atuar cotidiano. A inconstitucionalidade é própria dos órgãos do Poder Público, quando agem regulados direta e imediatamente por normas constitucionais.[10]

Implicação disso é que somente os atos ou as omissões dos Poderes Públicos que estejam em relação direta e imediata com a Constituição submetem-se ao controle de constitucionalidade. Os atos ou as omissões dos particulares poderão configurar condutas antijurídicas ou ilícitas, nunca uma inconstitucionalidade em sentido estrito. Afinal, no Estado Democrático de Direito, o princípio da legalidade é que rege os comportamentos intersubjetivos. Sob esse primado, ninguém é obrigado a fazer ou a deixar de fazer algo senão em virtude de *lei*. Logo, para os particulares, o que obriga, permite ou proíbe é a lei, espécie normativa inovadora da ordem jurídica, proveniente do Poder Legislativo e produzida de acordo com o processo constitucionalmente estabelecido.

IV — Noção e caracterização da omissão inconstitucional na doutrina

A preocupação com a omissão inconstitucional não é hodierna na doutrina. Ao analisar a Constituição do Império de 1824, já observava José Antônio Pimenta Bueno, o Marquês de São Vicente: ''Convém e é justo contar sempre com a razão pública, desenvolver o sistema constitucional, não parar na inação, promover a confecção das leis, das instituições, dos melhoramentos necessários (...), isto é, deduzir as conseqüências lógicas das promessas constitucionais, para que não permaneçam só em letras mortas''.[11]

E não ''deduzir as conseqüências lógicas das promessas constitucionais'' é, exatamente, não fazer aquilo que a Constituição obriga. Esta é a noção de omissão inconstitucional.

''É o que sucede, v.g., quando o Poder Legislativo recebe competência para integrar ou complementar uma norma

9. Idem, p. 263.

10. Apud Bastos, Celso Ribeiro, *Comentários à Constituição do Brasil*. 1º vol. São Paulo, Saraiva, 1988, p. 370. No mesmo sentido, Jorge Miranda: ''Não é inconstitucionalidade toda e qualquer desconformidade com a Constituição, visto que também os particulares ao agirem na sua vida quotidiana podem contradizer ou infringir a Constituição ou os valores nela inseridos. Inconstitucionalidade relevante é a inconstitucionalidade directa, ou seja, aquela que afecta um acto que esteja (ou venha a estar) em relação directa com a Constituição ou que a Constituição regule a título senão exclusivo, pelo menos principal'' (*Manual de Direito Constitucional*, t. II, 2ª ed., Coimbra Editora, 1988, pp. 274 e 275).

11. *Direito Público Brasileiro e Análise da Constituição do Império*. Brasília, Senado Federal, 1978, pp. 45 e 46.

constitucional e, todavia, não legisla; ou quando o Poder Executivo recebe, diretamente da Constituição, competência para expedir regulamentos visando à execução das leis integrativas e não os expede. Nesse caso, por via reflexa, a ausência do regulamento impede a execução da lei que, não aplicada, torna letra morta o texto constitucional''.[12]

Embora seja de fácil percepção a noção de omissão inconstitucional, o mesmo não se deve dizer da sua caracterização. Como e quando se configura a omissão inconstitucional?

A questão se mostra sobremaneira tormentosa na doutrina, que ainda não precisou quais os elementos caracterizadores desse fenômeno.

Não se tenciona, aqui, teorizar sobre o assunto, mas tão-somente perfilhar o que seja *omissão inconstitucional*, com vistas a estabelecer as suas implicações no regime federativo brasileiro, tema adiante desenvolvido.

Pinto Ferreira assim se manifesta: ''A omissão se verifica sempre que a norma constitucional disciplinadora de determinada relação ou situação mande praticar certo ato ou atividade nas condições que estabeleça, porém o destinatário não o faz nos termos exigidos, nem em tempo útil, originando-se de tal comportamento conseqüências adequadas.

''Ocorrem comportamentos omissivos de atos normativos, bem como de atos não normativos ou concretos, que são objeto da incidência e aplicabilidade do caso de inconstitucionalidade por omissão, conforme a nossa Constituição Federal, art. 103. É a inércia do poder público.

''A omissão é a falta de medidas legislativas necessárias, provenientes da completa inércia do legislador ou de sua definida atividade, devendo o órgão de fiscalização pronunciar-se sobre a adequação do preceito legal à norma constitucional. Ela pode ser total ou parcial.

''Entretanto, a omissão constitucional, para alcançar caráter autônomo e relevante, deve relacionar-se com uma exigência constitucional, e não somente fundamentar-se no dever geral de legislar. Ocorre uma omissão constitucional nos casos em que o legislador constitucional não editar as medidas legislativas para permitir o cumprimento de medidas legislativas indispensáveis para execução de preceitos constitucionais, como a garantia do ensino básico, público e universal.

''A omissão legislativa não se reduz por conseqüência a um simples não fazer, mas tem como pressuposto uma exigência constitucional de ação. Surge o dever constitucional de legislar''.[13]

Para Regina Maria Macedo Nery Ferrari, a omissão inconstitucional ''nada mais é do que um juízo sobre o tempo em que deveria ter sido produzido o ato que viesse a propiciar a efetiva aplicação dos dispositivos constitucionais''.[14]

No entanto, salienta que ''a caracterização de inconstitucionalidade por omissão não está ligada apenas a critérios de tempo, prazos, mas também à importância da medida não realizada, indispensável para a aplicação das normas constitucionais''.[15]

E quando a Constituição não estabelece tais prazos, ''o órgão encarregado da fiscalização terá de reconhecer que a medida poderia, ou melhor, deveria ter sido adotada; portanto a determinação do prazo razoável deverá ser verificada em cada caso''.[16]

12. Ferraz, Anna Cândida da Cunha, ''Inconstitucionalidade por omissão: uma proposta para a Constituinte'', in *Revista de Informação Legislativa*, n. 89, jan./mar. 1986, p. 52.

13. *Comentários à Constituição Brasileira*. 4º vol., São Paulo, Saraiva, 1992, pp. 342 e 343.

14. *Efeitos da Declaração de Inconstitucionalidade*. 2ª ed., São Paulo, Ed. RT, 1990, p. 158.

15. Idem, ibidem.

16. Idem, p. 159.

Indaga o que seria "prazo razoável", respondendo o seguinte:

"Recasen, Siches, analisando a lógica do razoável, afirma que ela está limitada ou circunscrita, condicionada e influenciada pela realidade concreta do mundo no qual opera o Direito; está circunscrita, condicionada e influenciada pela realidade do mundo social, histórico e particular, no qual e para o qual são produzidas as regras jurídicas; está, ainda, impregnada por valorações, critérios axiológicos, valorações estas que devem levar em conta todas as possibilidades e todas as limitações reais".[17]

E infere que, "depois de interpretar e medir o tempo decorrido, tendo concluído que o ato não só podia, como devia ter sido emitido, o órgão fiscalizador concluirá que a omissão representa uma violação do texto constitucional caracterizando uma inconstitucionalidade".[18]

Para Luís Roberto Barroso, "a simples inércia, o mero não fazer, por parte do legislador, não significa que se esteja diante de uma omissão inconstitucional. Esta — segundo ele — se configura com o descumprimento de um mandamento constitucional no sentido de que atue positivamente, criando uma norma legal. A inconstitucionalidade resultará, portanto, de um comportamento constrastante com uma obrigação jurídica de conteúdo positivo". "Normalmente — prossegue —, o legislador tem a faculdade — e não o dever — de legislar. Insere-se no âmbito próprio de sua discricionariedade a decisão acerca da edição ou não de uma norma jurídica. De regra, sua inércia não caracterizará um comportamento inconstitucional. Todavia, nos casos em que a Lei maior impõe ao órgão legislativo o dever de editar norma reguladora da atuação de determinado preceito constitucional, sua abstenção será ilegítima e configurará um caso de inconstitucionalidade por omissão".[19]

No mesmo sentido, Roque Antônio Carrazza, que esclarece quando está presente o dever constitucional de legislar: "I — Está presente, por sem dúvida, quando a Constituição o impõe expressamente, isto é, quando emite uma ordem concreta de legislar. Assim, por exemplo, o art. 5º, XLVI, da CF, que determina: 'a lei regulará a individualização da pena e adotará, entre outras, as seguintes...'

"II — Está presente, por igual modo, quando a Constituição dirige ao legislador uma imposição permanente e concreta. É o caso do art. 208, I, da CF,

17. Idem, ibidem.

18. Idem, ibidem. Jorge Miranda caracteriza a omissão inconstitucional basicamente a partir de um juízo temporal:

"O juízo da inconstitucionalidade por omissão traduz-se sobre o tempo em que deveria ser produzida a lei; nenhuma omissão pode ser descrita em abstrato, mas somente em concreto, balizada entre determinados factos, estes de sinal positivo. A ausência ou a insuficiência da norma legal não pode ser separada de determinado tempo histórico, assinalado pela necessidade de produção legislativa e cuja duração, maior ou menor, ou será prefixada — muito raramente — pela própria Constituição ou dependente da natureza das coisas (ou seja, da natureza da norma constitucional não exeqüível por si mesma confrontada com as situações da vida, inclusive a situação que, à sua margem, esteja, por acção, o legislador ordinário a criar). Assim, o órgão de fiscalização, sem se substituir ao órgão legislativo, tem de medir e interpretar o tempo decorrido, esse tempo que fora dado ao órgão legislativo (competente) para emitir a lei; e terá de concluir pela omissão, sempre que, tudo ponderado, reconhecer que o legislador não só podia como devia ter emitido a norma legal, diante de determinadas circunstâncias ou situações em que se colocou ou foi colocado. Pois o significado último da inconstitucionalidade por omissão consiste no afastamento, por omissão, por parte do legislador ordinário, dos critérios e valores da norma constitucional não exeqüível; e esse afastamento só pode ser reconhecido no tempo concreto em que um e outro se movam" (*Manual de Direito Constitucional*, t. II, 3ª ed., totalmente revista e actualizada. Coimbra Editora, 1991, pp. 521 e 522).

19. *O Direito Constitucional e a Efetividade de suas Normas: Limites e Possibilidades da Constituição Brasileira*. 2ª ed. Rio de Janeiro, Renovar, 1993, pp. 160 e 161.

que prescreve: 'O dever do Estado com a educação será efetivado mediante a garantia de ensino fundamental, obrigatório e gratuito, inclusive para os que a ele não tiveram acesso na idade própria'.

"III — Está, por fim, presente, quando a Constituição veicula normas que, embora não tipifiquem ordens de legislar, exigem, implicitamente, mediação legislativa, para se tornarem operativas. É o que se dá com o parágrafo único, do art. 85, da CF, que prevê lei especial, estabelecendo as normas de processo e julgamento dos crimes de responsabilidade".[20]

De tudo quanto foi exposto, pode-se concluir que, de acordo com um juízo temporal e de importância da medida não realizada, uma omissão será considerada incontitucional quando:[21]

1. houver uma exigência constitucional de ação, que existirá quando as normas constitucionais tiverem a natureza de imposições concretas, não bastando, para dar fundamento a uma omissão inconstitucional, o simples dever geral de legislar;

2. não forem cumpridas ordens de legislar constitucionalmente plasmadas em determinadas prescrições constitucionais;

3. a Constituição consagrar normas sem suficiente densidade para se tornarem exeqüíveis por si mesmas, hipótese em que ao legislador caberá a tarefa de lhes dar exeqüibilidade prática.

V — Causação das omissões inconstitucionais

Ainda antes de analisar as implicações das omissões inconstitucionais no regime federativo brasileiro, necessário perscrutar, mesmo que brevemente, as suas causas.

Como é cediço, as Constituições modernas são verdadeiros estatutos jurídicos de compromisso entre o liberalismo capitalista e o intervencionismo socializante.

O Estado liberal dos séculos XVIII e XIX foi concebido com a finalidade de garantir a liberdade individual contra os abusos perpetrados pelos detentores do Poder Absoluto.

Essa intenção liberal de defesa da autonomia privada perante o Estado exprimiu-se na Constituição, que se tornou um "estatuto negativo".[22]

No entanto, como bem observa Manuel Afonso Vaz, estabelecendo apenas "uma delimitação de competência entre titulares do poder e restringindo o elenco dos direitos fundamentais aos chamados direitos negativos (os que pressupõem ou postulam uma abstenção dos poderes políticos), a Constituição abstinha-se de encarar frontalmente os problemas da ordem e da constituição econômica".[23]

Tais problemas provinham exatamente do abuso das liberdades individuais, notadamente no plano das relações sócio-econômicas.

O poder econômico de uma minoria (a burguesia) — manifestado através da detenção privada dos meios de produção — subjugava populações inteiras, que viviam em profundo estado de miséria, privadas das necessidades mais elementares de subsistência.

O Estado liberal — vazio, omisso e servil por natureza —, para não sucum-

20. "Ação Direta de Inconstitucionalidade por Omissão e Mandado de Injunção", in *Cadernos de Direito Constitucional e Ciência Política* 3, abr./jun. 1993, p. 122.

21. Apud Gomes Canotilho, José Joaquim, "Tomemos a Sério o Silêncio dos Poderes Públicos — O Direito à Emanação de Normas Jurídicas e a Protecção Judicial contra as Omissões Normativas", in *As Garantias do Cidadão na Justiça*. São Paulo, Saraiva, 1993, pp. 354 e 355.

22. Silva, José Afonso da, *Aplicabilidade das Normas Constitucionais*. 2ª ed., São Paulo, Ed. RT, 1982, p. 126.

23. *Direito Económico*. 2ª ed., Coimbra Editora, 1990, p. 75.

bir às demandas das classes oprimidas, foi injungido, a partir do início do século XX, a intervir na vida social e econômica, que até então permanecia à sua margem.

Neste prisma, a Constituição não mais se reduz "a um estatuto de organização e limitação do poder e, embora não perca essa intenção, pretende ser a ordenação fundamental congregadora da vida da comunidade". Destarte, "ao lado das declarações de direitos (de liberdade) e das normas organizatórias, surgem os direitos à acção estadual e os princípios directores da vida social".[24]

A Constituição, de garantia dos direitos de liberdade contra o Poder, transforma-se em um "programa normativo de realizações".[25]

Desponta o caráter prospectivo das Cartas Políticas.

A partir desse átimo, pode-se dizer, conforme Celso Ribeiro Bastos, o seguinte: "... as Constituições já não se contentam em espelhar as realidades atuais. Não são um mero retrato das relações existentes atualmente na sociedade. Não se satisfazem em ditar ao legislador o âmbito de sua competência. Não se resignam à sua dimensão estática. Querem ser — e efetivamente o são — objetos úteis na antecipação do futuro. Almejam um papel conformador do porvir. Procuram fornecer parâmetros para a atuação do Estado, de molde a que os fins fundamentais da organização política já estejam definidos na Lei Maior. É, sem dúvida, uma tentativa de subjugar a política numa intensidade que não ousaram as primeiras Constituições. Surge para o legislador o dever de legislar, e não apenas a competência para tanto. De tudo emerge uma Constituição denominada diretiva ou dirigente, com o que se pretende significar este seu caráter de elemento consubstanciador de diretrizes, rumos e vetores a serem impressos na ação estatal".[26]

As Constituições brasileiras sofreram o influxo dessas evoluções históricas que se operaram na ordem mundial, e que visaram, sobretudo, realizar a chamada *justiça social*.

A partir de 1934, foram incorporados aos textos constitucionais capítulos sobre a ordem econômica e social.[27]

Conseqüentemente, cumpre observar que, nas Constituições liberais, não se há de falar de omissão inconstitucional dos Poderes Políticos, até porque a inércia é o comportamento estatal por excelência. O referido fenômeno surge a partir do momento em que o Estado é obrigado a atuar no plano sócio-econômico, a participar e a intervir na vida social e econômica e a regular os limites positivos da atividade pública como um todo, objetivando assegurar principalmente os direitos sociais — como os direitos à saúde, à educação, à previdência social e ao trabalho.

VI — Forma do Estado brasileiro

Sabidamente, a tripartição funcional não é a única forma de separação institucional do poder político estatal. A conhecida *separação dos poderes*[28] constitui uma modalidade de divisão horizon-

24. Idem, p. 76.

25. Moncada, Luís S. Cabral de, *Direito Económico*. 2ª ed., Coimbra Editora, 1988, p. 27.

26. *Curso de Direito Constitucional*. 12ª ed., São Paulo, Saraiva, 1994, p. 119.

27. Exceção se faça à Constituição de 1937, que só dispunha sobre a ordem econômica. Veja-se, a título de exemplo, o caráter prospectivo dos arts. 138 da Constituição de 1934; 127 da Constituição de 1937; 164 da Constituição de 1946; e 176, § 1º, da Constituição de 1967. A Carta Política de 1988, por seu turno, não dissona das anteriores. Também apresenta forte teor prospectivo. Assim, *verbi gratia*, os arts. 194, 196, 205 e 215.

28. A expressão *separação dos poderes* é atécnica pois, como é sabido, todo o poder político estatal é uno. São as suas funções que se separam.

tal do Poder. Há Estados que adotam também a separação institucional-vertical ou territorial dos poderes.

A essa forma de Estado, em que o poder político fraciona-se no espaço territorial, gerando uma multiplicidade de entidades governamentais autônomas, umas em relação às outras, dá-se o nome de Estado Federal.

O Brasil assumiu a forma federativa em 15 de novembro de 1889, com o Decreto n. 1, o que se manteve, com algumas nuanças, em todas as Constituições que sucederam à de 1891, a primeira Constituição Federal republicana brasileira.

Para melhor compreensão da problemática das omissões inconstitucionais no regime federativo brasileiro, mister fazer uma brevíssima remissão histórica a respeito do surgimento do federalismo e enunciar sucintamente os elementos definidores dessa forma de Estado.

O Estado Federal surge no século XVIII, com a Constituição norte-americana de 1787.

O que motivou a criação dessa forma de Estado, além da necessidade de segurança externa e da superação de dificuldades internas dos Estados confederados sucessores das trezes colônias britânicas, foi, na essência, *a defesa da autonomia privada dos indivíduos* (*direitos de liberdade*) contra os abusos perpetrados pelos detentores do Poder Absoluto da Inglaterra, Estado unitário, monárquico, centralizador e despótico.

Ensina Dalmo de Abreu Dallari, referindo-se à Constituição dos Estados Unidos da América, que: "Na base da Constituição que foi adotada está a crença nos direitos naturais do indivíduo, o que determinou a criação de uma forma de Estado e de governo que impedisse a concentração do poder nas mãos de um indivíduo ou de um pequeno grupo".[29]

Neste prisma, pode-se afirmar que o federalismo é um produto do liberalismo.

O Estado Federal define-se através dos seguintes elementos:

1. a pluralidade de entes estatais;[30]

2. a indissolubilidade do pacto federativo, isto é, a proibição da secessão;

3. a repartição de competência entre as entidades federadas, ou melhor, a indicação da área de atuação constitucional de cada qual;

4. a autonomia do Estado-membro, sem a qual a coletividade estadual confundir-se-ia com a Província do Estado unitário, dotada de descentralização administrativa, mas não de capacidade de auto-organização;

5. a intervenção federal, mecanismo através do qual se assegura o equilíbrio federativo, nos casos constitucionalmente previstos;

6. o sistema bicameral, onde o Poder Legislativo é composto de uma Câmara de representantes do povo e de uma Câmara de representação dos Estados-membros;

7. a repartição dos tributos e das receitas tributárias entre as unidades federadas, ou seja, a discriminação das rendas e das fontes de recursos financeiros, possibilitando aos entes estatais o desempenho de suas atribuições;

8. a existência de um Tribunal dotado de jurisdição na interpretação e na aplicação da lei federal e da Constituição Federal.

Sobre dois princípios o Estado Federal repousa: a lei da participação e a lei da autonomia.

29. *O Estado Federal*. São Paulo, Ática, 1986, p. 14

30. No Brasil, a União, os Estados, o Distrito Federal e os Municípios compõem a Federação (*caput* do art. 18 da Constituição Federal de 1988). Portanto, um dos traços mais marcantes do Estado Federal brasileiro é a existência de três e não apenas dois níveis de poder: o federal ou central, representado pela União; o federado, representado pelos Estados-membros; e o local, representado pelos Municípios.

"Mediante a lei de participação — preleciona Paulo Bonavides — tomam os Estados-membros parte no processo de elaboração da vontade política válida para toda a organização federal".[31] Mediante a lei da autonomia, as unidades federadas podem livremente estatuir uma ordem constitucional própria, o que lhes permite efetuar a gestão de seus negócios, dentro do círculo de competências traçado pela Constituição Federal, respeitados os princípios nela contidos (princípios constitucionais sensíveis e princípios constitucionais estabelecidos).

VII — As omissões inconstitucionais e suas implicações no regime federativo brasileiro

Retomando o que foi dito a respeito do surgimento do Estado Federal, o que determinou a sua criação pelos americanos foi, dentre outros fatores, a necessidade de garantir os direitos de liberdade em face do Estado (*direitos negativos*). Com a separação institucional-vertical ou territorial do poder político estatal (juntamente com a sua tripartição funcional), pretendeu-se coibir o arbítrio por parte dos governantes, e, por conseguinte, tutelar as liberdades individuais.

Por isso o caráter liberal da Constituição norte-americana de 1787.

Na primeira época que assinala o caminho percorrido pela organização do Estado Federal, das duas leis regentes da Federação (a lei da autonomia e a lei da participação), era a lei da autonomia que, por força das circunstâncias, preponderava.

A Constituição Federal brasileira de 1891 — de cunho eminentemente liberal — é exemplo dessa hipertrofia da autonomia dos Estados-membros. Estes atuavam praticamente como soberanos.[32]

No entanto, a transição do liberalismo dos séculos XVIII e XIX para o intervencionismo socializante do século atual operou, como bem salienta Raul Machado Horta, "a fixação no centro do poder nacional, na União, de crescente e novas atribuições, para realizar os objetivos mais ambiciosos do Estado intervencionista e dirigista".[33]

Simultaneamente a esse processo, foi necessária a *federalização* das competências estaduais, com o propósito de unificar o direito substantivo e o direito adjetivo.

Reduziu-se, assim, a autonomia dos Estados-membros.

Conseqüentemente, através de nova repartição de competências, ampliaram-se os poderes federais, concentrando-se na União os instrumentos de intervenção e de direção da economia.[34]

A partir da década de 30, mais especificamente com a Constituição de 1934, as entidades federadas perderam substancial competência legislativa em favor da União.[35]

31. *Ciência Política*. 10ª ed. São Paulo, Malheiros Editores, 1994, p. 181.

32. O art. 63 da Constituição de 1891 estabelecia que cada Estado reger-se-ia pela Constituição e pelas leis que adotar, respeitados os princípios constitucionais da União, princípios estes que não foram enumerados pelo aludido diploma, de modo que as unidades federadas gozavam de ampla autonomia.

33. "Organização Constitucional do Federalismo". *Revista de Informação Legislativa*, 87, jul./set. 1985, p. 11.

34. Apud Horta, Raul Machado, "Reconstrução do Federalismo Brasileiro". *Revista de Informação Legislativa*, 72, out./set. 1981, p. 17.

35. Cabe notar que, no Brasil, esse processo de concentração de poderes nas mãos da União, como centro do poder nacional, não obstante a impetuosidade dos movimentos revolucionários, foi facilitado principalmente pela inconsistência na formação das instituições federativas. A Federação brasileira foi editicada a partir da fragmentação do Estado unitário monárquico (federalismo de formação centrífuga), ao contrário da Federação americana, que se formou por agregação de Estados independentes — preexistentes à criação do Estado Federal —, mediante um pacto (federalismo centrípeto). A isto deve-se somar, além de outras cir-

Manuel Garcia Pelayo, citado por Raul Machado Horta, elenca as causas desse processo de concentração de poderes nas mãos da União, que se operou mundialmente: *1.* o estado de beligerância e de depressão econômica, que impôs a regulamentação unitária do Direito, com redução da autonomia estadual; *2.* o intervencionismo estadual, que gerou a ampliação dos órgãos e dos serviços públicos, decorrência da assunção de atividades empresariais pelo Estado; *3.* a complexidade dos problemas econômicos, que tornou de interesse federal-nacional matérias anteriormente de competência estadual.[36]

Nesse momento, em que a União é injungida a atuar no plano sócio-econômico, a participar e a intervir na vida social e econômica nacional, a regular os limites da atividade do Estado como um todo,[37] objetivando assegurar precipuamente os direitos sociais — direitos que, para ser efetivados, dependiam de prestações estatais —,[38] surge a problemática das omissões inconstitucionais.

A partir de então, é possível afirmar que a falta de leis e atos normativos da União compromete a efetividade das normas constitucionais positivas[39] e das normas constitucionais que, embora não contenham uma imposição expressa, se sujeitam à providência legislativa ou administrativa ulterior que lhes dê eficácia, muitas delas de conteúdo federativo.

cunstâncias, quiçá mais importante, o modo dilatorial e centralizador do exercício do poder central — ranço do autoritarismo monárquico — ajustado aos interesses oligárquicos regionais.

36. Apud Horta, Raul Machado, ob. cit. na nota 33, p. 11.

37. E aí se colocam as normas federais-nacionais sobre tributação, finanças públicas, serviços públicos, etc.

38. Prestações estas que iam do emprego de vultosos recursos financeiros — que só a União dispunha — até a realização de obras públicas de interesse não só regional mas também nacional, como eletrificação.

39. Normas constitucionais positivas são aquelas que exigem determinada ação estatal.

Mais recentemente, isso se fez sentir quando o Supremo Tribunal Federal declarou inconstitucionais diversas leis estaduais que instituíam o Adicional do Imposto de Renda[40] dentre as quais a Lei 6.352/88, do Estado de São Paulo.

É a seguinte a ementa do acórdão proferido na Ação Direta de Inconstitucionalidade n. 28-4:

"Tributário. Adicional de imposto de renda (art. 155, II, da Constituição Federal). Arts. 146 e 24, § 3º, da parte permanente da CF e art. 34, §§ 3º, 4º e 5º do ADCT.

"O adicional de imposto de renda, de que trata o inc. II do art. 155, não pode ser instituído pelos Estados e Distrito Federal, sem que, antes, a lei complementar nacional, prevista no *caput* do art. 146, disponha sobre as matérias referidas em seus incisos e alíneas, não estando sua edição dispensada pelo § 3º do art. 24 da parte permanente da Constituição Federal, nem pelos §§ 3º, 4º e 5º do art. 34 do ADCT.

"Ação julgada procedente, declarada a inconstitucionalidade da Lei 6.352, de 29.12.1988, do Estado de São Paulo."[41]

Não obstante criticável a decisão do Supremo Tribunal Federal neste caso, pode-se observar que a falta (ou melhor, a *omissão*) de lei complementar *de competência da União* impossibilitou a instituição válida de um tributo inserido na competência estadual.

Disso se dessume que, com a inércia legislativa do Congresso Nacional, restou infringido o princípio federativo, porque, como observa José Afonso da Silva, os Estados-membros têm encargos a cumprir a fim de atender às necessidades coletivas, em decorrência de sua qualidade de entidades federativas autôno-

40. Imposto da competência estadual, previsto no art. 155, II, da Constituição Federal de 1988 (na sua redação original).

41. Texto original, fornecido pelo Serviço de Jurisprudência do Supremo Tribunal Federal.

mas, dotadas de competência exclusiva, comum e concorrente para prestar serviços e realizar obras públicas. Necessitam, pois, de receita para o cumprimento de seus fins. Por isso, a Constituição Federal, a par da autonomia, conferiu-lhes competência tributária e financeira exclusiva, cabendo-lhes, por conseguinte, instituir os tributos que lhes foram discriminados,[42] entre os quais o Adicional do Imposto de Renda, o que não pode ser obstaculizado ou limitado por comportamentos omissivos da União.

A propósito, acentua Victor Uckmar que "não existe efetiva autonomia se não existe a potestade de proceder às exigências necessárias para enfrentar as necessidades financeiras do ente; a limitação ao poder de impor tributos comporta inelutavelmente uma limitação à autonomia da entidade".[43]

Do mesmo entendimento é Roque Antônio Carrazza, quando diz: "Parece certo que, sendo autônomo, cada Estado deve, sem interferências federais ou estaduais, prover as necessidades de seu governo e administração. Para isto, a Lei Maior conferiu a todos os direitos de regular suas despesas e, conseguintemente, de instituir e arrecadar, em caráter privativo e exclusivo, os tributos que as atenderão".[44]

Para a boa compreensão da matéria, não se pode prescindir da sempre judiciosa lição de Afonso Arinos de Melo Franco, quando assevera: "no campo jurídico, acima da União e dos Estados deve se situar a Constituição",[45] pois esta é o único fundamento de validade do regime federal.

Portanto, o exercício da competência tributária estadual não pode estar sob o jugo de nenhum outro ente, nomeadamente da União, que não tem ascendência sobre os Estados-membros.

Na dinâmica constitucional, não se deve perder de vista, sob pena de aniquilamento do princípio federativo, a autonomia financeira das unidades federadas, que há ser garantida tanto em face de ações inconstitucionais da União quanto em face de seus comportamentos omissivos incompatíveis com a Constituição Federal.

Dentre outras hipóteses de omissão inconstitucional da União, poder-se-ia cogitar ainda da falta de normas jurídicas dispondo sobre a repartição de receitas tributárias.

Por exemplo: preceitua o art. 157, II, da Carta Política, que pertencem aos Estados e ao Distrito Federal vinte por cento do produto da arrecadação do imposto que a União instituir no exercício da competência que lhe é atribuída pelo art. 154, I. Destarte, se a União institui um imposto no exercício de sua competência residual em matéria tributária, deve transferir para os Estados-membros vinte por cento do produto arrecadado. Se não o fizer, omitir-se-á inconstitucionalmente.

Omissão desse jaez vulneraria um dos elementos definidores do Estado Federal, qual seja, a repartição das receitas tributárias.

Muitos outros casos de omissão da União poderiam ser apontados. Todavia, além de enfastiante, tarefa desta sorte decerto não lograria êxito, dado que o tema é, por sua natureza, multifário.

Para este trabalho releva constatar tão-somente que a omissão de leis ou atos normativos federais não afeta apenas os direitos fundamentais; podem afetar também, com intensidade até maior, a

42. *Curso de Direito Constitucional Positivo*. 9ª ed., São Paulo, Malheiros Editores, 1992, p. 529.

43. *Princípios Comuns de Direito Constitucional Tributário*. São Paulo, Ed. RT, 1976, p. 95.

44. *Curso de Direito Constitucional Tributário*. 5ª ed., São Paulo, Malheiros Editores, 1993, p. 86.

45. *Curso de Direito Constitucional Brasileiro*, v. I, "Teoria Geral". Rio de Janeiro, Ed. Revista Forense, 1968, p. 143.

esfera autonômica dos Estados federados.

Consigne-se, finalmente, que, ao atingirem a autonomia das unidades da Federação, as omissões inconstitucionais da União, repercutem nos direitos fundamentais, na medida em que os Estados ficam total ou parcialmente impedidos de cumprir os seus encargos constitucionalmente previstos.

Basta lembrar que, com a declaração de inconstitucionalidade em tese pelo Supremo Tribunal Federal das leis estaduais que instituíram o Adicional do Imposto de Renda por *omissão* de lei complementar da União, ficou obstado o exercício da competência tributária dos entes federados, o que lhes reduzirá, como vem reduzindo, as receitas públicas derivadas.[46] Isto indubitavelmente repercutirá no plano sócio-econômico, pois os Estados-membros, à míngua de recursos financeiros, não poderão atender a contento os mandamentos constitucionais de caráter social.[47]

46. "Para que se tenha idéia — diz o Deputado Carrion Júnior, em justificativa apresentada no Projeto de Lei Complementar n. 173, de 1993 —, informações colhidas junto às secretarias da fazenda dos Estados e do Distrito Federal permitem estimar em US$ 315,8 milhões por ano a receita do adicional da totalidade dos Estados e em US$ 1,6 bilhões e receita desde 1989 até setembro de 1993..." (*Diário do Congresso Nacional*, Seção I, 19 de janeiro de 1994, p. 581).

47. Some-se a isto o fato de que, no Estado de São Paulo — como em outras unidades da Federação —, vêm sendo ajuizadas inúmeras ações judiciais objetivando a repetição do indébito havido da cobrança inconstitucional do referido imposto adicional. Segundo dados da Assessoria de Polícia do Gabinete do Secretário de Estado da Fazenda, o Fisco paulista arrecadou, desde maio de 1989, o valor correspondente a US$ 791.511.700,00, a título de Adicional do Imposto de Renda. Isto significa que, se o Estado de São Paulo for condenado a restituir tudo o que foi recolhido sob esta rubrica, decerto haverá abalo nas suas finanças. Neste episódio, fica claro qão nefastas podem ser as conseqüências de uma omissão inconstitucional da União.

VIII — A omissão inconstitucional no Direito Constitucional Brasileiro. A inconstitucionalidade por omissão e o mandado de injunção

Tratando especificamente da omissão inconstitucional de medidas para tornar efetiva a Constituição, não é qualquer prescrição constitucional que carece de integração normativa para produzir efeitos concretos, ou seja, para ter plena eficácia.

Há normas que não necessitam de regulamentação para ser aplicadas, por já conterem em si mesmas meios de execução.[48] Outras há que, para se fazer executáveis, demandam a interposição de leis ou atos normativos por parte dos Poderes Públicos. As primeiras segundo a notória classificação de Thomas McIntyre Cooley, são as auto-executáveis (*self executing provisions)*, as segundas, as não auto-executáveis (*not self executing provisions*).

A doutrina alvitra inúmeras outras classificações de normas constitucionais quanto ao grau de seus efeitos concretos.[49]

48. Os arts. 2º, 44, 76, 92, entre outros, da Constituição Federal de 1988, são exemplos de normas constitucionais plenamente eficazes.

49. É de se registrar, pela sua difusão na doutrina brasileira, a classificação de José Afonso da Silva, que dicrimina as normas constitucionais em três categorias. Confira-se:

I — *normas constitucionais de eficácia plena* — são as que produzem todos os seus efeitos essenciais desde a sua entrada em vigor;

II — *normas constitucionais de eficácia contida* — são as que incidem imediatamente sobre a matéria que lhes constitui objeto e produzem todos os efeitos pretendidos, mas prevêem meios ou conceitos que permitem manter a sua eficácia contida em determinados limites, consideradas certas circunstâncias;

III — *normas constitucionais de eficácia limitada ou reduzida* — são as que não produzem todos os seus efeitos essenciais com a simples entrada em vigor, porque o legislador constituinte não estabeleceu sobre a matéria uma normatividade

Sem embargo da validade de quaisquer delas, tem-se, presentemente, que todas as normas constitucionais são dotadas de eficácia, no sentido de que, sendo a Constituição um conjunto de normas jurídicas supremas e cogentes, todos os Poderes Públicos a ela devem obediência e cumprimento, principalmente o Legislativo. Ou seja, como lecionam J. J. Gomes Canotilho e Vital Moreira, todas as normas constitucionais "possuem uma *eficácia normativa*, seja como direito actual directamente regulador de relações jurídicas (...), seja como elementos essenciais de interpretação e de integração de outras normas... A Constituição é, pois, um complexo normativo ao qual deve ser assinalada a função da verdadeira lei superior do Estado, que todos os seus órgãos vincula".[50]

Até as denominadas normas programáticas gozam de eficácia vinculante.[51] Não será tratado neste trabalho, dado o seu corte temático, o problema da identificação das categorias normativas do ordenamento jurídico constitucional que demandam a interposição de leis ou atos normativos para ser aplicadas. Apenas serão abordadas questões relativas à caracterização das ações judiciais de correção da omissão inconstitucional.

Preocupado com a inefetividade de diversos preceitos constitucionais, devido à falta contumaz de providências dos Poderes Públicos em conferir-lhes plena eficácia e concreção, o legislador constituinte de 1987-1988, instituiu dois instrumentos judiciais de sanção da omissão inconstitucional: a inconstitucionalidade por omissão, como garantia da Constituição, e o mandado de injunção, como ação de tutela de direitos constitucionais.

O primeiro instituto está previsto no art. 103, § 2º, da Constituição Federal, que prescreve: "Declarada a inconstitucionalidade por omissão de medida para tornar efetiva norma constitucional, será dada ciência ao Poder competente para a adoção das providências necessárias e, em se tratando de órgão administrativo, para fazê-lo em trinta dias".

Tratam do mandado de injunção cinco dispositivos constitucionais, dentre os quais se destaca: "Art. 5º (*omissis*) (...) LXXI — conceder-se-á mandado de injunção sempre que a falta de norma regulamentadora torne inviável o exercício dos direitos e liberdades constitucionais e das prerrogativas inerentes à nacionalidade, à soberania e à cidadania".

A inconstitucionalidade por omissão é uma forma de controle de constitucionalidade que, como tal, visa assegurar a supremacia constitucional, especificamente através da verificação do cumprimento, por ação, de suas prescrições, de suas imposições.

para isso bastante, deixando essa tarefa para o legislador ou outro órgão estatal.

O citado autor subdivide ainda as normas da terceira categoria em normas constitucionais de princípios institutivo e normas constitucionais de princípio programático. As de princípio institutivo são aquelas por meio das quais "o legislador constituinte traça esquemas gerais de estruturação e atribuições de órgãos, entidades ou institutos, para que o legislador constituinte, "em vez de regular, direta e imediatamente, determinados interesses, limitou-se a traçar-lhes os princípios para serem cumpridos pelos seus órgãos (legislativos, executivos, jurisdicionais e administrativos) como programas das respectivas atividades, visando à realização dos fins sociais do Estado" (ob. cit. na nota 22, p. 72, 73, 116 e 129).

50. Ob. cit. na nota 8, p. 43.

51. De acordo com o J. J. Gomes Canotilho, "a positividade jurídico-constitucional das normas programáticas significa fundamentalmente: 1) Vinculação do legislador, de forma permanente, à sua realização (imposição constitucional). 2) Como directivas materiais permanentes, elas vinculam positivamente todos os órgãos concretizadores, devendo este tomá-las em consideração em qualquer dos momentos da actividade concretizadora, (legislação, execução, jurisdição). 3) Como limites negativos, justificam a eventual censura, sob a forma de inconstitucionalidade, em relação aos actos que as contrariam" (*Direito Constitucional*. 5ª ed. Coimbra, Livraria Almedina, 1991, p. 190).

Tem como fonte inspiradora o art. 283 da Constituição da República Portuguesa, de 2 de abril de 1976 (alterada pelas Leis Constitucionais ns. 1/82 e 1/89), assim redigido:

"1. A requerimento do Presidente da República, do Provedor de Justiça ou, com fundamento em violação de direitos das regiões autónomas, dos presidentes das assembléias legislativas regionais, o Tribunal Constitucional aprecia e verifica o não cumprimento da Constituição por omissão das medidas legislativas necessárias para tornar exeqüíveis as normas constitucionais.

"2. Quando o Tribunal Constitucional verificar a existência de inconstitucionalidade por omissão, dará disso conhecimento ao órgão legislativo competente".

Pode-se dizer, importando a lição do constitucionalista português Jorge Miranda, que a ação de inconstitucionalidade por omissão exige como pressupostos: "*a*) que o não cumprimento da Constituição derive de violação de certa e determinada norma; *b*) que se trate de norma constitucional não exeqüível por si mesma; *c*) que, nas circunstâncias concretas da prática legislativa, faltem as medidas legislativas necessárias para tornar exeqüível aquela norma".[52]

Salienta ainda o jurista luso que o controle de constitucionalidade por omissão não é preventivo, mas *a posteriori*, porque o Poder Judiciário não se imiscui na elaboração das leis ou atos omissos; somente procede ao reconhecimento de uma omissão juridicamente relevante. Também não tem caráter substitutivo, pois o órgão fiscalizador não pode adotar as medidas para tornar efetiva a norma constitucional obstada em sua plena eficácia pela omissão inconstitucional.[53]

52. Ob. cit., na nota 18, p. 518.

53. Idem, p. 517.

No Brasil, a fiscalização da inconstitucionalidade por omissão é da competência originária do Supremo Tribunal Federal, órgão do Poder Judiciário a quem cabe a guarda da Constituição.

Como toda ação judicial, a de inconstitucionalidade por omissão tem requisitos subjetivos: autor e réu. A parte ativa está estabelecida no art. 103, I a IX, da Constituição Federal: o Presidente da República (I), a Mesa do Senado Federal (II), a Mesa da Câmara dos Deputados (III), a Mesa de Assembléia Legislativa (IV), o Governador do Estado (V), o Procurador-Geral da República (VI), o Conselho Federal da Ordem dos Advogados do Brasil (VII), partido político com representação no Congresso Nacional (VIII) e confederação sindical ou entidade de classe de âmbito nacional (IX). A parte passiva é o Poder ou o órgão competente para agir e que, por indolência, se omitiu.

Observe-se que, no tocante à legitimação ativa, o legislador constituinte prestigiou o princípio federativo, possibilitando que tanto a Mesa do Senado Federal (isto é, o órgão de direção da Câmara de Representação dos Estados-membros) quanto a Mesa de Assembléia Legislativa e o Governador de Estado proponham a ação de inconstitucionalidade por omissão perante o Supremo Tribunal Federal.

Como o âmbito da ação de inconstitucionalidade por omissão cinge-se à manutenção da ordem jurídica constitucional, através da coibição da inércia dos Poderes Públicos figurada no descumprimento *in abstracto* de regra constitucional de proceder, os seus efeitos operam-se *erga omnes*, não se restringindo às partes componentes da relação processual, implicando, ainda, a impossibilidade de sua alteração pelo próprio Supremo Tribunal Federal.

O reconhecimento da omissão inconstitucional não traduz uma mera declaração por parte do Supremo Tribunal Federal. Da sua decisão decorre, como bem observa José Afonso da Silva, "um efeito ulterior de natureza *mandamental* no sentido de exigir do Poder competente a adoção das providências necessárias ao suprimento da omissão. Esse sentido mandamental é mais acentuado em relação a órgão administrativo".[54]

Entretanto, e se o Poder Legislativo ou o órgão administrativo não adotarem tais providências?

Michel Temer responde que, "em se tratando de órgão administrativo, o agente público encarregado da prática do ato poderá ser responsabilizado se não o praticar no prazo fixado de 30 dias".[55]

Em se tratando de omissão legislativa, nenhuma sanção a Carta Política previu para o descumprimento da ordem judicial do Supremo Tribunal Federal. Neste caso, por mais abstruso que possa ser, o legislador constituinte parece confiar no estabelecimento de mecanismos regimentais do Poder Legislativo capazes de viabilizar o disposto na decisão judicial.[56]

Essa "imprevisão" da Constituição teoricamente pode tornar letra morta diversas normas constitucionais, e, dentre elas, as que compõem o estatuto jurídico dos Estados-membros.

Neste prisma, seria de se inferir: a Federação não existiria por força da Constituição, mas sim por força da legislação infraconstitucional da União, conclusão esta que conflitaria com a própria Lei Maior, na medida em que o legislador ordinário colocar-se-ia acima do legislador constituinte, proscrevendo sem limites, e ao seu completo alvedrio, normas constitucionais consagradoras do princípio federativo, salvaguardadas inclusive com a cláusula de intangibilidade constitucional (art. 60, § 4º, I, da Constituição Federal).

A omissão inconstitucional pode ser total ou parcial. Será total quando houver absoluta e relevante falta de lei ou ato normativo necessário para dar efetividade à determinada norma constitucional. A omissão será parcial, segundo J.J. Gomes Canotilho, quando, existindo leis ou atos normativos, estes "favorecerem certos grupos ou situações, esquecendo outros grupos e outras situações que preenchem os mesmos pressupostos de facto. Esta concretização incompleta tanto pode resultar de uma intenção deliberada do legislador em conceder vantagens só a certos grupos ou contemplar certas situações, violando o princípio da igualdade e cometendo uma "inconstitucionalidade por acção", como derivar apenas de uma incompleta apreciação das situações de facto, mas sem que haja o propósito de arbitrária e unilateralmente se favorecerem só certos grupos ou situações".[57]

Nestes casos, sugere Gilmar Ferreira Mendes a adoção do recurso alemão da declaração de inconstitucionalidade sem a pronúncia de nulidade (*Unvereinbarkeit*), o qual "tem por objetivo evitar, exatamente, a declaração de inconstitucionalidade total, deixando ao legislador a possibilidade de sanar eventuais defeitos",[58] pois a declaração de nulidade, "além de traduzir possível injustiça com os beneficiados, pode levar a uma

54. *Curso de Direito Constitucional Positivo*. 9ª ed., São Paulo, Malheiros Editores, 1992, p. 56.

55. *Elmentos de Direito Constitucional*. 10ª ed., São Paulo, Malheiros Editores, 1993, p. 51.

56. Idem, ibidem. A respeito, n art. 15, XII, do Regimento Interno da Câmara dos Deputados, está disposto que à Mesa compete "promover ou adotar, em virtude de decisão judicial, as providências necessárias, de sua alçada o que se insiram na competência legislativa da Câmara dos Deputados, relativas aos arts. 102, I, *q*, e 103, § 2º, da Constituição".

57. Ob. cit. na nota 51, p. 1102.

58. *Controle de Constitucionalidade: Aspectos Jurídicos e Políticos*. São Paulo, Saraiva, 1990, p. 70.

situação de ausência de normas, a um vácuo de direito (*Rechtsvakuum*), ou, até mesmo, ao chamado caos jurídico (*Rechtschaos*)''.[59]

Uma última observação relativa à inconstitucionalidade por omissão — não obstante haver inúmeras outras, dada a complexidade do tema — concerne ao entendimento do vocábulo ''medida'', constante do art. 1032, § 2º., da Constituição Federal brasileira. Por ''medida'' entenda-se qualquer lei ou ato normativo (individual ou geral), da competência de qualquer Poder ou órgão administrativo, necessário para tornar efetiva determinada norma constitucional. Segundo Jorge Miranda, pode haver inconstitucionalidade por omissão até de atos políticos ou de governo, dando como exemplo a não designação de titulares de cargos constitucionais,[60] hipótese que se aplica à realidade brasileira no caso dos arts. 84, I, XIV, XV, XVI e XVII; 51, V, e 52, XIV, da Constituição Federal.

Outra ação criada pela Carta Política de 1988, visando corrigir as omissões inconstitucionais dos Poderes Públicos, é o mandado de injunção.[61]

Sob vários matizes essa ação constitucional pode ser abordada, desde a aplicabilidade imediata da norma constitucional que a instituiu até a amplitude e os efeitos da providência jurisdicional suscitada pelo art. 5º., LXXI, da Constituição Federal, perpassando pelos seus diversos enfoques processuais.

Importa, aqui, investigar apenas o conteúdo da decisão injuncional, até porque o mandado de injunção não tem por objeto a coibição das omissões inconstitucionais relativas à matéria federativa.

Inicialmente, cabe confrontar o mandado de injunção com a ação de inconstitucionalidade por omissão, a fim de afastar eventual dualidade entre os dois instrumentos.

A primeira distinção que se pode fazer diz respeito à legitimidade ativa. Na ação de inconstitucionalidade por omissão são legitimados a propô-la os entes arrolados no art. 103, I a IX, da Constituição Federal, ao passo que, no mandado de injunção, qualquer pessoa que não possa exercitar os seus direitos à falta de norma regulamentadora está legitimada a impetrá-lo. A inconstitucionalidade por omissão é uma ação de garantia da Constituição, enquanto o mandado de injunção é uma ação de tutela de direitos constitucionais. Na inconstitucionalidade por omissão, a ''medida'' omitida pode ou não dizer respeito a direitos constitucionais; no mandado de injunção, a falta de norma regulamentadora deve necessariamente se referir a direitos constitucionais. A inconstitucionalidade por omissão é julgada única e exclusivamente pelo Supremo Tribunal Federal;[62] o mandado de injunção é julgado por qualquer Tribunal ou Juízo federal ou estadual. Os efeitos da decisão proferida na ação de inconstitucionalidade por omissão são *erga omnes* diferentemente do mandado de injunção, onde são *inter partes*.

Demarcadas as principais diferenças entre a inconstitucionalidade por omissão e o mandado de injunção, cabe definir a finalidade desta última garantia.

Muito embora não seja claro o texto constitucional do art. 5º., LXXI, a doutrina alvitra basicamente três soluções quanto à providência jurisdicional por ele suscitada. José Carlos Barbosa

59. Idem, ibidem.

60. *Manual de Direito Constitucional*, t. II. Coimbra Editora, 1991, p. 508.

61. Diferentemente da ação de inconstitucionalidade por omissão, o mandado de injunção destina-se a viabilizar o exercício de *direitos* e *liberdades constitucionais* e de *prerrogativas inerentes à nacionalidade, à soberania e à cidadania*, obstado pela falta de norma regulamentadora.

62. Na órbita dos Estados-membros, pelos Tribunais de Justiça.

Moreira as resume com muita propriedade: "*a*) o órgão judicial formula a "norma regulamentadora" que falta, e aplica-a ao caso concreto, assegurando assim — nos estritos limites deste — o exercício do direito ou liberdade constitucional, ou da prerrogativa inerente à nacionalidade, à soberania ou à cidadania; *b*) o órgão judicial edita, ele mesmo, em termos genéricos e abstratos, com extensão a todos os casos iguais, a "norma regulamentadora'; *c*) cinge-se o órgão judicial a declarar a existência da falta e a dar ciência dela ao órgão normalmente competente para editar a 'norma regulamentadora'''.[63]

Desde logo deve ser afastada a segunda solução, pois o Poder Judiciário se transmutaria em Legislativo, hipótese incompatível com o princípio da separação dos poderes.

Outrossim, a terceira solução faz com que a inconstitucionalidade por omissão e o mandado de injunção tenham a mesma destinação. De garantia de direitos, a injunção passaria a ser garantia da Constituição, solução esta que não atende à vontade constitucional, qual seja, a de tornar efetivos e plenamente fruíveis os direitos, as liberdades e as prerrogativas que ela assegura.

De outro lado, a primeira solução parece a melhor, exatamente porque, sem atentar contra o princípio da tripartição funcional do Poder e sem criar uma dualidade instrumental, viabiliza o exercício de direitos constitucionais mediante um comando judicial que integra ao mundo fático a norma constitucional carente de regulamentação, emprestando-lhe eficácia e concreção.

IX — O Supremo Tribunal Federal diante da inconstitucionalidade por omissão e do mandado de injunção

Poucas têm sido — ao que se tem notícia — as decisões do Supremo Tribunal Federal sobre a inconstitucionalidade por omissão.

No julgamento da ADIn n. 19-5-AL, a Excelsa Corte, por unanimidade, negou seguimento ao pedido, por ser incabível, no caso, a ação direta de inconstitucionalidade. Decidiu o Supremo Tribunal Federal o seguinte: "A ação direta de inconstitucionalidade por omissão, de que trata o § 2º do art. 103 da nova CF, não é de ser proposta para que seja praticado determinado ato administrativo em caso concreto, mas sim visa a que seja expedido ato normativo que se torne necessário para o cumprimento de preceito constitucional, que, sem ele, não poderia ser aplicado".[64]

Na ADIn n. 529-4-DF, foi submetida ao Supremo Tribunal Federal a questão da omissão parcial fundada na violação do princípio da isonomia. Todavia, até o momento só se tem notícia do indeferimento da liminar requerida, nestes termos:

"Inconstitucionalidade por omissão relativa: alegação contra a Med. Prov. 296/91: plausibilidade, porém, da liminar.

"Ação direta contra a Medida Provisória 269/91 que — diversamente de outra, proposta contra o mesmo ato normativo (ADIn 525) —, não postula a invalidade dos benefícios concedidos aos servidores federais nela contemplados, mas se funda, ao contrário, na alegada omissão do Presidente da República, na medida em que não os estendeu à totalidade do pessoal civil da União, como imposta pelas normas constitucionais invocadas (CF, arts. 37, X, e 39, § 1º): plausibilidade jurídica da alegação de mérito.

63. "SOS para o Mandado de Injunção". Artigo publicado no *Jornal do Brasil*, de 11.9.90.

64. *RDA*, vol 175, jan./mar. 1989, pp. 81/84.

"Considerações sobre o dilema — na hipótese de ofensa à isonomia pela norma legal que, concedendo vantagens a uns, não as entende (*sic*) a outros, em situação idêntica —, entre a declaração da inconstitucionalidade positiva da lei discriminatória ou da inconstitucionalidade da omissão relativa.

"Inadmissibilidade, em princípio, da antecipação cautelar provisória da declaração de inconstitucionalidade por omissão (ADIn 361, 5.10.90), agravada, na espécie, em que o ato normativo que traduziria a discriminação alegada é uma medida provisória, ainda pendente de apreciação pelo Congresso Nacional e, portanto, ela mesma, com vigência provisória é resolúvel".[65]

Outra manifestação do Supremo Tribunal Federal foi na ADIn n. 23-3-SP (Questão de Ordem). Por unanimidade, o Tribunal conheceu da questão de ordem que lhe foi submetida pelo Ministro Sydney Sanches e a decidiu no sentido de julgar dispensada a audiência do Advogado-Geral da União na ação de inconstitucionalidade por omissão, *in verbis*: "A audiência do Advogado Geral da União, prevista no art. 103, § 3º., da CF de 1988, é necessária na ação direta de inconstitucionalidade, em tese, de norma legal, ou ato normativo (já existentes), para se manifestar sobre o ato ou texto impugnado — não, porém, na ação direta de inconstitucionalidade, por omissão, prevista no § 2º. do mesmo dispositivo, pois nesta se pressupõe, exatamente, a inexistência de norma legal ou ato normativo".[66]

Quanto ao mandado de injunção, o Supremo Tribunal Federal tem hesitado em definir a sua finalidade.

Primeiramente, decidiu que o mandado de injunção é "ação outorgada ao titular de direito, garantia ou prerrogativa a que alude o art. 5º., LXXI, dos quais o exercício está inviabilizado pela falta de norma regulamentadora, e ação que visa obter do Poder Judiciário a declaração de inconstitucionalidade dessa omissão se estiver caracterizada a mora em regulamentar por parte do Poder, órgão, entidade ou autoridade de que ela dependa, com a finalidade de que se lhe dê ciência dessa declaração, para que adote as providências necessárias, à semelhança do que ocorre com a ação direta de inconstitucionalidade por omissão".[67]

Esse entendimento mereceu acirradas críticas de doutrinadores, e até de magistrados. Aliás, em voto lapidar, o Desembargador José Carlos Barbosa Moreira acentuou: "dar ciência da omissão ao órgão omisso é providência de todo inócua, até porque, presumivelmente, ninguém melhor do que ele sabe que se vem omitindo".[68]

Mais recentemente, o Supremo Tribunal Federal decidiu pela concessão do mandado de injunção, não apenas para declarar a inconstitucionalidade por omissão do legislador (solução manifestamente restritiva e improfícua), mas também para assinar um prazo a fim de que se ultime o processo legislativo da lei faltante, sob pena de, vencido tal prazo sem legiferação, "passe a requerente a gozar da imunidade requerida",[69] nos termos do art. 195, § 7º., da Constituição Federal. Em outro mandado de injunção, além de declarar a omissão legislativa inconstitucional e estabelecer

65. *RDA*, vol. 191, jan./mar. 1993, pp. 202/211.

66. Texto original fornecido pelo Serviç.o de Jurisprudência do Supremo Tribunal Federal (Ementário n. 1.553-1).

67. MI 107-3-DF, *DJU*, Seção I, 21.9.90, p. 9782.

68. MI 6/90, IV Grupo de Câmaras Cíveis do Tribunal de Justiça do Estado do Rio de Janeiro. *Revista de Direito do Tribunal de Justiça do Estado do Rio de Janeiro*, vol. 10, jan./mar. 1992, p. 88.

69. MI 232-1-RJ, *DJU*, Seção I, 16.8.91, p. 10.783.

um prazo para legislação, decidiu-se, diferentemente, que, se ultrapassado o prazo fixado para a ultimação do processo legislativo da lei faltante, "sem que esteja promulgada a lei, reconhecer ao impetrante a faculdade de obter, contra a União, pela via adequada, sentença líquida de condenação à reparação constitucional devida, pelas perdas e danos que se arbitrem",[70] conforme se lhe assegura o art. 8º., § 3º., do Ato das Disposições Constitucionais Transitórias da Constituição Federal.

Sem comentar da aplicação do mandado de injunção aos dispositivos citados, as soluções experimentadas pelo Supremo Tribunal Federal ainda se mostram pouco eficazes, porque o impetrante, uma vez concedida a ordem injuncional, deve aguardar a promulgação da lei faltante, no prazo fixado pelo Tribunal, ou, no último caso mencionado, a prolação da sentença condenatória da reparação devida. Ou seja, nas duas situações, o mandado de injunção fica subordinado a uma dupla *condição suspensiva* para se aperfeiçoar: subordina-se à promulgação da lei faltante e, conseqüentemente, ao seu cumprimento — porque a mera legiferação não significa viabilidade do exercício do direito reclamado (afinal, quantas leis existem que não são cumpridas?) —; e, na segunda situação — a que se refere ao art. 8º., § 3º., do ADCT da CF —, o impetrante haveria de se valer, ainda, de outra via processual — a ação de reparação por perdas e danos — para ter viabilizado o exercício de seu direito constitucional.

Ora, é de todos sabido que qualquer pessoa, ao recorrer ao Poder Judiciário, busca certeza e não expectativas ou probabilidades. Espera pela satisfação do seu direito, cujo exercício a Justiça deve garantir, incólume de violações, sejam por ações, sejam por omissões.

70. MI 283-5-DF, *DJU*, Seção I, 14.11.91, p. 16.356.

O objeto do mandado de injunção não é a imposição do prazo à atividade legislativa, nem, na falta desta, o reconhecimento, ao impetrante, da faculdade de pleitear por outra via processual a satisfação de seu direito, cujo exercício se tornou inviabilizado pela falta de norma regulamentadora. Sua finalidade é investir concretamente o indivíduo em seus direitos, impondo ao impetrado o cumprimento efetivo da norma constitucional segundo um mandamento judicial que a integra ao mundo fático, emprestando-lhe eficácia e concreção.

Assim, quando a Constituição, no art. 8º., § 3º., do ADCT, disse que "Aos cidadão que foram impedidos de exercer, na vida civil, atividade profissional específica, em decorrência das Portarias Reservadas do Ministério da Aeronáutica n. S-50-GM5, de 19 de junho de 1964, e n. S-285-GM5 será concedida reparação de natureza econômica, na forma que dispuser lei de iniciativa do Congresso Nacional e a entrar em vigor no prazo de doze meses a contar da promulgação da Constituição", o Supremo Tribunal Federal, quando do julgamento do MI 283-5-DF, deveria ter fixado os limites da reparação pecuniária (como inclusive entendeu o Ministro Marco Aurélio, em voto vencido).

X — Conclusão

Em conclusão, podem ser feitas as seguintes afirmações:

1. O Estado brasileiro, ao mesmo tempo que consagra o regime federativo, estabelece o princípio da supremacia constitucional, de modo que as leis e os atos normativos federais (bem como os estaduais e os municipais) devem estrita observância e cumprimento às normas constitucionais, efetivando, no mundo fático, os seus mandamentos.

2. A problemática das omissões inconstitucionais situa-se na seara do cumprimento das normas constitucionais, ultrapassando, pois, o restrito âmbito dos direitos fundamentais.

3. Em matéria federativa, o descumprimento, pela União, de uma imposição constitucional expressa ou de uma norma que dependa de uma providência legislativa ou administrativa ulterior para ter plena eficácia afeta a esfera autonômica dos Estados-membros.

4. Como a Constituição Federal é o único fundamento de validade do regime federativo, os comportamentos omissivos da União que infringem o estatuto jurídico dos Estados-membros rendem ensejo à inconstitucionalidade por omissão, forma de controle de constitucionalidade que visa assegurar a supremacia constitucional, especificamente através da verificação do cumprimento, *por ação*, das prescrições da Constituição (outubro, 1994).

CONTROLE EXTERNO DO PODER JUDICIÁRIO E CONTROLE DE QUALIDADE DO JUDICIÁRIO E DA MAGISTRATURA: UMA PROPOSTA*

CARLOS MÁRIO DA SILVA VELLOSO
Ministro do Supremo Tribunal Federal, Professor Titular da Universidade de Brasília

1. Introdução. 2. A crise das instituições brasileiras. 3. O controle externo do Judiciário: exame do tema no âmbito do Direito Público. 4. O controle externo no sistema parlamentar de governo. 5. O controle na Itália, na Espanha, em Portugal e na França. 6. A impossibilidade do controle externo no sistema presidencial de governo. 7. A doutrina dos freios e contrapesos como forma de controle. 8. Demais mecanismos de controle do Poder Judiciário. 9. O abastardamento da função jurisdicional. 10. O controle de qualidade do Judiciário e da magistratura. 11. O século XXI será o século do Poder Judiciário. 12. O aperfeiçoamento do Poder Judiciário: controle de qualidade e Conselho Nacional da Magistratura. 13. O Conselho Nacional da Magistratura: composição. 14. O Corregedor-Geral ou ''investigador da Justiça''. 15. Conclusão.

1. Introdução

Trago-lhes alguns temas para reflexão em torno do controle externo do Poder Judiciário. Penso que é importante, neste momento, refletir sobre o Poder Judiciário. Os povos do Primeiro Mundo, os povos civilizados, na Europa e nos Estados Unidos, estão preocupados com a formação dos seus juízes, com a sua Justiça, com a qualidade do Poder Judiciário. É natural que isto ocorra, porque a maior garantia dos indivíduos es-

* Resumo de palestra proferida no ''XIII Congresso Brasileiro de Magistrados'', patrocinado pela Associação dos Magistrados Brasileiros e pela Associação dos Magistrados do Espírito Santo, em Vitória, ES, no dia 10.9.93.

tá num Judiciário independente e forte. Em 1215, os ingleses pugnaram, no pacto que ficou conhecido como a Magna Carta do Rei João Sem Terra, por tribunais independentes e imparciais. Logo após as primeiras Declarações de Direitos, os povos perceberam que elas só não são suficientes, sendo necessária a existência de mecanismos que torne realidade os direitos declarados. Esses mecanismos são as garantias. Os povos perceberam, também, que a garantia maior de direito são as medidas judiciais a serem utilizadas pelas pessoas perante juízes e tribunais independentes e imparciais. Os ingleses e os norte-americanos sempre se preocuparam menos com as Declarações de Direito e mais com as suas garantias e sempre fizeram do Judiciário a maior dessas garantias. Daí a longa tradição de respeito aos direitos individuais, ou de limitação do poder, existente na Inglaterra e nos Estados Unidos. Os Estados Unidos, aliás, têm o Judiciário mais poderoso do mundo.

2. *A crise das instituições brasileiras*

As instituições brasileiras passam por situação de crise, afirma-se, situação de crise que parece ser geral. Neste quadro de crises, é natural que o Poder Judiciário também tenha a sua crise.

Felizmente, entretanto, a crise do Poder Judiciário é bem menor do que as crises linhas atrás indicadas. É importante registrar que, diante da situação de crise dos Poderes Executivo e Legislativo, nenhum juiz pediu a instituição de mecanismos de controle do Executivo e do Legislativo, que pudessem redundar em desprestígio dessas instituições. É que nós, juristas, sabemos que a democracia não se realiza com o enfraquecimento das instituições políticas, com o desprestígio do Poder Legislativo. Ruim com o Legislativo, muito pior sem ele. Estamos certos, aliás, de que os Poderes Executivo e Legislativo sairão fortalecidos, pois terão resolvido os seus problemas com os mecanismos postos na Constituição. É assim que deve pensar um povo que deseja viver num Estado de Direito, num Estado Democrático de Direito.

3. *O controle externo do Judiciário e o exame do tema no âmbito do Direito Público*

O controle externo seria a vara de condão, a varinha mágica que daria solução aos problemas da Justiça brasileira. Alguns chegam a preconizar a existência de um conselho, que efetivaria esse controle externo, integrado por membros dos dois outros Poderes.

Gostaria, então, de suscitar alguns temas para reflexão. Vamos situar a nossa conversa sobretudo no Direito Público. Infelizmente, a formação do jurista brasileiro é marcadamente de Direito Privado, o que é uma pena. Então, quando surgem questões como a de que estamos tratando, a tendência é visualizar essas questões fora do seu campo, fora do campo do Direito Público.

4. *O controle externo no sistema parlamentar de governo*

Num sistema parlamentar de governo, é possível o controle externo do Poder Judiciário. É que, no sistema parlamentarista, há o predomínio do parlamento, o governo é do parlamento. Nesse sistema de governo, o Poder Executivo é dualista, dado que o Governo situa-se no Gabinete, liderado pelo primeiro-ministro, que é o chefe do governo. O gabinete, na verdade, não passa de uma comissão do parlamento. O chefe de Estado, que é o Presidente da República, ou o rei, onde a forma de governo é a monarquia, distingue-se do chefe de governo. Por isso, o Executivo é dualista, no parlamentarismo. Neste, dizia eu, o governo é do parlamento, que encarna a nação, representa a vontade popular. Num autêntico sistema parlamentar de governo, não é possível a existência de Constituição rígida, dado que o parlamento, já falamos, representa a vontade do titular do poder constituinte. Assim, identificando-se o parlamento com a nação, com a vontade popular, não se justifica a existência nem de Constituição escrita. Onde o parlamentarismo é praticado na sua expressão mais pura, a Inglaterra, não há Constituição escrita e o parlamento pode tudo.

No parlamentarismo, dizia eu, o parlamento há de estar identificado com a vontade popular. Quando isto não ocorre ou quando há dúvida de que isto não está ocorrendo, o chefe de Estado, que é neutro, dissolve o parlamento e convoca o titular do poder, que é o povo, a escolher novos representantes.

5. *O controle na Itália, na Espanha, em Portugal e na França*

Num sistema de governo assim, onde o parlamento se sobrepõe ao Poder Executivo e até ao Poder Judiciário, pode haver controle externo deste, este costuma ser controlado pelo parlamento. Registre-se que os Estados que adotam controle externo do Judiciário são parlamentaristas. Começo por mencionar a Itália, onde há um Conselho Superior da Magistratura, presidido pelo Presidente da República, assim pelo Chefe de Estado, Conselho esse que faz o controle do Judiciário.

Na Espanha, há um Conselho Geral do Poder Judiciário, composto de vinte e um membros: doze juízes escolhidos pelo Parlamento, oito juristas escolhidos pelo Parlamento e mais o Presidente do Conselho, que é escolhido pelo primeiro-ministro e nomeado pelo Rei, que é o Chefe de Estado. Os membros do Conselho têm mandato de cinco anos.

Na França há um Conselho Superior da Magistratura, presidido pelo Presidente da República. O Ministro da Justiça será o seu vice-presidente. O Presidente da República, aliás, na França, está no art. 64 da Constituição, é quem garante a independência da autoridade judicial. O Judiciário, na França, não é um poder. O Judiciário, na França, é uma autoridade judicial, nada mais. A Constituição francesa de 1958 recebeu grande influência de seu criador, o General Charles de Gaulle, um homem de personalidade fortíssima. Ele reservou para o Presidente da República, para ele próprio, poderes amplos: o Presidente da República é o árbitro do funcionamento regular dos poderes públicos, o árbitro da política. Tem-se, ali, portanto, um sistema semiparlamentar de governo, onde predomina a vontade do Presidente da República. Num sistema assim, é natural que, também no âmbito do Judiciário, haja o predomínio do Presidente da República, que, além de escolher os nove membros do Conselho Superior da Magistratura, o preside, tendo como vice o Ministro da Justiça.

Comumente, ouvimos, principalmente de leigos, que países do Primeiro Mundo contam com controle externo e que, por isso, esse controle é bom. Esquecem-se, todavia, de que o sistema de governo adotado nesses Estados é o parlamentar. Não sabem, também, que em tais países o Judiciário não chega a ser um poder político.

6. *A impossibilidade do controle externo no sistema presidencial de governo*

No sistema presidencial de governo as coisas ocorrem diferentemente. No sistema presidencial de governo, a separação dos poderes dá-se com nitidez. A Constituição brasileira estabelece que são Poderes da União, independentes e harmônicos entre si, o Legislativo, o Executivo e o Judiciário (CF, art. 2º). A separação dos poderes é característica do sistema presidencial de governo: os Poderes exercem as suas atribuições com independência e sem subordinação nenhuma, não havendo o predomínio de um Poder sobre o outro. A separação dos Poderes, aliás, como garantia do sistema presidencial de governo, constitui limitação material ao poder constituinte derivado ou de revisão, assim cláusula pétrea (CF, art. 60, § 4º., inc. III).

No presidencialismo, o Poder Executivo se diz monocrático, no sentido de que se concentram no Presidente da República as funções de Chefe de Estado e de Chefe de Governo. O presidencialismo surgiu com a Constituição americana de 1787. Na Convenção de Filadélfia, os pais fundadores tinham em mãos o *Bill of Rights* de 1689, que surgiu no bojo da "Gloriosa Revolução". Com o *Bill of Rights*, os ingleses fizeram, em termos empíricos, o que cem anos depois Montesquieu teorizou no *Espírito das Leis*, livro que, registra Afonso Arinos de Melo Franco, é o "mais célebre de todo o século XVIII, o estudo histórico-jurídico de maior repercussão política que a humanidade conheceu antes do *Capital*, de Marx, cujo dinamismo ideológico superou incontestavelmente a *Política*, de Aristóteles, a *República*, de Platão, o *Príncipe*, de Maquiavel, ou o *Governo Civil*, de Locke" (Afonso Arinos de Melo Franco, *O Som do Outro Sino — Um breviário liberal*, Civilização Brasileira, e UnB, Rio, 1978, p. 200). Com o *Bill of Rights*, os ingleses estabeleceram, em termos empíricos, a separação das funções do Estado: enquanto o monarca governava, o parlamento legislava e os juízes, com independência em relação ao monarca e ao parlamento, aplicariam contenciosamente a lei a casos particulares. Os convencionais de Filadélfia tinham em mãos o *Bill of Rights*: constituiriam um parlamento, instituiriam um poder judiciário e porque não tinham um rei, porque queriam uma república, o chefe do Poder Executivo seria um Presidente que o povo elegeria. Surgiu, então, o sistema presidencial de governo, em que as funções estatais — legislativa, administrativa e jurisdicional — seriam exercidas por órgãos distintos e independentes, mas harmônicos entre si. Essa harmonia é conseguida na medida em que se pratica a doutrina que os norte-americanos denominam de "checks and balances", freios e contrapesos. Essa doutrina, que institui uma certa colaboração entre os poderes, e da qual resulta uma fiscalização mútua, para o fim de realizar justamente aquilo que Montesquieu propugnava: a limitação do poder pelo poder. No *Espírito das Leis*, teorizando a respeito da separação dos poderes, e trabalhando sobre o *Bill of Rights*, que denominou de Constituição da Inglaterra, escreveu Montesquieu que "em todo o Estado há três espécies de poderes, o Poder Legislativo, o Poder Executivo das coisas que dependem do Direito das gentes, e o Poder Executivo das que dependem do Direito Civil. Pelo primeiro o príncipe ou magistrado faz leis para algum tempo ou para sempre, e corrige ou ab-roga as que estão feitas. Pelo segundo, ele faz a paz ou a guerra, envia e recebe embaixadas, estabelece a ordem, prevê as invasões. Pelo terceiro, pune os crimes e julga os dissídios (...) Chama-se a última o poder de julgar e a outra simplesmente o Poder Executivo do Estado" (*O Espírito das Leis*, Livro XI, cap. VI, Ed. UnB, p. 187). Antes, entretanto, escrevera: "A liberdade política somente existe nos governos moderados. Mas nem sempre ela existe nos governos moderados. Só existe quando não se abusa do poder, mas é uma experiência eterna que todo homem que detém o poder é levado a dele abusar: e vai até onde encontra limites. Quem o diria? A própria virtude precisa de limites. Para que não se abuse do poder é necessário que pela disposição das coisas o poder limite o poder" (ob. cit., cap. IV, p. 186).

7. *Os freios e contrapesos como forma de controle*

A Constituição brasileira consagra a doutrina dos freios e contrapesos, que pode ser assim visualizada, de forma sintética e exemplificativa: *a)* Legislativo sobre o Executivo, ou a fiscalização daquele sobre este, dá-se, por exemplo, pela rejeição do veto (CF, art. 66 e §§); pela aprovação, pelo Legislativo, de nomes para determinados cargos (CF, art. 52, III, IV); pela aprovação de Tratados (CF, art. 49, I); pela sustação de atos normativos do Poder Executivo que exorbitem do poder regulamentar ou dos limites de delegação legislativa (CF, art. 49, V); pela fiscalização dos atos do Poder Executivo mediante Comissões Parlamentares de Inquérito (CF, art. 58); pelo controle orçamentário (CF, art. 70); pelo "impeachment", que muitos julgavam ser "peça de museu" e que, entretanto, teve boa prática no Brasil, em 1992. O "impeachment" está tratado nos arts. 51, I, 52, I e parágrafo único, 85 e 86 da Constituição. *b)* Executivo sobre o Legislativo: o Presidente da República pode vetar projetos de leis (CF, art. 66, § 1º); nas técnicas de delegação legislativa, mediante a iniciativa legislativa, em certos casos exclusiva (CF, arts. 61, § 1º, e art. 63); na elaboração de leis delegadas (CF, art. 68); na expedição de medidas provisórias (CF, art. 62). *c)* Legislativo sobre o Poder Judiciário: o Legislativo elabora as leis de que necessita o Poder Judiciário (CF, art. 48); o Poder Legislativo cria os cargos do Poder Judiciário (CF, art. 48, X); a organização judiciária é votada pelo Legislativo (CF, art. 48, IX); o Legislativo vota o orçamento do Poder Judiciário e fiscaliza a execução orçamentária (CF, art. 48, II; art. 70). O Poder Judiciário tem, hoje, por força da Constituição, autonomia financeira. Vale dizer, apresenta a sua proposta orçamentária, mas cabe ao Poder Legislativo a elaboração do orçamento. O Legislativo aprova os nomes de magistrados do Supremo Tribunal e dos Tribunais Superiores (CF, art. 52, III, *a*; art. 101, parágrafo único; art. 104, parágrafo único; art. 111, § 1º; art. 123). Convém registrar que os ministros do Supremo Tribunal são aprovados pelo voto da maioria absoluta do Senado Federal (CF, art. 101, parágrafo único); pelo julgamento dos Ministros do Supremo Tribunal Federal nos crimes de responsabilidade. Isto quer dizer que os Ministros do Supremo Tribunal estão sujeitos a "impeachment" perante o Legislativo, mais precisamente perante o Senado Federal (CF, art. 52, II). *d)* Poder Executivo sobre o Poder Judiciário: o Presidente da República nomeia os Ministros do Supremo Tribunal, dos Tribunais Superiores e de Tribunais Regionais (CF, art. 101; art. 104 parágrafo único; art. 107; art. 111, § 1º; art. 115; art. 119, II; art. 120, § 1º, III; art. 123); pela concessão de indulto e pela comutação de penas (CF, art. 84, XII). *e)* Poder Judiciário sobre os Poderes Executivo e Legislativo: no controle da administração e no controle da constitucionalidade das leis. É efetivando esses controles que o Poder Judiciário se afirma como poder político.

Nessa interação de funções, nessa colaboração de poderes, que resulta numa fiscalização mútua, realiza-se a doutrina dos "checks and balances", ou dos freios e contrapesos, tornando harmônicos os Poderes.

A doutrina dos freios e contrapesos realiza, outrossim, o controle do Poder Judiciário, como é fácil verificar, sem violar as garantias que a Constituição concede a esse Poder. Hoje, aliás, no mundo inteiro — quando falo no mundo inteiro, refiro-me ao mundo civilizado — os povos se preocupam — retorno às minhas palavras iniciais — com as garantias do Poder Judiciário, com a independência do Poder Judiciário, porque os povos perceberam que a garantia das garantias é mesmo a prestação jurisdicional, a possibilidade que o indivíduo tem de se dirigir, desde que violado um direito seu, a um tribunal independente e imparcial. Na Magna Carta do Rei João Sem Terra isto foi escrito. Os ingleses, no seu pragmatismo, pugnaram por isso na Magna Carta de 1215: todo aquele que tivesse atingida a sua fazenda ou a sua liberdade poderia reclamar a um juiz independente e imparcial.

É conhecida a atitude adotada por Mangabeira, quando recebeu a intimação do Tribunal de Segurança Nacional, ao Tribunal respondendo que não se defenderia perante juízes que não tinham garantias de independência.

8. Demais mecanismos de controle do Poder Judiciário

Falamos que a doutrina dos freios e contrapesos é um mecanismo de controle do Poder Judiciário. Há, ao lado dos "checks and balances", outros mecanismos de controle do Poder Judiciário. É falsa, portanto, a afirmativa no sentido de que o Poder Judiciário é um Poder sem controle. Vejamos os inúmeros mecanismos de controle do Poder Judiciário: *1*) os juízes ingressam na carreira após aprovação em concurso público de provas e títulos, concurso que conta com a participação da Ordem dos Advogados do Brasil (CF, art. 93, I); *2*) todos os julgamentos são públicos e fundamentadas todas as decisões (CF, art. 93, IX); *3*) as decisões administrativas dos Tribunais são motivadas, sendo as disciplinares tomadas pelo voto da maioria absoluta de seus membros (CF, art. 93, X). Uma palavra a respeito disso. Estive na Suprema Corte americana. Constatei que esse notável Tribunal decide, sobretudo, em reuniões reservadas. O Tribunal Constitucional da Espanha decide, preliminarmente, em reunião reservada, mediante comissão de membros do Tribunal. E assim ocorrem em diversos outros países. No Brasil, entretanto, todos os julgamentos são públicos, todas as decisões serão fundamentadas; *4*) os Tribunais, no Brasil, são integrados por juízes de carreira e por juízes oriundos da advocacia e do Ministério Público. O art. 94 da Constituição consagra o "quinto" constitucional, certo que os juízes do "quinto" são escolhidos, preliminarmente, pelos seus órgãos de classe, em listas sêxtuplas. O Superior Tribunal de Justiça compõe-se de um terço de juízes oriundos da advocacia e do Ministério Público; *5*) os orçamentos do Poder Judiciário são estipulados em conjunto com os demais Poderes (CF, art. 99, § 1º) e votados pelo Poder Legislativo; *6*) a fiscalização externa da gestão orçamentária do Poder Judiciário é realizada pelos Tribunais de Contas, que são órgãos auxiliares do Poder Legislativo (CF, arts. 70 e ss.); *7*) os membros do Supremo Tribunal, dos Tribunais Superiores e dos Tribunais Regionais são nomeados pelo Presidente da República, após a aprovação dos indicados para o STF e Tribunais Superiores pelo Senado Federal; *8*) os Ministros do Supremo Tribunal Federal estão sujeitos a "impeachment" perante o Senado Federal; *9*) a regra é o duplo grau de jurisdição. Por isso, são assegurados recursos, vale dizer, as decisões estão sujeitas a recursos, recursos que estão previstos na Constituição e nas leis processuais.

Não há dúvida, portanto, de que o Poder Judiciário é um Poder sob intenso controle. Todavia, esse controle a que o Poder Judiciário está sujeito, por força da Constituição, não atenta contra a independência e a imparcialidade dos juízes, não atenta contra a separação dos Poderes, que é garantia do sistema presidencial de governo. É fácil verificar que aqueles que afirmam que o Poder Judiciário é um Poder sem controle, o fazem por ignorância ou por má-fé.

9. O abastardamento da função jurisdicional

Jamais concordei e continuo não concordando com a idéia infeliz de submeter o Poder Judiciário a controle externo, que seria exercido por pessoas estranhas ao Judiciário e cuja verdadeira finalidade é manietar os juízes.

10. O controle de qualidade do Judiciário e da magistratura

O fato de não concordar com o "controle externo do Judiciário" não quer dizer que não reclame eu a instituição de um Conselho Nacional da Magistratura que realizaria um controle de qualidade do Judiciário e dos juízes. Primeiro que tudo, não podemos ignorar que há problemas no Judiciário que precisam ser corrigidos. É preciso, na verdade, que o Poder Judiciário efetive o seu controle de qualidade, controle de qualidade da Justiça e dos juízes.

11. O século XXI será o século do Poder Judiciário

Situemo-nos no Brasil. A Constituição de 1988, a mais democrática das Constituições que tivemos, fortaleceu essa fiscalização, ao ampliar o campo de proteção, por exemplo, da ação popular, que protege, agora, também, a moralidade administrativa (CF, art. 5º, LXXIII). A Constituição de 1988, aliás, fez da moralidade administrativa princípio constitucional, ao lado da legalidade, da impessoalidade e da publicidade, estabelecendo, expressamente, a sujeição da administração pública a esses princípios (CF, art. 37).

Hoje, na Europa, e também entre nós, há correntes doutrinárias de Direito Administrativo que inovam no tema do controle da administração pública pelo Poder Judiciário. Assim as posições doutrinárias de Eduardo García de Enterría, na Espanha, de Afonso Queiró, em Portugal, de Guido Falzone, na Itália, de Agustin Gordillo, na Argentina, de Celso Antônio Bandeira de Mello, no Brasil. Num Estado de Direito tudo se faz de conformidade com a lei, vale dizer, a Administração age dando execução à lei, observando rigorosamente a lei. Em certos casos, a lei estabelece o único comportamento a ser adotado pelo administrador perante casos concretos. Noutras palavras, casos há em que o legislador preestabelece a situação de fato e o modo do agir do administrador diante de tal situação. Tem-se, em caso assim, vinculação, ou o ato a ser praticado pelo administrador é um ato vinculado. Noutros casos, entretanto, o legislador permite ao administrador, diante de certas situações fáticas, determinada margem de liberdade no praticar ou não praticar o ato, ou concede-lhe competência para escolher o momento de praticar o ato, ou defere-lhe opção quanto à forma do ato, ou autoriza o administrador a decidir sobre a providência a ser adotada entre alternativas que lhe são oferecidas. Nestas hipóteses, estamos diante da discricionariedade administrativa, que Celso Antônio Bandeira de Mello resume da seguinte forma: "Nestes casos, diz-se que há discricionariedade, porque cabe interferência de um juízo subjetivo do administrador no que atina, isolada ou cumulativamente: *a*) à determinação ou reconhecimento — dentro de certos limites mais além referidos — da situação fática, ou *b*) no que concerne a não agir ou agir, ou *c*) no que atina à escolha da ocasião azada para fazê-lo, ou *d*) no que diz com a forma jurídica através da qual veiculará o ato, ou *e*) no que respeita à eleição da medida considerada idônea perante aquela situação fática, para satisfazer a finalidade legal" (Celso Antônio Bandeira de Mello, *Discricionariedade e Controle Jurisdicional*, Malheiros Editores, São Paulo, 1992, p. 17).

Posta assim a questão, indaga-se: quando a lei concede ao administrador a faculdade de decidir com discricionariedade, ela o faz com que sentido? Ela estaria, ao conceder discricionariedade ao administrador, permitindo que este deixe de adotar comportamento que satisfaça a sua exata finalidade? Responde Celso Antônio que, bem ao contrário, a discrição é a "prova de que a lei sempre impõe o comportamento ótimo". É que, "quando a lei regula discricionariamente uma dada situação, ela o faz deste modo exatamente porque não aceita do administrador outra conduta que não seja aquela capaz de satisfazer excelentemente a finalidade legal". (Ob. cit., p. 32). Ora, se o legislador quer que o administrador, diante das circunstâncias fáticas, adote a melhor solução, "se o comando da norma sempre propõe isto e se uma norma é uma imposição, o administrador está, então, nos casos de discricionariedade, perante o dever jurídico de praticar, não qualquer ato dentre os comportados pela regra, mas, única e exclusivamente, aquele que atenda com absoluta perfeição à finalidade da lei" (Celso Antônio Bandeira de Mello, ob. cit., p. 33).

Então, a obrigação que a lei impõe ao administrador de tomar a melhor das decisões, para o fim de atender à finalidade posta na lei, não é apenas uma obrigação política, mas é, também, uma obrigação jurídica, mesmo porque, na lição de Guido Falzone, há um dever jurídico de boa administração e não apenas um dever moral, "porque a norma só quer a solução excelente". E se não for adotada a solução querida pela lei, que é a solução excelente, "haverá pura e simplesmente violação da norma de Direito, o que enseja correção jurisdicional, dado que terá havido vício de legitimidade" (Guido Falzone, *Il Dovere di Buona Amministrazione*, A. Giuffrè Editore, 1953, pp. 87 e ss. Apud Celso Antônio Bandeira de Mello, ob. cit., p. 36-37).

Repito: se a lei quer que o administrador tome a solução melhor para o fim de satisfazer a sua finalidade, vale dizer, a finalidade inscrita na lei, tem-se uma obrigação jurídica, por isso mesmo sujeita ao controle judicial. A doutrina é, na verdade, inovadora, inovadora e benfazeja. Ela altera conceitos, deixa longe o conceito clássico de mérito administrativo, aparta-se da afirmativa no sentido de que os motivos de oportunidade e de conveniência administrativa, utilizados pelo administrador, na prática do ato discricionário, são intangíveis ao controle judicial. Ora, diante de uma tal doutrina, o juiz passa a ter uma atuação política — claro que quando falo em política, refiro-me à política em seu exato sentido, no seu sentido grego, não, evidentemente, à política partidária, que esse tipo de política nós, juízes, não praticamos e a queremos distante dos Tribunais — atuação política que confere preeminência à função jurisdicional. Essa doutrina de Direito Administrativo toma corpo, é objeto de considerações dos publicistas, constitui a tônica do moderno Direito Público. Ela contribuirá, sobremaneira, ao que penso, para fazer do Poder Judiciário o Poder do século XXI.

Retorno às considerações a respeito da moralidade administrativa. O que se percebe é que os povos, quanto mais tomam consciência de sua cidadania, mais desejam que os atos dos governantes sejam marcados pela moralidade. Há como que uma fome de moralidade. Isto é muito bom. É claro que a moralidade administrativa, a moralidade jurídica, distingue-se da moralidade comum. Elas, entretanto, a moralidade jurídica e a moralidade comum, se entrelaçam nos seus objetivos. O que parece certo é que, erigida a moralidade administrativa em princípio constitucional, muita vez o juiz terá que decidir a respeito de um ato administrativo formalmente perfeito, mas que é atentatório à moralidade administrativa. O Judiciário, por isso mesmo, deverá anulá-lo.

Na medida em que as pessoas, no exercício de sua cidadania, fiscalizando o poder público, exigem efetiva atuação do Judiciário, para o fim de restaurar a moralidade administrativa, e na medida em que o Judiciário preste, a tempo e modo, a tutela jurisdicional, estará se fortalecendo.

E mais: a jurisdição constitucional das liberdades, de que nos fala o príncipe dos processualistas, Mauro Cappelletti, e que se efetiva mediante a utilização dos remédios constitucionais, ou das ações constitucionais, tem sido fortalecida e viu-se fortalecida, por exemplo, no Brasil, com a Constituição de 1988, que instituiu novos remédios constitucionais, o mandado de segurança coletivo, a proteger interesses coletivos e difusos, o mandado de injunção, o "habeas data", que fez a ação popular proteger, também, a moralidade administrativa. O reconhecimento, pela Constituição, da legitimação coletiva, o prestígio concedido à ação civil pública para a proteção do patrimônio público e social, do meio ambiente e de outros interesses difusos e coletivos, reforça, sobremaneira, a jurisdição das liberdades, faz crescer de importância a função jurisdicional.

Tudo isto leva-me a concordar com o Juiz Américo Lacombe, tudo isto concede relevância ao Poder Judiciário e fará dele o Poder do século XXI.

12. O aperfeiçoamento do Poder Judiciário: controle de qualidade e o Conselho Nacional da Magistratura

Penso, por isso mesmo, que é dever dos juízes, que é dever dos juristas, propugnar por um Judiciário melhor, cujos problemas sejam atacados de frente, por um Judiciário transparente, sem as mazelas que causam desgostos aos magistrados e aos advogados e afligem o jurisdicionado, que não recebe, a tempo e modo, a prestação jurisdicional, mazelas que mancham e desacreditam a função jurisdicional. Por isso, tenho proposto e tenho propugnado por um controle de qualidade do Judiciário e da magistratura.

Para que se efetive esse controle — controle que o próprio Judiciário realizará — proponho a criação de um Conselho Nacional da Magistratura, que seria instituído junto ao Supremo Tribunal Federal e que teria as atribuições principais de fiscalizar o andamento dos serviços judiciários, tornar efetiva a pronta prestação jurisdicional, mediante a investigação e o exame das causas de emperramento da máquina judiciária, formulando proposta de soluções, punindo, se for o caso, o juiz ou o servidor que não seja laborioso, afastando e punindo os juízes e servidores desonestos ou que não tenham vocação para o cargo. Se numa determinada Comarca os processos se avolumam, a prestação jurisdicional se torna lenta demais, o Conselho investigará as causas disso e verificará o que é necessário ser mudado, ser alterado, inclusive no que toca às leis processuais, para que o processo se torne mais ágil e seja menos objeto da "chicana" judiciária. O Conselho terá como atribuição, ademais, velar pelo exato comportamento dos juízes, porque a sociedade deseja que os magistrados sejam exemplares na sua conduta. O Conselho recomendaria, sempre que necessário, a instauração de procedimentos disciplinares contra servidores e magistrados, com recurso para o próprio Conselho, que poderia formalizar atos de exoneração, disponibilidade e aposentadoria de servidores e magistrados faltosos. E mais: o Conselho teria competência para expedir decisões normativas a respeito de questões administrativas, como, por exemplo, aquelas que dizem respeito a vencimentos e vantagens de juízes e servidores. Quantas vezes o Supremo Tribunal Federal se vê diante de situações curiosas: há decisões de Tribunais em torno de vencimentos e vantagens, divergentes de decisões de outros Tribunais, o que redunda em desprestígio para o Poder Judiciário.

13. O Conselho Nacional da Magistratura: composição

O Conselho Nacional da Magistratura, instituído junto ao Supremo Tribunal Federal, cujas decisões poderiam ser revistas por este, em mandado de segurança originário, por exemplo, seria integrado por quatro Ministros do STF, por quatro Ministros que representariam os quatro Tribunais Superiores — STJ, TSE, STM e TST —, por três Desembargadores que representariam os Tribunais dos Estados-membros, escolhidos pelo Colégio de Presidentes dos Tribunais de Justiça, por um Juiz representante dos Tribunais Regionais Federais e um Juiz representante dos Tribunais Regionais do Trabalho. E aqui estou diante de uma questão que, geralmente, os meus colegas magistrados costumam divergir de mim. É que penso que o Conselho Nacional da Magistratura pode e deve ser integrado, também, por representante do Conselho Federal da OAB, indicado, por este, ao Supremo Tribunal Federal, em lista tríplice, cabendo ao Supremo Tribunal a designação. E, junto ao Conselho, oficiará o Procurador-Geral da República. Os grandes problemas do Poder Judiciário seriam levados ao Conselho, principalmente, pelo representante da OAB, porque os advogados é que podem sentir e perceber mais nitidamente esses problemas. Assim, o representante da OAB seria — utilizo-me de imagem formulada por um eminente colega, em conversa informal — o homem que apagaria o estopim, porque este homem, repito, transmitiria ao Conselho os problemas da Justiça e ajudaria, com a sua experiência, a eliminar esses problemas.

Não considero nem o advogado nem o representante do Ministério Público elementos estranhos ao Poder Judiciário. É que o Ministério Público é considerado, pela Constituição, instituição essencial à função jurisdicional (CF, art. 127), enquanto o advogado, segundo dispõe o art. 133 da Constituição, é indispensável à administração da Justiça. Nenhum Tribunal funciona e nenhum juiz decide sem a participação do advogado. Juízes, advogados e membros do Ministério Público estamos todos empenhados no distribuir justiça, integramos uma mesma instituição, fazemos parte de uma mesma família. Creio, por isso mesmo, que estaria justificada a participação, no Conselho, do advogado e do promotor, aquele como membro do Conselho, o Ministério Público, pelo seu chefe, o Procurador-Geral, nele oficiando, exercendo a função de fiscal da lei.

O Conselho Nacional da Magistratura poderia sugerir um conjunto de leis, quer no campo processual, quer na área administrativa, para o fim de tornar mais ágil o processo, banindo a burocracia cartorária, conforme já foi dito, racionalizando os serviços dos cartórios e das secretarias, eliminando práticas administrativas viciosas, como, por exemplo, o nepotismo, mediante a proibição de nomeação, para cargos em comissão, de parentes de magistrados e de servidores. Isto seria fácil. Bastaria que uma lei estabelecesse a aplicação obrigatória, em todos os Tribunais, das normas regimentais, que dizem respeito a servidores, vigentes no Supremo Tribunal Federal. É que o Regimento Interno do Supremo Tribunal Federal estabelece, expressamente, que, "salvo se funcionário efetivo do Tribunal, não poderá ser nomeado para cargo em comissão, ou designado para função gratificada, cônjuge ou parente (arts. 330 a 336 do Código Civil), em linha reta ou colateral até o terceiro grau, inclusive, de qualquer dos Ministros em atividade". Eu acrescentaria: "de qualquer dos Ministros ou servidor da Casa em atividade".

14. O Corregedor-Geral ou o "investigador da Justiça"

E mais: o Conselho Nacional da Magistratura teria um Corregedor-Geral, que seria o "investigador da Justiça". O Corregedor-Geral seria um Ministro do Supremo Tribunal Federal, que, enquanto Corregedor, não teria funções judicantes no Tribunal, porque ficaria, em tempo integral, por conta do Conselho. Para que isto se efetive, seria criado mais um cargo de Ministro do Supremo Tribunal, com a finalidade de exercer as funções de Corregedor, sem funções judicantes. O Corregedor exerceria as funções por um espaço de tempo determinado, três anos, por exemplo, e seria eleito pelo Supremo Tribunal Federal no momento em que o Tribunal escolhesse os seus representantes no Conselho Nacional da Magistratura. O Corregedor, nas correições e nas investigações que realizasse, poderia requisitar juízes de quaisquer órgãos do Poder Judiciário para auxiliá-lo, podendo aos juízes delegar atribuições. Assim, por exemplo, diante de denúncias ou representações contra órgãos jurisdicionais de certa região do País, requisitaria o Corregedor juízes de órgãos jurisdicionais de outras regiões, que o auxiliariam nas investigações. O Corregedor-Geral seria o órgão executivo do Conselho.

O Conselho Nacional da Magistratura, assim composto, poderia, respeitando a independência da magistratura, efetivar aquilo que chamo de controle de qualidade do Poder Judiciário, controle de qualidade da magistratura. Com isto, teríamos contribuído para tornar verdade a afirmativa de que o século XXI será o século do Poder Judiciário.

No Supremo Tribunal Federal, quando da elaboração do projeto de lei complementar que dispõe sobre o Estatuto da Magistratura Nacional, nos termos do art. 93 da Constituição, a questão foi posta em mesa. O Supremo Tribunal propôs, então, a criação do Conselho Nacional de Administração da Justiça, com a seguinte composição:

I — O Presidente e o Vice-Presidente do STF;

II — três outros Ministros do STF, com mandato de dois anos, admitida a recondução por um período;

III — os Presidentes dos quatro Tribunais Superiores;

IV — dois Presidentes de Tribunais de Justiça, escolhidos, com os respectivos suplentes, pelos Presidentes, desses Tribunais, na forma do Regimento Interno do Conselho (Projeto, art. 81).

Tanto na composição como nas atribuições do Conselho, a nossa proposta difere da proposta do Supremo Tribunal Federal. Elas encontram convergência, entretanto, nos seus objetivos fundamentais.

De uma feita, falando assim numa reunião como esta, alguém, durante os debates, indagou se eu não estaria a propugnar por uma ditadura dos juízes, por uma ditadura do Poder Judiciário. Respondi, então, ao meu interlocutor, com as palavras do Professor Celso Antônio Bandeira de Mello que, escrevendo sobre o tema, disse que "temer a ditadura do Judiciário seria o mesmo que temer o seqüestro de pessoas por naves interplanetárias ao invés de temer os assaltantes que invadem as ruas. Temer a ditadura judicial seria o mesmo que temer hipóteses de ficção científica em lugar de fatos concretos".

15. Conclusão

Concluindo, podemos afirmar que o controle externo do Judiciário não seria compatível com o sistema presidencial de governo, em que há nítida separação dos Poderes Legislativo, Executivo e Judiciário. Ademais, o controle externo atentaria contra garantias de independência e de imparcialidade do Poder Judiciário, causando danos à cidadania, assim aos jurisdicionados. De outro lado, a doutrina dos freios e contrapesos, prória do sistema presidencial de governo, e mais os mecanismos de fiscalização hoje existentes — o ingresso na carreira mediante concurso público, com a participação da OAB, a publicidade dos julgamentos e a obrigatoriedade de as decisões serem fundamentadas, a existência do "quinto" constitucional, com a participação, nos Tribunais, de juízes oriundos da advocacia e do Ministério Público, a estipulação dos orçamentos em conjunto com os demais Poderes, a fiscalização externa da gestão orçamentária pelos Tribunais de Contas, a nomeação dos Ministros do Supremo Tribunal, dos Tribunais Superiores e dos Tribunais Regionais pelo Chefe do Poder Executivo, depois de aprovada a escolha, pelo Senado Federal, dos indicados para o STF e para os Tribunais Superiores, o "impeachment" dos ministros do Supremo Tribunal, pelo Senado, o amplo sistema de recursos, previstos na Constituição e nas leis processuais, e a possibilidade de fiscalização da gestão patrimonial, orçamentária e administrativa pelos cidadãos, por entidades representativas da sociedade e pelo Ministério Público, mediante a propositura, por exemplo, de ações populares, ações civis públicas e ações diretas de inconstitucionalidade — demonstram que o Judiciário não é um Poder sem controle. A nocividade do controle externo e a sua absoluta desnecessidade não afasta, entretanto, a possibilidade da implantação de um controle de qualidade do Judiciário e da magistratura, que seria exercido por um Conselho Nacional instalado junto ao Supremo Tribunal Federal e integrado por quatro Ministros do Supremo Tribunal, por quatro representantes dos quatro Tribunais Superiores, STJ, TSE, STM e TST, por três desembargadores, por um Juiz representante dos Tribunais Regionais e Federais e um Juiz representante dos Tribunais Regionais do Trabalho, mais um advogado, indicado, em lista tríplice, pelo Conselho Federal da OAB e designado pelo Supremo Tribunal Federal, oficiando, perante o Conselho, o Procurador-Geral da República. O Conselho teria, dentre outras atribuições, a coordenação superior da Justiça brasileira, fiscalizaria o andamento dos serviços judiciários, propondo ao Congresso projetos de leis que tornassem mais ágil a prestação jurisdicional e que eliminassem práticas administrativas viciosas e velaria pelo exato comportamento de juízes e servidores da Justiça. O Conselho teria um Corregedor-Geral da Justiça, que seria o "investigador da Justiça", podendo requisitar juízes que o auxiliariam nas correições e investigações. O Corregedor-Geral seria o órgão executivo do Conselho Nacional da Magistratura.

Meus senhores: convoco-os a meditar e a refletir, sem preconceitos, sobre esses temas. Muito obrigado.

LEI DE LICITAÇÕES E AUTONOMIA ESTADUAL*

MARCOS JURUENA VILLELA SOUTO
Procurador do Estado do Rio de Janeiro

I — Introdução. II — Interferência no princípio da descentralização administrativa. III — Interferência na forma de pagamento dos contratos. IV — Interferência na definição de administração pública. V — Interferência na análise jurídica das minutas de editais e contratos. VI — Outras interferências. VII — Conclusão.

I — Introdução

Quando a Constituição da República, em seu art. 37, XXI, estabeleceu a obrigatoriedade de licitação em todos os Poderes e esferas, dispôs, no art. 22, XXVII, que esse processo seria disciplinado através de *normas gerais* federais. Pela própria denominação, as normas gerais são leis nacionais que traçam diretrizes para a elaboração de outras leis, ditas *supletivas*, que cabem aos Estados e Municípios, como é da essência do federalismo.

Destarte, não deveriam descer a detalhes que suprimissem a possibilidade das unidades federadas adaptarem-nas às suas peculiaridades locais.

A Lei 8.666/93, logo em seu art. 1º, pretende impor todas as suas normas como gerais, muito embora com inúmeras minúcias com elas incompatíveis. Com isso não se confirma a maioria da doutrina, como se vê da lição sempre cristalina de Diogo de Figueiredo Moreira Neto, "verbis": "É o princípio federativo que informa que qualquer condicionamento imposto à sua auto-administração das entidades federadas, por se tratar de uma *exceção* à disposição, por parte de cada unidade, de seus respectivos atos, pessoas, bens e serviços, só se deve dar no limite do explicitamente previsto na Constituição e nos termos de sua dicção, inadmitindo-se quaisquer extensões interpretativas que ampliem a interferência de normas centralizadoras nacionais sobre as competências locais" (Palestra no I Seminário sobre a nova Lei de licitação promovido pela Escola da Magistratura do Estado do Rio de Janeiro — EMERJ — Ago./93).

Alguns reparos cabem, pois, na interpretação da norma, evitando a inconstitucionalidade da violação ao princípio da Separação Espacial do Poder, como a seguir se propõe.

* Palestra no 14º Fórum Nacional de Secretários de Estado de Administração realizada no dia 18 de março de 1994, Rio de Janeiro, RJ.

II — Interferência no princípio da descentralização administrativa

A Lei 8.666, de 21.6.93, pretendendo "moralizar" o funcionamento da máquina administrativa estatal no que concerne às licitações públicas, teve uma preocupação inicial (que não vingou) de reduzir as hipóteses de dispensa e inexigibilidade da licitação. Em outras palavras, a idéia era reduzir as exceções ao dever geral de licitar.

Uma dessas "reduções" veio, exatamente, no inc. VIII do art. 24, cuja redação é a seguinte:

"Art. 24. É dispensável a licitação:

"(...)

"VIII — quando a operação envolver exclusivamente pessoas jurídias de *direito público interno*, exceto se houver empresas privadas ou de economia mista que possam prestar ou fornecer os mesmos bens ou serviços, hipótese em que ficarão sujeitas à licitação."

Ao tempo do Decreto-lei n. 2.300/86, a redação abrangia um número maior de entidades, como se pode verificar em seu art. 22, X, "verbis": "Quando a operação envolver exclusivamente pessoas jurídicas de direito público interno ou entidades paraestatais ou, ainda, aquelas sujeitas ao seu controle majoritário, exceto se houver empresas privadas que possam prestar ou fornecer os mesmos bens ou serviços, hipótese em que todas ficarão sujeitas à licitação".

O citado dispositivo trazia, ainda, uma "exceção à exceção", isto é, admitia a contratação sem licitação, mesmo quando houvesse empresas privadas que pudessem oferecer os mesmos bens ou serviços.

Não tendo sido mantido tal dispositivo na Lei 8.666/93, entendem diversos autores que foi ele revogado e, via de conseqüência, só a vitória em procedimento licitatório admitiria a celebração de contratos entre a Administração Centralizada ou Direta e suas empresas públicas ou de economia mista.

A tese vem calcada em argumento de que tais entidades deveriam demonstrar sua eficiência na competição com outras empresas, evitando-se, assim, que os contratos fossem feitos entre entidades vinculadas ao Poder Público por valores superiores aos praticados por empresas privadas.

Ocorre que, não obstante não encontrar amparo na própria Teoria Geral Direito Administrativo, como se verá adiante, a tese, "data maxima venia", não se apóia no próprio texto em vigor, já que o art. 2º, ao definir a regra geral de licitação, assim dispõe, "verbis": "Art. 2º. As obras, serviços, inclusive de publicidade, compras, alienações, concessões, permissões e locações da Administração Pública, quando contratadas com terceiros, serão necessariamente precedidas de licitação, ressalvadas as hipóteses previstas nesta lei".

Vê-se que a licitação só é obrigatória quando a Administração desejar contratar *com terceiros*. A expressão, "in casu", é dotada de algum significado, posto que, sem ela, o texto não ficaria sem sentido. Desde a época do DL n. 2.300/86 já sustentávamos que a idéia do parágrafo único do art. 22 já estava insculpida no art. 2º. Assim dizíamos (para demonstrar que não há qualquer oportunismo na tese, ao contrário de outros, que jamais tocaram neste ponto): "Aliás, o art. 2º é claro ao dispor que a Administração só está obrigada a licitar quando contratar com terceiros; a expressão 'terceiros' foi empregada exatamente para designar pessoas estranhas à Administração (Direta, Indireta ou Fundacional); do contrário seria inteiramente inútil (não se presumindo, na interpretação das leis, que o legislador tenha feito uso de termos ou expressões desnecessárias). Daí não ser obrigada a licitar quando contratar com entidades dela integrantes" (*Revista de Informação Legislativa do Senado Federal* n. 116, out./dez. 1992).

O comentário referia-se, pois, ao art. 2º do DL n. 2.300/86.

Assim, se interpreta a lei não só em razão da sua literalidade, mas também em razão dos princípios que norteiam o Direito Administrativo, entre os quais destacam-se o da *descentralização* e o da *especialidade*.

Sobre o tema, assim leciona Diogo de Figueiredo Moreira Neto, "verbis": "O princípio da descentralização, que informa todo o Direito Público, agindo como resposta à hipertrofia estatal, transparece desde a separação orgânica de poderes do Estado, de assento constitucional, que Otto Mayer catalogava como princípio autônomo: "Princípio de separação de Poderes, à simples desconcentração de um serviço de protocolo da mais modesta repartição autárquica municipal. É vastíssimo o seu campo, só limitado pela própria satisfação das necessidades legislativas, administrativas e judiciárias do Estado. (...) Derivam-se deste princípio, o da especialidade (...)" (*Curso de Direito Administrativo*, 7ª ed., pp. 75 e 76. Rio de Janeiro, Forense, 1989).

E segue, explicando o Princípio da Especialidade: "A *multiplicação* das atividades que devem ser desenvolvidas pela Administração Pública — e que exigem ampliação da estrutura burocrática e a adoção de cada vez maior eficiência operativa — é desafio lançado no campo da ciência da Administração, mas que repercute no campo do Direito Administrativo. Quando aquilo que especialmente se demanda é a complexidade das atividades, o problema passa a ser preponderantemente jurídico, pois exigirá a definição legal da *competência* do Estado para atendê-los especialmente" (ob. cit., p. 83).

De tal entendimento não discrepa Hely Lopes Meirelles, ao dizer que descentralização: "... É uma técnica de *especialização*, consistente na retirada do do serviço de uma entidade e transferida a outra para que execute com mais perfeição e autonomia" (*Direito Administrativo Brasileiro*, 16ª ed., p. 299, São Paulo, Ed. RT, 1991).

Em suma, ao descentralizar, a Administração tem competência para executar a tarefa e, para desempenhá-la com mais eficiência, a especializa através da criação de uma entidade. Há, ainda, relevante opção política, posto que o serviço descentralizado passa a ser custeado apenas pelos usuários, mediante pagamento de preço ou tarifa, e não mais por toda a coletividade, via impostos.

Como diz Eugênio Noronha Lopes, a Administração não cuida de escolher o melhor prestador de serviço, muito menos o que lhe cobre o menor preço, pretendendo, isto sim, atingir a meta de interesse público que tinha em vista ao criar tais organismos. A lei criadora de tais entidades já elegeu-as como a "melhor" opção (Processo n. E-19/001 954/90-6 Ofício n. 1/91 — ENL da Procuradoria Geral do Estado do Rio de Janeiro).

Ora, a criação de tais entidades constitui ato formalmente legislativo, mas materialmente administrativo, e, como tal, nasce com uma presunção de legalidade só desfeita mediante decisão judicial transitada em julgado. Desnecessário, pois, ante tal presunção, que tais entidades provem, *previamente*, sua eficiência em procedimento licitatório. Daí a regra. (Sem a qual descaracterizada estaria a presunção em que se calcam os atos do Estado).

Nem por isso a coletividade fica à mercê de eventual ineficiência dessas entidades, já que o administrador público tem um dever da eficiência, que é examinado sobre o tríplice aspecto administrativo, econômico e técnico. Se o administrador contrata com a entidade descentralizada e não obtém os melhores resultados não fica imune ao controle do judiciário (via ação popular) ou do legislativo (via Tribunal de Contas). O ato lesivo ao erário pode ser desfeito, mas por controle "a priori", qualquer que fosse a forma por ele assumida.

Cabe lembrar que Ronaldo Polletti sequer admite a existência de *contrato* entre a União e suas entidades da Administração Indireta, porque não há interesses *opostos*, mas *comuns*. E afirma:

"Ora, as empresas públicas, as sociedades de economia mista e as autarquias já são, pela sua própria natureza, fruto da descentralização. Contratá-las, no sentido do art. 10 do DL n. 200/67, seria uma contradição, uma repetição, um "bis in idem". O Estado, no caso a União, através do seu Poder Executivo, já descentralizou sua atividade, a realização material de suas atividades executivas. Como agora contratá-las para descentralizar o que foi a própria criação?" ("Convênios e Contratos". *Revista Forense* vol. 280, p. 380).

Tal relevante indagação seria solucionável com a equivocada definição de *contrato* constante do parágrafo 2º do art. 2º da Lei 8.666/93, equiparando-o ao *convênio*, instrumento adequado. Entretanto, como instaurar competição para atender a interesses afins *públicos*, quando o interese da empresa de capital privado é apenas o lucro e não o atendimento do interesse público?

Portanto, não deve prosperar a interpretação literal da Lei para exigir que Estados e Municípios promovam licitação ao invés de fazerem contratação direta ou com suas criaturas. Persiste, pois, no art. 2º da Lei 8.666/93 revigorado parcialmente pela Medida Provisória n. 35/93 a idéia do parágrafo único do art. 22 do DL n. 2.300/86 (e suas reedições: atualmente vigora a de n. 424/94) que introduziu um inc. XVI no art. 24 da Lei 8.666/93. Até porque, se não há empresas privadas a competir, a licitação seria inexigível.

III — Interferência na forma de pagamento dos contratos

Ao incluir, no art. 40, os requisitos que devem constar do edital de licitação, a Lei 8.666/93 não se limitou a mencionar apenas "Condições de Pagamento" (inc. XIV). Foi mais adiante, num nítido detalhamento deste dispositivo, estabelecendo o prazo máximo para pagamento das obrigações e data a partir do qual incidiria a correção monetária.

Não obstante, tal impropriedade de uma norma dita *geral*, ainda fez pior, motivando interpretações no sentido de que a data de incidência da correção monetária é diversa daquela prevista para o pagamento. Em outras palavras, a alínea *a* do inc. XIV do art. 40 dispõe que o prazo máximo para o pagamento da prestação contratada é trinta dias da emissão da fatura, mas, pela alínea *c*, a correção monetária incide desde a data da emissão da fatura, independentemente de haver ou não atraso no pagamento, que é *posterior*.

Sustentam os ilustres defensores desta tese que a Administração não pode subtrair até trinta dias de correção monetária de seus fornecedores, o que implicaria verdadeiro confisco. Daí sua incidência desde a fatura, porque a sistemática estabelecida para a Lei é de preços à vista.

Ora, a forma de pagamento das obrigações é matéria contratual, com contornos definidos no edital, que é um *Ato Administrativo* editado no exercício do poder discricionário do administrador, que leva em conta um juízo de valor, que lhe é privativo, de conveniência e oportunidade. Subtrair-lhe tal valoração é ignorar o Princípio da Tripartição das Funções do Estado.

Tais autores, contudo, dizem que a matéria é de Direito Monetário, por zelar pela preservação do poder aquisitivo da moeda — CF, art. 22, VI —, fixando-se que o pagamento deve pautar-se pelo valor *à vista*. "Data venia", se a norma valesse em caráter imperativo para o consumidor público, deveria vir atrás da Lei Complementar a que se refere o art. 165, § 9º., CF, já que é a Lei de Direito Financeiro que orienta a realização da despesa pública. Ocorre que, como dito, o consumidor deve ter a liberdade de opção pela forma de pagamento, conforme sua conveniência e oportunidade. Se os recursos não estão disponíveis no ato da contratação ou não podem ser utilizados antes de um processo administrativo para sua liberação, como é o caso dos consumidores públicos, a solução é contratar pagamento *a prazo*. Trata-se de prática comercial legítima, que não se contunde com superfaturamento. Ganha o licitante que apresenta os menores encargos financeiros.

Daí porque a regulamentação do tema cabe Ato Administrativo.

Admitindo, contudo, a validade da norma, por força do Princípio da Presunção de Constitucionalidade das Leis e, ainda, por força deste princípio, que o tema não é de Direito Financeiro, exigir Lei Complementar, não pode ser exigida a vinculação a Estados e Municípios, por violar o caráter *geral* previsto no art. 22, VI, CF.

Tanto é assim, que o Estado do Rio de Janeiro, através da Lei 1.604/90, ao orientar a elaboração de contratos no âmbito estadual, já recomendava que fosse incluída cláusula de correção monetária para neutralizar os atrasos de pagamentos, definindo estes como o prazo superior a trinta dias considerados razoáveis para processamento e liquidação da fatura (como dispõem os arts. 63 e 64 da Lei 4.320/64 e 73 da Lei 8.666/93). Isso na vigência do DL n. 2.300/86, que sequer previa a correção monetária.

Logo, se aceita a norma, para argumentar, só deve ela prevalecer para a Administração Federal. A legislação sobre Direito Monetário, almejando a estabilidade da moeda, já está contida na Medida Provisória n. 434, de 28.2.94, que institui a URV.

IV — Interferência na definição de administração pública

O art. 6º., XI, da Lei 8.666/93, dentro de uma inconcebível seção "Das Definições", estabelece um conceito de *Administração Pública* nos seguintes termos: "a administração direta e indireta da União, dos Estados, do Distrito Federal e dos Municípios, abrangendo inclusive as entidades com personalidade jurídica de direito privado sob controle do poder público e das fundações por ele instituídas ou mantidas".

Portanto, até mesmo controladas ou subsidiárias das empresas públicas e sociedades de economia mista se enquadrariam na idéia de Administração, qualquer que fosse a sua finalidade. Conseqüentemente, não seriam os "terceiros" referidos no art. 2º. e poderiam ser contratadas sem licitação, em flagrante prejuízo ao princípio da competitividade.

Alguns doutrinadores, mais prudentes, exigem a autorização legislativa para a criação de tais entidades, invocando uma *ampla* autonomia das unidades federadas em definir o que é do interesse público.

A lei federal não pode, contudo, ir além do que a Constituição Federal autorizou, não podendo se aceitar uma indiscriminada autonomia estadual para a criação de empresas cujos objetos, por si só, seriam de interesse público porque assim definidos na lei criadora.

Para tanto, valho-me não apenas do critério *formal*, da criação, por lei, da entidade, como da própria *finalidade* da entidade, que nem sempre é *típica* do Poder Público. Entendo, "data maxima venia", que a criação de empresas estatais constitui uma opção político-administrativa de gestão de um *serviço público* atribuído ao Estado. Portanto, ao se falar em *descentralização* administrativa, é necessário que o *serviço* esteja na competência do *Poder Central* ("in casu", da Administração Estadual).

Outra possibilidade de criação de empresas estatais seria a intervenção no domínio econômico, como exceção à regra do princípio da livre iniciativa. Para tanto, seria necessário justificar o ato interventivo no *relevante* interesse coletivo (e não *simples* interesse coletivo) ou na questão de *segurança nacional* envolvida (CF 173, § 1º). Ainda assim, seria questionável situar tais empresas como integrantes da Administração Pública (indireta) já que estariam ocupando um espaço típico do setor *privado* (muito embora não possa se deixar de considerar que intervir — ainda que *excepcionalmente* — no domínio econômico seja atividade típica do Estado — entendendo a maioria da doutrina, contudo, que tal poder de intervenção situa-se na esfera federal).

A definição constante do art. 6º, XI, da Lei 8.666/93, não obstante ser inconveniente (porque definir é tarefa da *doutrina*: à lei cabe estabelecer comandos e as respectivas sanções — positivas ou negativas), desconhece aspectos básicos de direito público e só deveria valer para a Administração *Federal* (se válida fosse a definição). Sustenta-se que a lei poderia definir Administração para fins específicos de sua aplicação, mas tal definição só poderia ocorrer dentro daquilo que constitucionalmente fosse outorgado ao Estado e, dentro deste, à Administração. Ampliar o conceito de Administração, para este ou aquele fim, poderia implicar a ampliação dos seus limites (e eventual intromissão no Estado-Legislador ou no Estado-Jurisdição) ou dos próprios limites impostos ao Estado.

Até admito que a licitação só é obrigatória quando contratada com *terceiros* (*estranhos, pois, à Administração*); mesmo assim, no espírito do parágrafo único do art. 22 do DL 2.300/86 (sem *considerar as alterações da MP n.* 351/93, cujas reedições, por ampliarem o prazo do art. 62, CF, tornaram-na inconstitucional).

Em síntese, a Lei Federal não pode ampliar o leque de opções do administrador público além dos limites constitucionalmente aceitos, permitindo uma discricionária e subjetiva criatividade na avaliação do interesse público para que qualquer entidade possa ser criada no Estado para atendê-lo.

V — Interferência na análise jurídica das minutas de editais e contratos

Nos Estados, como o Rio de Janeiro, que dispõem de Assessoriais Jurídicas nas Secretarias de Estado e nas entidades da Administração Indireta, de livre nomeação do Governador, e de Procuradorias Gerais do Estado, integradas por Procuradores concursados e de nomeação para cargo efetivo, muito se tem discutido a quem cabe a análise jurídica das minutas de edital e contratos.

A questão foi suscitada em razão do novo estatuto de licitações e contratos dispor, no parágrafo único do art. 38, que "as minutas dos editais de licitação, bem como as dos contratos, acordos, convênios ou ajustes devem ser previamente examinadas e aprovadas pelo órgão de *Assessoria Jurídica* da unidade responsável pela licitação".

Oportuno frisar que cabe à União legislar, privativamente, sobre normas *gerais* de licitação e contratação, conforme reza o art. 22, inc. XXVII da Constituição Federal de 1988.

Note-se, porém, que de acordo com o disposto no § 2º do art. 24 do Texto

Constitucional, esta competência conferida pelo legislador constituinte à União não exclui a competência *suplementar* dos Estados. Assim, os outros entes da Federação poderão criar normas de licitação, respeitando, todavia, as normas gerais impostas pela União, com objetivo de adequá-las às peculiaridades locais.

Feitos estes esclarecimentos, é importante observar que, no Estado do Rio de Janeiro, as funções de *elaboração* (jurídica) de editais devem caber às Assessorias Jurídicas das Secretarias de Estado, autarquias e entidades paraestatais, cabendo à Procuradoria Geral do Estado, como órgão de consultoria, o controle "a posteriori" (Decreto Estadual n. 10.443/87, art. 2º, IV). O art. 52, § 1º do Dec. n. 3.149/80 determina que a Procuradoria examine as minutas de todos os contratos, salvo os já padronizados por ela ou por órgãos competentes da União, quando esta for parte.

É que, no âmbito da advocacia do Estado, a Constituição Federal estabeleceu como *privativas* do Procurador do Estado as funções de consultoria jurídica e representação judicial, CF, art. 132 — não fazendo o mesmo quanto às funções de Assessoria Jurídica.

Diogo de Figueiredo Moreira Neto, em tese aprovada no XV Congresso Nacional dos Procuradores do Estado realizado em 1988, na cidade de Natal-RN, distingue a consultoria do assessoramento, esclarecendo que esta não tem o condão de exprimir a vontade estatal, ainda que, ao lado da diretoria jurídica e da representação judicial, sejam todas privativas de advogado (Lei 4.215, de 27.4. 63, art. 71). A Constituição Federal só vinculou a vontade estatal nos órgãos de representação judicial e consultoria jurídica, que cabe aos Procuradores do Estado.

Nesse passo, quaisquer normas emanadas do poder hierárquico do Executivo, Autarquias, Fundações e demais Entidades da Administração Indireta que disponham sobre a matéria, devem ser interpretadas no sentido de que às Assessorias Jurídicas cabe o exame preparatório dos editais de licitação para posterior encaminhamento à Procuradoria Geral do Estado.

Aliás, o § 1º, do art. 7º, do Decreto Estadual n. 10.443/87 já dispõe a respeito:

"§ 1º. O encaminhamento de consultas à Procuradoria Geral do Estado deverá ser precedido de manifestação de órgão jurídico respectivo, com explicitação das dúvidas a serem dirimidas pelo órgão central de sistema jurídico".

Por outro lado, há que se atentar para a "ratio legis" do dispositivo. A intenção da norma (art. 38, parágrafo único) não é outra senão a de submeter os instrumentos licitatórios ao exame de órgão competente, a fim de que bastaria a apreciação da Assessoria Jurídica. Este termo significa, em última análise, os *órgãos jurídicos* competentes, definidos de acordo com cada Estado federado.

À norma geral não cabe descer a este tipo de detalhadamento, competindo aos Estados a função suplementar no sentido de implementação (concretização) do seu conteúdo, o que efetivamente, não é tarefa da norma *geral*. Interpretar de modo contrário seria ignorar a autonomia administrativa inerente às entidades federadas.

Logo, deve ser observada a legislação supletiva estadual, que impõe o exame e aprovação de tais atos pela Procuradoria Geral do Estado.

VI — Outras interferências

1. Doação de imóveis — O art. 17, I, *b* da Lei 8.666/93, ao limitar a dispensa de licitação à doações "para outro órgão ou entidade da Administração Pública, de qualquer esfera de governo" impede a livre gestão do patrimônio estadual e municipal, matéria que é inerente à autonomia administrativa que caracteriza a federação.

Ora, a doação é um contrato personalíssimo por essência e não pode ficar sujeito a competições, mas à probidade do administrador e ao interesse público envolvido na sua utilização.

Cite-se, por exemplo, que a literalidade da norma (já sustada, liminarmente, pelo Eg. STF) impediria que Estados e Municípios fizessem doações para instalação de lotes industriais, de assentamento de colonos, para instituições filantrópicas.

É, pois, inconstitucional exigir licitação nas doações.

2. Sorteio — Ao impor que o sorteio seja critério de desempate nas licitações (art. 45, § 2º), mais uma vez o legislador invadiu esfera de autonomia do administrador estadual. Os critérios de julgamento — onde se inclui o desempate — constituem matéria a ser definida no edital (ato administrativo). Ao definir como deve ser solucionada a questão, substituindo-se o administrador, o legislador impediu que fossem usados outros critérios, como o leilão entre as propostas empatadas, que permitiria redução do valor proposto, com vantagens para todos.

3. Contratos de efeitos retroativos — O veto presidencial aos §§ 2º e 3º do art. 61 não impede que situações emergenciais sejam atendidas e, posteriormente, formalizadas via "Termo de Ajuste de Contas". É que, na prática, há um contrato verbal, que, embora repudiado pelo Direito Administrativo, gera o dever de indenizar os benefícios recebidos pela Administração, sob pena de caracterizar-se enriquecimento sem causa. Busca-se, pois, no art. 59, parágrafo único, da Lei 8.666/93, fundamento para tais pagamentos, destacando-se que, no Estado do Rio de Janeiro, quando os efeitos são anteriores a 180 (cento e oitenta) dias, há necessidade de autorização governamental.

É oportuno esclarecer que o art. 24, IV da Lei 8.666/93 não autoriza, por si só, efeitos retroativos.

4. Convênios — Há quem sustente que sendo o convênio instrumento de soma de esforços para realização de atividade fim do Estado, não poderia ser tratado numa norma geral de licitações, que deveria abranger apenas os contratos. Em oposição a esta teoria, defende outra corrente que o termo "contratações" empregado no inc. XXVII, do art. 22, CF, ao invés de, simplesmente, "contratos", ampliou o universo da norma.

5. Empresas estatais — A Lei 8.666/93, em sua literalidade, desconheceu a maleabilidade que deve ser reconhecida a tais entidades, em razão da personalidade jurídica de direito privado que lhes é imposta no art. 173, § 1º, CF. Ao igualar a atuação das empresas estatais à Administração Direta, quebra-lhes a flexibilidade, tornando menos útil a descentralização administrativa, sendo, pois, mais uma interferência.

6. Crimes — A existência de mais uma lei criminalizando condutas deveria ser matéria para um Código Penal e não para normas gerais de licitação. Reprovável, pois, tal inovação da Lei 8.666/93.

7. Habilitação nas tomadas de preços — Ao admitir que da licitação por tomada de preços participem interessados não cadastrados (art. 22, § 2º), a Lei 8.666/93 deu margem a diversos entendimentos no sentido de que à comissão de licitação (de julgamento) cabe o cadastramento. Ocorre que, não obstante o cadastramento ser um ato técnico, à Lei federal não cabe definir que órgão ou autoridade praticará o ato.

A resposta está adequadamente tratada no art. 18, § 2º do Decreto Estadual RJ n. 3.149, de 28.4.80, com a redação que lhe é dada pelo Decreto n. 7.126, de

29.12.83, nos seguintes termos: "Nas Licitações por Tomada de Preços, promovidas por Comissões Regionais ou Especiais de Licitações não inscritas no Registro Central de Fornecedores do Estado, o procedimento licitatório se desdobrará em duas fases, a primeira das quais será destinada ao recebimento dos Certificados de Registro dos Licitantes já inscritos e ao exame da documentação dos licitantes não registrados, para efeito, nesse caso, da expedição, pela própria Comissão, do Registro *Provisório* a que se refere o inc. II do art. 9º do Decreto n. 1.064, de 31.12.76, introduzido pelo Decreto n. 7.167, de 3 de fevereiro de 1984".

Portanto, quando muito, cabe interpretar que à comissão de licitação cabe o registro *provisório*, enquanto o *definitivo* fica a cargo de uma comissão de *cadastramento*.

VII — Conclusão

Enfim, caracterizado está que aLei 8.666/93 ultrapassou os limites de uma norma geral, descendo a minúcias que competem à lei estadual supletiva. Destarte, devem seus comandos ser interpretados em consonância com o art. 18 da Lei Maior, que reconhece a autonomia das unidades federadas (em especial, quanto à estruturação de seus serviços).

Rio de Janeiro, 18 de março de 1994

DOCUMENTOS

ESTATUTO DA OAB —
CONTEÚDO DO PRINCÍPIO DE LEGALIDADE
Separação de Poderes — Autonomia do Judiciário*

Ação Direta de Inconstitucionalidade n. 1.105-7
Distrito Federal Tribunal Pleno
Medida liminar
Requerente: Procurador-Geral da República
Requeridos: Presidente da República e Congresso Nacional

RELATÓRIO

O Sr. Ministro Paulo Brossard: o Procurador-Geral da República propõe ação direta argüindo a inconstitucionalidade do inc. IX do art. 7º., do novo "Estatuto da Advocacia e a Ordem dos Advogados do Brasil", Lei 8.906, de 4 de julho de 1994, que dispõe:

"Art. 7º. — São direitos do advogado:

"(...)

"IX — sustentar oralmente as razões de qualquer recurso ou processo, nas sessões de julgamento, após o voto do relator, em instância judicial ou administrativa, pelo prazo de quinze minutos, salvo se prazo maior for concedido".

Segundo o autor, "2. A disposição transcrita afronta os incisos LIV e LV do art. 5º. da Constituição Federal, porque estabelece o contraditório não em face das alegações da parte, mas do voto do relator. É ainda inconciliável com o art. 96, I, letra *a*, da Constituição, que atribui competência privativa aos Tribunais para elaborar seus regimentos internos e dispor sobre o funcionamento dos respectivos órgãos jurisdicionais e administrativos.

"4. A norma impugnada ainda dispõe sobre processos em instâncias administrativas, matéria submetida à iniciativa legislativa reservada de cada um dos

* Excelentes e clássicas lições de direito constitucional contêm-se nesse voto, proferido, em pedido de liminar, pelo ministro e professor Paulo Brossard. "Conteúdo do princípio da legalidade e separação de poderes" é o tema de fundo, classicamente examinado, em suas conseqüências, nesse voto (que é uma lição!)

Poderes do Estado, do Tribunal de Contas e do Chefe do Ministério Público.

"5. Requer o Autor medida cautelar de suspensão de vigência do inc. IX do art. 7º da Lei 8.906, de 4.7.94, até o julgamento final da ação, tendo em vista a relevância dos fundamentos jurídicos do pedido e o *periculum in mora*, pelos transtornos que a aplicação desse dispositivo certamente provocará aos julgamentos pelos Tribunais judiciários e administrativos".

2. O Conselho Federal da OAB fez-me chegar às mãos memorial em que sustenta (a) que "a participação oral dos advogados nos tribunais e órgãos colegiados contribue, decisivamente, para o esclarecimento da verdade e para a formação da convicção dos julgadores; (*b*) que tendo de falar depois do relator, "a sustentação oral do advogado terminava sendo um jogo retórico, pouco útil, ou uma desesperada tentativa de complementar um relatório deficitário, perdendo-se sua real função"; (*c*) que a lei impugnada, "mais que uma prerrogativa para o advogado, é uma garantia de ampla defesa para a parte"; (*d*) que ela envolve "garantia processual das partes, na dimensão valorizada pela Constituição da ampla defesa"; (*e*) que não há precedente jurisprudencial a respeito, uma vez que a Constituição de 88 introduziu "fundamental limitação" à competência dos tribunais na elaboração de seus regimentos.

3. O Instituto dos Advogados Brasileiros também ofereceu exposição na qual, como a Ordem, sustenta a constitucionalidade do questionado inc. IX, do art. 7º, da Lei 8.906, de 4.7.94, e anexou parecer que repete, em boa parte, outro exarado quando da Lei 2.970, de 24.11.56.

É o relatório.

VOTO

O Sr. Ministro Paulo Brossard (Relator): A questão não é nova. Faz quase quarenta anos, a 24.11.56, foi promulgada a Lei 2.970, que, dando nova redação ao art. 875 do CPC então vigente, o de 1939, dispôs: "Art. 875. Na sessão de julgamento, feita a exposição dos fatos e proferido o voto pelo relator, o Presidente, se o recurso não for de embargos declaratórios, dará sucessivamente, ao recorrente e ao recorrido, a palavra pelo prazo improrrogável de quinze minutos a cada um, para a sustentação das respectivas conclusões, prosseguindo-se de acordo com o regimento interno do Tribunal depois de dada novamente a palavra ao relator para que expressamente, confirme ou reconsidere o seu voto".

Como se vê, a norma de 1956 é semelhante, e substantivamente igual, ao preceito de 1994, ora questionado.

2. A 30 de novembro daquele ano, vencidos os Ministros Luiz Gallotti e Hahnemann Guimarães, cujos nomes são sempre lembrados com saudade e reverência nesta Corte, que eles muito honraram, o Supremo Tribunal Federal julgou inconstitucional o dispositivo e deixou de aplicá-lo, *DJ* 1.12.56, p. 4.741. Passado algum tempo, a 25.4.59, o Senado, pela Resolução n. 23, suspendeu a execução da Lei 2.970, por haver sido ela, em decisão definitiva do STF, julgada inconstitucional por infringente do art. 97, II, da Constituição.

3. A melhor defesa da Lei 2.970 foi desenvolvida pelo saudoso jurista Miguel Seabra Fagundes, em conferência proferida no Instituto dos Advogados Brasileiros, Rev. Forense; 170-463; também Cláudio Pacheco divergiu da decisão do STF, Tratado das Constituições, 1965, VII, n. 40, pp. 132 a 134; já o ilustre José Frederico Marques a louvou sem restrições, qualificando-a de "memorável" (*Instituições de Direito Processual Civil*, 1958, I, n. 27, p. 62; n. 74, p. 169).

4. Mutatis mutandis, a questão enfrentada pelo STF em 1956 se repete com a Lei 8.906, de 4.7.94, segundo a qual "são direitos do advogado: sustentar oralmente as razões de qualquer recurso ou processo, nas sessões de julgamento, após o voto do relator, em instância judicial ou administrativa, pelo prazo de quinze minutos, salvo se prazo maior for concedido".

5. Tenho como manifesta a relevância jurídica da matéria trazida a julgamento na presente ação direta; ela transcende o plano das abstrações para ingressar no terreno concreto da história: uma decisão do STF e uma resolução do Senado Federal.

6. Quanto ao chamado *periculum in mora*, tenho-o como presente na espécie; eu preferiria aludir à conveniência social de evitar insígne metamorfose nos estilos dos tribunais, assentados em regras procedimentais historicamente consagradas, enquanto pendente de julgamento a própria lei que a instituiu.

7. Não menosprezo a invocação dos incs. LIV e LV do art. 5º da Constituição, mas me parece que sobre eles tem prevalência o princípio fundamental da separação dos Poderes e da sua independência, do qual decorre, para os tribunais, a competência para editar seus regimentos internos, expressamente assegurada no art. 96, I, *a*, da Constituição.

8. Ou como escreveu o saudoso José Frederico Marques, "Consiste o autogoverno da magistratura no exercício de funções normativas e administrativas tendentes a garantir plena independência ao Poder Judiciário entre os órgãos do Estado. (...) Como função normativa destinada a assegurar esse autogoverno do Judiciário, destaca-se, no art. 97, n. II, da Constituição Federal, a de elaborarem os Tribunais os seus regimentos internos" (ob. cit., n. 74, p. 168).

9. Embora não sejam partes na ação, que não admite assistência, não posso deixar de valer-me dos argumentos desenvolvidos por duas respeitáveis entidades — a OAB e o Instituto dos Advogados Brasileiros — para melhor examinar a espécie, que é de suma importância.

10. Segundo o Instituto dos Advogados Brasileiros não há como "sobrepor a faculdade constitucional de os tribunais elaborarem os seus regimentos internos de forma a afrontar a supremacia da lei. A hierarquia das leis não dá, em nenhum país do mundo, país civilizado ou não e de não importa qual continente, supremacia do regimento interno sobre a lei, como foi exaustivamente provado no parecer de 1956".

11. Em verdade, não se trata de saber se a lei prevalece sobre o regimento ou o regimento sobre a lei. Dependendo da matéria regulada, a prevalência será do regimento ou da lei. A dificuldade surge no momento de fixar as divisas entre o que compete ao legislador disciplinar e o que incumbe ao tribunal dispor. O deslinde não se faz por uma linha reta, nítida e firme de alto a baixo; há zonas cinzentas e entrâncias e reentrâncias a revelar que em matéria de competência se verificam situações que lembram os pontos divisórios do mundo animal e vegetal. Nada mais fácil distinguir um elefante de uma flor, uma rosa, uma orquídea, ou um lírio. No entanto, há determinados seres que os cientistas vacilam em dizer se pertencem ao mundo vegetal ou ao mundo animal.

12. O certo é que cada Poder tem a posse privativa de determinadas áreas. Foi o que sustentei, aliás, sem êxito, no julgamento do Mandado de Segurança n. 21.564, na sessão de 23 de setembro de 1992. Disse eu então: "Hoje mais do que ontem, estou convencido de que o Supremo Tribunal Federal não deve interferir em assuntos da competência privativa do Congresso Nacional — agora da Câmara, depois do Senado — da mesma forma que ao Congresso não cabe introduzir-se nas decisões do Supremo, nem mesmo na ordem dos seus trabalhos. Cada poder tem a sua área própria de atuação da qual decorre a regra segundo a qual a ele, e só a ele, compete dispor. Tenho como sacrilégio a interferência do Poder Judiciário na intimidade de outro poder para dizer o que ele pode e como pode obrar. Recordo, a propósito, o que ocorreu quando editada a Lei 2.970, que dava nova redação ao art. 875 do Código de Processo'', e lembrava o quase esquecido precedente de 1956, agora relembrado.

13. Alega-se que a matéria é processual e por lei há de ser regulada. A assertiva envolve um círculo vicioso: dá-se como certo o que devia ser demonstrado. A recíproca é verdadeira. Também não basta afirmar que o assunto é regimental para que seja regulado pelos tribunais, com exclusão do legislador. No caso vertente, cuida-se de saber se estava na competência do legislador interferir no ato do julgamento ou se a Constituição o reservou ao Poder Judiciário, mediante norma regimental. Esta a questão.

14. A propósito, vale reproduzir esta passagem de José Frederico Marques, ''A votação dos regimentos internos é um dos elementos da independência do Poder Judiciário, diz Pontes de Miranda, 'porque, se assim não acontecesse, poderiam os legisladores, com a aparência de reorganizar a justiça, alterar a ordem dos julgamentos e atingir a vida interna dos tribunais'. As questões denominadas de *interna corporis* refogem da ordem processual comum e devem ser disciplinadas regimentalmente. O Supremo Tribunal Federal, em julgamento memorável, firmou essa diretriz, fulminando de inconstitucional a Lei 2.790, de 24 de novembro de 1956, que reformava o art. 875 do Código de Processo Civil, para admitir que as partes interviessem no julgamento depois de proferido o voto do relator. Como disse, na ocasião, o Ministro Edgar Costa, a citada lei contrariava frontalmente 'a própria autonomia interna dos tribunais, no que diz respeito à sua competência privativa para estabelecer as normas a seguir na marcha dos seus trabalhos, através dos seus regimentos, que, por preceito constitucional (art. 97, n. II), lhes cabe, livre da interferência de outros poderes'. As questões *interna corporis* entram na competência exclusiva dos tribunais, uma vez que o Judiciário é poder político autônomo. Daí a lição de Costa Manso, de que 'as leis de processo não devem ocupar-se dos atos da economia interna dos tribunais, análogos aos que as Câmaras do Parlamento regulam nos seus respectivos regimentos' ''. (ob. cit., I, n. 27, p. 62).

15. Para a boa compreensão da matéria, convém não esquecer que o Judiciário é um dos Poderes da Nação, como o Legislativo e o Executivo, art. 2º da Constituição. Para assegurar sua independência, a Constituição lhe assegura autonomia em seu funcionamento, cabendo a ele dispor, em seu regimento interno, acerca da respectiva disciplina (Marcelo Caetano, *Direito Constitucional*, 1978, II, n. 138, pp. 405 e 406).

16. Insisto no que me parece fundamental. A questão não está em saber se o regimento contraria a lei ou se esta prevalece sobre aquele; a questão está em saber se, dispondo como dispôs, o legislador podia fazê-lo, isto é, se exercitava competência legítima ou se, ao contrário, invadia competência constitucionalmente reservada aos tribunais; da mesma forma, o cerne da questão está em saber se o Judiciário, no exercício de sua competência legislativa, se houve nos seus limites ou se os excedeu.

17. Como é sabido, cada Poder tem uma atribuição dominante, mas não exclusiva (Barbalho, *Constituição Federal Brasileira*, 1902, p. 48). Ao Poder Judiciário é atribuído o poder jurisdicional; não obstante, o Senado processa e julga, em caráter privativo e definitivo, determinadas autoridades, nos termos da Constituição. Outrossim, ao Poder Legislativo cabe editar leis, mas, nem por isso, tem ele o monopólio da função legislativa; assim, os tribunais e só os tribunais elaboram os seus regimentos, que são leis no sentido material, ainda que, formalmente, não o sejam (José Frederico Marques, ob. cit., I, n. 27, p. 61; Cláudio Pacheco, ob. cit., VII, n. 32, p. 119; Alcino Salazar, *Poder Judiciário*, n. 21, p. 48). Desse modo, no exercício de sua competência os tribunais também legislam; a competência do Poder Legislativo é, obviamente, mais larga, mas nem por isso chega à área específica que a Constituição reservou aos tribunais; nesta o legislador nada pode; embora o campo seja restrito, nele o legislador é o Tribunal e não o Poder Legislativo. Desse modo, é um equíovoco dizer-se, de maneira irrestrita, que a lei prevalece sobre o regimento, elaborado pelos tribunais; prepondera naquilo que compete ao legislador dispor, predominando, ao contrário, o regimento no que aos tribunais compete regular.

18. Com efeito, além do seu poder jurisdicional, precípuo e específico, o Judiciário exerce atividade administrativa relevante (Alcino Salazar, ob. cit., n. 20, p. 47), da mesma forma emite atos normativos de particular significação. Quanto à competência legislativa, a de elaborar o seu regimento, aparece em primeiro lugar:

"21. Função legislativa do Judiciário. A Constituição atribui ao Poder Judiciário o exercício da função legislativa, isto é, a expedição de atos normativos, em exceção à regra, e por isto mesmo expressamente declarados, nos seguintes dispositivos:

"a) art. 115, n. II, segundo o qual compete aos tribunais elaborar seus regimentos internos;

"(...)

"São casos que, a rigor, não se compreenderiam na tradicional competência regimental" (ob. cit., n. 21, p. 48).

No mesmo sentido é o magistério de Cláudio Pacheco: "Os regimentos dos tribunais são documentos materialmente legislativos, porque contêm normas de aplicação genérica e por isso mesmo abstratas (...)" (ob. cit., n. 32, p. 119).

19. Em outras palavras, como o Poder Legislativo, os tribunais têm competência legislativa; reduzida, sem dúvida, delgada ninguém o nega, circunscrita, é claro; mas, quando a exercem nos limites da Constituição, a norma por eles editada, sob a denominação de regimento, em nada é inferior à lei, e esta em nada lhe é superior. Andam em esferas distintas, que se não confundem. A do Poder Legislativo é ampla, a do Poder Judiciario, limitada; mas a amplidão de uma e a modéstia de outra nada significam quanto à competência legislativa e à substância da norma editada em si mesma; a despeito das diferenças formais, ambas as duas normas são leis e juridicamente se equivalem. *Mutatis mutandis*, também o regimento da Câmara, do Senado e do Congresso.

20. A propósito, em documento guardado nos arquivos do Senado, Rui Barbosa ressaltou: "Não há nenhuma diferença essencial entre a lei sob a sua expressão de regimento parlamentar e a lei sob a sua expressão de ato legislativo. As instituições que debaixo destas duas formas se consagram apresentam em comum o caráter de império e inviolabilidade a respeito dos entes, individuais ou coletivos, a cujos atos e relações têm por objeto servir de norma. Espécies de um só gênero, entre si não se distinguem uma da outra senão na origem de onde procedem, no modo como se elaboram, e na esfera onde têm de imperar; porque a lei é o regimento da nação, decretado pelo seu corpo de legisladores, e o regimento a lei de cada um dos ramos da legislatura por ele ditado a si mesmo.

Mas entre as duas espécies a homogeneidade se estabelece na substância, comum a ambas, do laço obrigatorio, criado igualmente num caso e no outro, para aqueles sobre quem se destina a imperar cada uma dessas enunciações da legalidade'' (*Comentários à Constituição*, 1933, II, pp. 32 e 33).

21. Acentuando que ''o regimento é lei no sentido material, embora não o seja em sentido formal'', José Frederico Marques ensina que ''na hierarquia das fontes normativas do Direito, ele se situa abaixo da lei, porquanto deve dar-lhe execução'', mas acrescenta, lúcida e precisamente: ''Todavia, ainda tem o regimento conteúdo próprio, *ratione materiae*, pelo que se equipara, na taxinomia das normas jurídicas, à própria lei, no tocante a esses assuntos de sua esfera privativa de regulamentação. Foi o que decidiu, de maneira memorável, o Supremo Tribunal Federal, ao declarar inconstitucional a Lei 2.790, por ter invadido domínios normativos do regimento'' (ob. cit., n. 74, p. 169).

22. Aí está o cerne do problema. Os tribunais não cuidam de certas matérias em seus regimentos porque possam editá-los, senão porque sobre elas podem dispor de maneira exclusiva e o fazem exatamente em seus regimentos; porque gozam de independência, cabe-lhes regular sua autonomia, imunes à interferência de outros poderes. Daí Marcelo Caetano afirmar que a elaboração de regimentos internos pelos tribunais e por meio deles ''se gerirem por si próprios'' é ''corolário da independência do Poder Judiciário'' (ob. cit., II, n. 138, pp. 405 e 406).

23. É preciso ter presente que a divisão dos poderes é um princípio geral; não é absoluto, como se sabe; aliás, a separação absoluta levaria à desarmonia entre eles; a regra, que é fundamental e salutar, comporta temperamentos notórios; o Poder Judiciário tem como atribuição específica a jurisdicional; no entanto, se ela é predominante, não é exclusiva; ele também legisla, ao decretar seu regimento interno, e também administra, quando cuida de seu governo (*J. H. Meirelles Teixeira*, *Curso de Direito Constitucional*, 1991, pp. 571 a 604).

24. São coisas sabidas, e não obstante, esquecidas e que, relembradas, contribuem para o correto desate de querelas artificialmente articuladas. De modo que nada há a estranhar que o Poder Judiciário também legisle, limitadamente, mas privativamente, com exclusão do Poder Legislativo, naquilo que lhe pertence.

25. A respeito do vocábulo regimento, citando os nossos dicionaristas, o Instituto dos Advogados fixa-se no que se lê em Laudelino Freire, ''guia, norma, estatuto; instruções escritas ou verbais que determinam as obrigações inerentes a um cargo, ofício ou comissão'', que, aliás, não difere de velho Joaquim Caetano Pereira e Souza, no seu *Esboço de hum Diccionário Jurídico*, editado em 1827, ''Regimento he a norma, cargo ou diretório, em que se declaram as obrigações do cargo, officio, ou comissão. Assim se diz o Regimento do Desembargo do Paço, etc. Na Milícia esta palavra significa certo número de soldados, distribuídos por várias Companhias, e comandados por um Coronel''. E arrolando os nomes de João de Barros, Damião de Góis, Rui de Pina, Antonio Brandão, Azurara e Fernão Lopes, acrescenta a ilustre Casa de Montezuma: ''não há variantes como pouco existem no significado jurídico do vocábulo, pacífico, no atual entendimento, no mínimo há trezentos anos. Ninguém o emprega de forma diferente''.

Se o autor do parecer do Instituto houvesse consultado o mais moderno e acessível léxico da língua portuguesa, que anda de mão em mão, teria verificado que o Aurélio registra cinco acepções para a palavra e contempla inclusive a expressão ''regimento interno'' das Câmaras Legislativas, dos Tribunais, dos órgãos da administração pública e, por vezes, de entidades privadas, que regula seu funcionamento e serviços.

26. Lamento divergir, neste passo, do douto parecer que traz a chancela autorizada do Instituto dos Advogados Brasileiros, uma das mais respeitáveis e venerandas instituições culturais do país; mas tenho como certo que o vocábulo em causa dizia uma coisa no antigo direito lusitano, e outra, inteiramente distinta, veio a significar na linguagem do Direito Constitucional, depois que o Judiciário deixou de ser uma dependência do Rei para transformar-se em um dos três Poderes nacionais. A única semelhança existente entre os velhos regimentos, expedidos ao longo de trezentos anos, e o regimento interno dos tribunais, é o vocábulo com que são designados. E nada mais.

27. A título de exemplo, vejam-se estes regimentos reais: dos Oficiais das cidades, vilas e lugares destes Regnos, de 1504; da Fazenda, de 17.10.1516; do Físico Mor, de 25.2.1521; dos Pinhaes de Leiria, de 20.2.1524; de Tomé de Sousa, Primeiro Governador Geral do Brasil, de 17.12.1548; do Provador-mor da Fazenda, de 17.12.1548; do Ouvidor Geral, de 17.12.1548; da Arqueação dos Navios, de 11.1.1567; do Conselho de Estado, de 8.11.1569; das Leziras e Paues, de 24.11.1576; dos Dízimos do Brasil, de 17.11.1569; da Casa de Suplicação, de 7.6.1605; do Pau Brasil, de 21.12.1605; do Ouvidor de Angola, de 25.2.1609; da Relação da Bahia, de 7.3.1609; para o Governo da Casa das Órfãs, de 8.5.1613; dos Oficiais dos defuntos e ausentes, de 10.12.1613; do Governador Geral da Ilha do Ceilão, de 9.10.1615; da Procissão do Corpo de Deus da Cidade de Porto, de 15.7.1621, dos Contos, de 3.11.1627; do Real d'água no vinho, e carne, de 21.10.1636; do Conselho Ultramarinho, de 14.7.1642; do Real d'água, de 23.1.1643; do Sal de Setubal, de 20.4.1643; da Relação do Estado do Brasil, de 12.9.1652; de André Vidal de Negreiros, Governador e Capitão General do Estado do Maranhão e Grão-Pará, de 14.4.1655; da Feitoria dos linhos Cânhamos da vila de Moncorvo, de 4.6.1656; de Santarém, de 2.12.1656; de Coimbra, de 15.3.1659; dos Çapateiros, de 12.2.1669, id., de 28.3.1672; dos Carcereiros, de 28.4.1681; da Criação de Cavalos, de 23.12.1692; dos Lastros dos Navios que carregam sal em Setubal, de 12.9.1699; das Minas de Ouro, de 19.4.1702; do Tabaco, de 18.10.1702; dos Livreiros, de 23.1.1733; da Extração dos diamantes, de 2.8.1769; do Ofício dos Lapidários, de 16.4.1776; dos Taverneiros, de 1.1.1797; dos Forneiros, de 21.1.1797; da Compra do pano do linho para o fardamento da Tropa, de 30.1.1802; do Arquivo Central do Brasil, de 7.4.1802; da Junta da Saúde, de 28.8.1813;

28. Aí estão alguns dos muitos regimentos editados dos albores do século XVI ao começo do século XIX; não é preciso ler nenhum deles para saber que eles nada têm de comum com os regimentos internos dos Tribunais, entre nós expressamente previstos, a partir da Constituição de 34, ainda que editados desde 1891 como decorrentes do poder de organizar a sua secretaria.

29. A despeito da dogmática assertiva do porta-voz da Casa de Montezuma, insisto em afirmar que os atuais regimentos internos dos Tribunais nada têm a ver com os velhos regimentos editados pelo Rei de Portugal, além de vocábulo por que são mencionados.

30. Segundo Maria Beatriz Nizza da Silva, o termo tem várias acepções na linguagem administrativa do Brasil colonial, mas num sentido geral, significa o conjunto de instruções para o funcionamento de determinada instituição ou para o exercício de um cargo. Houve regimentos por assim dizer pessoais, na medida em que o nomeado para um cargo recebia instruções adequadas ao seu desempenho, enquanto outros eram mais institucionais, como o das Ordenanças, de 1570 (*Dicionário da História da Colonização Portuguesa no Brasil*, 1994, col. 689 e 690).

Relativamente aos regimentos endereçados ao Brasil, é ilustrativa a leitura da coleção publicada por Marcos Carneiro de Mendonça, *Raízes da Formação Administrativa do Brasil*, 1972, 2 vols. A respeito dos regimentos do Governador Geral, do Provedor-mor da Fazenda e do Ouvidor Geral, todos de 17.12.1548, veja-se o que escreveu Waldemar Ferreira, em sua *História do Direito Nacional*, 1952, II, ns. 68 a 84, pp. 25 a 99.

31. Na linguagem do Direito Constitucional, que é moderna, o vocábulo regimento interno dos tribunais, além do nome, nada tem a ver com os regimentos d'El Rei Nosso Senhor e a respeito podem dormir em paz os cronistas do reino, lembrados pelo Instituto, de Fernão Lopes a João de Barros, Damião de Góis, Rui de Pina, Brandão, Azurara; eles viveram em pleno absolutismo, ao tempo em que o Rei era "a lei animada sobre a terra" (Ordenações, L. III, t. 75, § 1º).

32. A propósito, não descabe lembrar o que escreveu, ainda nos fins do século XVIII, o desembargador da Relação do Porto e lente da Universidade de Coimbra, Francisco Coelho de Souza e S. Paio: Os poderes do Rei, "em si mesmo muito vastos e abundantíssimos, se podem comodamente reduzir a cinco capítulos: Legislativo, Inspectivo, Policiativo, Judiciativo e Executivo" (*Preleções de Direito Pátrio Público e Particular*, 1793, § LX, p. 72).

33. Ao tempo em que escreveram os preclaros cronistas antes mencionados não havia Poder Judiciário independente; a justiça era um serviço do Rei e em seu nome distribuída; teoricamente, a Casa de Suplicação era presidida pelo monarca, que a presidiu, efetivamente, até ao reinado de D. João III (José Gomes B. Câmara, *Subsídios para a História do Direito Pátrio*, 1964, II, p. 167). De modo que não há falar em regimentos de então como sinônimos dos regimentos que a partir dos fins do século XIX, entre nós, os tribunais passaram a elaborar. Se não estou em erro, durante o Império, os tribunais não editaram seus regimentos, e muitos preceitos tipicamente regimentais podem ser encontrados no Decreto de 3 de janeiro de 1833, da Regência, Ministro da Justiça Honório Hermeto de Carneiro Leão, que deu regulamento às Relações do Império, bem como no Decreto 5.618, de 2.5.1874, que deu "Novo Regulamento às Relações do Império", expedido pelo Ministro da Justiça, Duarte de Azevedo, com a rubrica de Sua Majestade o Imperador; esse Decreto estava em vigor quando do advento da República, e em vigor permaneceu durante algum tempo (Costa Manso, *O Processo na Segunda Instância*, 1923, I, pp. 17 e 18). A própria Constituição de 91 a eles não aludiu; no entanto, entendeu o STF que no poder de organizar a sua secretaria se continha o de regular os seus serviços, mediante o regimento interno que expedisse, e assim foi feito em 8.8.1891, (reformado em 24.5.1909) (Maximiliano, *Comentários à Constituição*, 1929, n. 380, p. 622). Foi a Constituição de 34 que, explicitamente, conferiu aos tribunais competência para elaborar seus regimentos internos, e desde então, jamais se deixou de reconhecer esse poder como inerente à independência dos tribunais e à sua autonomia.

34. Saliente-se que os regimentos dos antigos Tribunais, de Lisboa e do Brasil, de 1605 a 1821, era natural que fossem expedidos sob a forma de Leis ou Alvarás (Cândido Mendes de Almeida, *Auxiliar Jurídico*, 1869, pp. 1 a 43) pois o Judiciário não era separado do poder real, nem dele independente.

35. Desse modo, o mesmo vocábulo, ao longo de séculos, abrigou acepções inteiramente distintas; foi o que acentuou, Marcelo Caetano, aliás, profundo conhecedor da história do direito luso; o primitivo conceito de regimento, que vigorou por três séculos, segundo o Instituto dos Advogados Brasileiros, não é o mesmo que teve curso depois que o Poder Judiciário passou a ser um dos Poderes da Nação, independente do Legislativo e do Executivo (ob. cit., II, n. 138, p. 406).

36. Afirma a ilustre Ordem dos Advogados que "a participação oral dos advogados nos tribunais e órgãos colegiados contribuem, decisivamente, para o esclarecimento da verdade e para a formação da convicção dos julgadores", (com o que estou de acordo), mas logo a seguir afiança que "a sustentação oral do advogado terminava sendo um jogo retórico, pouco útil"; não há negar, as duas proposições brigam entre si; em seguida, adianta a Ordem, com sua alta autoridade, que a sustentação oral terminava sendo "desesperada tentativa de complementar um relatório deficitário, perdendo-se sua real função"; ora, então, como agora, a sustentação oral é feita depois do relatório, antes do voto do relator segundo o direito tradicional, depois dele conforme a lei impugnada, mas em ambos os casos depois do relatório, de modo que, sob esse ponto de vista, a Lei 8.906 nenhuma vantagem poderia trazer, pois sendo o relatório deficitário, o advogado sentir-se-ia na mesma "desesperada tentativa" de complementá-lo. Sustenta ainda a Ordem e o Instituto a segue que o fato de o advogado falar depois do voto do relator asseguraria a "ampla defesa" que importaria em "garantia processual das partes". Fosse verdadeira a assertiva e forçoso seria concluir que até agora não existira "ampla defesa" e que no resto do Universo ela também inexiste, dado que, em nenhum país do mundo, a começar pelos de melhor cultura jurídica e mais enraizado respeito aos direitos individuais, em nenhum país do mundo o advogado fala depois do juiz emitir seu voto. A dialética processual pára no momento do julgamento, para reabrir-se depois dele, em havendo recurso.

37. Outrossim, nunca jamais sequer se alegou restasse trateado o princípio da ampla defesa porque o advogado não sustentava oralmente suas razões em meio ao julgamento, após o voto do relator, e sim antes de iniciado o julgamento e, por conseguinte, do relator emitir o seu voto.

38. Por derradeiro, pondera a Ordem, e o Instituto repete a alegação, a Constituição de 88 inovou em relação à matéria, ao dispor que "compete privativamente aos tribunais elaborar os seus regimentos internos, com observância das normas de processo e das garantias processuais das partes, dispondo sobre a competência e o funcionamento dos respectivos órgãos jurisdicionais e administrativos".

39. Penso que a suposta inovação nada inovou, dado que aos tribunais não cabe editar normas processuais, salvo quando expressamente autorizados a fazê-lo. De mais a mais, a cláusula encontra explicação no fato de antes da Constituição, e por disposição expressa da Carta revogada, o regimento interno estabelecer: "o processo e o julgamento dos feitos de sua competência originária ou recursal e da argüição de relevância da questão federal", art. 119, § 3º, *a*. Pela Carta de 69, após a Emenda n. 7, o STF tinha maior competência legislativa, podendo incursionar no direito processual; essa competência deixou de existir com a Constituição de 88. Daí a inocuidade da menção em exame.

O mesmo vale dizer em relação às "garantias processuais" das partes. Se são "processuais", o regimento nelas não poderia bulir, mesmo que não existisse essa inútil protuberância verbal, como a ecoar a repugnância do Constituinte por tudo quanto lembrasse o "pacote infame".

40. A questão, delicada questão, está em saber até onde pode ir a lei dispondo sobre o processo, e até onde pode chegar o regimento zelando pela autonomia do poder. José Frederico Marques notou que "a Constituição Federal não diz qual seja o conteúdo dos regimentos internos dos Tribunais. Mas o judiciário pode construir jurisprudencialmente esse conteúdo, interpretando o texto da Constituição".

E prosseguia o saudoso jurista, magistrado e professor: "Por outro lado, se a regra constitucional do art. 97, n. II, foi elaborada para garantir a independência da magistratura e seu autogoverno, preciso é que o seu entendimento se harmonize com essa *ratio essendi* do preceito, como aliás se deu no pronunciamento do pretório excelso. Está, assim firmado, nos termos do que decidiu o Supremo Tribunal Federal, que a ordem dos julgamentos e os atos processuais contidos no âmago da *judicatio refogem* da regulamentação normativa da lei formal, visto constituírem objeto do disciplinamento jurídico dos regimentos internos dos tribunais" (ob. cit. n. 74, p. 170).

41. Na interpretação das leis, é conveniente reservar um espaço para o senso comum, que fez a sabedoria de Sancho. Se o regimento interno, cuja elaboração foi confiada aos tribunais, em solene cláusula constitucional, em tudo e por tudo devesse submeter-se à lei, ainda que esta dispusesse sobre o que há de mais íntimo e intransferível na atividade judicial, como o ato do julgamento, por que e para que a Constituição haveria de acentuar que compete aos tribunais a elaboração de seus regimentos internos? Para repetir o que a lei dispusesse? Não seria então melhor fosse reeditado o regimento da Casa da Suplicação, ou da Suplicação da Bahia, no qual se dispunha até sobre o pano da mesa grande, e das outras mesas, a altura do espaldar das cadeiras dos juízes, a prata dos tinteiros?

42. Ou o Judiciário é um dos Poderes da Nação, como proclama o art. 2º da Constituição, cuja independência é por ele afirmada, e, em conseqüência, tem uma área de privacidade indevassável, de que ele cuida em seu regimento interno, ou a cláusula constitucional, explícita desde a Constituição de 34, não passaria de ornamento fútil, a lembrar essas flores de cera que, cuidando imitar a natureza, mal enfeitam salas e escritórios.

43. Nas atribuições do Poder Judiciário nada se compara ao ato do julgamento. Creio mesmo não haver exagero em afirmar que o aparelho judiciário existe e se amplia e se desdobra e se aperfeiçoa para que os julgamentos possam ser feitos em condições regulares, de maneira a assegurar a desejada justiça. Todo o aparato judiciário é mantido para que o Poder Judiciário julgue. Daí resulta que o ato supremo do Poder Judiciário não pode ficar sujeito a interferências estranhas a ele, ainda que venham sob a forma de lei; ele há de ser modelado pelo Poder Judiciário, mediante norma regimental, segundo a Constituição, que é o instrumento pelo qual delineia a própria autonomia.

44. Sem desprezar os demais fundamentos indicados pelo eminente Procurador Geral da República, penso que o fundamento último da inconstitucionalidade que macula o inc. IX do art. 7º da Lei 8.906 está no fato de o legislador, dispondo como dispôs, ter invadido competência específica do Pode Judiciário, inacessível à própria lei, esquecido de que a Constituição expressamente subtraiu do Poder Legislativo essa competência para atribuí-la ao Poder Judiciário, e só a ele: "compete privativamente aos Tribunais...".

45. Ao lavrar o inc. IX do art. 7º excedeu-se o legislador porque interferiu onde não podia interferir, no âmago mais íntimo do Poder Judiciário que é o ato do julgamento, matéria que em nome da independência do Poder Judiciário e da sua autonomia só por ele poderia ser regulado, mediante norma do seu regimento.

46. Concedo a cautelar como requerida, para suspender a eficácia do inc. IX, do art. 7º, da Lei 8.906, até final julgamento da presente ação direta.

DOCUMENTOS

AÇÃO DIRETA DE INCONSTITUCIONALIDADE* DA LEI 9.985, DE 7.2.95

JOSÉ ROBERTO BATOCHIO

O Conselho Federal da Ordem dos Advogados do Brasil, pessoa jurídica... instituída nos termos da Lei 8.906, de 4 de julho de 1994 (...) por seu Presidente, no final assinado, com fulcro nos artigos 102, I, "a", e 103, VII, da Constituição Federal, vem perante Vossa Excelência para propor a presente *Ação Direta de Inconstitucionalidade* da Lei 9.985, de 7 de fevereiro de 1995.

I — Considerações preambulares

O *Diário Oficial da União* publicou o texto da Lei 9.985, de 7 de fevereiro de 1995, que traz a seguinte ementa: "Concede, na forma do inciso VIII, do art. 48 da Constituição Federal, anistia aos candidatos às eleições de 1994, processados ou condenados com fundamento na legislação eleitoral em vigor, nos casos que especifica".

* Esta seção da RTDP é reservada a documentos importantes de nossa história jurídica. A OAB tem o encargo e a legitimidade para pleitear, mediante ação direta, junto ao STF, a declaração de inconstitucionalidade de lei. A publicação desta peça informa ao mundo jurídico e, pelo seu conteúdo doutrinário, merece figurar nesta Revista científica.

O art. 1º da referida Lei está assim grafado: "Art. 1º. É concedida anistia especial aos candidatos às eleições gerais de 1994, processados ou condenados ou com o registro cassado e conseqüente declaração de inelegibilidade ou cassação de diploma, pela prática de ilícitos eleitorais previstos na legislação em vigor, que tenham relação com a utilização dos serviços gráficos do Senado Federal, na conformidade de regulmentação interna, arquivando-se os respectivos processos e restabelecendo-se os direitos por eles alcançados.

"Parágrafo único: Nenhuma outra condenação pela Justiça Eleitoral ou quaisquer outros atos de candidatos considerados infratores da legislação em vigor serão abrangidos por esta Lei."

Esse ato normativo agride o senso comum de moralidade, a consciência jurídica nacional e a própria Constituição da República, vulnerando alguns de seus princípios básicos, além de normas expressamente consagradas em suas disposições, tudo como adiante se demonstra.

II — Anistia. Sua natureza

Anistia — tal como o asilo, a prescrição — é instituto humanizador do direito e da política , visando à estabilidade social. Sua finalidade não é a realização da justiça, ou a correção de injustiças, mas a paz pública, e sua motivação é o interesse público. Inexiste anistia que contrarie o interesse público, assim como inexiste verdadeira anistia no interesse do particular. Se tal houvesse, tratar-se-ia de *privata lex*, ou privilégio.

Historiadores do Direito apontam casos de anistia cujos beneficiários foram pessoalmente nominados. Hoje isso seria impossível, salvo o caso da anistia supralegal, ocorrida no curso de uma ditadura (no seu sentido clássico), ou na fase de transição de uma para outra ordem jurídica. À anistia legal, aquela que é conferida segundo as regras de um ordenamento, e subordinada ao respectivo sistema, editada na forma de uma lei, não podem faltar os requisitos desta: o caráter de abstração e de generalidade. No ordenamento jurídico brasileiro, desde a Constituição de 1988, os princípios de impessoalidade e de moralidade presidem não apenas a atividade administrativa ''stricto sensu'', mas a toda atuação do Poder Público.

Atentaria contra o conceito de anistia a decretação da impunidade de alguns poucos, realizada no interesse exclusivo destes. Mais grave ainda seria a pretensa anistia efetuada como resposta, retaliação ou represália de um dos Poderes da República contra decisão incontrastável de outro desses Poderes. Aqui, além do vício de inadequação do tipo, ou do defeito na utilização do instituto, emergiria ofensa ao princípio da separação dos Poderes. Não é demais lembrar o contido no art. 16 da Declaração Francesa de Direitos de 1789: ''Uma sociedade em que a garantia dos direitos não está assegurada e a separação de poderes não está definitivamente determinada não tem uma Constituição''.

Não é comum que um dos Poderes constituídos afronte abertamente a autoridade de outro; isto não acontece sem que, por parte dos autores desse desafio, haja a convicção subjetiva de sua superioridade institucional sobre o outro, ou da debilidade deste. Na história constitucional brasileira houve casos de recuo da Suprema Corte em face da falta de cumprimento de decisões suas, por parte do Executivo. Relembre-se porém o inconformismo de Pedro Lessa, no *habeas-corpus* que envolveu, em 1911, o Conselho Municipal do Distrito Federal: ''Não me surpreendeu, nem me causou a menor estranheza, o ato pelo qual o Presidente da República manifestou a resolução de desacatar o acórdão deste Tribunal, que concedeu a ordem do *habeas-corpus*, impetrada em favor dos intendentes municipais do Distrito Federal. A muitos dos meus ilustres colegas, neste recinto e fora dele, havia eu comunicado mais de uma vez a profunda convicção, que sempre nutri, de que não seria respeitada a decisão proferida em favor dos membros do Conselho Municipal, assim como respeitada não seria qualquer outra sentença, igualmente justa, desde que contrariasse os interesses políticos dominantes. Anulando, com visível e inexplicável transgressão do direito, o Acórdão em que se dera o *habeas-corpus* requerido pelos deputados estaduais do Rio de Janeiro, o próprio Tribunal contribuiu para facilitar um pouco a tarefa de negar obediência às sentenças do Poder Judiciário'' (*Reforma Constitucional*, Editora Brasileira Lux).

III — A Lei 9.985/95

A Lei 9.985, de 7 de fevereiro de 1995, ''concede, na forma do inciso VIII, do art. 48, da Constituição Federal, anistia aos candidatos às eleições de 1994, processados ou condenados com fundamento na legislação eleitoral em vigor, nos casos que especifica''.

Ocorre que a lei ora impugnada como inconstitucional *não concede ''na* forma do inciso VIII, do art. 48, da Constituição Federal'' a anistia ali referida, consoante se comprovará a seguir, vale dizer, a Constituição Federal não foi atendida em seu art. 48, inciso VIII, naquele ato praticado pelo Congresso Nacional.

Nem se tem no artigo 1º da Lei n. 9.985/95 anistia na figura arrolada e que teria sido da competência do Congresso Nacional, pois a Constituição da República somente se refere à anistia sem especialidade em seu art. 48, VIII, nem se teve, então, o uso da competência do Congresso Nacional ali prevista, mas o abuso de poder praticado em agravo à Constituição, nem existe competência constitucionalmente prevista para o Congresso Nacional restabelecer direito que adviria de uma eleição já ocorrida e com o seu resultado apurado na forma validada pelo Egrégio Tribunal Superior Eleitoral e que não considerou candidato validamente inscrito para tanto alguns dos condenados que teriam sido contemplados por um mandato com a ''anistia especial'' concedida pelo Congresso Nacional na forma do dispositivo aqui argüido como inconstitucional. Mais ainda, o Congresso Nacional, pelo ato legislativo questionado pela eiva de invalidade de que se acha tomado, exclui-se do Estado de Direito ao deixar de submeter-se à efetividade de jurisdição que o cumprimento da decisão judicial definitiva do E. Supremo Tribunal Federal pronunciou sobre a pretensão dos candidatos contemplados pela norma.

Todos esses atentados à Constituição da República são aperfeiçoados pelo ato do Congresso Nacional, cuja invalidade, pois, é argüida na presente Ação Direta de Inconstitucionalidade.

IV — Desvio de poder

Mesmo durante sua tramitação legislativa, a Lei 9.985, de 7 de fevereiro de 1995, já suscitava reações de repúdio por parte do senso comum, da moralidade pública e da consciência jurídica. Trata-se — como aliás constante de seu próprio art. 1º — de ''anistia *especial*'' concedida a parlamentares que praticaram ilícitos eleitorais.

Entre as inúmeras manifestações condenatórias desse comportamento, conta-se a do Professor Celso Antônio Bandeira de Mello, publicada no Jornal *Folha de S.Paulo*, do dia 20 de janeiro deste ano: ''Ao aprovar anistia de deputados e senadores que se utilizaram de verbas públicas para sua campanha eleitoral ou interesse puramente pessoal, o Congresso Nacional praticou um ato inválido, nulo''.

Sustenta esse conceituado autor que ''O 'poder' de anistiar que assiste ao Congresso (art. 48, VIII, da Constituição) obviamente não foi previsto na Lei Magna para que congressistas se livrem de sanções judiciais. Isto é: a anistia não foi suposta para ser utilizada em proveito próprio e com a finalidade de elidir sanções judiciais que atingiriam congressistas por terem violado a ordem jurídica. Note-se, de resto, que o uso de recursos públicos para fins pessoais, além de ser, como era no caso, ilícito sancionável pela Justiça Eleitoral, configura também hipótese prevista na lei 8.429, de 2.6.92, como ato de 'improbidade administrativa que importa enriquecimento ilícito' (art. 9º, inc. IV e XII)''.

E, a par de outras considerações, cita o Professor Caio Tácito: ''A ilegalidade mais grave é a que se oculta sob aparência da legitimidade. A violação maliciosa encobre os abusos de direito com a capa de virtual pureza''.

Do mesmo Professor Caio Tácito são estas palavras sobre desvio de poder, insertas em artigo publicado na *RDA* (vol. 188, pp. 2-4): ''O desvio de poder é, por definição, um limite à ação discricionária, um freio ao transbordamento da competência legal além de suas fronteiras, de modo a impedir que a prática do ato administrativo, calcada no poder de agir do agente, possa dirigir-se à consecução de um fim de interesse privado, ou mesmo de outro fim público estranho à previsão legal".

O Poder Legislativo que pudesse votar anistia em favor de si mesmo ou de seus próprios membros seria *legibus solutus*. Essa impossibilidade resulta não apenas do art. 37 da Constituição da República, do princípio republicano, do princípio da separação dos Poderes, mas também do art. 53 da mesma Lei Fundamental.

Em texto também publicado no jornal *Folha de S.Paulo* (26 de janeiro de 1995) consignamos: "Não só por essas razões está o Congresso impossibilitado de votar anistia em favor de membro seu: caso o faça, *estará ampliando as imunidades parlamentares*, inscritas no art. 53 da Constituição Federal. Os deputados e senadores não podem ser processados, em qualquer hipótese, por suas opiniões, palavras e votos (imunidade material) e também não podem ser processados criminalmente, sem prévia licença da Câmara ou do Senado (imunidade formal). Assim como o artigo 48, inc. VIII, que permite ao Congresso conceder anistia, o art. 53 faz parte da Constituição: não se pode aplicar um deles com prejuízo do outro. Os congressistas gozam das imunidades proclamadas pela Constituição e de nenhuma outra. Por serem regras excepcionais, as regras em matéria de imunidade são de interpretação estrita, de modo que o ato do Congresso que amplie imunidade está ofendendo, diretamente, o art. 53 da Constituição Federal".

V — O princípio republicano e a anistia "especial"

Ao primeiro olhar, o ato normativo, objeto desta *actio*, afronta o disposto no art. 1º, *in fine*, do Texto Magno.

Sem dúvida, na vigência do Estado Democrático de Direito, impõe-se a regra proibitória de leis específicas e direcionadas para casos concretos, como no caso em foco.

Um dos resultados históricos da Revolução Francesa de 1789 foi a implantação do Estado Democrático de Direito, que expungiu definitivamente o princípio monárquico-absolutista do *L'État c'est moi*, instaurando-se, a partir daí, o Estado que tem como núcleo a Lei, na condição de norma *genérica e abstrata*, vale dizer: editada para a generalidade dos indivíduos e cidadãos e dirigida para casos que estão para acontecer, porvindouros, isto é, abstratos (*L'État c'est la loi*).

Na hipótese em exame, a lei foi editada e está em vigência para atender a casos pretéritos e futuros, inclusivamente para desfazer condenação imposta pela Alta Corte Eleitoral e confirmada por essa Excelsa e Suprema Corte.

A missão constitucional conferida pelo corpo eleitoral ao Congresso Nacional cifra-se na competência legislativa para elaboração de leis que consultem aos interesses coletivos e públicos.

O contrário, se concretizado, acarretaria a desvirtuação integral do princípio republicano, e retrocesso danoso ao regime democrático, pois estabelecer-se-ia o domínio dos interesses confessados de uns poucos sobre o interesse da coletividade.

O princípio republicano impõe, fundamentalmente, dois subprincípios que o completam e realizam: a igualdade jurídica e a impessoalidade.

Ambos foram flagrantemente rompidos com a prática do ato do Congresso Nacional, com o que se teve por gravemente afrontados o princípio republicano e o princípio democrático de subsunção igual de todos ao Direito, o que inclui a jurisdição.

Não se teve, efetivamente, consoante se afirmou antes, nem anistia e tampouco poderia ela ter sido especial.

Anistia *especial* é uma ruptura da igualdade de todos e da generalidade de que se deve dotar essa figura em sua prática constitucionalmente permitida pela Constituição da República ao Congresso Nacional.

. Quer significar isto que, quando a Constituição da República dispõe, em seu art. 48, VIII, que "Compete ao Congresso Nacional ... conceder anistia", não afiança nem concede ao Congresso Nacional outra competência senão aquela que será exercida, segundo os princípios constitucionais, e com generalidade, para o cumprimento de um fim genérico impostergável, qual seja, o fim de se atender *ao interesse público*.

Na situação em apreço, o interesse foi particular, pessoal c especial, consoante o afirmam os próprios autores do ato em questão.

Anistia *especial* não é anistia, não obstante se possa utilizar, como se deu *in casu*, aquele rótulo.

Anistia especial não é indulto, figura jurídica completamente diversa dessa referida no dispositivo ora submetido ao crivo da constitucionalidade, e *cuja competência não é do Congresso Nacional, mas exclusivamente do Presidente da República*.

A anistia é sempre genérica, conferida pelo Congresso Nacional para realizar, por uma lei, um interesse público, vale dizer, de toda a sociedade em que se esqueçam os atos causados pelos beneficiários para que a paz social se restabeleça.

A anistia especial concedida pelo Congresso Nacional tenta, rigorosamente ao contrário desse objetivo de satisfazer o interesse público, esconder do povo causa imoral e julgada como a ele contrária e que culminou com a condenação dos beneficiários daquele ato.

Mais ainda, sendo membros do próprio Congresso Nacional os beneficiários da norma, tem-se que, além de não ser anistia o ato concessivo do benefício de se excluírem do Direito os praticantes das infrações julgadas, também não é lei o ato dele emanado e dotado daquele título, porque não é geral, nem abstrato, nem se dirige a assegurar o interesse público.

Mas se lei fosse, não poderia ser considerada válida, por ter sido elaborada e promulgada em matéria de competência de outro Poder do Estado como o é a concessão de indulto.

Não há república de castas. Não há república em castas ou corporações. Não se chama república a organização de beneficiários de comportamentos voltados para os interesses particulares de seus membros. Não é republicano, nem constitucional, portanto, o ato do Poder Público que não cumpra, rigorosamente, o dever de se desempenhar para atender ao bem de toda a sociedade. Não é republicana a Lei 9.985/95, pela qual se lesou aquele interesse e se abusou do poder para beneficiar alguns dos membros do Congresso Nacional.

Não se atendeu também o princípio da igualdade, pois desigualou-se, segundo a conveniência dos próprios beneficiários da "anistia especial" um grupo de parlamentares que tinham sido condenados pelo Poder Judiciário pela prática de infração apurada em processo.

VI — Conclusão

A Constituição é um sistema de princípios e normas, e como tal deve ser interpretada.

O princípio da moralidade pública ilumina todo o arcabouço constitucional, com validade para a órbita dos três Poderes da República.

Nesta linha de raciocínio colhemos o pensamento da Professora Carmen Lúcia Antunes: "O distanciamento do Direito e da Moral atendeu antes a uma conveniência de modelos políticos e econômicos que a uma diferenciação ou incompatibilidade entre eles. Parece que a colocação Direito versus Moral é apenas uma falsa equação, que não se sustenta sob o influxo do princípio democrático. Sendo o princípio fundamental da Democracia a liberdade, seria impossível compatibilizar-se o seu exercício com o ideal de Justiça material, concreta e efetiva para todos, se não se incluíssem no sistema jurídico, no qual os direitos inerentes a ela são assegurados a todo indivíduo, as normas morais, cujo conteúdo fosse absorvido. Não houvesse esta síntese, e a garantia da liberdade seria uma utopia. Apenas um homem, o que dispõe do Poder, poderia dela valer-se segundo o direito da força, furtando-se de todos os outros a faculdade de usufruir dela segundo a força do Direito concebido e posto para realização do ideal e da Justiça. Destarte, o conteúdo deve prevalecer em todas as relações humanas, sob pena de deixarem elas de ter este traço de humanidade. Desde a antiguidade se tem registrado que uma lei que contravenha os princípios básicos da moralidade não é Direito, ainda que formalmente válida, consoante registra Radbruch. A Democracia, como regime político que realiza em sua essência e em sua excelência o princípio da liberdade e a garantia da libertação como experiência transcendente do homem na aventura da vivência com os outros, não pode sobreviver ou se efetivar como um conjunto de normas desapegadas da Moral construída e respeitada pela sociedade. O princípio da Democracia é a Liberdade, e o seu fundamento, a legitimidade. Esta, no presente, não é concebida afastada dos padrões morais assentados socialmente'' (*Princípios Constitucionais da Administração Pública*, Editora Del Rey, pp. 180-181).

Por essas razões, requer a *Ordem dos Advogados do Brasil* que, após regular processamento, seja *julgada procedente a presente ação*, para o fim de, em definitivo, *ser declarada a inconstitucionalidade da Lei n. 9.985/95, de 7 de fevereiro de 1995*, com vigência a contar de 8 do corrente mês e ano, comunicando-se a decisão do Senado Federal, para os fins previstos no inc. X, do art. 52, da Constituição Federal, tornando-se, ''ipso facto'', fora do ordenamento jurídico o aludido ato normativo.

Para tanto, requer a notificação do Excelentíssimo Senhor Presidente da República e do Presidente do Congresso Nacional, bem assim a citação do Advogado-Geral da União para que, querendo, promovam a defesa do ato impugnado, sem prejuízo da audiência prévia do insigne Procurador-Geral da República.

Nestes termos,

Pede deferimento.

Brasília-DF, 22 de fevereiro de 1995

DOCUMENTOS

QUESTÃO DE LIMITES ENTRE ESTADOS FEDERADOS

Juízo arbitral — Laudos técnicos — Jurisdição e eficácia administrativa — Posse no Direito Público*

SEABRA FAGUNDES

É válido o laudo arbitral, ainda que impugnado extrajudicialmente, se no compromisso se estabeleceu que obrigaria pela simples comunicação dos pactuantes — A ação rescisória não reabre, imediatamente, a contenciosidade da situação jurídica resolvida na sentença rescindenda — Enquanto não rescindida, a sentença argüida de nula produz todos os efeitos como ato jurisdicional — O art. 184 da Constituição consagrou, como princípio político para solução das disputas territoriais entre Estados, o da manutenção do *statu quo* existente à sua data. E emprestando a esse princípio a maior amplitude, absteve-se de ressalvar as situações já resolvidas juridicamente, quando lhes não correspondesse, pela execução, a pacificação efetiva dos interesses — Jurisdição, em sentido lato, é o poder de legislar e aplicar o direito (executiva e judicialmente) a pessoa e coisas — Os atos de natureza fiscal são tipicamente expressivos do exercício de jurisdição — Jurisdição e posse são conceitos autônomos, mas o citado art. 184 os justapõe e identifica — A relação possessória não se caracteriza, unicamente, pelo contato direto e ininterrupto com a coisa. Assim é no direito privado e, com maioria de razão, no direito público — Os atos de natureza fiscal exprimem também uma relação possessória.

* Em 1945 (Governo Dutra) Seabra Fagundes, desembargador do Rio Grande do Norte, afastou-se do cargo (antes da Constituição de 1946, que não permitiu mais o exercício de outras funções por magistrados) e exerceu a Consultoria Geral da República.

Este parecer, elaborado nessa função, é prenhe de concisas e excelentes lições de processo e de direito público, aplicando a este conceitos civilísticos, com precisão e objetividade. Todas as lições aqui vertidas são plenamente atuais, em 1995.

Por isso a *RTDP* publica-o.

RELATÓRIO

1. Em fins de 1940 o Snr. Ministro da Guerra, dando cumprimento à ''ordem verbal'' do Senhor Presidente da República, fez nomear ''uma comissão de oficiais técnicos'', do Serviço Geográfico do Exército, ''para dirimir a questão de limites ainda existentes entre os Estados de Minas Gerais e Espírito Santo, na forma do que preceitua o § 2º do art. 184 da Constituição Federal'' (de 1937).

2. Realizados os trabalhos e proferido o laudo, o Snr. Ministro da Guerra encaminhou-o ao Snr. Presidente da República solicitando a respectiva aprovação.

3. Lançada esta em 4 de novembro de 1941 e baixando o processo ao Ministério da Justiça para que se lavrasse decreto consignando as linhas divisórias, o Estado de Minas opôs objeções à validade e ao sentido do laudo.

4. Sustou-se, então, a marcha do processo, não chegando a ser promulgado o decreto, cuja lavratura se entendia conseqüente da aprovação presidencial.

5. Recentemente (despacho de 6 de abril de 1946) o Snr. Presidente da República, acolhendo exposição de motivos do Snr. Ministro da Justiça, determinou a audiência desta Consultoria Geral sobre as questões de direito em que o Estado de Minas assenta as impugnações:

a) inaplicabilidade do art. 184, da Constituição Federal, pois em 1937 "não havia mais questão de limites pendente de decisão"; a controvérsia entre os dois Estados se achava trancada, juridicamente, desde 1914, quando fora objeto de laudo arbitral;

b) inaceitabilidade do conceito de jurisdição, acolhido pelos técnicos do Serviço Geográfico do Exército, que, pelo seu sentido restritivo, confunde *jurisdição* e *posse*.

Aplicabilidade do art. 184 da Constituição

I

6. Cumpre examinar, de início, se o laudo arbitral obrigou o Estado do Espírito Santo, apesar de por este impugnado extrajudicialmente.

7. O convênio assinado, em Belo Horizonte, a 18 de dezembro de 1911, entre os dois Estados, acertou, como uma das bases do juízo arbitral, que a simples comunicação da decisão aos pactuantes obrigá-los-ia para todos os efeitos (cláusula IX). Por isto levada ela ao conhecimento do Estado do Espírito Santo, a impuganação deste (telegrama do governador Marcondes Alves de Souza ao governador Delfim Moreira), careceu de força jurídica. Faltou-lhe amparo no teor do compromisso. Valeu como um mero protesto, simples manifestação de inconformidade, sem repercussão jurídica efetiva e imediata.

E o Espírito Santo, contra ela intentando ação rescisória, reconheceu-lhe, inequivocamente, a validez extrínseca de sentença definitiva.

É este um ponto, por conseguinte, que não demanda maior exame.

II

8. Assente que a decisão dos árbitros se tornou obrigatória uma vez comunicada aos pactuantes, cabe indagar das repercussões que sobre ela possa ter tido a ação intentada para rescindi-la.

9. Terá o ajuizamento da rescisória reaberto a contenciosidade em torno dos limites consignados na decisão arbitral?

Terá reposto em termos de litígio a controvérsia que o laudo trancara?

Afigura-se-nos que não.

10. A ação rescisória, pela sua natureza e em face dos princípios que regem a coisa julgada, não invalida, imediatamente, a sentença rescindenda, nem reabre, de logo, a contenciosidade dos pontos por esta decididos.

Nela se abrangem dois pedidos que, embora formulados simultaneamente (numa só petição inicial) e concomitantemente contestados (através contestação comum), guardam entre si, pelo sentido que revestem e pelas conseqüências a que conduzem, plena autonomia substancial. A sua cumulação é meramente extrínseca ou formal, assente em razões de economia. Em fundo poderiam ser objeto de ações independentes (Pontes de Miranda, *Ação Rescisória*, 1934, p. 97).

Tanto que a disparidade de ritos (no direito anterior ao Código de Processo Civil) e a diversidade de juízos (no direito vigente) para a rescisória e a ação originária podiam e podem levar a mover duas ações processualmente autônomas (Jorge Americano, *Ação Rescisória*, 1926, p. 17).

Aqui, como na Itália, a unificação resulta da norma genérica permissiva da cumulação de pedidos ou de mero critério jurisprudencial (Carvalho Santos, *Código de Processo Civil Interpretado*, 1941, vol. IX, p. 137; Zanzuchi, *Diritto Processuale Civile*, 1938, vol. II, p. 386; Chiovenda, *Instituições de Direito Processual Civil*, tradução de J. Guimarães Menegale, 1945, vol. III, p. 382).

E há países, como a França e a Espanha (a *requête civile* e a *revisión* equivalem à rescisória do direito brasileiro), onde a distinção dos processos chega a se entender imposta pela lei (Garsonnet e Cézar-Bru, *Traité Théorique et Pratique de Procédure*, 1902, vol. VI, pp. 494-496; Pietro Castro, anotações à versão castelhana do *Derecho Processal de Goldchmidt*, 1936, pp. 435-436).

11. O objetivo do primeiro pedido é a invalidação da sentença argüida de nula; o objetivo do segundo é o reexame da espécie resolvida por essa sentença. Este depende essencialmente da solução daquele, tanto que pode ficar prejudicado, nem sendo objeto de apreciação, se mantida a sentença rescindenda. Por isto mesmo a lide só se considera pendente, no que respeita ao segundo pedido, após julgado favoravelmente o primeiro. Ou seja: só se passa ao exame do mérito da ação originária, após se ter como nula a sentença nela proferida anteriormente. Antes haverá uma pretensão ao reexame da matéria, mas pretensão condicionada a se ter como nula a sentença que sobre ela já se prolatou.

12. Em regra a lide se torna pendente quando citado o réu (João Monteiro, *Curso de Processo Civil*, 1912, vol. II, p. 68, nota 6), mas aqui, excepcionalmente, conquanto cumulados os pedidos de nulidade da sentença e reexame do merecimento, e citado o réu para a ambos se opor, só pende a lide no que concerne ao primeiro.

É que, enquanto não pronunciada a invalidez da primeira sentença tem ela por si a força de coisa julgada, considerando-se trancado o litígio sobre o qual foi proferida.

Do contrário ter-se-ia admitido que o simples ajuizamento de um pedido (o de reexame do merecimento da demanda originária) bastaria a tornar contencioso o que se resolvera numa sentença irrecorrível. A estabilidade da coisa julgada ficaria à mercê da vontade do que houvesse interesse em abalá-la.

Já o nosso Pimenta Bueno, dando entendimento razoável ao ambíguo texto do liv. 3º, tit. 75, das Ordenações, e aludindo à nota 599 (por equívoco menciona a de n. 578, mas pelo sentido alude a essa outra), de Pereira e Souza, acentuava, com a transparente clareza e segurança que informam a sua obra: "a sentença, posto que nula, subsiste e produz os seus efeitos enquanto não se reforma ou revoga pelos meios legítimos" (*Apontamentos sobre as Formalidades do Processo Civil*, 1911, pp. 203-204).

E Enrico Tulio Liebman, anotando a edição brasileira das Instituições de Chiovenda, aponta como traço comum de identificação do remédio rescisório no direito de vários países, o de se considerar a sentença rescindenda como *anulável* e não *nula*, sendo assim "plenamente eficaz, enquanto não vem a ser anulada por meio do remédio adequado" (nota 4).

Daí o admitir-se, excepcionalmente, porque excepcional é a situação de que se cogita, que ao ajuizamento cumulado de dois pedidos não corresponda a imediata pendência de duas lides. A cumulação, inspirada tão-só em motivos de economia processual, não reabre imediatamente a contenciosidade da situação resolvida pela sentença primitiva.

"A cumulação, ensina Jorge Americano, não equipara o *rescindens* ao *rescisorium*, porém deixa este sempre dependente da procedência daquele, donde resulta que, enquanto o *judicium rescindens* não tiver decisão irrecorrível, estão suspensos os efeitos do *rescisorium*, que são corolários da procedência do *rescindens*" (*Comentários ao Código do Processo Civil*, 1942, vol. III, p. 392).

A contenciosidade, no que respeita ao segundo pedido, só surge após a decisão do primeiro.

13. Nem a circunstância de numa só sentença, vale dizer, num só ato, se resolverem as duas demandas, contraria o que vimos sustentando. Esse ato, uno formalmente, contém dois provimentos distintos no seu sentido. Aliás a própria formação da sentença, nesse caso, se faz por partes distintas, primeiro se deliberando quanto à rescindibilidade da decisão atacada e, depois, quanto à espécie por ela resolvida.

Pode até suceder que, mesmo julgada procedente a rescisória, jamais se reabra a contenciosidade da relação jurídica decidida na sentença rescindenda. Tal o caso da ação proposta sob a alegação de se ter proferido a sentença rescindenda contra coisa julgada. Procedente o pedido e anulada a sentença, torna-se vigente, ato contínuo, a anterior. Não se terá aberto ensejo à discussão e debate da relação de direito originária (Garsonnet e Cézar-Bru, ob. cit., vol. VI, p. 500; Carvalho Santos, ob. cit., vol. IX, p. 137).

14. Vê-se, assim, que o ajuizamento de ação rescisória não reabriu, por si só, o litígio entre os dois Estados. O laudo arbitral subsistiu como ato jurisdicional de definição dos limites entre eles.

15. Mas, válido o laudo e por ele trancada, sob o prisma jurídico, a situação contenciosa existente entre os dois Estados, será de excluir-se a aplicação do art. 184?

Não. Esse dispositivo não respeita as situações jurisdicionalmente resolvidas à data da Carta Política, se carentes de execução.

O princípio nele dominante é o da consagração do *statu quo* existente em 10 de novembro de 1937, quanto às fronteiras estaduais: "Os Estados continuarão na posse dos territórios em que atualmente exercem a sua jurisdição vedadas entre eles quaisquer reivindicações territoriais".

16. Tendo como objetivo pôr termo, sumária e positivamente, às disputas entre Estados confinantes, o legislador abstraiu das soluções jurídicas, existentes ou pendentes, para consagrar as situações de fato do momento.

Desprezou as soluções juridicamente alcançadas quando a elas não tivesse correspondido a pacificação *de facto* das querelas de limite ("Os Estados continuarão na posse dos territórios onde *atualmente* exercem a sua jurisdição..."). Em nenhuma expressão do texto transparece a preocupação de ressalvar a coisa julgada. É que se preferiu superpôr a esta o critério adotado.

Os casos julgados, ainda que, juridicamente, pusessem fim às controvérsias, não aplacavam, do ponto de vista político, as divergências, latentes até a execução e reaviváveis, de certo modo e embora restritamente, durante esta.

17. Certo a sentença de cognição tranca o litígio, declarando, a propósito dele, a exegese de lei e o sentido dos fatos.

Mas, enquanto não executada, isto é, enquanto não amoldados os fatos ao seu teor pela redução dela a efeito (João Monteiro, ob. cit., vol. III, p. 266; Carnelutti, *Lezioni di Diritto Processuale Civile*, 1933, vol. II, p. 53), existe a possibilidade de um novo litígio ao convocar-se o vencido para cumprir o julgado. E esse *litígio eventual*, possível mas só se podendo manifestar quando o vencedor ajuíze o pedido de execução, ainda que de restritas conseqüências (no direito vigente devendo assentar em motivos supervenientes à sentença de conhecimento ou nela não aventados pela revelia do réu — Código de Processo Civil, arts. 1.010 e 1.011; Amilcar de Castro, *Comentários ao Código de Processo Civil*, 1941, vol. X, pp. 377-391), acarreta uma ameaça latente à paz social.

Foi considerando que essa possibilidade de um novo choque judicial de interesses é o bastante a manter o estado de inquietação e atrito entre unidades federadas, que o legislador constituinte deixou de ressalvar a validez das sentenças já prolatadas, mas sem execução efetiva.

18. Os parágrafos que se seguem à afirmativa capital do texto têm por objetivo torná-lo exeqüível.

19. No 1º se trancam as querelas de limites por acaso existentes, quer ajuizadas, quer não:

"Ficam extintas, *ainda* que em andamento ou pendentes de sentença no Supremo Tribunal Federal ou em juízo arbitral, as questões de limites entre Estados".

Questões se emprega aí no sentido de *disputas* e não de *pleitos* ou *ações*. Quando se diz, "*ainda* que em andamento ou pendentes de sentença", é o como se se dissesse, ajuizadas ou não, pois se admite que ao lado das questões *em andamento* ou *pendentes* outras existam.

O seu objetivo é, de modo genérico, forçar a pacificação das disputas existentes (*sob forma de demanda ou não*) e, em especial, obstar que através de decisões judiciais (*questões ajuizadas*) se venha a quebrar o *statu quo* pelo reconhecimento de reivindicações territoriais assentes em títulos.

20. O parágrafo 2º dá os elementos para a fixação material do *statu quo*, não só quando se extinguem as questões ajuizadas (*litígios*), como ainda nos casos em que, apesar de inexistente litígio, haja dúvida sobre as linhas divisórias (*questões não ajuizadas*), sendo assim um complemento do parágrafo antecedente: "O Serviço Geográfico do Exército procederá às *diligências de reconhecimento e descrição dos limites até aqui sujeitos a dúvidas ou litígios, e fará as necessárias demarcações*".

21. Dentro dessa seqüência resultante do espírito do art. 184, cuja finalidade foi, como se disse, pôr termo, sumariamente e por critério político (e não jurídico), às disputas territoriais entre unidades da federação, bem com do que ela significa sob o ponto de vista da técnica legislativa, segundo a qual os parágrafos não exprimem conceitos autônomos, senão dependentes, é que se deve analisar a objeção mineira.

A exegese do texto constitucional em questão se há de fazer em conjunto, isto é, vinculados os parágrafos, elementos acessórios ou complementares, ao mandamento do corpo do artigo, básico e fundamental.

Se neste se consagrou o *statu quo*, fazendo-se cada Estado permanecer na posse dos territórios onde viesse exercendo jurisdição, não é possível interpretar qualquer dos parágrafos, que têm em vista, apenas, criar as condições indispensáveis à aplicação do princípio capital, como texto autônomo.

É verdade que, muita vez, os parágrafos abrem exceções a normas prescritas na proposição principal, porém no caso vertente tal não pode ocorrer, pois importaria numa contradição flagrante com o espírito que presidiu à elaboração do texto em seu conjunto.

22. O parágrafo 1º., portanto, não exclui a aplicação do princípio fundamental contido no artigo (*caput*), mesmo no caso de decisão já proferida em juízo estatal ou arbitral, e, assim, a espécie se enquadra no âmbito das atribuições delegadas ao Serviço Geográfico do Exército pelo parágrafo 2º.

Do conceito de jurisdição acolhido e aplicado pela Comissão do SGE

I

23. Cumpre agora verificar, admitida a aplicabilidade do art. 184, se o conceito de jurisdição aceito e as suas aplicações autorizam as objeções do Estado de Minas.

II

24. Jurisdição, em sentido lato (e neste é que se emprega a palavra no texto constitucional), significa o poder de legislar e fazer aplicar o direito (executiva e jurisdicionalmente) sobre pessoas e coisas. Os elementos edição e aplicação do direito exprimem o seu conteúdo substancial.

Nisto são acordes os juristas, cujas definições, díspares na forma, se identificam em fundo.

João Monteiro: "é o poder de conhecer dos negócios públicos e resolvê-los" (ob. cit., vol. I, p. 150).

Fiore: "consiste no supremo poder de sujeitar as pessoas e as coisas que fazem parte do território, às leis feitas para tutelar os direitos sociais, os direitos privados e os do Estado e para tutelar também os interesses gerais e assegurar o respeito ao direito internacional (*Il Diritto Internazionale Codificato*, 1900, p. 166).

Podestá Costa: "é a faculdade de legislar com respeito às pessoas e coisas, que se acham em determinado território e de exercer a polícia necessária para fiscalizar o cumprimento, e assegurar o respeito ao direito internacional (*Il Diritto Internacional Público*, 1934, p. 103).

Giovanni Amelino: "é o poder de pronunciar o direito, *potestas jus dicendi*, e também de reintegrar a pessoa jurídica no que se lhe tenha tirado" (*Il Digesto Italiano*, 1900-1904, vol. 12, p. 969).

Também nos julgados que o *Corpus Juris* colhe aos tribunais americanos, se apresenta como expressiva da jurisdição "a autoridade de fazer, declarar e executar as leis" (vol. 35, verbete *Jurisdiction*).

III

25. O laudo do Serviço Geográfico do Exército aceitou, em princípio, esse conceito clássico e incontestado, vinculando-o, porém, à posse e lhe restringindo o alcance por circunstâncias especiais alegadas.

Admitiu ter ele aplicação no "caso normal da jurisdição ser exercida sobre território definido, de divisas não contestadas, onde a autoridade constituída pode, livremente, praticar atos de governo"; a "jurisdição independe", então, "da posse efetiva, manifestando-se por quaisquer atos administrativos".

Mas entendeu que, no "caso particular", havendo "litígio de fronteiras, não sendo definida nem conhecida a extensão do território lindeiro que, de direito, caberá a cada um dos contendores", o conceito de jurisdição, "com referência a esse território", terá de ser "restringido, forçosamente, por tal circunstância"; a jurisdição que nele se exercer, "se não foi permitida ou autorizada por um convênio", terá sido "imposta pela sua ocupação" e estará "intimamente ligada à idéia de posse", manifestando-se "pela ação administrativa direta, exercida, no local, pelos agentes do governo ocupante''. Daí só se reconhecerem, como caracterizando o exercício pleno de jurisdição, ''os atos administrativos realizados *in loco*'' e traduzindo, em seu conjunto, a execução de ''um programa governamental'', sobre a região lindeira, ''com realizações que beneficiem diretamente a sua população'', como ''a assistência policial, judiciária, sanitária ou escolar; a construção de estradas ou de escolas, hospitais e outros edifícios públicos; as medições de terras e respectivas concessões; a instituição de normas que orientem e protejam a economia regional; o estabelecimento dos serviços fiscais, para pedir à população a justa retribuição pelos benefícios que recebe''. Daí, ainda, se excluírem, dentre os atos expressivos da jurisdição, os ''de caráter exclusivamente fiscal, praticados sem continuidade, por funcionários de repartições com sede fora da zona litigiosa'', não acompanhados de benefícios; atos realizados sem obediência a ''um programa administrativo, por iniciativa pessoal de funcionários demasiadamente zelosos, em detrimento de população que se havia embrenhado pela mata'', procurando ''na povoação mais próxima, fora da região de litígio é à proporção que se organizava em pequenos núcleos, a assistência judiciária e administrativa indispensável à sua vida em sociedade''.

IV

26. Vejamos se aos autores do laudo (trabalho notável, diga-se de passagem, pela elevação moral e esmero técnico com que foi feito) assistem razões para assim particularizar e até que ponto.

27. Doutrinariamente *jurisdição* e *posse* são coisas distintas.

Jurisdição é poder incorpóreo, do exercício descontínuo, que se extende a áreas ou locais onde nem sempre há apreensão material, como o ar.

A posse é poder corpóreo, de exercício quase sempre contínuo, com vinculação exterior. Constitui, via de regra, uma das manifestações peculiares da jurisdição (Taylor, *A Treatise of International Public Law*, 1901, p. 197).

Excepcionalmente, entretanto, admite-se que haja posse sem que exista jurisdição. É o que sucede com as coisas adquiridas por um Estado noutro, enquanto neste permanecem. O adquirente tem posse sobre elas, mas não jurisdição (Taylor, ob. cit., p. 263). É o que ocorre quando chefes de Estado visitam o estrangeiro. Fogem eles, comitiva e bens, à jurisdição do poder local, embora territorialmente situados ao alcance desse poder (Lawrence, *The Principles of International Law*, 1937, p. 223; Fauchille, *Traité de Droit International Public*, 1922, vol. I, pp. 666 e 667).

Há mesmo situações nas quais a jurisdição se divide, coincidindo em parte com a posse territorial e em parte não. Tal o caso dos viajantes comuns, que caindo sob as leis locais no que concerne aos delitos contra a pessoa e a propriedade, mantêm-se vinculados à lei nacional no que respeita aos direitos políticos (Lawrence, ob. cit., p. 207). O mesmo se passa quando um Estado autoriza tropas estrangeiras a lhe atravessar o território. Os seus componentes escapam à jurisdição do governo local no que respeita a crimes militares, a faltas de cunho disciplinar etc., mas sob ela permanecem quanto a delitos comuns, danos civis etc. (Bonfils, *Droit International Public*, 1908, p. 18).

Isto põe de manifesto a autonomia dos conceitos. São intrinsecamente distintos, embora, quase sempre, se justaponham nas manifestações do seu exercício.

28. Mas o art. 184 não se atém à doutrina. Equipara e identifica os dois conceitos ao estatuir que os Estados ''*continuarão na posse* dos territórios em que atualmente exercem a sua jurisdição''.

Se quisesse preservar a autonomia conceitual dos elementos a que recorre, emprestando-lhes sentido próprio e valor específico na composição das contestações sobre limites, teria dito que aos Estados *competiria a posse* dos territórios em que estivessem exercendo *jurisdição*. Dessarte ter-se-iam mantido autônomos os conceitos, consagrando-se a posse como resultado da jurisdição. Do modo por que se dispôs, no entanto, a incorporação das áreas territoriais só tem lugar quando o Estado nelas exerça jurisdição e na sua posse esteja.

29. Portanto o laudo, quando recorre à *posse* como elemento que se há de somar à *jurisdição* para orientar a atribuição de áreas territoriais, não faz mais que aplicar o texto constitucional. Escusado seria, até, para autorizá-lo, a referência às peculiaridades da espécie, pois que a essa razão eventual superpunha-se o próprio teor da lei.

V

30. Não cabendo distinguir entre *posse* e *jurisdição*, mas, ao contrário, sendo de somar os dois elementos, passemos ao exame da espécie em si, isto é, da aplicação que deles faz o laudo.

31. Ao nosso ver a Comissão carece de razões quando circunscreve o exercício da jurisdição à prática de *um programa governamental com realizações, que beneficiem diretamente a população*.

Os atos de natureza fiscal, pressupostos nocivos pela falta das contraprestações a que moralmente está obrigado o poder tributante, constituem, no entanto, manifestações evidentes de aplicação do direito, de exercício, enfim, do poder público.

Os atos construtivos traduzirão, sem dúvida, u'a melhor orientação política, mas aqueles outros, nem por expressivos da pressurosidade arrecadadora do fisco, deixam de constituir índices da existência duma autoridade e do deliberado exercício das suas funções.

32. Já o insigne Rui Barbosa, em Razões Finais na Ação de Limites entre o Rio Grande do Norte e o Ceará, os apontava como manifestações de jurisdição (1904, pp. 463-464).

E mais incisivo é Leonard D. White, quando, após indicar o poder tributário (*the power top raise revenue by taxation*) como elemento da maior relevância para exprimir a jurisdição sobre unidades territoriais (*administrative areas*), chega a apontá-lo como decisivo nos casos duvidosos (*when other tests fail, this test may decide the case*) (*Introduction to the Study of Public Administration*, 1939, pp. 186-187)

33. Aos atos meramente tributários só se poderia negar traduzissem o exercício de jurisdição, por critério comparativo com outros, que se lhes opusessem nas mesmas áreas.

Tratando-se de territórios de confrontação duvidosa, o que seria admissível era lhes contrapor atos que exprimissem u'a *melhor* jurisdição, ou seja, atos que, no conflito de interesses e medidas concorrentes, revelassem uma atividade mais intensa pelo cunho de permanência (postos de saúde, escolas etc.). Sem que tal ocorra, desprezar como jurisdicionais os atos tributários para adjudicar porções de território a quem só tem por si títulos, é contrariar o critério do art. 184.

VI

34. Desde que, nos termos do art. 184, como se viu, os elementos *posse* e *jurisdição* se completam para a fixação do *statu quo* territorial, e desde que a Comissão os reuniu a ambos no aplicar o texto desse artigo, cumpre verificar se os atos fiscais também são capazes de exprimir a redação possessória.

Seriam eles apenas expressivos do exercício de jurisdição e não de posse? Tornar-se-iam insuficientes, pela unilateralidade, a caracterizar o estado de fato que a Constituição quis manter?

35. Cremos que a atividade fiscal, os atos de coleta, lançamento de cobrança de tributos exprimem, no caso, também o exercício da posse. Esta se manifesta, aliás, materialmente, na penetração das áreas para obtenção de dados, notificações etc.

36. Ainda aqui nos ocorre invocar Rui Barbosa, que capitula as medidas fiscais entre as capazes de exprimir a posse no direito público (Razões cits., pp. 463-464), e Leonard White, cuja referência, já citada, à atividade tributária como expressiva da jurisdição, tem em vista o exercício desta em área territorial certa (aspecto possessório) (ob. cit., pp. 186-187).

VII

37. A posse não se traduz, necessariamente, pela vinculação direta e total da pessoa à coisa. Não decorre apenas dum vínculo exterior constante, ininterrupto, permanente.

É princípio elementar que para caracterizá-la não há mister um poder direto, materializado e contínuo sobre a coisa (Tartufari, *Del Possesso*, 1898, p. 129; Clovis, *Direito das Coisas*, 1944, vol. I, pp. 24-28; Planiol e Ripert, *Tratado Practico de Derecho Civil Frances*, 1942, vol. III, p. 156; Tito Fulgencio, *Da Posse e das Ações Possessórias*, 1922, pp. 46-47). Mesmo em se tratando de móveis, cuja posse se manifesta, quase invariavelmente, pelo uso, o que vale dizer, pelo contato pessoal, não se pensa doutro modo (Saleilles, *De la Possession des Meubles*, 1907, pp. 14-19).

O que se faz preciso é que a coisa se ache em face do possuidor na relação que, normalmente, permite e enseja a sua utilização econômica (Jhering, *Du Rôle de la Volonté dans la Possession*, nos *Études Complémentaires de l'Esprit du Droit Romain*, 1891, vol. III, pp. 24-31).

Possuidor é, assim, aquele que pratica ou está em condições de praticar os atos necessários ao uso ordinário, que a coisa comporte, e à fruição das vantagens que ela possa produzir (*Corpus Juris*, vol. 49, verbete *Possession*, § 9º., "a").

Savigny deixa claro que o *corpus* não consiste, forçosamente, em ter à mão a coisa móvel e em pôr o pé sobre a imóvel (*La Possession en Droit Romain*, 1879, pp. 189-195). Ensina que a posse do solo não deriva "do fato" de sobre ele pôr os pés, senão dessa proximidade imediata, graças à qual o possuidor pode não somente locomover-se sobre cada uma das partes, como ainda nele fazer tudo que bem lhe pareça" (ob. cit., p. 196).

Aqui bem-cabe invocar o conceito de Jhering de que cada coisa se possui ao seu modo, havendo as que se possuem, muitas vezes, pela sua mesma natureza, fora do contato direto do possuidor (ob. cit., pp. 30-35).

38. Se assim é no direito privado, com maioria de razão o será no direito público, porquanto pela natureza das atividades que exercerem as pessoas jurídicas públicas e pelo modo por que as exercer, não mantêm contato com a totalidade do objeto fundamental da sua posse — *o território*.

Nenhum Estado ocupa integralmente, no sentido físico, a sua área territorial. A posse do território, quando não exercitada simbolicamente, pela presença de marcos ou dísticos, se manifesta por atos descontínuos (Rui, *O Direito do Amazonas ao Acre Septentrional*, 1910, vol. II, pp. 455-456; Westlake, *International Law*, 1904, vol. I, pp. 97-99). A ocupação efetiva não constitui fator essencial da posse (Jèze, *L'Ocupation*, 1896, p. 383). Tanto que a ocupação das praias abrange as terras e os rios, que formam, com elas, um conjunto natural (Clovis, *Direito Público Internacional*, 1939, vol. I, p. 299; Bluntschli, *Le Droit International Codifié*, 1895, pp. 175-176). O Vaticano, enquanto se lhe negou soberania territorial, jamais foi ocupado por forças militares, mas nem por isto deixou de integrar, politicamente, o território italiano (Arangio-Ruiz, *Istituzioni di Diritto Costituzionale Italiano*, 1913, p. 76).

Há mesmo terrenos que, pelas suas condições naturais, excluem a apropriação efetiva (desertos, cadeias de montanhas etc.) (Beckett, *Les Questions d'Interêt Général au Point de Vie Juridique dans la Jurisprudence de la Cour Permanente de Justice Internationale, em Recueil de Cours de la Académie de Droit International*, vol. 50, p. 219).

E pode dar-se ocupação sem que haja posse, como nos casos de conquista ou ocupação militar (Taylor, ob. cit., pp. 264-265; Bustamente y Sierven, *Droit International Public*, 1936, vol. III, pp. 37-40; Cavaglieri, *Règles Générales du Droit de la Paix*, em Recueil, cit., vol. 26, p. 403; Antokoletz, *Tratado de Derecho Internacional Publico*, 1944, vol. III, pp. 80-82).

39. Os princípios colhidos na teoria da posse como instituto do direito privado, se transplantam ao direito público, onde o impreciso delineamento do instituto impõe o recurso às fontes civilistas (Lauterpacht, *Règles Générales du Droit de la Paix*, Recueil cit., vol. 62, pp. 332-333).

O elemento *utilização econômica* que, no direito civil, interfere com característico da posse (Jhering, ob. cit., p. 274; *Corpus Juris*, vol. 49, verbete, *Possession*, § 9º), cede lugar, aqui, a algo de mais extenso e flexível, à *utilização de coisa para o exercício da jurisdição*. A posse não sendo indispensável ao exercício desta, porque pode a jurisdição incidir sobre pessoa fora da área territorial do Estado, excluindo-a portanto, essencial se torna em se tratando de exercer o poder público sobre coisa, ou coisa e pessoa simultaneamente (Taylor, ob. cit., p. 263). Dessarte se pode dizer que todo ato de pessoa de direito público, que exprima disponibilidade jurídica e relação material com a coisa, que traduza a possibilidade de eventualmente fazer atuar a vontade sobre ela, com exclusão de outrem, caracteriza a relação possessória.

VIII

40. Assim posta a matéria, os atos tributários traduzem não somente o exercício da jurisdição, como também o da posse.

CONCLUSÃO

41. Concluimos:

1. O art. 184 da Constituição é aplicável ao caso.

2. Não é aceitável o conceito de jurisdição adotado pela colenda Comissão do Serviço Geográfico do Exército.

Rio de Janeiro, 26 de Julho de 1946

REVISTA TRIMESTRAL DE DIREITO PÚBLICO

DOUTRINA: DIREITO DE PROPRIEDADE NO DIREITO CONSTITUCIONAL FRANCÊS — **Pierre Bon** • AS LIMITAÇÕES CONSTITUCIONAIS À REMUNERAÇÃO DO SERVIDOR PÚBLICO — **Marçal Justen Filho** • APELO AO LEGISLADOR NA CORTE CONSTITUCIONAL FEDERAL ALEMÃ — **Gilmar Ferreira Mendes** • *PARECERES*: CUMULAÇÃO DE PROVENTOS E VENCIMENTOS — **Caio Tácito** • COMISSÃO PARLAMENTAR DE INQUÉRITO — **Fábio Konder Comparato** • LICITAÇÃO — CONSÓRCIO — CONSTRUÇÃO E EXPLORAÇÃO DE USINA ELÉTRICA — **Adílson Abreu Dallari** • INTERPRETAÇÃO E LINGUAGEM — CONCESSÃO E DELEGAÇÃO DE SERVIÇO PÚBLICO — **Paulo de Barros Carvalho** • LICITAÇÃO SEM OBJETO (LEI 8.666/93 E ESTADOS E MUNICÍPIOS. PRINCÍPIO DA PROPORCIONALIDADE) — **Eros Roberto Grau** • PASEP, PIS E CONCESSIONÁRIA DE SERVIÇO PÚBLICO — **Torquato Jardim** • MONOPÓLIO ESTATAL DO GÁS — PARTICIPAÇÃO DE EMPRESAS PRIVADAS NA SUA EXECUÇÃO — **Nelson Eizirik** • MONOPÓLIO — GÁS — **Carlos Eduardo Bulhões Pedreira** • OBJEÇÃO DE CONSCIÊNCIA E SERVIÇO POLICIAL MILITAR — **Diogenes Gasparini** • ***ESTUDOS & COMENTÁRIOS***: O NEGRO, A SUPREMA CORTE E A EMENDA CONSTITUCIONAL N. 13 — **Adhemar Ferreira Maciel** • AS MEDIDAS ECONÔMICAS DE FEVEREIRO/95 E A CONSTITUIÇÃO — **Monica Herman Salem Caggiano** • PRECEDENTES NO DIREITO BRASILEIRO — **Edgard Silveira Bueno Filho** • DIREITOS POLÍTICOS — PERDA, SUSPENSÃO E CONTROLE JURISDICIONAL — **Teori Albino Zavascki** • DESCUMPRIMENTO DE ORDEM JUDICIAL POR FUNCIONÁRIO PÚBLICO — **Ivan Lira de Carvalho** • RESPONSABILIDADE CIVIL DO ESTADO E DENUNCIAÇÃO DA LIDE — **Edilson Pereira Nobre Júnior** • EMPRESAS PÚBLICAS E SOCIEDADES DE ECONOMIA MISTA EM FACE DO ART. 173 DA CONSTITUIÇÃO — **Heraldo Garcia Vitta** • AÇÕES SOBRE O SISTEMA FINANCEIRO DA HABITAÇÃO, COMPETÊNCIA E LITISCONSÓRCIO — **João Pedro Gebran Neto** • EMENDA CONSTITUCIONAL 3/93 (ALTERA A REDAÇÃO DO ART. 150, PARA ACRESCENTAR-LHE UM § 7º) — **Lena Barcessat** • OMISSÕES INCONSTITUCIONAIS E SUAS IMPLICAÇÕES NO REGIME FEDERATIVO BRASILEIRO — **Derly Barreto e Silva Filho** • ***CONFERÊNCIAS & DEBATES***: CONTROLE EXTERNO DO PODER JUDICIÁRIO E CONTROLE DE QUALIDADE DO JUDICIÁRIO E DA MAGISTRATURA: UMA PROPOSTA — **Carlos Mário da Silva Velloso** • LEI DE LICITAÇÕES E AUTONOMIA ESTADUAL — **Marcos Juruena Villela Souto** • ***DOCUMENTOS***: ESTATUTO DA OAB — CONTEÚDO DO PRINCÍPIO DE LEGALIDADE — **Paulo Brossard** • AÇÃO DIRETA DE INCONSTITUCIONALIDADE — **José Roberto Batochio** • QUESTÕES DE LIMITES ENTRE ESTADOS FEDERADOS — **Seabra Fagundes**

MALHEIROS EDITORES

REVISTA TRIMESTRAL DE DIREITO PÚBLICO

14/1996

M